當代新儒學的深層反思
與對話詮釋

吳汝鈞 著

臺灣 學生書局 印行

自 序

　　本書包括兩個部分：通論篇與專論篇，都是以當代新儒學作為研究的對象。通論篇是對於當代新儒學的宏觀的、深層的反思，著眼於這一套哲學作為當代東亞哲學中的一個很有分量的理論體系的一些專門問題和現代意義，例如道統問題、外王問題、民主與科學問題、泛道德主義問題和良知的坎陷與傲慢問題。這些問題都是貫串著儒學的現代性一主題而展開探討的。筆者雖然與一些當代新儒學的人物有密切的關係，但並不自視為這個學派中的人物，也沒有所需的學問功力，因而在論述上可以自由一些，有較大的言說空間。在展示自己的看法或觀點方面，力求客觀、理性，對事（學問、理論）不對人。

　　至於第二篇的對話詮釋，需要解釋一下，這在研究與反思方面不多見。二〇〇三年九月，我辭去香港浸會大學宗哲系的教職，應邀來臺灣中央研究院中國文哲研究所任研究員，後來任特聘研究員。一直都是以研究為本業，很少涉及院內或院外的活動，只是講學、出版著作、參加研討會、發表論文而已。不過，自二〇〇五年開始，我應國立中央大學中文系所及哲學研究所之邀為它們開講哲學課程，是學期性質的，每年講授一個課程，迄今已有三年了。期間所開設的課程為純粹力動現象學與京都哲學、禪的哲學與實踐、

當代新儒學。這本書的內容,是同學在當代新儒學課程中所作的研究報告與我的回應。這些報告與回應記錄下來,再加以整理,拿來印行,便成這專論篇了。參予的同學有中文系所與哲學研究所的碩士、博士生,包括吳莉瑩、徐銘謙、陳憲中、程小懿、謝曉筑等多位。他們都很用心撰寫預先安排好議題的報告和按序宣讀,我則在有關問題方面作出回應,這回應有時拖得很長。整個講課系列都是以對話方式進行的,氣氛很好。這本書的專論篇便是這個講課的全部記錄。在報告的過程中,同學對報告有問題時,可即時提出,我有回應,也是即時作出的。整個過程可說是自由與輕鬆,同學未有感到任何學術上、思維上的困惑。起碼就我自己所得到或感到的印象是如此。或者個別同學對於某些問題感到些許壓力吧。由於師生是以對話的方式溝通的,因此定這部分為「對話詮釋」。

以下我想解釋一下所謂「對話詮釋」的意義與作用。在中、港、臺三地的華人社區,在大學中授課,一般都以演講的方式進行。即是,老師在課堂上講課,同學們靜心聆聽,把要點記錄下來。這種方式的好處是老師可以事先把講義整理好,然後在課堂上把講義內容有系統地說明,學生即時記下,有問題或疑難之處,可以即時提出來,由老師回應、解釋。最後同學可以對整個課程的內容有系統地吸收過來。到了考試時,更可以平時在課堂上所記錄下來的筆記來回應試題,拿得頗為可觀的成績。不好的地方是同學在課堂上集中精神聽講和寫筆記,無暇即時對有關問題加以深入的思考,故只有吸收而沒有反思。到有問題要提出時,又礙於時間關係,深怕提出問題與老師的回應,會耽擱時間,影響教課的進度。日子久了,同學會漸漸地、不自覺地變成吸收與記錄的機器,而不

作反思，老師也會變成一種只拿著預先準備好的講義，口頭上講解或寫在白板上說明的機器，概括性地把自己所備好的內容、知識傳達給同學。

　　這種老師講授、學生記錄的上課模式，照我看，只適合於大學中運用。到了研究所，便應該另外考量。研究所的同學已各自有了自己的專業研究議題，他們在自己所選定的研究範圍內，應已具有一定的知識，不必再在課堂上聽老師講解了。同時，既然進了研究所，便應有一定的反思的習慣與能力，我們不必對他們再灌輸許多知識，卻是應在反省思考問題上，給他們多一些機會，培養他們甚至讓他們強化（consolidate）自己的獨立思考的能力，讓他們自己在將來能夠獨立處理自己的專業範圍中的問題。因此，講授與記錄的授課的方式已不適宜，而應考慮以另外的方式進行。這即是我在這裏所提出的對話詮釋模式。這種模式的做法是，老師先按選修有關學科的同學的人數，為他們安排自己所感興趣或與他們的研究有較密切關係的議題，讓他們在上課之先，準備出（work out）一個合適的報告來，依序在課堂上提出、說明或宣讀。到有問題時，同學可以隨時提出問題或質疑，負責的老師或教授也會就有關問題提出回應。這個環節其實最為重要。老師在回應中所提的問題，可以讓有關同學對問題作即時的思考和回答。這些問題可以對同學有即時的壓力，把同學的知識特別是綜合的理解逼出來。有些有關問題的答案是要逼出來的，同學在一般的情境或狀態下是不會意識到的。另外，更重要的是，老師的回應中會含有一些關鍵性的論點與核心概念、問題，要求同學作出即時性的整合、檢討，以回應老師，作出解釋。而其他在旁的同學，也可以參與討論，替同學解答，或更提

出有關問題。有關同學對老師及同學所提的質疑，需要細心地、認真地回答或交代，這肯定會提高同學的思考能力，抓緊問題的核心概念。

這種授課的特色是，整個過程都在對話的方式中進行，是生氣勃勃，不會有冷場出現。同學需預先對某個哲學家或學派的根本觀點進行研究，寫成報告。在其中，同學與哲學家進行對話。同學可以向哲學家提出問題，然後站在哲學家的立場，為他作答。在課堂上作報告時，他要與其他同學以至老師進行對話：回應其他同學的質疑，更重要的是對老師所作出的回應進行理解、澄清有關問題與概念、觀念，這是同學接受思考訓練、處理哲學問題的最重要的機會，他當然可以在這種場合中提出自己對回應的反回應，與老師過招，擦出辯論真理問題的火花。他也可以代表有關的作者（古代的與現代的）回答老師與其他同學所提出的問題。最後，老師會對同學的報告、發言和其他同學的反應、發言作出總的評論，指出在理解上我們應該怎樣抓緊問題與概念。同學也可以就老師的評論再度提出問題，甚至要求老師在對有關問題作進一步的理解與研究提供恰當的閱讀資料。一言以蔽之，整個授課都在對話中進行。

這樣的授課方式，並不是我自己的發明。在北美洲和日本，研究所的課程，早就這樣進行了。有時參予授課的教授不止一個，可以多至兩個、三個，看課程的需要和教授的安排而定。授課中同學與教授之間有很良好的互動。有時同學的提問，教授未必能回應得上。但這是很平常的、普通的情況。對於一些較為專門的、特殊的問題，同學的知識有時比教授還多哩。在日本，例如對梵文文獻的解讀的授課，也很相像。教授並不會在課堂上作演講式地解讀文

本，而是要同學自己先行演練一番，把文本的意思弄清楚了，然後在課堂中演習，教授和其他同學一齊聆聽，到遇有困難的地方，或是同學的解讀有錯漏，教授才開口，提點一下，矯正錯誤，補充省漏，如此而已。結果得益最大的，自然是負責解讀的同學。

　　下面我想交代一下這本書的經營與出版的細節情況。第一部分的通論篇自然是我自己寫的，我很坦率地把自己的想法、看法寫出來，可能會讓一些人不太高興，但我是對事不對人，自己怎樣想便怎樣寫。至於第二部分的專論篇，如上面提及，這部分是我為中央大學所開設的當代新儒學課程的現場錄音的記錄。我選取了四位有代表性的當代新儒學者的思想來作探討，他們是：第一代的梁漱溟、熊十力和第二代的唐君毅、牟宗三。儘管當代新儒學家包括哪些人物，一直都存有爭議，但以上所列的四位，作為當代新儒學的成員，其代表性應該是沒有問題的。至於哪位同學負責哪位新儒家的思想，則有如下的安排：

　　吳莉瑩報告梁漱溟

　　徐銘謙報告熊十力

　　陳憲中報告唐君毅

　　程小懿報告牟宗三

　　謝曉筑報告〈中國文化與世界宣言〉

在這裏我想特別提一下最後的報告所涉及的〈中國文化與世界宣言〉。這份文獻是一般被視為當代新儒學的人士唐君毅、牟宗三、徐復觀和張君勱四位共同簽署的，其目的是提供給世界關心中國文化的實況與將來的可能發展的有心人士參考的。它被認定是有關當代新儒學的思想與理論立場的重要文獻。我們要了解當代新儒學的

總的旨趣,是不能忽略它的。

這個授課便是依著上列的次序由有關同學報告他們自己所撰寫的文字進行的。在相關的地方,我會即時提出回應。這些回應很多時都很長,那是就哲學觀點的考量而致的。書中各文中在「回應」一標題下的意見,都是我自己提出的。有「學生問」的地方,基本上是負責有關報告的同學提出的,因此沒有標明同學的名字。只是最後一份有關〈中國文化與世界宣言〉的報告,由於討論的時間較長,而發問的同學又多,因此標出發問的同學的名字。至於授課的時間,一般來說是每星期舉行一次,每次三個小時。每一份報告的討論,都是歷時兩個星期。只是最後有關〈中國文化與世界宣言〉一報告的討論比較費時,經四個星期而結束。如上所說,這部分是集體創作的,雖然我自己的回應佔了主要部分,但同學自己寫的報告,是各寫各的,在寫法方面難免有參差、不一致的地方,我在整理文稿時,做過一些修改、更正的工夫,這些修改與更正,主要限於在文字方面,有時也改動原來文稿的內容。基於概念性與理論性的考量,我曾在一些地方大幅度補上更多的回應,刪去報告的一些內容。對於有些專論,我有時作些補充、評論,特別是有關梁漱溟部分,我一律以「後記」標寫出來。其中涉及一些非常重要的論點。

這項講課之得以順利完成,並能收入於著書中出版,我得感謝中央大學特別是中文系所及哲學研究所對我的支持與關照。特別是,由於健康的問題,他們不讓我老遠由臺北南港跑到大學本部去授課,卻讓同學們來中研院文哲所上課,這大大在時間與精力上減輕我的負擔。我也在此向參加這項講課的同學祝福,他們都很用功

做研究。我相信他們憑著這用功之心，將來會成為很好的學者。我
對他們有很深切的期待。

　　還有一點要交代的是，通論篇與專論篇中有些內容重疊，為了
保持原來章節內容的完整性，我沒有作出刪節。好在這所涉的內容
不算多，我與同學的表達方式又很不同，這不同主要是在理論的脈
絡與論點的背景方面，敬祈讀者垂注。

二〇〇八年十月

南港中央研究院文哲所

當代新儒學的深層反思
與對話詮釋

目　　次

自　序……………………………………………………………　I

通　論　篇

第一章　當代新儒學的深層反思…………………………………　1

一、現代東亞兩大哲學學派………………………………………　1
　㈠當代新儒學…………………………………………………　1
　㈡京都學派……………………………………………………　7
二、熊十力的體用論和它的局限性………………………………　10
　㈠熊十力、唐君毅與牟宗三…………………………………　10
　㈡熊十力的體用論……………………………………………　12
　㈢體用論的困難………………………………………………　16

三、唐君毅的道德理性與文化意識思想 ……………… 20

　㈠文化活動、文化意識立根於道德理性 ……………… 20

　㈡道德行為與文化理想 ……………………………… 27

　㈢借康德的觀點以助解 ……………………………… 29

四、泛道德主義問題與牟宗三的良知坎陷說 …………… 36

　㈠泛道德主義問題：回應傅偉勳的說法 …………… 36

　㈡泛道德主義問題：回應其他人的說法 …………… 50

五、牟宗三的良知的自我坎陷說 ………………………… 66

　㈠良知的自我坎陷 ………………………………… 66

　㈡對於良知的自我坎陷說的質疑 ………………… 81

　㈢關於良知的傲慢問題 …………………………… 89

　㈣理論與實踐 ……………………………………… 100

六、唐君毅論天德流行 …………………………………… 116

　㈠唐君毅對於天德流行的推證 …………………… 117

　㈡天德流行與順成啟發 …………………………… 122

　㈢落實天德流行的工夫實踐 ……………………… 130

第二章　儒學與現代化 …………………………………… 135

一、關於現代化 ………………………………………… 136

二、民主與科學的心靈取向 …………………………… 139

三、儒家的限制 ………………………………………… 142

四、儒家或中國文化何以發展不出民主政體 ………… 145

五、梁漱溟對現代化的回應 …………………………… 150

六、〈宣言〉論道德主體的退隱 ……………………… 153

七、牟宗三的新外王說：良知的自我坎陷 ……………… 156

專 論 篇

第一章　梁漱溟的東西方文化比較與哲學觀 ………… 161

一、前言 …………………………………………… 161

二、梁漱溟對於文化的看法與文化三路向說 ……… 163

三、梁漱溟認為中國文化當下所應走的路 ………… 175

四、西洋、中國、印度三方哲學的比觀 …………… 179

後　記 …………………………………………… 190

第二章　熊十力的體用不二說 ………………………… 213

一、形而上學系統建構的提出 ……………………… 213

二、以本心為本體 …………………………………… 227

三、翕闢的勢用 ……………………………………… 237

四、關於體用不二說的兩個疑問 …………………… 246

後　記 …………………………………………… 256

第三章　唐君毅的「心通九境」論 …………………… 261

一、前言 …………………………………………… 261

二、九境論的建立與證成 …………………………… 265

三、對儒釋耶三教的理解與判釋 …………………… 272

四、結語 …………………………………………… 289

後　記 …………………………………………… 293

第四章　牟宗三的智的直覺思想 ····················· 301

一、問題的提出 ···································· 301

二、自由無限心 ···································· 309

三、儒釋道義理需通過智的直覺來說明 ············· 318

四、結論 ·· 324

後　記 ·· 330

第五章　對當代新儒學的回顧與展望：

　　　從〈中國文化與世界宣言〉說起 ············· 333

一、前言 ·· 333

二、〈為中國文化敬告世界人士宣言：我們對中國學術研究

　　及中國文化與世界文化前途之共同認識〉 ······· 340

四、中國文化的特色 ································ 369

五、中西文化之交流 ································ 390

六、對〈宣言〉的回顧與反省 ······················ 393

後　跋 ·· 401

參考書目 ·· 411

通　論　篇

第一章
當代新儒學的深層反思

一、現代東亞兩大哲學學派

㈠當代新儒學

在我的理解中，當代東亞有兩大強有力的哲學學派。它們是當代新儒家與京都學派。❶就理論立場或意識形態說，這兩個學派所

---

❶　有人可能提場有哲學、自由主義與馬列主義所成的學風。這三者作為哲學理論看，似乎未具有足夠的分量。場有哲學（Field-Being philosophy）由美籍華人唐力權所倡導，以懷德海（A.N. Whitehead）的機體主義哲學（philosophy of organism）或歷程哲學（process philosophy）為根基，也加上東方的《周易》思想，而成就的一種非實體主義（Non-substantialism）哲學。關於這種哲學的研討會，每一年或兩年舉行一次，是國際性的。這種哲學目前還在成長中，我認為它具有足夠的潛力成為當代東亞的第三種強有力的哲學，但需要極多的努力以進行理論建構。唐力權的著作，就中文的著書而言，有以下三種：

　　唐力權著《周易與懷德海之間》，臺北：黎明文化事業公司，1989。

　　唐力權著，宋繼杰譯《脈絡與實在：懷德海機體哲學之批判的詮釋》，北京：中國社會科學出版社，1998。

持的觀點，正好相反。當代新儒家持實體主義（Substantialism）立場，肯定宇宙萬事萬物的基礎是一超越的、形而上的實體，它自身具有常自不變的善的內涵（Inhalt），但具有動感（Dynamik），能創生宇宙萬事萬物。特別是，超越的實體創生事物，自身的內涵（全部的內涵）亦貫注於事物中，而成就後者的本性。❷在人來說，人有肉身，即是物理的軀體；同時也有稟受這形而上的實體的剛健的性格。在一般情況，人不免為外界形氣的感官對象所牽引，隨順著它們的腳跟轉，在心靈上忘失了（暫時忘失了）貫注於其中的剛健的善性。但人心有覺悟、學習的能力，隨時能霍然而起，自覺到自身與生俱來的善性，而把它擴充，最後回歸向形而上的善的實體，所謂「天人合一」。故形而上的實體對於我們的心靈來說，是既超越而又內在的。

　　傳統的儒者各以不同的詞彙或面相來解讀這種實體，如孔子的仁、孟子的善性、惻隱之心、不忍人之心，周濂溪說誠體，程明道說天理，陸九淵說本心，王陽明說良知，等等。當代新儒家秉承這種思維傳統，又繼續開展。熊十力說本體，唐君毅說道德理性、天

　　唐力權著《蘊徼論：場有經驗的本質》，北京：中國社會科學出版社，2001。

　　至於自由主義與馬列主義，是指在大陸方面流行的兩種思潮。前者頗受西方思想影響，仍然在發展、成長中。後者則藉著政治的背景而盤據大陸思想世界超過半個世紀，強調辯證法唯物論。照我看，馬列主義思想中只有列寧的一些觀點有些哲學意味與價值，其他則不足談。物質是無所謂辯證的，只有心靈、精神可言辯證。說辯證法唯物論是不通的。

❷　這便是《中庸》所謂的「天命之謂性」。天命是就那形而上的實體言，「性」是就事物的本性、本質言。

德流行，牟宗三說知體明覺、寂感真幾，等等。對於這種實體，有些儒者強調它的客體性或客觀面相，有些儒者則強調它的主體性或主觀面相。他們的精神，基本上是一貫的。

　　至於當代新儒家的人選，在學術界一直存在著爭議，但總離不開兩種說法。其中一種是嚴謹的說法，以熊十力和受他影響的門人為主，也旁及與他的思想相類似的學者。前者有唐君毅、牟宗三和徐復觀；後者則為梁漱溟和馬一浮。熊、梁、馬是第一代，唐、牟、徐是第二代。至於第三代以至第四代，則說法更多，難下定論。❸至於寬鬆的看法，則流行於大陸思想界。他們除認同我所提的幾個人物外，還包括馮友蘭、錢穆、賀麟、張君勱和方東美等多位。我並不很贊同這種看法。我認為當代新儒學作為一個哲學的學派，特別是一個在當代東亞的強有力的學派，它的成員總需要具有結實的哲學根柢才成。同時，在理論立場與人生態度上是以傳統儒學為宗的。另外，在發揚傳統儒學方面，他應該能提供一些系統性而有分量的論著，特別是鉅著，以展示對傳統儒學的創造性的詮釋，和補傳統儒學在具有終極關心的問題上的不足才成。熊十力的《新唯識論》、梁漱溟的《東西文化及其哲學》、馬一浮的《復性

---

❸　一九七一年至七二年間，我在香港中文大學崇基學院哲學系任助教，中大學生會舉辦當代中國哲學講演會，他們邀我出來講。我當時以當代新儒家的哲學來說，並鎖定五個人物：熊十力、梁漱溟、馬一浮、唐君毅與牟宗三。我認為他們基本上能承接傳統儒學所遺留下來的問題。直到現在，在這一點上，即是，在當代新儒家的代表人物一點上，我基本上沒有改變自己的看法，仍是以這五個人為主，再加上徐復觀。這是就第一代與第二代而言。那篇講稿其後被刊於〈中大學生報〉。

書院講錄》、唐君毅的《生命存在與心靈境界》、徐復觀的《中國人性論史》和牟宗三的《現象與物自身》，在當時來說，的確是重要的著作，能表現哲學的慧識與對傳統儒學的創造性的詮釋。❹

---

❹ 我不同意大陸學者將馮友蘭、錢穆、賀麟、張君勱和方東美等放入現代新儒家的行列的理據是，馮友蘭雖終其一生在研究中國哲學，特別是儒學，但他在哲學的慧解上並不高明，他的以《新理學》為首的貞元六書都嫌浮淺，談不上境界（生命的境界）。他在學問的講求、探究方面未能始終一貫，也沒有歸宗儒學的意向，反而接近道家。他雖三次寫中國哲學史，雖關心中國哲學的發展，但後兩部是基於意識形態的壓力下而為的。在解放前寫的《中國哲學史》，水平不高，只是羅列資料，略加說明而已，談不上深思與睿見，更談不上方法論。三部中國哲學史到底以哪一部為準呢？不清楚。至於他在文化大革命後依附四人幫的現實政權，硬批孔子，則更遠離儒學所強調的知識分子的風骨了。錢穆的學問功力在史學，不在哲學。拿他的《朱子新學案》與牟宗三的《心體與性體》第三冊論朱子部分來比對一下，便立刻判然。另外，錢穆也不同意熊十力他們對傳統儒學以至傳統文化的看法，也不接受唐君毅、牟宗三、徐復觀、張君勱他們的邀請，在唐君毅執筆草擬的表明他們對中國文化特別是儒學的看法的〈為中國文化敬告世界人士宣言〉一長文簽署。關於這點，余英時在他的長文〈錢穆與新儒家〉（余英時著《猶記風吹水上鱗：錢穆與現代中國學術》，臺北：三民書局，1995，頁 31-98）中表述得很清楚。我手頭有的由大陸學者李山、張重崗、王來寧著的《現代新儒家傳》（濟南：山東人民出版社，2002）也有提到這點（頁 461-462）。倘若我們以熊十力、唐君毅、徐復觀、牟宗三等人的儒學思想為當代新儒學，則錢穆便不應被列入。賀麟是德國觀念論特別是黑格爾（G.W.F. Hegel）哲學專家，他的主要成就在於介紹和翻譯德國觀念論的著作。雖然他同情宋明的陸王哲學，也寫過這方面的著書，但不見得有獨到的成績。張君勱雖是上面提到的捍衛儒學以至中國傳統文化的〈為中國文化敬告世界人士宣言〉的簽署者，也寫過有關宋明儒學的專書：《新儒家思想史》（臺北：弘文館出版社，1986），但未見有獨特見解。他對現實政治的重視遠超過對儒學的闡釋與發揚。從理論與學問方面言，他不是重要的當代的新儒學家。方東美

　　與當代新儒家如唐君毅、牟宗三比較，第三代的儒門學者如劉述先、杜維明等所從事的工作重點，並不是理論體系的建構，而是有濃厚務實意義的宣揚活動：以英語把儒學～傳統與當代～闡揚到西方的、國際的學術思想舞臺。我一向認為這是非常重要的工作。一種學術思想或哲學理論，倘若要能自我轉化，有新的開拓，對話是很重要的。要進行有效的對話（Dialog, Begegnung），我們首先要做的事，是要以世界的語言把儒學的訊息融入國際，成為世界哲學（world philosophy）的一個組成分子。第三代學者的儒學思想還在發展之中，但他們在宣揚方面的努力，肯定地是值得稱許的。這種工作做得不足夠，也是事實，特別是與京都哲學作對比時，不足之處便更為明顯。關於這點在下面論京都哲學時會有進一步的說明。

　　至於第四代當代新儒家又怎麼樣呢？有些外國漢學家曾提出這個問題。我覺得在現階段討論這個問題，為時尚早，沒有值得認真細論的價值。大體來說，像筆者這種年紀的研究儒學特別是當代新儒學的朋友，雖然充滿學術思想研究的熱情，但有局限於一個小圈子內論學而自我陶醉的傾向。他們不具有第一、二兩代新儒家大師的慧識與氣象，也沒能理出一部表現原創性思想的著書，展示這一

　　的情況最為複雜，對於古今中外哲學，他似乎甚麼都懂，也甚麼都能講。在儒學方面，他對孔孟沒有偏頗，卻揚《尚書》〈洪範〉而小宋明。儒學之外，他也同樣醉心於道家，與其說他是當代新儒家，不如說他是新道家為恰當。他的生命情調與《莊子》最為接近。不過，他也同樣喜歡講中國大乘佛學，特別是華嚴宗哲學；只是講得有點濫，不夠嚴謹。他在臨終前皈依佛教。就這些點看，說他是當代新儒家，是小看了他的宏闊的學問規模。（關於他皈依佛教的事，我後來聽劉述先說，這是他的家人在他神智不清下強要他做的，不能說是他的本意。）

代新儒家對儒學本身的深廣的省思與開拓。他們基本上是對於第一、二代前輩的說法「照著說」，而不是「接著說」。更具體地說，這些年輕的朋友在哲學與邏輯思考的基本訓練上嫌薄弱，也不重視外語如德語、法語、日語以至英語的修學，以吸收國外的多種思維的有用的養分以營養自己，進行自我轉化。在把儒學推向國際的哲學舞臺一點上，他們比第三代的前輩的志業差得遠了。

總的來說，當代新儒家在學問上頗有一代不如一代地走向衰微的傾向，委實令人擔心。特別是想到當年牟宗三批評他的恩師熊十力的學問規模淺窄、難以說宏闊這一點，讓人感觸良多。

不過，令人感到振奮的是，大陸方面由於實施開放改革的路向，當代新儒學近年在大陸逐漸受到思想界、學術界的重視，也可以在學術研討會上成為講習的對象，在這方面的著作也能在大陸流通，甚至一些反共產主義、馬列主義、毛澤東思想的著作，也被印行出來了（例如牟宗三先生的《道德的理想主義》，其中有兩篇文字是直接批駁毛澤東的矛盾論與實踐論的，這部書也在大陸被印出來）。相較之下，港、臺方面的有關當代新儒學的講習與研究，反而遜色。我因此在宣揚當代新儒學的《鵝湖月刊》的鵝湖雜誌社的三十週年社慶上，向有關的朋友提出今後繼續發展應注意下列兩個工作重點。一是積極研究把當代新儒學中的具有分量但頗難理解的著作（例如唐君毅先生的幾本《中國哲學原論》和晚年鉅著《生命存在與心靈境界》）加以通俗化的可能性，即是，以簡易流暢的文字重寫這些著作，但保留原來的精義。另外是效法日本的京都學派的做法，把重要的、具有代表性的當代新儒學的著作翻譯成英語，把這套具有實力的哲學思想推向國際的哲學界與宗教研究界，讓它成為世界哲學的重要組成要素。

㈡京都學派

　　以下我們看京都哲學。京都哲學指京都學派的哲學，這套哲學創始於當代日本最出色的哲學家西田幾多郎，由他以下，跟他學習的和與他的思想同調或受他的影響的，有一大批哲學家和學者，代代相傳，構成了京都學派，或西田學派。這些人士包括西田的門人久松真一、西谷啟治、高山岩男、高坂正顯、鈴木成高、下村寅太郎、戶坂潤、三木清、九鬼周造、務臺理作等。與西田相友善、對他的哲學有同情理解的同一或後一世代的則有鈴木大拙、田邊元、和辻哲郎、高橋里美、植田壽藏等。第三代成員則有武內義範、阿部正雄、上田閑照、山本誠作等。至於第四代，倘若說有的話，則應包括大橋良介、藤田正勝、花岡永子、冰見潔等。以「京都」為名，主要是基於這些哲學家或學者的活動，以京都為主要場域，特別是以京都大學為講學的中心。

　　實際上，要確定京都學派的成員，要較確定當代新儒家的成員，複雜得多。大體而言，如我在其他場合提過，所謂京都學派的成員，有日本國內的提法和國際宗教界、哲學界的提法。前者包括西田幾多郎、田邊元、久松真一、西谷啟治、高坂正顯、高山岩男、鈴木成高、下村寅太郎、三木清、戶坂潤、九鬼周造等；後者則除了由西田到西谷外，還有武內義範、阿部正雄、上田閑照、山本誠作。至於鈴木大拙、和辻哲郎、辻村公一、山內得立等，則被視為邊緣人物，關係不大，但也不應被忽略。❺

---

❺　在有關京都學派的成員的確定、釐定問題方面，馬蘭度（John C. Maraldo）寫了一篇〈從歐美研究的角度看京都學派的認同和相關連的問題〉（歐米にお

　　我自己對京都學派成員的看法，與國際的學術思想界相若。即是，京都學派的成員，包括第一代的西田幾多郎、田邊元，第二代的久松真一、西谷啟治，第三代的武內義範、阿部正雄、上田閑照、山本誠作。**❻**我的判準是，他們都以「絕對無」為核心觀念來展開自己的哲學體系。以下便是有關這個觀念的闡釋。

　　所謂絕對無（absolutes Nichts）是就著絕對有（absolutes Sein）來說的，兩者都表示宇宙萬物的終極原理（absolutes Prinzip）。絕對無是以否定或遮詮的方式來表達的終極原理，絕對有則是以肯定或表詮的方式來表達的終極原理。兩者都超越了、克服了主客、有無的二元性（Dualität），而臻於絕對的層面。

　　京都哲學認為，所謂無（Nichts）或絕對無，是透過辯證與突破的歷程而得以顯現的。一般所謂善惡、有無，是就相對的角度或層面說的，在存有論上，善並不具有對於惡的先在性（priority）與跨

けける研究の視點からみた京都學派のアイデンティティとそれをめぐる諸問題），提到要決定誰是京都學派的成員的六個規準，有興趣的讀者可找來參考。該文刊於藤田正勝編《京都學派の哲學》，京都：昭和堂，2001，頁310-332。

❻　海式格（James W. Heisig）在他最近出版的《無的哲學家》（*Philosophers of Nothingness*）提及阿部正雄把久松真一置入京都學派中，然後把這種安排告訴包括我自己在內的外國人，後者跟著便把阿部自己列入京都學派之中，視之為該學派的重要的代表。Cf. James W. Heisig, *Philosophers of Nothingness*, Honólulu: University of Hawai'i Press, 2001, p.276. 這點對於我自己來說，並不符合事實。我並不是透過阿部來認識久松的，卻是看了《東方佛教徒》（*The Eastern Buddhist*）所刊載久松的文字，對久松產生良好的印象。海氏的眼角很高，看不起阿部，認為他的思想缺少分量。在他眼中，京都哲學家中只有西田、田邊與西谷能與於頂級哲學家的行列。他在上提的自己的著作中，也只集中在這三人來講。

越性（superiority）。故主體要解決惡的問題，不能以善來克服惡，取善而捨惡；卻是要從善惡所成的背反（Antinomie）超越上來，突破背反而達於絕對善的境界。禪宗祖師慧能在《六祖壇經》中所謂的「不思善，不思惡」，便有這種意味。要徹底地否定相對的善惡，才能達致絕對的純善無惡的境界。有與無的情況也是一樣，就相對的有與相對的無而言，相對的有在存有論上並不具有對於相對的無的先在性與跨越性，我們不能以有來解讀無，認為有的消失便是無。要解決有無這一背反或問題，不應以有來克服無，取有而捨無，卻是要從有無所成的整個背反中超越上來，突破這個背反，而達於絕對有或絕對無的境界。京都哲學認為，絕對有是實體主義（Substantialism）的核心觀念，絕對無則是非實體主義（Non-substantialism）的核心觀念。基督教的上帝（Gott）是絕對有，佛教的空（śūnyatā）則是絕對無。佛教與京都哲學都是本於非實體主義的立場而展開各自的哲學體系。

我們可以這樣說，絕對有不與絕對無為對，兩者的關係與相對的有無的關係不同。就超越相對的有無來說，絕對有與絕對無是相同的。但就性格、作用來說，絕對有不同於絕對無。前者具有剛健性、充實飽滿性（Erfüllung），後者則具有虛靈性與明覺性。兩者都是具有終極性的原理，卻是在表述終極的真理（Wahrheit）方面有肯定方式與否定方式的不同。

京都哲學認為，絕對有雖是絕對的性格，但仍不能完全脫離對象性，仍是有「相」（相即是對象性）。只有絕對無能真正地、徹底地從對象性中解放開來，成就廓然無相的最高的精神境界。有相終是有所執，而為所執者所束縛，而成著相。著相便不能說真正的絕

對自由（absolute Freiheit）。只有無相才不受任何相狀或對象性所束縛，才能成就真正的絕對自由。❼

二、熊十力的體用論和它的局限性

(一)熊十力、唐君毅與牟宗三

　　以下我們討論當代新儒學。在這裏，我們要聲明一點，我們不必以價值的角度來看當代新儒家。即是，當代新儒學便是當代新儒學，當代新儒家便是當代新儒家；不以作為當代新儒家中的一員為特別有價值的事，只是以公平的、客觀的態度來看學問、問題。我是要在本文中展示自己何以由當代新儒學與京都哲學轉到純粹力動現象學方面去。此中自然預認當代新儒學本身有義理上、思想上的問題或困難，需要加以說明和正視，俾能解決困難，向圓滿的思想轉進。京都哲學方面也是一樣，它也有困難，需要處理以求轉進。

　　到目前為止，漢語學界研究當代新儒學的哲學思想已很多，可

---

❼　說有，或絕對有，自然可以導致「有」或「絕對有」的對象相。說無，或絕對無，也可能導致「無」或「絕對無」的對象相。因此，即使說絕對無，終究也難免於著相。故倘若絕對無成為一個被執取的相或對象，仍需要被否定。這讓人聯想起般若思想的空空思想：對於空之相，仍要空掉，否定掉。以至於對空空之相，仍要空掉，否定掉，因此《金剛經》（*Vajracchedikā-sūtra*）與《壇經》說無住：不住著於任何對象相，以暗塞空空、空空空一類的無窮推演。關於《金剛經》的說法，參看拙著《印度佛學的現代詮釋》，臺北：文津出版社，1994，頁78-81。關於《壇經》的說法，參看拙著《中國佛學的現代詮釋》，臺北：文津出版社，1995，頁161-165。

謂汗牛充棟。這些研究基本上是對這種哲學思想持肯定的、正面的態度來看的；亦有少量的研究是以質疑的角度來做的，如在超越內在這一問題上，否定當代新儒學的理性性格、邏輯性格。我自己在這方面也作過一些工夫。❽在這裏，我主要留意當代新儒學在意識形態方面的扼要之點，它在作為東亞的一種舉足輕重的哲學的脈絡下，對人類文明、文化的層面所能提供的意義與貢獻。我會特別留意它在觀念與理論上存在著的困難，俾這種意識形態或哲學能作現象學的轉向（phenomenological turn），或融攝於純粹力動現象學的體系之中，產生出殊勝的功能。由於當代新儒學牽涉相當廣闊而深刻的問題，以目前的條件來說，要兼顧各個世代的人物所提的問題，是沒有可能做到的。我在這裏只能把探討聚焦在這種哲學思想的倡導者身上，這便是熊十力。基於他的開山作用和他的哲學體系所展示的原創性（originality），大概沒有人會否認他是當代新儒家中最重要的人物。另外，我也會牽涉熊先生的重要門人唐君毅先生與牟宗三先生的觀點。我認為這三位哲學家是當代新儒家中最重要的靈魂性的人物。特別是唐先生，他的哲學思想比較複雜，他的著作在行文方面不是很暢順，讓很多想理解他的觀點的讀者卻步。這當然不會影響我對他的評價與定位。唐先生的著作，對我來說，是一座大

---

❽　此中有《儒家哲學》，參：〈當代新儒學〉，臺北：臺灣商務印書館，1995，頁 195-297；〈當代新儒學體用不二論的突破與純粹力動觀念的提出〉，中央研究院中國文哲研究所「當代儒學與西方文化國際研討會」，2003 年 1 月；NG Yu-kwan, "Xiong Shili's Metaphysical Theory about the Non-separability of Substance and Function", in John Makeham, ed, *New Cnfucianism: A Critical Examination,* New York: Palgrave Macmillan, 2003, pp.219-251。

寶山，特別是他的《中國哲學原論》，對於中國歷代的名家所提出的哲學問題幾乎都有涉及，而且討論得相當深刻。他早年的著作，如《文化意識與道德理性》，與晚年寫的《生命存在與心靈境界》，是我國學者在繼熊十力先生的《新唯識論》以後的兩部造論之作。這三部書的原創性都很強。至於牟宗三先生，可以說是當代新儒家中對兩岸三地的思想界最具影響力的哲學家，在打後一段相當長的時間中，影響力會持續著。這是由於他在討論、闡釋問題方面，眉目清楚，讓人易留下深刻印象的緣故。不過，他在思想上的原創性略遜於熊、唐，他喜歡隨著文獻來發揮，沒有或較少造論的意識。他的《智的直覺與中國哲學》與《現象與物自身》是較具原創性的出色著作。

(二)熊十力的體用論

以下我特別地先對熊十力先生哲學作概括、評論與反思，把焦點放在體用論方面；然後處理以唐君毅、牟宗三先生為主的當代新儒學的問題。我要特別地從體用論開始，是由於我自己的純粹力動現象學是直接承著這體用論而開出之故。當然，體用論有它的重要性。首先，自傳統儒學特別是孔孟以來，儒學一直存在著內聖、外王的問題。❾內聖是心性特別是道德心性方面的覺悟與涵養、修習。外王則是基於由內聖涵養所成就的功德向外界的政治、文化方面的開拓。《大學》所言八條目中的格物、致知、誠意、正心、修

---

❾　「內聖、外王」的字眼最早出現於《莊子》，但用來述評儒學的得失，也一樣合適。

身是內聖的工夫，齊家、治國、平天下則是外王的範圍或內涵。如所周知，儒家講學的內容與踐履的行為，一直都聚焦在內聖方面，而忽略了外王方面的重要性。至南宋的葉適、陳亮與明末清初的王夫之、黃宗羲與顧炎武才開始正視外王問題，對事功、政治方面作深切的反思。王夫之的《宋論》與黃宗羲的《明夷待訪錄》的撰寫，是其中一個顯明的例子。熊十力除了究心心性與天人合一的道德的與形而上學的學問方面外，也接上了王、黃、顧的這個傳統，因而撰寫《原儒》，推尊周公、孔子的志業。牟宗三又承之，寫《道德的理想主義》、《歷史哲學》、《政道與治道》三書，從哲學的角度來討論與反省我國的歷史、政治、文化問題。在這方面，徐復觀也做了好些工作。但都做得不足夠，對西方的議會制度、立法與行政分家的問題的探討方面，還有補充空間。

第二，傳統儒學一直關心對道德心性的涵養與對形而上的天命、天道、天理的體證，認為前者的主體面與後者的客體面基本上是相互貫通的。但一直忽略了與現實生活息息相關的知識問題，自然也不講求對客觀而有效的知識的建立的知識論問題，在正德、利用、厚生三個要務中，正德總是居於首位，那是有關道德理性的解悟與開拓；與知識較有關連的利用、厚生則被置於附隨的位置。熊十力很敏銳地注意到這點，並在寫完形而上學的體系著作《新唯識論》後，老是說要寫量論（知識論），但講了接近半個世紀，結果還是沒有寫出來。在這方面，牟宗三接上了。他在早期寫有《認識心之批判》，後期寫有《現象與物自身》。特別是後者，他是以康德（I. Kant）的知識論所論述的問題而展開的，建立有執的知識論與無執的知識論。同時，他對王陽明的重德輕知（知識）的態度有所

感悟，提出良知或知體明覺的自我坎陷（否定）而開出知性或認識心，為認知主體或知識主體定位，煞是用心良苦。❿

第三，這一點非常重要。熊十力的《新唯識論》的理論體系所展示的本體，有很鮮明的問題，這便是對本體的理解問題。熊強調本體的運轉、變化功能，在運轉、變化中，本體展現出其功用：翕闢成變。但變化是預設矛盾的，熊需要清楚交代這點，於是他直率地說本體自身本來便具有相互矛盾的成分。他強調在宇宙實體（按這即指本體而言）內裏便有相反的兩端，這兩端促成本體的發展、變化。⓫他很注意本體由於內部有矛盾，而生變化。他說：

> 宇宙開闢，必由於實體內部隱含矛盾，即有兩相反的性質，蘊伏動機，遂成變化。⓬

---

❿　另外，由唐君毅起草，唐君毅、牟宗三、徐復觀與張君勱四人共同簽署發表的〈為中國文化敬告世界人士宣言：我們對中國學術研究及中國文化與世界文化前途之共同認識〉這種宣言式的文章也以嚴肅的態度來交代和肯定這個問題。該篇文章的英文本收錄於張君勱著《新儒家思想史》中，臺北：弘文館出版社，1986，Appendix，頁 1-29。中文也載於同書，附錄，頁 621-674。同文也附載於唐君毅著《中華人文與當今世界》下，臺北：臺灣學生書局，1978，頁 865-929。復又載於唐君毅著《說中華民族之花果飄零》，臺北：三民書局，1974，附錄，頁 125-192。另外，我的拙作〈純粹力動屈折而開世諦智與良知坎陷而開知性的比較〉，鵝湖雜誌社「朱子與宋明儒學學術研討會」，2000 年 12 月，也探討及類似的問題。此文又收入於拙著《純粹力動現象學》，臺北：臺灣商務印書館，2005，頁 787-809。
⓫　熊十力著《體用論》，臺北：臺灣學生書局，1975，頁 11-12。
⓬　熊十力著《乾坤衍》，臺北：臺灣學生書局，1976，頁 250。

這裏所說的實體即是本體。在熊十力看來，本體不是純一無雜的，卻是含有兩方面相反的性質。對於這種相反的性質，他又以複雜性來說：

> 萬有現象之層出不窮，若推其原，良由實體含蘊複雜性。❸

對於熊十力來說，本體中的兩端、矛盾，都是複雜性的表現，而這複雜性正是本體的成分。複雜的成分到底是甚麼呢？熊以大明與太素來說，大明是乾，太素是坤。❹這大明與太素是一元的本體內部所含藏的複雜性。❺他又以陰、陽來解讀本體的複雜性，以陰相應於坤，陽相應於乾。❻

熊先生的處境是，他要提升本體與一切相對反的現象的關係，視前者為後者的根源，又要解釋本體的變化作用，而變化預認矛盾，為了要闡明本體能同時概括相對反的現象，因而提出本體內含有複雜性或複雜成分的說法來處理這個問題。即是，本體自身有複雜性，這些複雜成分，有大明與太素、乾與坤、陽與陰、等等。進一步他又將這種複雜性移轉到心與物、闢與翕的現象或勢用方面去。在他看來，這些複雜成分聚合起來，便構成本體。

---

❸　同上書，頁 239。

❹　熊十力著《原儒》，臺北：明文書局，1997，頁 391。

❺　《乾坤衍》，頁 242。

❻　同前註。

(三)體用論的困難

　　這樣的本體思維或本體詮釋，為他的本體學或形而上學帶來種種困難。一方面，基於本體含藏複雜的甚至相對反的成分，我們便可以鬆化本體，把構成它的複雜成分析離開來，把本體還原出較它更為基要的因素，則本體便失卻終極性（ultimacy），這便與我們一般所理解的本體應是終極義這一觀點不協調，這樣的本體便不能被視為真正的本體了。這是他的本體思想的一大難題。❼

　　另方面，熊先生以陰陽異性的東西來說本體，也會造成本體思想在義理上的困難。❽本體是終極原理，是理，是超越性格。陰陽則是氣，是經驗性格。以佛教的詞彙來說，本體是無為法（asaṃskṛta），不生不滅。陰陽則不論是陰氣也好，是陽氣也好，都是有為法（saṃskṛta），有生有滅。熊十力把陰陽二氣放在本體觀念中來說，視之為構成本體的複雜成分，是不能成立的。這樣只會把理與氣、超越性與經驗性混雜起來，不是以下即將要討論的兩界不二或體用不二的那種關係。我不能明白何以熊先生會這樣思考。除非以本體（超越的本體）詐現為陰陽二氣（經驗的、現象性格的陰陽二氣）來說，這便不同。「詐現」（pratibhāsa）是一宇宙論觀念，展示形氣

---

❼　希臘大哲亞里斯多德（Aristotle）很強調實體（Substance）或本體是不為其他分析法來處理以確立本體的終極性格。德哲來布尼茲（G.W. von Leibniz）也聲言複合的東西應有它的單純的實體；即是，複合的東西需以單純的實體或本體來解釋、交代（account for），以本體為由複雜的東西所構成的說法是不能成立的。

❽　熊十力說：「陰陽性異（自注：乾為陽性，坤為陰性）。……性異者，以其本是一元實體內部含載之複雜性故」。（《乾坤衍》，頁 242）

事物的生成。這正是下面筆者要提出的純粹力動詐現為形氣，再分化、詐現為具體的、立體的事物，才能說得通。

　　再有一面，也是挺重要的一面是，熊十力以「體用不二」的說法來特顯（characterize）他的本體宇宙論或形而上學的特色、性格。體是本體、實體，用是功用、展現，也可以泛說為現象。這「不二」不是等同，而是不離的意味。⓵體用不二正是本體與現象不離而擁合在一起的意味。這表面上有圓融的意味，是體與用、本體與現象不分離的那種圓融相即的關係。體與用雖然在存有論上不分離，用存在於體中，體也存在於用中，或用依於體而展現為現象，體含藏於用中而作為現象的基底（Substrat），但在意義上，在實指上，體仍是體，用仍是用，兩者各有其分際、所指。熊先生說：

　　　　體用本不二，而亦有分。……識得有分，即見矛盾。⓶

又說：

　　　　體唯渾全，故無限。用乃分化，即有限。⓷

這樣的說法，也遍布於熊先生的著作中。這首先讓我們感到困惑的

⓵　體用不二及兩者不能存有論地分離的說法，遍布於熊氏的所有重要的著作中。可參看拙著 NG Yu-kwan, "Xiong Shili's Metaphysical Theory about the Non-separability of Substance and Function", pp.230-234。

⓶　《原儒》，頁 6-7。

⓷　同上書，頁 6。

是，熊一方面說本體具複雜性，另方面又說本體是渾全。複雜性預認矛盾、不一致性，而渾全則預認純一性、一致性（Einheit）。雙方在意義上相衝突，但都存在於熊先生的著作中，我們應該如何解讀呢？特別重要的是，我們要留意熊所說的體用有分一命題。「分」是分際、分位、本分的意味，都展示體與用是兩種東西，不是同一的東西。「體用不二」的「不二」的圓融意味是有上限的，它只在體與用相即不離這樣的關係脈絡中圓融，不是兩者所指完全相同的那種徹底的圓融。而熊氏以體是無限，用是有限的說法，更坦率地表示體與用分別屬於無限界與有限界。界限既然不同，則不單不能說兩者完全相同，甚至兩者相即不離的關係也守不住了。

　　有一點需要仔細澄清的是，對於體與用的不二關係，熊先生喜歡以大海水與眾漚的關係作譬，以大海水喻體，眾漚喻用或現象。體用不二，即是大海水與眾漚的不二。大海水是眾漚的大海水，眾漚是大海水的眾漚，雙方不能分離，是「不二」的。這個譬喻，從表面看來，似乎很貼切，很生活化。但深一層看，大海水概括一切眾漚，包括在眾漚之下的所有海水，眾漚只是大海水表現的那些波浪，並不包含在它們之下的海水。大海水是總，眾漚是別，雖然在質素上雙方是一樣，但總與別終是不同，終是「二」。

　　再有一面。在熊先生看來，體是本原，用是本原所呈現的現象。用或現象的成立，必須由體發出。體是渾全，用或現象是分化。這種思維，仍不免墮於一種機械化的（mechanical）關係中。由作為源頭的本體發出功用，成就現象，而功用、現象亦必須由本體發出。這好像機器發揮它的作用那樣，如發電機是體，它所產生出來的電能是用。這樣，體與用可構成一二元對峙關係。初步看有類

胡塞爾（E. Husserl）的現象學（Phänomenologie）所展示的意識（Bewuβtsein）以其意向性（Intentionalität）構架對象（Objekt）那樣。❷❷ 意識相應於體，對象相應於用。這仍傾向於二元性的思維，不能成就終極的圓融境界。這樣的本體宇宙論仍不完足。

　　最後一點，也是最具關鍵性的一點。實體主義中最核心的觀念絕對有、實體或本體，作為具有實質內涵的絕對存有，必有它的一貫的、不變的質料，所謂質體性（entitativeness）、質實性（rigidity）。這性格使絕對有成為質體性的（entitative）、質實性的（rigid）。這性格有使絕對有集中起來、凝聚起來的傾向以至作用，而產生所謂凝滯性、固結性，最後減殺絕對有的動感（Dynamik）。動感不足，便難起創生的大用，或只能作有限的創生，不能作無限的創生。這樣，世界便形虛脫、萎縮，不能有充實飽滿的表現；不能是圓足的世界，只能是有缺漏的世界。像熊十力所強調本體是「生生不息，大用流行」、「生生不已，故故不留」的動態姿采便不能說。本體的這種凝滯性倘若進一步向極端的導向發展，會淪於常住論（eternalism）。一切以常住論為背景的事物，便會變得固結不移，不能轉變，只定止於某個處所，繁興大用、欣欣

---

❷❷　關於胡塞爾現象學中有關意識以意向性構架或指向對象的問題，參看拙著《胡塞爾現象學解析》，臺北：臺灣商務印書館，2001，頁 69-116；拙文〈與超越現象學對話：胡塞爾等論生活世界與我的回應〉，載於《鵝湖學誌》，第 32 期，2004 年 6 月，頁 1-84；拙文〈純粹力動現象學與超越現象學〉，載於《鵝湖學誌》，第 33 期，2004 年 12 月，頁 1-100。後兩文又收入於拙著《純粹力動現象學》中，頁 406-453、562-641。

向榮的宇宙便無從說起。❷最嚴重的是，事物由於稟有本體的凝滯性，像儒家所說的實理實事（實實的天理、天道產生實實的萬物）而變得僵化，缺乏變化的空間，則一切道德上的、宗教上的轉化、上下迴向便成為空談，世界便下墮成一個死潭。

三、唐君毅的道德理性與文化意識思想

(一)文化活動、文化意識立根於道德理性

以下我要把探討的焦點轉移到唐君毅先生的哲學方面來。如所周知，唐先生的哲學體系或內容以廣大著稱；他所關心和認識的範圍，涵蓋古今、東西各面。不過，他的體系有一個中心點，那即是文化意識、道德理性和雙方的關係。這正展示於他的早年著作《文化意識與道德理性》中。❷而這種關係的運用，特別是判教或教相判釋（用佛教的詞彙），對世界的哲學與宗教的闡釋與定位，則可見於他的晚年鉅著《生命存在與心靈境界》中。❷這種關係是怎樣呢？唐先生以眾流截斷的方式表示，人類一切文化活動，都源於一種文化意識，而文化意識的基礎，正是道德理性。他在《文化意識與道德理性》的序言中開宗明義地說：

❷ 「繁興大用」是華嚴宗法藏用來描述法界緣起中諸種法或現象所呈現的無礙的、殊勝的姿采的用語。
❷ 唐君毅著《文化意識與道德理性》上、下，香港：友聯出版社，1958、1960。
❷ 唐君毅著《生命存在與心靈境界》上、下，臺北：臺灣學生書局，1977。

本書之內容十分單純，其中一切話，皆旨在說明：人類一切
文化活動，均統屬於一道德自我或精神自我、超越自我，而
為其分殊之表現。……一切文化活動之所以能存在，皆依於
一道德自我，為之支持。……中國儒家論文化之一貫精神，
即以一切文化皆本於人之心性，統於人之人格，亦為人之人
格之完成而有。……道家之尚自然，是由於見人文之弊害。
而儒家則不主張因噎廢食，而知一切人文之弊害皆由於人文
與其本原所自之人之德性或道德理性相離，由於人之道德自
我、精神自我之不能主宰文化。這一意思，是我全部承受
的。❷❻

我們可以把這些文字的意義，綜合為以下諸點：

　　1.人的一切文化活動，都發自人自身的道德自我，或道德理
性。

　　2.人的文化活動是道德自我或道德理性的分殊表現。

　　3.儒家確認人的文化活動都以人的心性、人格為本。這是原則
問題。它不會由於人文有弊害便廢棄人文；它認為這弊害是由於人
悖離這道德理性的導向而致的。道家則採較極端的做法，見人文的
弊害，因而迴避人文，而崇尚自然。

　　唐先生的意思很清楚：人的一切文化活動（他在書中舉出如下例
子：家庭、經濟、政治及國家、哲學、科學、藝術、文學、宗教、道德、生活、
體育、軍事、法律、教育等）都發自各各相應的文化意識（即政治活動發自

---

❷❻　《文化意識與道德理性》上，〈自序二〉，頁 3-5。

政治意識，宗教活動發自宗教意識之屬），而這種種文化意識都有一共同根源，這便是道德自我或道德理性。

大體上，道德理性相當於康德（I. Kant）所說的實踐理性（praktische Vernunft），是一切實際行為的主體，而這道德主體正是我們的最高主體性（highest subjectivity）。不同的是，實踐理性是道德行為的發動者、持續者，同時也交代處理上帝、絕對自由與靈魂不朽的問題。而道德理性所涉的外延（extension）更為廣大，它涵蓋實踐理性，而且超過它，是人的一切自覺的、有理想義的、現象學義的（phänomenologisch）文化活動的總根源。它不但能發動文化活動，而且主宰文化活動，不讓後者流於極端的、泛濫的狀態，卻是恆常地以理性的明覺照見人的精神活動的多元性、多姿多采性。

在這裏，還有兩點值得留意。唐先生提到儒家的文化哲學觀：一切文化都以人的心性為本。這是對於儒家一貫的「人文化成」的導向的最好的詮釋。文化是人的文化，應是源自人的本質，這本質，孟子的性善觀點最能道出，這在存有論來說，正是人的絕對善的本心本性，亦即是心性。唐先生的這種說法，遠的自可追溯到孟子，而近的，則是他的前輩馬一浮。馬氏學問淵博，其宗畢竟歸於儒學。他對儒學，常能展示一種洞見（Einsicht）。在儒學的文化哲學來說，他以六藝（禮、樂、射、御、書、數）來說文化，認為六藝的文化活動，是我們的性分所具有的事；我們的性量本來廣大，性德本來具足，六藝的文化，正是由這性德中自然流出的。❷⁷唐先生的說法，可說是對馬一浮的文化自心性中流出這一文化哲學的洞見的

---

❷⁷　參看拙著《儒家哲學》，頁 202-203。

最恰當的詮釋與發揮；這心性正是道德理性。另外，日本當代最傑出的哲學家西田幾多郎也很強調意識（Bewuβtsein），特別是意識的統合力量，這力量或力動牽涉及終極實在的問題。西田以人格的要求具體地解讀這種力量，也視人格的要求是自我的最大要求。❷❽他由此說到絕對善的問題。他顯然是將人格（Persönlichkeit）一觀念由道德的層面提升到形而上學的層面，對它作出存有論的轉向（ontological turn）。西田的這種看法，與唐先生認為文化活動以人的心性、人格為本的說法很有比較的空間。唐先生在這裏的人格，除了有道德的涵義外，也頗有存有論的意趣。

　　說文化活動、文化意識發源自道德理性，在理解上讓人有抽象的感覺。以自我說又如何呢？道德理性其實即是道德自我或價值自我，所謂「價值」是就道德價值說的。唐先生說：

> 每一文化活動、文化意識，皆依吾人之理性而生，由吾人之
> 自我發出。故每一文化活動均表現一對自我自身的價值或道
> 德價值。由是而吾人所謂道德自我，超越自我，精神自我，
> 創造文化、具備文化意識之自我，只是一自我之異名。❷❾

這段文字的意思非常清晰，不需作特別的闡述。道德理性即是道德自我，或道德主體（moralische Subjekt）或道德主體性（moralische

---

❷❽　參看拙著《絕對無的哲學：京都學派哲學導論》，臺北：臺灣商務印書館，1998，頁 11-12。

❷❾　《文化意識與道德理性》上，〈自序二〉，頁 18。

Subjektivität），以道德自我來說道德理性，扼要易明。唐先生便有
《道德自我之建立》一書，專論這個觀念的，後者也有形而上的特
別是存有論的意思。㉚倘若就我近年所提的具有現象學意味的自我
的設準來說，道德自我正相應於我所提出的同情共感我；這與藝術
意趣的靈臺明覺我和宗教意趣的本質明覺我、委身他力我與迷覺背
反我，應屬同一層次。㉛

　　深一層看，道德理性或道德意識（在這裏，理性與意識為等同）如
何能作為文化意識的本源呢？唐先生提出道德哲學中最重要的觀念
「善」（the good, Gut）來助解。他說：

> 道德意識所以為道德意識，在其能自覺的知善與不善。……
> 道德意識之涵蓋文化意識，即一「辨別見證文化意識中之善
> 與不善」之意識，之昭臨於上。而道德意識之協調延續文化
> 意識，即一善「善」惡「不善」之意識之實現其自身，亦即
> 善之實現其自身，以求充善之量，於意識中之事。㉜

所謂「善」，有狹義與廣義。狹義指道德價值，廣義則指一切價
值。唐先生在這裏說的「善」，應是廣義，指一切價值，或價值一
般（good in general）。對於文化活動，我們有文化意識，後者是前者
的催生者。而再在文化意識中認證它的善或不善、價值或非價值

㉚　唐君毅著《道德自我之建立》，香港：人生出版社，1963。
㉛　關於具有現象學意義的自我的設準，參看拙著《純粹力動現象學》，頁 187-
　　249。
㉜　《文化意識與道德理性》下，頁 220。

的，正是道德意識，或道德理性。這道德意識有一種價值意義的取
向，或選擇，這即是善「善」惡「不善」，或善「善」惡「惡」。
這善「善」惡「不善」的價值意識或道德意識，正是證成世間的善
性能夠實現其自身的道德力量。對文化意識中的「善」與「不善」
的決定，正依賴這道德力量或道德意識而得成就的。因此，道德意
識、道德理性是一切文化意識的根基，它自然也是一切文化活動之
所以可能或能實現的根基。以上的說法，是就意識的、自覺的層面
提出的。唐先生更進一步從潛意識的、不自覺的層面立說。他說：

> 吾人在有一任何活動時，吾人皆潛伏有一自以其所從事之文
> 化活動為善之判斷。此判斷純為不自覺，而為一原始之潛伏
> 的自善其善之活動。吾人之所以知人之有此潛伏的自善其善
> 之判斷，唯由人對其所發出之活動，恆任持不捨，而於順成
> 其活動之客觀事物，即謂之為善，阻礙其活動之客觀事物，
> 即斥之為不善，為惡，以反證之。❸❸

唐先生的這種說法，煞是深沉細微，即使是弗洛伊德（S. Freud）的
精神分析（Psycho-analyse）與容格（C. Jung）的深層心理學（Tiefen-
psychologie）也未必到這個地步。他是要在潛意識的層面建立性善的
學說，這正是所謂「原始之潛伏的自善其善之活動」，亦即是要在
潛意識的層面證成孟子的性善論。有人看到孺子爬到井邊，便忽地
衝將出去，把它拖回來，讓它不致跌落井底而死。這是一種本原

---

❸❸　同前註，頁 222。

的、不自覺的、發自惻隱之心的衝動；這衝動便是力量，當事人不必意識及、自覺到自己的這股力量，但他便這樣做了。唐先生說的「自善其善之活動」不是有意識的、自覺的活動，而是潛意識的、不自覺的活動。在意識的層面表現和感覺到這救人的活動，「自善其善」的心靈取向已存有論地在那裏了。這當然是一種善的、價值的取向，只是沒有對這種取向的自覺而已。

要注意的是，「自善其善」中的被善待的「善」，不獨是在感覺上的善，同時也應是有客觀依據的善；即是，它自身是自足的。換言之，這善是一種道德的價值，具有普遍性的客觀的價值。關於這點，唐先生未有明確的交代。試看開始部分的意思，即是，我們從事一文化活動，同時會有對這種活動的善的、價值義的評估，或判斷，但這種判斷不是自覺性格的，而是不自覺性格的，是潛藏在意識的底層的。對於任何文化活動，我們都會對它有善的、價值的判斷，把它看成是善的、有價值的，起碼在潛意識方面是這樣。這便是中間部分所說的「自善其善」；唐先生並提出我們對有關活動的「任持不捨」作為這自善其善的理據。這沒有問題，但我們無法保證在「自善其善」中被善待的「善」作為善的普遍性、客觀性。我們對一些事或行為可以任持不捨，這是我們的主觀態度、主觀做法，但為我們所任持不捨的事物或行為是否真的是、客觀地是善呢？這個問題仍存在著，唐先生未有周延的回應。不過，他在別的地方透露了一點意思，這正是我們接著要探討的。

(二)道德行為與文化理想

　　上面說到我們所任持不捨的行為，應是指善的行為、道德的行為；善主要是從道德方面說。而道德（morality, Sittlichkeit）本身有其自足性、獨立性；它的價值，或更具體地說，道德的行為或理想，其意義由它自身便可決定，不必參照其他的東西。這個問題不很簡單，我在這裏要仔細地探討下去。首先要提的是，我們在日常生活中，常用到「應該」、「不應該」的詞彙，這是有約束性的所謂「應然」（Sollen）的問題，與表示現實性的「實然」不同。在這一點上，唐先生說：

> 人生之目的，唯在作你所認為該作者，這是指導你生活之最高原理。至於甚麼是你該作的內容，我們卻並不需規定。只要是你真認為該作的，便都是該作的；以至我們以前所否定之一切出於要作而作之活動，只要真通過你應該的意識，而被認為該作，便都可重新在另一意義下加以肯定。它們本身是盲目的，然而只要真通過應該的意識，它們便完全變質而成為自覺的。問題只在你是否真相信它們該作。❸❹

這裏透過一種行為的應該做或不應該做的應然意識來鎖定該行為的意義、價值，這是道德的意義與價值。表面的意思是，對於一種行為的該做或不該做、該存在或不該存在的考慮，是一種道德的抉

---

❸❹　《道德自我之建立》，頁 30。

擇，這是自己自身便可作決定的。至於如何去做，或以甚麼方式去做，則是具體的內容的問題，即是，要配合行為的性質來決定，這點可以暫時擱下，因它是第二序（order）的，不是第一序的。唐先生的意思很簡單：對於作出某種行為，只要我們真的認為應該做，問心無愧，便成了。

　　現在有一個相關的問題：倘若一種道德行為或道德理想包含一個文化理想，要踐覆這道德行為或道德理想，自是有價值的事，但所包涉的文化理想不一定能實現，那我們應該怎樣做呢？唐先生認為，即使文化理想不能實現，我們仍可踐履那道德行為或道德理想。他說：

> 實現道德理想，求自覺的道德生活之事，唯是自求，亦是自求而必能自得，更無所待於外者。……吾人之道德理想所要求於己者，惟是己之如何如何行為。吾人只須盡吾人之力以行，則此道德理想已實現。……無論吾人之是否成功，吾人皆可成仁。❸❺

唐先生的意思是，道德理想或道德行為是自足的，其價值是獨立的，不依待於他者，或結果。即是，即使文化理想或道德結果不出現，不能實現，我們仍然可以踐履道德理想或道德行為。此中並不存在「不成功便成仁」的情況；即是，我們只要依道德原理來生活、自處，價值便在其中，不必刻意計較是否能產生實際利益。這

---

❸❺　《文化意識與道德理性》下，頁 270。

顯然是不以成敗論英雄的觀點。一個人的生命價值，能否成為英雄，不是就他所能達致的現實目標能否帶來事功來決定的，道德行為或道德理想的實現，即足以使人成為英雄。故道德本身有其獨立性、超越性，獨立於、超越乎現實的功勳與利益也。

上面討論的有關道德自身的自足性，是理想主義的、樂觀的說法。我們總不能不顧及現實，一條鞭地往道德原則那邊走。道德或道德原理雖然具有內在的價值，因而一個人的生活可以完全地隨著它的腳跟轉，而不理會現實環境和社會大眾、公益，這畢竟是一種遺憾的、不完滿的事。一椿道德行為固然是高貴的，但「高處不勝寒」，倘若它能感化他人、幫助他人，不單是提升自己的生活質素、生命價值，同時也能引發、導致事功的實現，而影響他人，讓他們的生活過得更充實，更有意義，那是再好不過了。**㊱**

(三)借康德的觀點以助解

回到善與不善的判斷問題上，上面我們說及善自身的普遍性與客觀性的問題，未有進一步的探討。而唐先生在這一點上，也未有作出詳盡的、精確的交代。不過，他在論及良知的問題上，特別是

㊱ 唐君毅先生提到道德活動倘若不能帶來文化價值的實現，不能提升他人和社會道德的水平，終是有憾。（同前註，頁 272）不過，這裏也涉及道德的意義的理解問題，不可不提出。即是，倘若我們以同情共感來說道德，把道德的意義放在與他人或社會的關係的脈絡下來理解，則那種只是利己而不兼利他人的道德活動便很難說。說兼利他人，便更接近以教化、轉化他人為終極目標的宗教了。這點的意義比較深微，這裏暫且擱下，希望以後有作深刻的思考的機會。

善「善」、惡「不善」方面，有如下的說法：

> 能判斷吾人之活動之善不善而善「善」、惡「不善」之自
> 我，即吾人道德理性自我，亦即吾人之良知。吾人之活動之
> 善者即合理者，不善者即不合理者。蓋所謂合理之活動，即
> 自覺為能普遍建立之活動，而所謂自覺為能普遍建立之活
> 動，即自覺能為不同時之吾之自我與他人之自我所同肯定之
> 活動。……吾人之考慮吾人之活動之善不善，可自此活動是
> 否能促進成就其他之活動上考慮，可自此活動是否能在普遍
> 的人類之理性自我上建立上考慮，亦可自此活動是否能真得
> 我之良知之印證、是否能慊足於我之良知上考慮。三者之
> 義，原是一貫。自哲學上言之，第一即功利主義之觀點；第
> 二即理性主義之觀點；第三即直覺主義良知主義之觀點。**㊲**

這種以「普遍建立」來解讀善或道德，很明顯地是順著康德（I.
Kant）的道德哲學的路向而扼要地提舉出來；康德正是走理性主義
的路向。在他的名著《實踐理性批判》（*Kritik der praktischen Vernunft*）
與《道德形上學的基礎》（*Grundlegung zur Metaphysik der Sitten*）中，康
德提出，道德的基礎在我們的意志對於格律（Grundsatz, Maxime）的
遵守，這格律具有道德的普遍性與約制性。普遍性是這格律對於任
何人都是有效的，約制性則是每一個人都要持守的。格律（這裏是
說道德格律）的精神在於應該、應然意識，以定然律令（kategorischer

㊲　《文化意識與道德理性》下，頁 225-227。

Imperativ）表示出來。例如「人不應該說謊」、「人應該說真話」。人說真話，而不說假話，並不是出於利己之心，或要得到別人的讚賞，而是由於這樣做是應該的事，是他履行責任。而他這樣履行，是道德的行為，這行為本身便具有價值，便是一種目的。至於道德與善的問題，康德認為雙方有密切的關連。真正的善是道德義的，這是透過對道德的格律的持守、進行道德的活動而得來的。各人都有自己的主觀願欲、興趣與利害考慮，但在道德格律面前，必須把這些東西擱置，依從道德格律來行事，這便是道德。而真正的善，也只能是道德的善。離開了它，至善便無從說起。

　　進一步理解康德的道德思想，不能不涉及意志，特別是善的意志的問題。這又要先說善。上面說真正的善是道德的善，而道德的基礎，是對普遍格律的尊重與依從。故真正的善其實是指那普遍的格律的善而言。格律本身是善的，因而依格律而表現出來的行為、活動也是善的。這善的格律與道德的善有其客觀的基礎，對每一個人都有約制性或約制力量，不依人的不同而異。它亦有其主觀的基礎，這即是康德所謂的「善的意志」。意志何以是善的呢？康德以為，這不是基於它能引致現實的利益，而是依於它自覺地遵從善的格律來生活、做事。人如能夠守得住這善的意志，不追隨一切感官欲念的腳跟轉，便能展示出道德的行為，開拓出道德的世界。

　　這善的意志表現在意識上，即是善的意識。康德認為，這善的意識具有內在性（Immanenz）；他以道德的義務（Pflicht, Schuldigkeit）的知識來說道德的善的意志，表示人人都具有這種知識（在這裏，知識與意識是等同）。具體地說，人人本來都能知善知惡，知道怎樣去盡自己的義務。這種知識或意識與行為的實際效益並無關係。人本

來便有行善或實踐道德行為的意志、意願，這種意志、意願是自發的，因而道德行為也是自發的。人行道德，並不是因為有實際效益才這樣做。康德甚至認為，人在與現實的經驗世界接觸之先，已具有這種意識了。他指出，我們所關切的，不是教人知道這種行善的意識，而是幫助他們把它顯露出來，付諸實行。實踐道德的善，是意志問題、意願問題，只要有意願，沒有做不到的。這不是能力或技術問題。人的實踐道德，「是不為也，非不能也。」❸

　　上面闡釋了康德在道德哲學方面的重要論點，目的是要把康德的這些觀點作為參照，來看唐君毅先生的善的普遍性與客觀性，特別是普遍建立的道德律則的問題的看法。現在讓我們回歸到唐先生的道德思想方面來。唐先生以道德理性作為一切文化意識、文化活動的根基的觀點，很可能是受到康德論宗教與道德的關係的影響。此中的關鍵點是，康德有把宗教還原到道德的傾向；即是，他視道德可獨立於宗教而成立，而宗教則不可獨立於道德而成立。❸宗教是文化中的一種，因此，我們可以推斷，在康德看來，宗教意識、宗教活動依於道德理性。把宗教意識、宗教活動推展到文化的各方面，便可得一切文化意識、文化活動都依於道德理性，這便是唐先

---

❸　以上所述有關康德的道德哲學，是筆者多年以前讀他的《實踐理性批判》和《道德形上學的基礎》的所得，憑記憶寫出來；此中亦包含一些前賢研究的心得在裏頭。就上面所述的來說，康德的有關道德問題的觀點，的確與我國儒學的孟子與王陽明的看法有一定程度的類似性（homology, Homogenität），三人在道德思維上有很大的比較空間。

❸　有關康德論宗教與道德的關係的觀點，筆者做過一些研究，所得是宗教依於道德，而道德則不依於宗教，如上面所說。參看拙文〈康德的宗教哲學〉，載於拙著《西方哲學析論》，臺北：文津出版社，1991，頁49-77。

生的看法了。❹

　　說到文化活動，在它的歷程中，未必事事如意，有些東西是我們所能制宰的、決定的，但亦有些因素是在我們的操控範圍外的，唐先生因而在此提到自己的行事有時不免受外在因素影響，甚至仰賴於外在因素，才能實現客觀的價值，倘若未能實現客觀的價值，我們內心總會有遺憾惋惜之感。關於這點，上面也略有透露過。不過，他仍是堅持道德的內在自足性，而道德的行為，亦以實現自己的內在的人格為目的，這目的聚焦於自我的生命境界的轉化、轉進。❹

　　道德行為的目的，既然是對自己的內在的人格的實現、證成，

---

❹　實際上唐先生在他的《文化意識與道德理性》的序文中，便坦認他受康德的影響。他說：「吾書以道德為文化之中心，而不以哲學為文化之最高者，乃承康德之精神。」（上，〈自序二〉，頁 11）「以哲學為文化之最高者」是指黑格爾（G.W.F. Hegel）而言。唐先生在哲學的旨趣上不宗黑格爾而宗康德，有他的理性的理由。不過，在方法論上，在思考形態方面，他深受黑格爾辯證法的影響，但那是另一問題。

❹　關於這點，唐先生說：「一切文化活動之進行中，皆常不免直覺自己之有待於外，以實現客觀價值。若未能實現客觀價值，即內有所憾。而在吾人真正自覺的道德生活之中，則可外不覺有所待，而內不覺有所憾。蓋道德之價值，乃實現於吾人格之內部，而非實現於吾人之人格與外物之關係。吾人之自覺的求實現道德價值之自覺的道德生活，乃外無目的，而唯以自己之改造為目的者。」（《文化意識與道德理性》下，頁 269）按這裏唐先生提到人生的目的是自我的改造。這正是從道德的進路讓自己進行自我轉化；這轉化的標的，是要成就聖賢的人格。這種人格是就生命的廓然大公的境界說的，不是就在現世成就種種功勳說的。而廓然大公正是生命心靈上的自我開拓；這在佛教來說，是不朽的出世間法、無生無滅法。個人的功業成就，只是生滅法而已，並無不朽的意味。

最後轉化、提升自己的生命境界，這便有很濃厚的宗教意味。生命境界的提升本身便可作人生的生命的歸宿說，或者作終極關懷說，在這一點上，道德其實很易與宗教（以終極關懷說的宗教）接軌。這樣，唐先生的說法可以與京都哲學的觀點有相當廣闊的比較空間，只是京都學派（例如西谷啟治、阿部正雄）堅持道德與宗教不能並存，道德必須崩壞，瓦解，才能有宗教的證成，唐先生則認為道德與宗教可以並存，各領風騷。在這裏，最後會逼出道德的本質的問題，以連接道德與宗教，後者正是以終極關懷作為本質的（這點已是西方宗教界的一種共識）。唐先生說：

> 道德生活之本質，吾人以為乃反省的，而與其他文化生活之本質為表現的相對。表現只是自發的創造，反省則是批判的重做。自發的創造常本於天賦之精神力量，故從事文化活動者可恃天才。……道德活動則全賴自己引發的精神力量。道德活動中無所謂天才或靈感，只有個人之修養上之工夫。❷

唐先生的意思是，道德與文化生活不同，這是就本質的層面而言。道德是內省的心靈活動，比較單純，當事人較有主宰、證成的空間；文化生活則繫於表現、呈現，是一種自動自覺的創造，其結局不是只由當事者一人能證成，而需要外在的條件來配合。在這種理解下，道德活動與文化生活在意義上有重疊之處：反省與表現、重做與創造，都不能讓自己完全獨立於周圍的外在環境。表現需有反

---

❷　同前註，頁 215-216。

省作為基礎，重做也不能完全沒有創造的成分。在這裏，唐先生的
說法不夠周延，欠缺清晰。但他強調道德要有批判性，這則是我們
需細加留意之處。這所謂「批判性」，表示不是盲從附和，一切沿
習俗慣例來做，卻是要通過自己的道德自覺、道德省思。一切道德
活動都是自願的、經過反思後的自願的，猶如康德所說的對於道德
格律的自願服從、遵守，這自然也包含對道德活動所引致而來的後
果負責。所謂批判性，是從道德自覺這點來說，有自覺或自主，才
有批判性可言。

　　從批判性、道德自覺或道德理想說下來，我們做事可以有兩個
導向，其一是以原則、精神為主的導向，另一則是以效果、實利為
主的導向。唐先生是理想主義者，或更確切地說，是道德的理想主
義者，他所持守的自然是以原則、精神為主的導向。❸

---

❸　由大陸來的甘陽，則從實用主義、實效立場來看事情，看我們今後應該怎樣
做。他說：中國今後應該仍然是以「道德理想」為本，還是以「經濟增長」
為本；是以「價值理性」為原則，還是以「工具理性」為原則。……答案自
然是清楚的。今日及今後中國必須以「經濟增長」為本，以「工具理性」為
原則。（甘陽著〈儒學與現代：兼論儒學與當代中國〉，杜維明主編《儒學
發展的宏觀透視》，臺北：正中書局，1997，頁 611）在我看來，經濟增長
是實用性質（pragmatic character）、實利原則，這可以作為一短期的指標
看，但不能作為人生的意義、目標的標的。道德理想則有恆久的意義、終極
目標義。甘陽在這裏的斷語，表示他傾向權宜的、實效主義的取向，缺乏終
極的意識，沒有長遠的考量。

四、泛道德主義問題與牟宗三的良知坎陷說

㈠泛道德主義問題：回應傅偉勳的說法

　　以下我們探討當代新儒學的常被人拿來質疑的甚至詬病的泛道德主義問題。所謂泛道德主義是指那種偏重道德理性而輕視文化活動的其他理性因而使這些活動不能均衡發展的哲學態度或意識形態。在這裏，我主要是提出質疑、詬病的人的論點，然後就我對當代新儒學的理解對這些質疑、詬病作回應。

　　就目前所知，對於儒學的泛道德主義的質疑與詬病討論得最多，同時較重視這個問題而又提出一些積極的、正面意義的以至可以討論的補救之方的，要數傅偉勳。把「泛道德主義」這樣的字眼與儒學掛鈎，最初是由何人做起，委實難以考究。不過，對這個問題（儒學的泛道德主義的問題）最為關切，同時以客觀的、持平的態度來提出善意的改進建議的學者，也應該是傅偉勳。在這一點上，我們先看傅氏的反思：

　　　一向以單元簡易的思維方式建立一種泛道德主義
　　　（panmoralism）傳統的中國儒家，已經無法適應政治日益民主
　　　自由化、思想上日益多元化開放化的當前世界潮流。❹

---

❹　傅偉勳著〈試論儒家思想的自我轉折與未來發展〉，《儒學發展的宏觀透視》，頁643。

傅氏以儒學的思維為簡易，其理論立場是泛道德主義。表面看來，這是說得通的。與西方的思辯哲學如聖多瑪斯（St. Thomas Aquinas）、黑格爾、胡塞爾（E. Husserl）的哲學比較，儒學的確有簡易思維的傾向。但若與佛教特別是般若（Prajñā）與禪的思維比較，則不是這樣了。至於泛道德主義問題，則比較複雜。我們先看傅先生的說法，然後再作回應。

　　傅偉勳認為，我們所要謀求的現代化意義的轉折充實與內在難題的自我超克，使儒家經由一番現代化之後，配合經濟社會政治科技資訊等層面的現代化，真正發揮正面積極的作用，而不致變成意識形態上的絆腳石，是一個重要迫切的時代課題。❹這種說法自是可通，問題是儒學作為一種哲學、一種意識形態，如何經由現代化，而與現實性格、實質性格的建設性項目如經濟、社會、政治、科技、資訊等接軌，順利地促發這些項目的進行，以達致現代化的目標，仍是一個難題。傅氏顯然也意識到此中的難處，因此他就儒學的思想課題及解決線索分五點來說。首先看知識論方面。傅偉勳說：

　　　　主知主義傾向始終被儒家本身道德壓倒，開不出純粹知性探求之路。……解決線索在重新學習西方知性探求之長，分辨客觀性知識和主體性知識的殊異，使兩種知識獨立自主、保

---

❹　傅偉勳著〈儒家思想的時代課題及其解決線索〉，《知識分子》，1986，夏季號；此處轉引自陳來輯〈傳統儒學的評價與反思：有關近年儒學討論的參考資料〉，《儒學發展的宏觀透視》，頁 837。

持平等，不能再以「道德主體自我坎陷而為有執的認識主體論」去看純理論性的知識探求。**㊻**

傅氏的批判是，傳統儒學一直重視道德，輕視知識，把道德主體放在最優的位置，而視知性主體為道德主體的附屬品，沒有獨立的性格，因此，知識的發展或知性（Verstand）的作用不能獨立進行，只能在依附道德主體的脈絡下進行，這樣，知識便缺乏獨立的領域，只能隨順道德的踐履的腳跟轉，難免導致科學知識的貧乏發展，追不上西方在這方面有興旺發展的國家，最後在現實上吃虧，擋不住西方國家的洋槍大炮。這個意思，在傅氏之前已有很多學者提過。儒學的確有這種重德輕知的問題，到了明代大儒王陽明，還是如此。**㊼**這是德性之知與聞見之知的融合問題。傅氏進一步表示，儒家「泛道德主義」的立場使他們以德性之知為優先於聞見之知，不承認這兩種知識的平等地位。「知」從泛道德主義立場看，本身並沒有獨立的價值，只是為了「行」的目的而存在。這種泛道德主義

㊻ 　同前註，頁 837-838。

㊼ 　勞思光先生寫《中國哲學史》，在論到王陽明的哲學思想時，便特別指出王陽明學說根本未有知識論一面的探究，而陸九淵與王陽明所宗奉的「心即理」說中的「理」，並非指認知之理，心即理說的原意，亦不是解說知識。（勞思光著《中國哲學史》第三卷上冊，香港：友聯出版社，1980，頁440）勞先生又強調，由陽明的觀點看，人的索求事理，只是被道德意志所推動；即是說，認知活動的發動，不能說明認知活動的成就。（同前註，頁445）「陽明心目中實無認知活動之獨立領域」。（頁 446）最後，勞先生作結表示，王陽明對「知識問題」的態度，是消極態度；陽明只承認道德行為的價值，不認為獨立意義的知識活動有何獨立價值。（頁 450）

的偏愛，混淆了人倫道德和知性探求，又把實存主體、生死解脫、終極存在等層面道德化。❹⑧

　　傅偉勳還說：

> 我們必須修正泛道德主義的儒家知識論，應予承認德性之知
> （主體性道德）與聞見之知（科學知識）的層面殊異性，一屬
> 「人倫道德」與「實存主體」層面，一屬「知性探索」層
> 面。也就是說，聞見之知有其獨立自主性，不應受到德性之
> 知的無謂干擾或牽制。依此，則宋明以來的「德性之知優
> 位」說，乃至牟宗三的自由無限心（或道德本心）「自我坎
> 陷」（self-negation）而為科學知性（或認知心）之說，有待重新
> 檢討，俾免泛道德主義之嫌。❹⑨

這裏更涉及牟宗三先生的良知或自由無限心的自我坎陷而開出知性
以交代客觀知識的問題，那是我要在後面作周延的探討的問題。

　　細看傅偉勳的對儒家的泛道德主義的評論，不為無理。儒學的
確有這個問題。儒者通常都有濃烈的道德意識；從修身以至於作
官、處事，道德始終都被放在首位。孔子和孟子等重要的思想家一
提及個人的操守、在社會上的交遊、活動，以至在政治上所持的態
度，所本以行的意識都離不開道德的行為與道德的理性。孔子好說
仁，而且對弟子們有關行仁的實踐方法，都能善巧地就問者的個人

---

❹⑧　傅偉勳著〈儒家思想的時代課題及其解決線索〉，頁 790。
❹⑨　傅偉勳著〈試論儒家思想的自我轉折與未來發展〉，頁 646-647。

的、特殊的條件來回應。有時說「剛毅木訥」，有時說「克己復禮」。在孟子，這種重仁的傾向更為明顯。他以四端來解讀不忍人之心，說人的善性，都以仁居於首位；甚至遠道而來見梁惠王，不跟他說實效意義的利益，反而提出仁義來勸諫。他的政治哲學的基礎，是仁政。他講王道，不講霸道。比孔孟更為早出的儒家所宗奉的三個大目標：正德、利用、厚生，便以正德為首出。說到生命的價值或不朽的性格而言，也以立德為太上，立功次之，立言又次之。這些觀念，如仁、善性、不忍人之心、仁義、仁政、王道、正德、立德等等，全是在道德或道德理性、道德意識的脈絡下說的。而儒家所最為推許的政治家的人格，所謂「聖君賢相」，都是以道德的存心與表現為根基的。上面說的「正德」、「利用」、「厚生」更展示出儒家是以一種價值意識來證成志業或成就的序列：正德居首，德自是道德人格。「利用」與「厚生」，則有濃厚的實效的、應用的意味，而且與知性、知識方面有密切的關聯。「利用」是善巧地運用現前優越的條件來開拓出健旺的世界；「厚生」則是讓老百姓得益。這兩者都需要知識和技術為依據，才能成就。從正德→利用→厚生這一在志業上的序列，便很可以看出儒學是把道德或道德理性的開拓、發展放在首位，而與利用、厚生有密切關係的知識或知識理性，則只能跟在後面。這便成了儒學的重德輕知的價值序列。

　　從上面的所述可以見到，傅偉勳的說法並沒有錯，儒學傳統的確是本著重德輕知這種價值序列發展開來的。重德輕知的確不好，它會讓人弱化自己的現實感，對處理經驗世界、現象世界或世俗諦（saṃvṛti-satya）的事情太過於軟弱無力。特別是在今日，精神文明減

殺，物質文明不斷發展、膨脹以至於泛濫，滲透和入侵到每一種文化活動的內裏；人置身於不斷傾向物化的世界中，周圍都有五彩繽紛的慾求的、感官的對象纏繞著，你一個不慎，便會墜下到這種對象堆中，迷失了自己，或者辨不清方向，而找不到出口。因此，把我們的知性釋放出來，或在我們的人性中發展出知性，建立對於世間萬事萬象的客觀的、有效的知識以處理經驗世界、現象世界甚至物質世界中的種種繁亂的問題，是有絕對必要性的。在這種脈絡下、背景下發展出知性能力，建立知識的世界，已不是要不要、應該不應該的事，而是如何實現、達致這種目標的問題了。

　　不過，有一點我們必須明白：以儒學為代表或主力的中國文化精神，順著以德性主體或道德理性為優位的路向發展了、進行了數千年之久，要一下子改變原來的精神方向，或者調節原來的精神方向，發展出具有獨立性的知性主體以建立對經驗世界、物質世界的知識，以應付當前的以物質文明為主導的世界的問題，真是談何容易！傅偉勳把問題看得太簡單，他的提議如「重新學習西方知性探求之長，分辨客觀性知識和主體性知識的殊異，使兩種知識獨立自主，保持平等」，或者「修正泛道德主義的儒家知識論，承認德性之知（主體性道德）與聞見之知（科學知識）的層面殊異性，……聞見之知有其獨立自主性，不應受到德性之知的無謂干擾或牽制」，都不免於是一廂情願的願望，說來容易，實踐起來卻是千難萬難。我們必須理解到，中國文化、中華民族奉行重德輕知的價值取向已經有兩千多年之久，以道德理性為主軸，以知識理性為羽翼這種主從的配搭關係來開拓出自家的歷史與文化。我們所能做的，不是從頭開始，把原來行之已久的道德取向一下子打垮，而以傅偉勳所提的

「重新學習西方知性探求之長，分辨客觀性知識和主體性知識的殊異，使兩種知識獨立自主，保持平等」作為指南針去做。傅氏所謂的「承認德性之知（主體性道德）與聞見之知（科學知識）的層面的殊異性，⋯⋯聞見之知有其獨立自主性，不應受到德性之知的無謂干擾或牽制」是對的，這的確是實現我國現代化的一種重要的啟示。但這是原則性問題，在實際的實踐、做法方面，我們必須要考慮到目前的現實狀況，而且我們只能在現實的、既有的狀況作為基礎，看看可以如何調整、調節，以一種漸進的方式，使現有的並不完足、周延的狀況沿著理想的方向移行，冀一方面保留原來已經具足的著重道德理性的優點，另方面在這個優點的基礎上，亦即是在道德理性的基礎上，引出知識理性，最後讓雙方有一個平均的、平衡的發展。新儒家的牟宗三先生便是在這種現實環境下，提出良知或無限心的自我坎陷，發展出知識理性來。我自己也提出純粹力動自我屈折以轉出世諦智。這都是在如何扭轉儒家一直以來重德輕智（知）的有偏差的精神方向而開出獨立的知性這種前提下而作的，自然也有考量及中國文化在近、現代所表現的意識形態這種現實的狀況。傅偉勳在批評儒學的缺點和提出自己的建議之際，顯然未有意識到這個現實的難題，因此他說得十分輕鬆和簡略。❺

傅偉勳本來是就儒學的思想課題及解決線索分五點來表示他的意見的。上面已經交代了知識論一面，接著是形上學方面，傅氏說：

---

❺ 關於良知的自我坎陷說與純粹力動自我屈折而開出世諦智說，在後面會再有討論。

儒家的「道德的形上學」強調宇宙氣化流行顯示天命的至誠無息，其內在難題亦由泛道德主義的單元簡易心態而產生。天地自然是否原原本本彰顯，儒家所云「生生之化」或「天命流行」的道德意義，宇宙秩序是否即是道德秩序，並無完全獨立於道德主體的客觀性理據可言？哲學上無由證立「宇宙秩序是道德秩序」是一種「客觀必然性」，科學上更無法檢證其「客觀必然性」。解決的線索是第一步要承認形而上學並不是甚麼「客觀真理」，形而上學無所謂客觀不客觀，而是建立在可望人與人間相互主體性的共識共認的一種哲學道理。第二步應使儒學具有一「整全的多層遠近觀」性格，即不是作為一種客觀固定的真理，而是隨心性向上向善轉移而形成的開放性哲學。**❺**

傅氏在這裏的主要論點是，宇宙秩序不必是道德秩序，因此，形而上學不必是道德的，而道德也不必關連到形而上學方面去。由這點可以推論到，當代新儒家特別是牟宗三先生以儒家所倡導的天道、誠體不必是道德的性格，而道德行為，或者更確切地說，表現於人與人之間的道德行為自身便有它的獨立的價值，自身便可以是完足的，不必指涉到形而上的天道、誠體方面去。這種論點的確有它的道理，有一定的說服力。我們做善事，表現道德的行為，是發自自己的內在良知的，一切本於自己的良知來做，便是完足，其意義當下即可肯定、確定，不必扯到形而上的東西方面去。人的道德心、

---

❺　傅偉勳著〈儒家思想的時代課題及其解決線索〉，頁 838。

道德理性是超越的，也是無限的。「超越」是遠離一己的偏私，以公心來待人處事；「無限」則是沒有時空上的限制，也不囿限於經驗的形相。

不過，有一點是要留意的：道德問題不是一個知識論的問題，道德行為也不是我們的知性（Verstand）所要了解的對象。道德是拿來實踐的、體證的，不是拿來認識的、研究的。如康德所說，道德是意志對格律的服從，是自由意志的價值取向。它是歸實踐理性（praktische Vernunft）所管的，不是純粹理性（reine Vernunft）所管的，它不是知識的對象。我們本著道德理性或道德心去行事，這道德心是無條件的，也是無限的。從這無限性來說，道德心是涵蓋一切的，它的作用是無遠弗屆的。它可包容眼前所見到的花草樹木、山河大地，以至過去與未來的人與物，更至於無限的天地宇宙。道德心的這種無限性格，正把它成就為一無限心。這無限心不單是人所有，同時也是無窮無盡的天地宇宙所有。因此，我們可以說，道德心是天地心、宇宙心；倘若以理來說心，則便可以開拓出天道、天理、誠體等形而上的實在了。至於傅偉勳所提的「人與人間相互主體性的共識共認」、「整全的多層遠近觀」，意義嫌空泛、模糊，不知如何才能與形而上學掛鈎。但我們上面說的道德心可以是天地心、宇宙心，可以有一形而上的轉向（metaphysical turn），這是從好的方面說。若從不好的方面說，則便是如傅氏所說的「泛道德主義」了：把道德置於形而上的事物之上，以具有顏色或明確立場的道德把它們一一鎖定。不過，我想這不是牟宗三先生等當代新儒家的意思；他們應該是取我所提的那個意思：以人的道德心推展出天地心、宇宙心，開拓出天道、天理、誠體一類形而上的真實

（metaphysical reality）。這在道德哲學的建構上言，應無不妥之處。
我們可以讓道德心作形而上的轉向，來講道德形上學。不過，這不
是道德哲學的焦點，這轉向可作為道德的主體性的推廣、開拓看。
因此，儒學在形而上學方面，泛道德主義應不會構成嚴重的問題。

下來看心性論。傅偉勳說：

> 儒家的心性論由於採取道德的理想主義立場，忽略了負面人
> 性及人的社會性。……在心性論的最高層次肯定良知或本心
> 本性，以便挺立人的道德主體性；同時也要設法包容從程朱
> 的氣質之性論到耶教與佛教為例的心性沉沒門，建立一心開
> 多門的心性模型，以便對於包括道德本性、氣質之性、自然
> 本能、社會性與罪惡性在內的複雜人性，有一較為充實完整
> 而免於單元簡易，甚至片面獨特的看法。❷

這是有關人性論方面的問題。傅氏的意思是，儒學採取一種樂觀的
人性論，以人的本善是善，其不善而為惡，是受了後天的惡劣的外
在熏習所致。❸關於這點，倘若提出孟子與荀子的人性論為例，加
以比較，便很清楚了。孟子主性善，認為人本來便具足作為道德理
性的善性。荀子則採取比較複雜的性惡說，即是，人本來的性向，
例如好利、好耳目之欲，是很自然的，凡人都有這種傾向，它是中

---

❷　同前註。

❸　在這裏，有人提「人性向善論」，作為儒家的人性論的核心要點。即是，人
本來便有向善的傾向。亦有人認為，這向善應有本來的善性作為基礎才行，
這便成為人性本善了。後一觀點較為可取。

性的,不一定是惡。不過,倘若順從這些性向繼續發展下去,以至泛濫的程度,便會導致不良的後果,背禮棄仁,最後惹來社會動亂,這便是惡。換言之,人的性向若是有節制地發展,不必會造成禍亂,故性不必然是惡。人的性向之所以是惡,是這性向發展得過了分,悖離常規,最後導致暴亂。在這種脈絡下,荀子說性惡。❺❹

傅氏顯然認為,現實的人性並不是如儒學所說的那樣好,並不必是本來向善、行善;人性也有惡以至極惡的成素,像基督教所說的原罪(original sin)和佛教所說的無明(avidyā)。人有氣質之性,讓人消沉、墮落,不是只有義理之性或道德理性。在對於人性的理解方面,儒學過於強調道德理性一面,未能充分留意它的罪、無明等非理性的一面。因此儒學在這個面相也有泛道德主義的問題。

傅氏的說法,不能說錯。儒學的確對人性過分樂觀,多留意善的一面,而忽略了惡的一面。它有時雖說「克己復禮」、「存天理,去人欲」,但一己之私與人欲橫流,遠遠未能充分透露人性中的負面、幽暗面,儒家對人性過分信任,缺乏警覺性。❺❺其影響所及,非常廣泛。特別是在政治方面,儒學往往過分地寄望於聖君賢相的出現,而帶來德治,對於作為統治者的帝皇將相,沒有建立一

---

❺❹ 關於孟子與荀子的人性論,參看拙文〈孟子的道德的人性論〉、〈荀子的知性旨趣與經驗主義的人性論〉,拙著《儒家哲學》,頁 25-44、45-63。

❺❺ 張灝曾在人性的這種負面、幽暗面方面提出幽暗意識。這幽暗意識發自對人性中或宇宙中與始俱來的種種黑暗勢力的正視和省悟。他認為,便是由於這些黑暗勢力根深柢固,世界才有缺陷,才不能圓滿,而人的生命才有種種的醜惡、種種的遺憾。(張灝著《幽暗意識與民主傳統》,臺北:聯經出版事業公司,1992,頁 4。)

種健全的機制，以限制他們的統治權力的強度，讓他們收斂自家的私欲私念，禁止他們殘民以自肥。結果是，真正的聖君賢相很少，倒是暴君佞臣屢見不鮮。這樣的在政治上的陋習，中國人迄今仍未能充分認識到。**❺❻**

　　下來看倫理學。傅偉勳說：

> 儒家道德理想主義一向無見於負面心性的結果，不預先設立
> 最低限度的倫理道德，高唱最高限度的倫理道德。⋯⋯在道
> 德教育與道德主體性的建立上，儒家雖應繼續強調「最高限
> 度的倫理道德」，但不應過分標榜成德的內聖之道。⋯⋯重
> 新謀求微模倫理與巨模倫理的現代化綜合。微模意義的家庭
> 道德、日常倫理，儒家倫理當會繼續發揮正面作用，但在關
> 涉整個政治社會的巨模倫理，必須吸納「規律中心的公正倫

---

❺❻　四十多年前，筆者尚在中學階段，曾讀過錢穆所寫的論中國傳統政治的書
　　（好像叫作《中國歷代政治得失》），其中提到諫議大夫的制度。這制度讓
　　諫議大夫有一種批判的力量，在皇帝在施政上有誤差時，挺身出來勸諫，使
　　皇帝有所畏懼、警覺。但這些大夫並沒有在律法上約束皇帝的權力，皇帝可
　　以聽，也可以不聽。甚至有些暴君根本不理大夫勸諫，還設法把他們殺掉。
　　同樣很久以前，我讀德國社會學家、哲學家韋伯（M. Weber）的有關基督教
　　的著作，他很肯定基督教的人性論對促發西方的民主政體與人權思想起著積
　　極的作用。根據他的說法，西方人基於基督教對於人性中的罪性與惡性的既
　　深且廣的剖析，而提高他們在政治問題上的警戒心，在律法上嚴加規定統治
　　者的權力，倘若他們不顧人民的利益，只隨順自己的個人欲念的腳跟轉而胡
　　作非為，便可採取合法措施，罷免他們，選出自己認為恰當的人選以代之。
　　在這些問題上，中國人的確有向西方人借鏡的必要。

理」和「功效利益」結果論。**⑰**

這一點是承著上面的心性論問題而來。傅氏在好些行文方面意思不是很清楚，我試評論及回應如下。傅氏似乎在埋怨，儒學只強調道德踐履而成聖成賢的最高境界，以挺立個人的道德主體性。在內聖問題上，理當如此。但儒學忽略了傾向於外王方面的政治、社會層級的最低限度的規律上的下限。即是，儒學對政治制度與社會規律缺乏足夠的意識，在這方面不能表現嚴刻的法治精神。在法理與人情方面，儒學專注於人情，希望由此可以邁向內聖的道德理想，卻忽視了法理本身的客觀性與公正、公義的價值。**⑱**同時也不大考慮及做某種事情的實際效益，做事只求順乎良知，效果如何，有無現實利益，對一般階層老百姓是否有利，則在所不計。

倘若以上的解讀不錯的話，則傅氏似在指出儒學對於一般的作業、行動、行為的看法，是偏重它的存心、動機，或出發點，而不大著重它的實際效果、效益，特別是對社會大眾而言。前者指涉所謂「微模倫理」，後者則指涉「巨模倫理」。這使人想到當年朱熹與陳亮有關價值問題的爭論：朱熹的價值觀落在主觀（體）道德方面，陳亮的價值觀則落在客觀事功方面。朱熹要成就的，是聖賢的人格，陳亮要成就的，則是英雄的人格。聖賢所關心的，是主體在德性項目方面的精進不已的涵養，而英雄所關心的，則是社會、政

---

⑰ 傅偉勳著〈儒家思想的時代課題及其解決線索〉，頁 839。

⑱ 這是指在社會層級上的公平性、均衡性。此中亦應有客觀性、平等性可言。

治的律法，是客觀的、對人民的直接福利。❺❾傅氏認為，人固然要有微模倫理，有成為聖賢的志願，同時也要有巨模倫理，有在實效上利益蒼生的懷抱。即是，人要做聖賢，同時也要做英雄。

　　傅偉勳對儒學的這種批評，很難以確定的語氣說是對抑是錯。就上面所引的儒學的正德、利用、厚生來說，正德可說是相應於要成聖成賢的微模倫理，是內聖方面；利用與厚生則可說是相應於要成為建功立業的英雄，指涉巨模倫理，是外王方面。對於內聖與外王，儒學雖是同時肯定，但有一個次序、主從的分野：內聖為主，為先；外王為從，為後。先在內聖方面建立起穩妥的基礎，再開拓外王的業績。這樣，不單利己，也利天下蒼生。我們若能理解到這點，便能恰當地回應傅偉勳的批評了。最後是解脫論。傅偉勳說：

　　儒家亦具有由道德的理想主義所衍生出來的一種特有的解脫論。如以憂道聞道為終極關懷，以未知生焉知死、樂天知命，及德福一如的生死智慧在現代社會仍有正面積極的意義與價值。……但是它對依從小傳統（宗教信仰）的人民大眾來說，恐陳義太高，難被接受。儒家是否也可以重新發展天與天命等原先已有的超越性層面，補充世俗倫理性層面？❻❽

---

❺❾　關於朱熹與陳亮在有關問題上的觀點，參看牟宗三著〈道德判斷與歷史判斷〉，見於其《政道與治道》，臺北：廣文書局，1961，頁 221-269。
❻❽　傅偉勳著〈儒家思想的時代課題及其解決線索〉，頁 839。

傅氏的意思是，儒學是一種以道德實踐為核心的思想，不是一種宗教；它所提的有關終極關懷（倘若我們接受田立克 P. Tillich 對宗教意義的界定的話）應由道德的導向（dimension 次元）提升到宗教的導向，俾一般的人民大眾易於理解、接受以得益。這是一個意味深遠的宗教哲學的問題，學者之間已有過不少的探討，但仍無共識。其中一種重要的說法是，儒學所標榜的慎終追遠、拜祭祖先、尊敬天地君親師、敬鬼神而遠之、幼吾幼以及人之幼、老吾老以及人之老的思想與實踐，其實已具有宗教的意旨，甚至宗教的內涵了，只是在形式上，儒學並未有成立嚴格意義的教會組織，未提出具體的宗教儀式，未崇拜某一具有超越含義的宇宙大實體（例如上帝、真主），未確認一個宗教教主而已（孔、孟不能算教主，他們的生命境界人人可達，不像耶穌基督 Jesus Christ、穆罕默德 Muḥammad 等具有無可替代的身份和任務）。因此，我們可以說，儒學作為一種哲學思想，是具有宗教功能的，只是未有各種宗教所特有的宗教的形式、組織而已。明乎此，則傅氏的說法，並不會成為嚴重的問題。❻❶

(二)泛道德主義問題：回應其他人的說法

以上我用了很多篇幅闡述了傅偉勳對儒學特別是當代新儒學的泛道德主義的問題的批評，我也就儒學自身的立場來回應傅氏的批評。❻❷在後面，我會就自己所提的純粹力動現象學的立場來疏導這

---

❻❶ 實際上，由於儒學具有宗教功能，很多學者、宗教家已不單說「儒學」、「儒家」，也說「儒教」了。

❻❷ 我不是以當代新儒家中的一分子或成員來回應傅氏的說法，請讀者垂注。

泛道德主義問題。

在對於儒學的泛道德主義問題提出批評或否定態度的，還有好些學者。他們的說法基本上出自一種先入為主的認識甚至信仰，缺乏理性的基礎；特別是大陸方面的學者，他們始終擺脫不了長期受馬列主義的意識形態的烙印與薰陶。他們的說法缺乏理論的效力，但在學術界思想界（特別是在大陸方面）有一定的影響，故在這裏也不能不加注意與清理。這些人說起當代儒學的這個有關問題，有時用「泛道德主義」字眼，有時也用「倫理本位主義」字眼，意思都是一樣。當然，在這些問題上，也有一些較溫和的、折衷的和持平的看法。

先看包遵信。包氏對傳統的中國文化常展示一種嚴刻的批判性，對儒學自然不例外。他說：

> 把思想文化完全意識形態化，強調意識形態的作用，政治倫理原則制約社會生活的各個領域，政治倫理價值取向成為支配人的一切活動的主導原則。這就是儒家倫理本位主義的基本特徵。❻❸

包氏的批判是否有當，我們要檢討一下中國文化與歷史發展的宏觀局面才能決定。按包氏的批評，可集結為兩點：一、儒學的政治倫理原則約束著社會生活的各個領域。二、儒學的政治倫理價值觀支配了人的一切活動。這種批判未免過苛，儒學的倫理本位主義對人

---

❻❸　包遵信著〈儒家傳統與當代中國〉，《儒學發展的宏觀透視》，頁 552。

民的約束與支配，未到這個程度。春秋戰國時代百家盛放，諸子爭鳴，儒家只是其中一分子，還傳出孔子問禮於老子的說法，儒家的影響，不見得比道家為深廣。漢代獨尊儒術，才造成儒學獨領風騷的局面。魏晉時代道家的玄學興起，印度佛教自東漢時代傳來，對一般知識分子與士眾有越來越具影響的傾向，到隋唐而大盛。宋明時期儒學復興，但儒佛道三教合一的警號已響起來了。一言以蔽之，儒學對中國人的文化與生活固然有影響，但不是無上限的影響。反而後來由道家發展出來的道教，由於教義實用易明，也符合一般人希求長壽不死的通俗願望，因而得到廣大的草根階層民眾支持。儒學地位雖高，但「盡心知性知天」與「天命之謂性，率性之謂道，修道之謂教」陳義過深，一般人不能理解。它所鼓吹的尊天敬祖的宗教訊息和五倫的倫理規條，對中國民眾的生活自然有一定影響，但絕對未達到約束以至支配的程度。

在確定人的地位與價值方面，包遵信對儒家有這樣的批評：

> 他們總是把人放在人倫關係這面網上，離開了人倫關係這面網，人本身就沒有獨立自在的地位和價值；人的個人獨立人格完全消融在尊卑、長幼、貴賤的禮教名分中，只有按照禮教名分才能確認他們自己。㉔

包氏的這種說法，明顯地回到五四運動或新文化運動中一些激烈的知識分子要打倒傳統文化、打倒孔家店的老調方面去，讓人想起魯

㉔　同前註，頁 555。

迅所描述的禮教吃人的恐怖場面。包氏批評儒學（孔孟、陸王）以倫理及依之而成立的禮教為中心，但又不能解決、安立人的創造的主體性和人格的獨立性。不過，包氏忽略了一點，一種措施的產生的原意或動機和它在現實中所帶來的正面或負面的影響是分開的，雙方並沒有必然的聯繫。儒家的確很重視禮教，孔子刪理古代典籍，便有禮方面的，他提倡禮樂之教，目的是要重建周代的有倫有序的文化。荀子也大力提倡隆禮，目的是要藉禮制來調節人的無有止境的欲念，以防止性惡和暴亂的發生。這本來沒有甚麼不好，只是在施行禮教之中，禮教為有野心的統治者所歪曲地使用，成為限制民眾的思想和壓止他們的行為機制。在這種脈絡下，人們自然會詬責儒家，認為它與以高壓手段來對付民眾的法家是同流。包氏顯然未有意識到這點分別，因而把一切壞事的賬都算到儒家方面來。**⑥⑤**

　　實話實說，包遵信對儒家的理解，可謂嚴重地與時代脫節，只是以一個世紀前的眼光來看儒學。對於在這個世紀中當代新儒家對儒學的新的詮釋，特別是透過與西方哲學如康德、黑格爾、費希特（J.G. Fichte）、柏格森（H. Bergson）等的比較而得的對儒學的新視野，和儒學在與佛教、道家相摩盪而擦出的火花，由之而展現的儒學的特性與殊勝之點，完全置若罔聞。在他眼中，儒學已變成一種缺乏生命力的古董式的學問，它在亞洲四小龍的經濟振興中所扮演

---

⑥⑤　這裏有一點要提出來，我們一直的探討，都是以當代新儒學（家）為主，但有時卻說到傳統的儒學方面。這裏面有點不同：當代新儒家中較後的世代很多都受到西方民主與人權思想的薰陶，因此比較開明；相對之下，傳統儒家便較為保守了。不過，雙方在基本立場與價值觀上是一脈相承的。如無必要，我在這裏不作特別的區分。

的角色也不重要了。於是他便粗心大意地判了儒家死刑，說儒家傳統是封閉的、非批判的思想體系。❻❻儒學與道家在過往把印度佛學吸納進來，而開拓出中國佛學，自身也受到印度佛教和中國佛教的激發，通過理論與系統的整合，發展出視野更寬廣、系統更宏大、內容更充實的宋明儒學來，魏晉玄學也蒙滋潤。這些事情在哲學史上彰彰昭著，包遵信為甚麼竟看不到呢？事實是，並不是儒學自我封閉，不把門戶敞開，而是包氏自己心眼窄，敞不開，看不到這椿哲學史上的大事。

再看甘陽。甘氏明顯地反對新儒學者以道德理性統攝知識理性的說法，他認為雙方各有其獨特的功能。道德理性相應於「文化系統」，知識理性相應於「社會系統」。特別是在現代社會，這種獨特性、獨立性越來越強。雙方各有不同的任務、不同的原則、不同的運作方式，因此不應要求把前者強行納入到後者的軌道去，也不應要求後者無條件服從前者。❻❼甘氏的訊息很清楚：儒學的道德的理想主義與強調社會的實際效益的工具理性在立場上是南轅北轍的，以道德理性來規管工具理性是行不通的。因此，儒學的泛道德主義在實際上是不能出現的。他很不客氣地指出：

> 現代新儒家（牟宗三等）力圖從道德主體中轉出認知主體以便
> 奠定自然科學在中國發展的基礎；又從認知主體的確立開出

---

❻❻　包遵信著〈儒家傳統與當代中國〉，頁557。

❻❼　甘陽著〈儒學與現代：兼論儒學與當代中國〉，《儒學發展的宏觀透視》，頁597-598。

民主政治的道路（所謂道統之肯定、學統之開出、政統之連續），這
整個路子都是誤入歧途。⑱

他以警告的口吻提醒當代新儒家和他們的支持者：

> 第一，……不要再幻想從儒學中「開出」工商文明、科技理
> 性而後又「復歸」於儒學道德主體這條路。第二，從實踐
> 上，切斷新儒學使儒學繼續一味向「道德理想主義」方向發
> 展的道路。⑲

甘氏所持的，顯然是經驗主義的路向，而且是強調實效、實際利益
的經驗主義的路向。這種看法，來自西方韋伯（M. Weber）的工具理
性的觀點。

　　在這種情況下，新儒學那種東西是不是變成無用了呢？對發展
現代社會、政治、經濟等實際的範域完全無所貢獻而應被捨棄呢？
甘氏又說不是。他認為，在「社會系統」範圍之外，當有廣闊的
「生活世界」（Lebenswelt）可以讓儒學大派用場。儒學具有「文
化」的功能，工業文明、商業精神、科技發展、民主政制這些現代
社會層面需要有一種良性的運轉，需要在一種被監察、被批評的狀
況下進行，這是「文化」的功能，儒學可以發揮這種功能。甘陽提
議我們深思以下問題：

---

⑱　同前註，頁 600。
⑲　同前註，頁 614。

在現代工商文明這種新社會秩序條件下，如何使「社會系統」（經濟、政治）的發展與「文化」的發展盡可能保持一種較為合理、較為健康的均衡態勢。**⑩**

甘氏的意思是，在現代社會中，「社會系統」與「文化」的發展應能保持一種均衡的關係。儒學正可扮演這種協調角色。這樣，甘氏便為儒學在今日世界找到一條出路：把它的全副價值關懷轉入全力發展精神科學、人文研究的方向上去，亦即把它的價值關懷寄託在純粹的學術研究上去。**⑪**最後，甘氏以一種感歎的語調說：

儒學在現代是尷尬的，它既不能使自己去迎合「工具理性」（這是投降主義道德），又不能反其道而行之去高唱「道德理想」（這是進攻主義道德），從而把社會往後拉。唯一的路只能是守衛人文文化（保守道德、保守主義）。**⑫**

甘陽的這些觀點與論調，委實讓人感到驚異與失望。首先，他對儒學只有很膚淺而片面的理解，卻輕易為儒學把脈，指示儒學在現代社會中應如何自處，為自己定位，他根本不理解儒學的精神本質。儒學一直是強調內聖與外王雙向發展的，結果內聖方面大放異彩，外王方面則嫌萎縮。此中有很多歷史的與政治的因素，但不表

---

⑩ 同前註，頁 602。

⑪ 同前註，頁 614。

⑫ 同前註，頁 616-617。甘陽因此說，文化系統和社會系統合則兩傷，離則雙美。（頁 598）

示可以輕易放棄外王的導向。所謂社會系統、政治、經濟，應是外
王方面的重要內容。這也包括開拓民主政制與拓展科學知識。你要
它發展精神科學、人文研究，把重點放在純粹的學術研究上去，這
怎麼行呢？儒學的理想、抱負是正德、利用、厚生，是如《大學》
所標榜的格物、致知、誠意、正心、修身、齊家、治國、平天下。
它的整套學問是在這樣的理想、抱負下成立的。你怎能叫他們關起
門來，不理世事，鑽牛角尖，純粹作學術研究，做一個書獃子呢？
即使他們願意朝這個方向去做，也做不來。學術研究是認知性格，
是知性的事，儒者的理想是要成德，他們的長處也正是在這方面。
要他們去專心作學術研究，猶如要秀才去打仗、殺敵。這是行不通
的。

　　第二，甘陽指出，儒學可以在生活世界方面發揮作用，因為它
具有文化的功能。它能監察、批評工商業、科技、民主制度這些社
會系統性格的作業的發展，使社會系統與文化發展保持合理的健康
的均衡狀態。這個意思本來很好，但在實行上顯然困難重重，完全
是甘陽的一廂情願的想法。因為他「突出地」強調，文化系統和社
會系統各自具有高度相對的獨立性，而且這種獨立的傾向越來越
強。雙方各有不同任務、不同原則、不同運作方式。我們不應讓社
會系統無條件服從文化系統。甘陽又強調科學、民主、工商文明完
全可以獨立於儒學之外在中國發展，而儒學也完全可以獨立於前者
之外而繼續保持其生命力。我們完全沒有必要硬把二者扯在一起。
❼❸甘陽的這種說法，讓自己陷入嚴重的矛盾之中。儒家講道德理

---

❼❸　　同前註，頁 601。

性，是內聖學的根基，它所指涉的文化系統，高度地、越來越強地獨立於社會系統，後者是以知性理性為根基的。兩者「合則兩傷，離則雙美」。既然是如此，則最好的途徑自然是各自發展，并水不犯河水。但你又說應以儒家的文化功能，要它監察、批評社會系統，讓雙方能有一種均衡的發展。這如何可能呢？儒家的文化系統既是完全獨立於現代世界的社會系統，又兩者離則雙美，則雙方不可能亦不應該溝通起來，因為中間沒有一個能把雙方連起來的仲介。儒家對社會系統的甚麼監察、批評，根本無從說起。甘陽在這裏犯了一個嚴重的錯誤，他以為儒家的文化系統儘管完全獨立於現代社會的社會系統，但同時又能以其文化功能來影響後者。此中的關鍵點是，一個文化體系是一個有機體（organism），內中的各項要素都是環環相扣的。而不同的文化活動，也必隸屬於同一的心靈。這種連貫性必須先存在，才能說甚麼系統對甚麼系統加以監察、批評，以改變、轉化後者。新儒學所提的由道德理性轉出知識理性，便是在這種脈絡下作出的，你可以不同意內中所含道德理性在存有論上先在於知識理性的觀點，但不能否認兩種理性有機體性的（organic）關係和在心靈上、精神上的相通性。因此，說儒學的文化系統完全獨立於現代世界的社會系統，而前者又可以藉著自身的文化功能來監察、批判後者，使雙方有均衡的發展，是不通的。

　　第三，甘陽提到道德的理想主義在發展上的一個困難，他稱之為「巨大悖論」。即是，儒學的道德理想需要有現實政權大力支持和提倡，才能成為整個社會的普遍的人生理想和道德實踐。但是，儒家一旦得到政權力量的巨大支持，則這種道德理想必然會政治

化，意識形態化，從而成為一種「宰制性力量」。❼這個論點，倘若從過去儒學在我國歷代的歷史發展上來說，有一定的真實性，特別是漢武帝聽了董仲舒的建議，罷黜百家，獨尊儒學為然。在這件事中，儒家以外的百家或其他學派的確缺乏了發展的空間，以至煙滅下來了（例如墨家）。墨家的確是受到儒學的宰制。不過，這樣的事件只是經驗性格，或者說，在歷史事實中時常會出現，但沒有必然性，不必如甘陽所說的「必然政治化，意識形態化」，因而壓抑其他思想的發展。實際上，這種現象也不獨在儒學為然，在其他哲學思想派系中也時常發生。例如，馬克斯主義從某些面相來看是好好的，但一旦落到史達林、毛澤東手中，便成為大大的壞事，一切思想都得屈從這種意識形態，其發展很快便終斷了。這種事件只是經驗性格，不能作為理據特別是必然有效的理據來阻截一些主流的哲學思想例如儒學的發展。我們發展儒學，倘若有妥善的處理，儒學不必成為其他思想的發展的絆腳石。儒學反而會被其他思想所掩蓋，而暫時喪失了光芒和影響力。印度佛教的傳入正是一個明顯的例子。它在漢代傳入，在魏晉以格義的方式被理解與傳播❼，到隋

---

❼　同前註，頁 609。

❼　所謂「格義」佛教，我們可作如下理解。佛教最初由印度傳來中國，由於在根本立場上和中國原有的儒家與道家都有相當的落差，特別是與儒家比較為然。同時，佛教中的許多名相，都讓中國人有陌生的感覺。於是有關人士便往往以儒道兩家的既有思想和名相來詮釋佛教教義。例如以道家的「無」去比擬佛教的「空」（śūnyatā），以「本無」來說佛教的「真如」（tathatā），又以道家特別是道教的「守一」的修行方法擬配佛教的「禪定」（dhyāna）工夫。這樣的理解佛教教義的方式便是「格義」。據《高僧傳》所載，當時的僧人如竺法雅、毗浮和曇相，便是最初運用這種方式去暸

唐時期而大盛，成為當時政治上與社會上的主流的意識形態。儒家
對它完全沒有宰制的力量。甘陽的錯誤是把經驗性的論據當作邏輯
上的必然性論據來處理。實際上，任何意識形態若與現實政權密切
掛鈎，都容易被政治化，而減殺甚至喪失原來的精神。但這只是一
種可能性，沒有必然性可言。在儒學的志業中，除了內聖之外，還
有外王。前者是後者的根基，後者是前者的開拓。兩者需同時兼
備，才算圓滿。故外王還是要碰的，而政治正是外王的重要的一
環。我們不能由於與政治扯上關係，有會讓人的精神下墮的可能
性，而不碰它。我們不能因噎廢食。

　　以下看方克立。方氏在大陸學者中，以較為同情的態度來看當
代新儒學，不像包遵信和甘陽以懷疑、拒斥以至否定的眼光來看。
他之受到海內外學術界與思想界的重視，是他近十多年來致力於研
究和推廣當代新儒學。這主要是他主編由北京的中國廣播電視出版
社出版的《現代新儒學輯要》叢書所致。這套叢書對於大陸方面的
思想界、文化界對當代新儒學的了解，無疑起著重要的作用。

　　綜合地看方氏對當代新儒學的理解與評論，有多元化的跡象。
此中有正面的、負面的（包括提出當代新儒學所面臨的困難）和關於泛道
德主義問題的看法。首先是正面一面的。方克立說：

　　　現代新儒家堅持傳統儒學特別是宋明理學的道德理性主義立

　　解佛教教義的。該書云：「以經中事數擬配外書，為生解之例，謂之『格
　　義』」（《大正藏》50.347a。）有關這種佛教，其詳可參看拙著《中國佛學
　　的現代詮釋》，頁 9-11。

場，通過重建心性本體論使儒家所要開發的道德良知具有了形而上的究極意義，並且通過內在超越的論證，著重闡發了儒家將天道落實於人性之中的成德之教所具有的宗教精神，把解決終極關懷、安身立命問題看作是這種哲學最高智慧所在。**❼**

按當代新儒家的人物相當多，可分成三個世代來說。方氏在這裏的敘述，熟悉當代新儒家的讀者很容易便會看出方氏是把焦點放在牟宗三先生的著作與觀點立論的。牟先生是最熱衷於把道德理性、良知或心性的問題提升到本體論、形而上學（本體論是形而上學的主要內容或形式，另一則是宇宙論）的次元（dimension）來說的，而內在超越與和它有密切關連的將天道落實在人性論中而得呈顯的問題，更是牟先生在發揚傳統儒學的努力中時常涉及的。在當代新儒家中（不管是取新儒家的狹義抑是廣義來看），牟宗三先生的確最有代表性，尤以在處理上面提及的問題方面為然。

　　方氏的上述一段話，相當客觀、持平，不見大陸學者常犯上的政治口吻和馬列主義的流行的詞彙。他在另處又強調新儒家的根本精神不在於復古，而是要暢通民族文化生命的本源大流，使之不至於割斷和失墜，保存中華民族文化的主體性。**❼**這裏的「暢通民族文化生命的本源大流」是牟先生常說的。而維持民族文化的本源大

---

❼　方克立著〈略論現代新儒家之得失〉，《儒學發展的宏觀透視》，頁 546-547。

❼　同前註，頁 543。

流，保存它的主體性，也是站在儒學立場所應說的話。問題是，中華民族文化的主體性是否在儒學內裏，是一個可爭議的問題。有人會提道家，亦有佛教徒會提佛教。我自己則認同方氏的說法，儒學的確可以代表中國文化的主體性；但這並不表示儒學在義理上或理論立場上比道、佛二家為高、為殊勝。這不是一個比高低、論資排輩的問題，而是相互配合、相互融和的問題。在這一點上，我們可以向儒、釋、道三教合一取經。

方氏亦有對當代新儒學的負面批評，那是對馬列主義與中國傳統文化的關係的誤解。他表示當代新儒學指責五四運動反傳統而造成了民族文化認同的危機，致馬列主義得以乘虛而入，主宰了中國人的意識形態。他也不認同新儒學認為馬列主義與中國傳統文化絕對不相容的說法。❼❽另外，方氏也強調新儒學以至傳統儒學對中國的現代化這個理想的實現有負面的影響。他說：

> 現代新儒家仍然擺脫不了「中體西用」的思想格局，傳統儒學之「體」大大限制了對西學的全面選擇、吸收、消化和利用，因此也就實際上阻礙了中國的現代化進程。❼❾

這番說法可以有不同的解讀方式。倘若它指當代新儒學堅持要以道德主體、道德理性為本，而吸收西方文化的科學研究與民主政體，減慢了後者的步伐，表面看來是可以說得通的。但我們自己總要有

---

❼❽　同前註，頁 546。
❼❾　同前註。

個「本」，有自我認同，才有吸收外來東西可說。倘若我們完全放棄這個本，放棄自我認同，而以一種近視的、功利的心態去吸收外來東西，則外來東西不斷發展，不斷變化，難道我們也要隨著這些發展、變化的腳跟轉嗎？它發展、變化到哪裏，我們也吸收到那裏，這便變成內無所本，只向外緣掛搭，民族文化只是一個流逝，沒有落根認同之地，結果只會淪為附屬主義、虛無主義而已。

　　所謂「中體西用」這種說法，意思含糊，可以有不同的解讀方式。在新儒學來說，中國的體，自然是指儒學的道德主體、道德理性；西方的用，則主要是就以知識理性或知性為主力所開出的科學知識與民主政治而言。新儒學要以儒學的道德主體為本，而學習、吸取西方的科學與民主。如何能這樣做呢？新儒學便是在這種脈絡下，以道德主體進行內部的作用調整，開展出知性，以成就科學與民主。這是一個具有重大意義但又極富爭論性的問題，我在下面的討論，便集中在這個問題上。

　　方克立指出現代新儒家在理論上遇到的最大難題，是如何說明具有濃厚的封建色彩的儒家思想在現代社會依然有其存在的根據，它和以科學和民主為標誌的近代文明如何能夠相容，並從自身中「開出」後者。[80]這說法明顯地是衝著後面我要探討的牟宗三所提的良知的自我坎陷以開出知性的觀點而來的。另外，由新儒家牟宗三、徐復觀、張君勱、唐君毅在一九五八年元旦共同發表的宣言〈中國文化與世界：我們對中國學術研究及中國文化與世界文化前

---

[80]　同前註，頁 548。

途之共同認識〉也發放類似訊息。**⑧**在這個難題上,方氏認真地提到新儒學的泛道德主義和它的局限性。他說:

> 泛道德主義的傾向曾經限制了儒家哲學在自然觀、認識論、邏輯學等方面的開拓發展。……它使中國的政治也長期處在只有人治而沒有法治、最適宜「聖君明主」專制統治的時期。現代新儒家仍然把樹立人的道德主體放在第一位,然後由此道德主體轉出知性主體、政治主體、審美主體,……把人的一切活動的價值取向倫理化。在要求人的個性特徵和創造精神全面發展的時代,這顯然是一種缺乏「現代化」精神的落後的思想學說。現代新儒家如果不能克服「中體西用」的態度和泛道德主義的傾向,它的作用和影響就會受到極大的限制。**⑧**

方氏對當代新儒學的批評,基本上沒有新意。其要點不外是,新儒學行泛道德主義,從倫理的角度來看和衡量人的一切活動的意義、價值,不重視知性,因而不能開拓出以知性為根基的科學知識與民主政治。他明顯地反對儒學以道德主體為本,由此以轉出知性主

---

⑧ 此宣言附載於唐君毅著《中華人文與當今世界》下,臺北:臺灣學生書局,1978,頁 865-929。上面提及的一些書刊中也收載於其中。對於這分宣言,中文學界留意的人很多,英語界則有張灝 Hao Chang, "New Confucianism and the intellectual Crisis of Contemporary China", in Charlotte Furth, ed., *The Limits of Change*. Harvard University Press, 1976, pp.276-302。

⑧ 方克立著〈略論現代新儒家之得失〉,頁 550。

體。傳統儒學以至當代儒學的確非常強調道德主體的重要性，這強調甚至超過了應有的限度。為了扭轉這種傾向，新儒家乃提出良知或道德主體自我坎陷，以開出知性，讓它暫領風騷，發展出科學與民主。目的達到後，知性復歸於原位，從屬於道德主體。這種處理，在理論上可能說得過去，在實行上會困難重重。方氏顯然也不認同這種處理，但若不進行這種做法，又應該怎樣去做，俾中國文化能夠妥善地、多元地發展下去，以達致現代化的目標呢？方氏並無一言積極地提及。光是反對是沒有用的。難道真要實施中共現前的路向，以馬列主義的意識形態為終極的指導方針，同時也考量中國文化、中國民族的背景，建設一個具有中國特色的社會主義的中國麼？方克立和不少大陸學者似有這樣的意思。但馬列主義奉行唯物論的宇宙觀，重視物性而不重視人性，實現一黨專政。前兩點無論如何與中國文化的背景是背道而馳的，後者強調心靈、精神的重要性，認同美善的人性。至於一黨專政，則明顯地是反民主的。因此，我們可以確定，中共推行的路向，只能是權宜的做法，以經濟上的改革開放政策的成就來穩定民心，最後必會有實質上的改變，我們且以樂觀的心情拭目以待吧。

　　以上所提包遵信、甘陽和方克立的說法，特別是不滿意傳統儒學和當代儒學的泛道德主義性格在大陸都有一定的代表性。另外，在大陸仍有一些非常偏激的莫名其妙的說法。例如蔡尚思認為中國的現代化應與批判儒學連繫在一起。中國現代化的目標遲遲未能實現，是由於以儒家禮教為主體的封建思想仍然存在的緣故；因此他

認為，要讓中國充分實現現代化，非要徹底地剷除儒家不可。**❽**這樣的論調，只在五四運動或新文化運動時期才出現；經過多年來大家對儒學的本質、其學術與文化的效能各方面的不斷探討，已經有了一定的共識。蔡氏似乎對有心人士在這段長時期的努力探討，視若無睹，委實令人失望之至。

五、牟宗三的良知的自我坎陷說

(一)良知的自我坎陷

　　儒學由先秦時期的孔、孟開始，發展到宋明時代的周、張、程、朱、陸、王，都是走道德的導向，強調道德主體、道德理性。在宋明，更把這道德主體拓展到客觀的、形而上的實體方面去，而成無限心。不管是道德理性也好，無限心也好，其本質都是從道德的導向建立的。道德的導向強調主體與客體的直貫的統一狀態，與認知或知性的導向強調主體與客體或對象的橫列關係殊異。這主體與對象的橫列關係，直接開拓出知識的世界、科學的領域，間接開出民主政體。**❽**後一主體的知性（Verstand），被視為科學與民主的

---

❽ 陳來輯〈傳統儒學的評價與反思：有關近年儒學討論的參考資料〉，《儒學發展的宏觀透視》，頁 804-805。

❽ 這裏我說主體與對象的橫列關係間接開出民主政體，的確非常籠統。倘若要詳細解釋，又得花很多篇幅，這是本文無法負擔的。同時，這一點又常為當代新儒家如唐君毅、牟宗三和徐復觀所提過，並有周延的解釋。對這個問題有興趣的讀者，可逕找他們的有關著作來看，我在這裏便不多著墨了。

根源的開拓者。由於整個儒學體系都把努力的焦點放在德性行為的涵養與聖賢人格的達致，相對來說，知性方面的發展便受到忽視。這種情況，籠統地說，可說是重德精神或泛道德主義（倫理中心主義）所帶來的結果；這從現代重視科學知識的角度看，可說是不好的結果，或遺憾的事情。一種健康的社會、文化，應該是道德理性與知識理性（知性）並重，俾能開拓出德性的操守與科學知識、民主政治，才算周延。所謂現代化（modernization），應同時包括這幾方面的發展。特別是，對於一向重德而輕知的中國文化來說，知性方面的發展顯得更為逼切。由於重德精神已在中國文化中根深蒂固，它自身也的確有其內在的價值，我們不能一下子把重德精神放棄，以吸收西方文化所擅長發展的知性，發展出科學與民主來。我們應該和需要做的，是如何以道德理性為本，由此開拓知識理性，以應時代的需求。當代新儒家特別是牟宗三先生便是在這種認識與思維的背景下，提出良知的自我坎陷說。

　　按牟宗三思索良知的自我坎陷說，跨越很長的時期（由上世紀四十年代末期到七十年代末期）。❽他的說法基本上是一致的，我在這裏參考他的接近早期的說法，這說法見於他在一九六〇年前後出版的

---

❽　根據蔡仁厚的說法，牟先生在一九四七、一九四八年間在南京辦《歷史與文化》刊物時，發表了一篇文章，後來印成小冊子《王陽明致良知教》，他後來放棄了這本書，但保留了其中的第三章〈致知疑難〉，而「良知的自我坎陷」這種說法，正出現在這一章中。（〈討論〉，《儒學發展的宏觀透視》，頁 563-564。）

《政道與治道》、《道德的理想主義》二書中。❽至於他的較後期的說法，例如在《現象與物自身》、《從陸象山到劉蕺山》、《中國哲學十九講》等書中的說法，❽我已在另處討論及。❽

首先，我要引述牟先生的一段話：

> 凡真美善皆為道德理性所要求、所意欲。科學代表知識，也是「真」之一種。道德理性雖曰實踐理性，意在指導吾人之行為，其直接作用在成聖賢人格，然誠心求知是一種行為，故亦當為道德理性所要求、所決定。……由動態的成德之道德理性轉而為靜態的成知識之觀解理性。這一步轉，我們可以說是道德理性之自我坎陷（自我否定）：經此坎陷，從動態轉為靜態，從無對轉為有對，從踐履上的直貫轉為理解上的橫列。在此一轉中，觀解理性之自性是與道德不相干的，它的架構表現以及其成果（即知識）亦是與道德不相干的。❽

在這段文字的開首，牟先生的所述，涉及一個嚴重的問題，那正是儒家的泛道德主義的傾向。牟先生表示，道德理性是行為的主體，

---

❽ 牟宗三著《政道與治道》，臺北：廣文書局，1961；牟宗三著《道德的理想主義》，臺中：私立東海大學，1959。

❽ 牟宗三著《現象與物自身》，臺北：臺灣學生書局，1975；牟宗三著《從陸象山到劉蕺山》，臺北：臺灣學生書局，1979；牟宗三著《中國哲學十九講》，臺北：臺灣學生書局，1983。

❽ 拙文〈純粹力動屈折而開世諦智與良知坎陷而開知性的比較〉，拙著《純粹力動現象學》，頁 794-800。

❽ 《政道與治道》，頁 57-58。

是實踐的性格，足以成就人的聖賢人格，這沒有問題。但他是在道德與知識、知性的關連的脈絡中說的，他把道德與求知扯在一起，此中的關鍵是以誠心求知連上道德理性，並以前者受後者所影響、所決定，這便有問題。牟先生開首所說凡真美善都是道德理性所要求的，則問題更加擴大了。真指涉求知，美指涉求美，善則指涉求善，求心之所安。心靈在這三者中的活動，是不同的，各自對對方有一定的獨立性。倘若能保持這獨立性，讓真美善三者在存有論上、價值論上不存在有一方較他方的先在性（priority）、優越性（superiority），這便沒有泛道德主義的問題，同樣也沒有泛知識主義、泛美學主義的問題。現在你把求知推廣開來，說為誠心求知，則是把求知的認知活動放在誠的態度或心念之下，由於誠是一種德性，因此，求知的認知活動也不可避免地被放在德性或道德理性之中來說了，這便不能免於泛道德主義的傾向。另外，倘若對於真美善的問題可以這樣處理，可以以其中一者來說另外的一者，如上面的把認知活動放在道德理性或善之中來說，則我們也可以說以真的態度去求美求善，以美的心情去求真求善了。這樣，泛知識主義與泛美感或泛唯美主義也可在同樣的思維方式下成立了。我不知道牟先生何以會這樣說，這樣說的確會引致泛道德主義的問題。**⑩**

---

⑩　這樣的泛道德主義的傾向恐怕不是牟宗三先生所獨有，而是亦可見於其他當代新儒學人士的言論之中。唐君毅先生在他的巨著《生命存在與心靈境界》之中（頁 834），以辯識主從的方式來說儒家、佛教與基督教的關係，即是，儒家是主，是德性的導向，佛教與基督教則是從，是宗教的導向。這種主從的辯識，亦不能免於泛道德主義的傾向。實際上，唐先生寫《文化意識與道德理性》，把一切文化活動歸於文化意識，表示統率文化意識而作為其

由此推而廣之，這泛道德主義可以有很廣遠的牽連，不限於真美善的問題而已。即是，倘若牟先生所提的誠心求知的做法可以作為道德理性對於知識活動具有決定性的理據的話，則我們亦可以就誠心去從政、誠心去做生意、誠心去鍛鍊身體、誠心去栽培後輩、誠心去為保衛國家而上戰場等等事例以確定道德理性對政治、經濟、體育、教育、軍事各方面具有決定作用了。這如何能說得通呢？

現在讓我們擱置這個難題，看牟先生在其他方面的看法。對於道德活動與認知活動的不同，牟先生集中在動態與靜態的對比來說。即是，道德活動是在動態中進行的，它需要一種充沛的生命力，才能證成。例如對於幫助他人在行為上作道德的轉向（moralistic turn），或者對自己作道德的轉化，都需要有堅強的決心、任勞任怨的耐心和充足的動感，才能成事。而認知活動則是在靜態中進行。在這種狀態中，認知主體與認知對象成一種橫列或對列的關係，前者才能冷靜地、理智地認識後者，對後者建立客觀而有效的知識。太多的動盪、騷亂是不能證成認知活動的。

在活動的狀態上，雙方雖然有動靜之分，但道德理性與認知理性或觀解理性畢竟統率於一個心靈（a single mind）之中，或源自同一個心靈，兩者不能截然地分開。在這種情況下，我們必須面對這兩種理性的關係問題。牟先生是道德的理想主義者，他認為在次元（dimension）上道德理性較觀解理性為高，因而在說到雙方的關係時，他認為在存有論上，道德理性是根源的，具有先在性與優越

根基的，即是道德理性，其泛道德主義的傾向，便非常明顯。

性，**觀解理性**則是後起的、被轉生的，因而便有道德理性或良知自我坎陷、自我否定（self-negation）而轉出觀解理性的著名的說法。由於這兩種理性在性格上的差異：道德理性是活動的、絕對的，觀解理性則是靜止的、相對的（與所觀解的、所認知的對象成相對關係），因而雙方的作用產生不同的結果：道德理性生起道德行為，觀解理性則生起知識。

　　牟先生表示，道德理性的活動，是理性的運用表現；而觀解理性的活動則是理性的架構表現。這個意思，我想可以作如下理解。在道德理性的活動中，理性表現道德行為，是理性直接貫通到行為及所涉及的事物中去，不憑藉任何概念，只是意志自身（道德意志本身）展示、展現以至證成它的自由指向、取向。即使有對象，這對象也不會與道德意志並排在一種相對的橫列關係之中，卻是道德意志透過自身所具的強烈動感，一邊決定對象，一邊創造行為（道德行為）。在觀解理性的活動中，這種理性或知性與對象處於一種相互對峙的橫列關係中，由知性通到對象，並不能如道德理性以直貫的方式通達到對象方面去，以創造行為。此中的對對象的連繫，需要以一種曲折的方式來進行，要透過概念來達成。牟先生把這種曲折的連繫，稱為「曲通」。曲通不是直通，雙方分別是觀解理性或知性與道德理性的通達方式。牟先生特別以架構表現來說。架構是需要由概念來撐持的。牟先生還以「轉折的突變」的字眼來說曲通，來規定曲通。所謂「轉折」，是在方向上逆反，由原來的運作方向逆回來，它當然也表示一種在思維上由順取而轉為屈折、屈

曲。❾

對於這「逆」或轉折，牟先生有如下解釋：

> 這「逆」之意義之形成是這樣的，即：德性在其直接的道德
> 意義中，在其作用表現中，雖不含有架構表現中的科學與民
> 主，但道德理性，依其本性而言之，卻不能不要求代表知識
> 的科學與正義公道的民主政治。而內在於科學與民主而言，
> 成就這兩者的「理性的架構表現」其本性卻又與德性之道德
> 意義與作用表現相違反，即觀解理性與實踐理性相違反。即
> 在此違反上逆顯出一個「逆」的意義。它要求一個與其本性
> 相違反的東西。這顯然是一種矛盾。它所要求的東西必須<u>由
> 其自己之否定轉而為逆其自性之反對物</u>（即成為觀解理性）始
> 成立。它要求一個與其本性相違反的東西。❾

這裏所謂的「逆」，表示觀解理性或知性對於道德理性在運作方
向、導向上的相逆反。倘若道德理性的運作是順通的、直貫的，則
觀解理性是逆反的、橫列的，所謂「架構」正是從這橫列的逆反方
面說。牟先生的意思是，科學與民主中所展示的理性的作用方式，
是主體與對象（科學）、主體與主體（民主）的關係，呈橫列的、對
列的態勢，任何一邊不具有在存有論上對另一邊的先在性與優越

---

❾　《政道與治道》，頁 56-57。牟先生在這裏的本來說法很簡略，我自己根據個
　　人的理解作了不少補充。

❾　同前註，頁 57。橫線是筆者所加。

性。這雙邊都被置定於一個具有一定的形式、格局的架構之中。對
於道德理性而言，觀解理性是逆反的，前者的作用方式是以主體融
攝客體，把客體放置於自己的統率的脈絡中，結果成就道德行為。
觀解理性的作用則顯現於主體（認識心）與對象（認識對象）、主體
（我）與主體（人）的相互獨立、誰也勝不了誰的關係中。但道德理
性與觀解理性都是理性，理應在存有論上有一定的關連。這關連應
如何說呢？牟先生的意思是，道德理性在它的作用中，透過自身對
自身的否定、逆反，而轉為觀解理性，讓觀解理性以一種逆向（對
道德理性逆向）的方式來作用，開出科學知識與民主政治，其道德的
功能則暫時隱蔽，道德行為亦暫時不朗現。牟先生便是在這種脈絡
下，說觀解理性逆反、矛盾。逆反是對道德理性的逆反，矛盾是對
道德理性的矛盾。對於道德理性的這樣自己否定自己、逆反自己，
牟先生稱為道德理性的自我坎陷；由於道德理性即是良知，因而亦
可說是良知的自我坎陷。要注意的是，這裏說的「逆反」中的
「逆」，與牟先生在後期講宋明儒學所時常強調的「逆覺」中的
「逆」完全不同，在導向上不同。逆反的逆是道德理性自己逆反自
己，否定自己，以開出觀解理性；逆覺的逆則是觀解理性自我作逆
向的反省，覺悟到自己的存有論的根源是道德理性。就辯證法
（Dialektik）來說，前一種逆相應於反命題，後一種逆則相應於合命
題，而道德理性自身，則相應於正命題。

　　在牟先生來說，人的理性（Vernunft）可以有四方面的開展：道
德理性、宗教理性、判斷力理性與觀解理性❽；它們分別成就出四

***

❽　我在這裏說宗教理性，需要澄清一下。一般人說起宗教，總是從信仰方面來

種文化活動：道德、宗教、藝術、科學。前三種活動是質的性格，或是質化活動；科學則是量的性格，或是量化活動。而所謂理性，也可視為精神（Geist）看。牟先生說：

> 自然科學，單是在希臘精神下並不能完成。因為希臘精神是審美觀點的藝術精神。光是柏拉圖的理型，柏拉圖的愛好數學秩序的審美精神，並不能完成自然科學。……希臘精神畢竟是質的，而不是量的，其心靈是依於審美精神而向上，而不是轉為冷靜的理智落於實然而向下。由希臘的審美精神轉到中世紀的宗教精神，這都是向上的，其本身俱不足以形成自然科學。自然科學必須是在哥白尼、葛利略、蓋伯勒、牛頓這一傳統所代表的精神下完成。而這一傳統所代表的精神就是以前向上浸潤或向上昂揚的精神之冷靜下來。這一步冷靜，我們依精神之辯證的發展說，也可以叫它是一步坎陷，坎陷於「實然」中而實是求是。所以這一步坎陷是有成果的，與墮落物化不同。這一步坎陷，從心靈方面說，不是向上求清淨解脫，而是轉為冷靜的理智向下落於實然中以成對

看。其實宗教也有它的理性的一面；不過，宗教的理性能否獨立地成為一種理性，是有爭議性的。我在這裏說宗教理性，參考了康德的意思。在他看來，宗教需與道德相輔而行，他甚至認為宗教需以道德為基礎，而道德則不必依賴宗教。這是他的所謂「第四批判」的《只在理性限度下的宗教》（*Die Religion innerhalb der Grenzen der bloßen Vernunft*）一書的重要思想。有關康德的這種思想，參看拙文〈康德的宗教哲學〉，拙著《西方哲學析論》，頁49-77。

於外物的理解。從其所理解的外物方面說，必須把屬於質的完全抽掉，而只剩下量的。這就是科學的化質歸量。因此，這一步成科學的坎陷精神，就是一步量化的精神。❾

在這裏我們首先要弄通「質」（Eigenschaft, Qualität）與「量」（Menge, Quantität）的區別。所謂質是就性質、性格而言，它指涉到精神的內涵、內容和它的活動的方向、導向，其價值意義、現象學意義（phänomenologische Bedeutung）是很明顯的。既然具有價值義，則可視為一種理想，是我們要從現實的、經驗性格（這即是牟先生所說的實然）的事件本身超越上來，突破開來，向著一個具有終極意義的目標趨附（aspire to）。這目標可說是人生的目標，也可以說是宇宙的目標。宇宙的目標表現在人生的目標之中。牟先生所多次強調的向上精神，向上浸潤、昂揚的精神，正是指這目標而言。不管是同情共感的道德，或是美感欣趣的藝術，或是終極關懷的宗教，都具有這種向上提升的精神，這提升是在生命的質素上的升揚。至於成就自然科學知識的觀解理性，則是在經驗的、實然的層面上說，它只能是工具義，自身不是理想，但可以作為幫助達致理想的媒介、工具看。它只能說量，而不能說質。質是從內容說的，它可以開拓出具有優良質素的價值世界。量則只能論斤兩；它對於質來說，是無所謂的。對於哪一種質素，或是道德，或是藝術，或是宗教，都是一樣的，都是只能提供方便，以量化的力度強化（consolidate）作為

---

❾　《道德的理想主義》，頁 92。

目標看的道德、藝術、宗教。**㊟**

　　但精神（主要應是道德精神、道德理性）有一種辯證性格的發展歷程。在這發展中，精神從向上浸潤、向上昂揚的態勢自我冷靜、冷卻，而自我否定，自我坎陷，讓自己下陷到經驗的實然世界的層面，而凝滯為一種清明的、冷靜的理智機能，而對這經驗的實然世界的種種事物加以理解，理解它們的時間性、空間性、因果性、實體屬性的關係性、或一或多性，等等，而構成科學知識。亦正是在這種理解之中，冷靜的理智把所理解的東西的質的面相全部加以抽離，只餘下它們的量，例如它們的存在上的強度、外延之類。依牟先生，精神的這種冷卻、坎陷，是有成果的，不是墮落，也不是物化，而是對事物的「化質歸量」，其成果便是科學知識的達致。

　　要指出的是，道德精神或道德良知的這種自我冷卻、凝滯，從向上昂揚的態勢轉而為向下坎陷的態勢，是一種權宜的做法，並不是終極性的開拓、永恆性的轉向。它是可以回轉的。即是，當這種權宜的做法達到某一階段，在科學知識的建立達到某一種程度，凝滯的、冷靜下來的理智可以逆反上來，翻騰回來，回復本來的道德良知的明覺，讓自己由下墮的坎陷狀態回復原來的向上的昂揚狀態。同時，冷靜的認知理智與動感的道德理性在作用儘管相互不

㊟　筆者在拙著《純粹力動現象學》中，曾作過對現象學意義的自我設準的詳盡探討，把這種自我確認為道德上的同情共感我、美學或藝術方面的靈臺明覺我和宗教意義的本質明覺我、委身他力我、迷覺背反我。對於認知我或觀解理性，則作總別觀照我看，認為不具有現象學意義、理想義，卻能助成對現象學意義的自我的達致，因而有權宜的、工具性格的價值。參看拙著《純粹力動現象學》，頁187-267。

同，但雙方都是屬於同一個心靈，亦可說是同一個心靈的不同表現，因此，認知理智與道德理性始終是連繫著的，並不是完全獨立於對方而成孤離狀態。這一點亦可說是道德理性的動感性的所涵。**❾❻**

道德理性或良知的自我否定、自我坎陷而開出認知理性，由後者暫時發揮其科學與民主的作用，獨領風騷，而良知則暫時退隱，只是到了認知理性發展到某一程度，又可回歸、逆覺而為良知，的確是中國文化所應走的方向方面的一大問題。**❾❼**牟宗三在自己著作

---

❾❻ 便是由於這樣，甘陽在他的〈儒學與現代：兼論儒學與當代中國〉一文中所強調「文化系統」和「社會系統」各具有高度的獨立性，這獨立性在現代顯得越來越強，我們不應把兩者牽連起來的說法（《儒學發展的宏觀透視》，頁597-598），所提出的科學、民主、工商文明，完全可以獨立於儒家之外而發展，儒學也完全可以獨立於前者之外而維持它的生命力（頁601）的說法都難成立。生命心靈是一個有機體，其中的成分或作用是在這一有機體之中活動的，不存在各方可完全獨立發展的可能性。單就認識這一點而言，我們的作為視覺器官的眼睛看到很多紅色的東西，我們的意識即時便會把這一堆東西所共同具有的紅性抽取出來，而以「紅」一概念加以概括，而得到這些東西都是紅色的這樣的知識。只在認識活動的範限內已是如此，在生命心靈這樣一個總的有機體之中，更是如此，我們不可能把其中的內容、作用完全區隔開來，視之為相互之間有過強的獨立性，而互不相通。倘若生命心靈真的是這樣，則也不能成為一個機體（organism）了。又此中的「文化系統」、儒學相應於道德理性；「社會系統」、科學、民主、工商文明則相應於認知理性。

❾❼ 此中的意思是，道德理性或良知開拓出認知理性，以建立科學知識，但認知理性不可作為完全獨立於道德理性或良知而有其自己的天地，而任容這個天地隨著科學知識的不斷發展而無限度地膨脹，以致淹蓋其他文化活動，特別是道德活動。此中的理據是，科學知識固然可以益人，亦可以害人，如某些政治野心家藉著原子物理學的知識以發展核武，震懾甚至殘殺他人，讓自己

中的多個地方，都提到這個問題，意思都是一貫的。但他論到這個問題，總是只作為一個觀念、觀點（良知的自我坎陷）而提舉出來，沒有以一套理論體系來作周延的說明、處理，致時常引來不同的解讀方式，甚至相互矛盾的詮釋，這不能不說是一種憾事。對於牟先生在這個問題上的想法，唐君毅有比較相應的理解。他強調牟說能夠緊扣德性之知或良知對於科學知識的知的統攝作用來說科學知識的知。此中的關鍵點在於，這兩種知是不同類的。科學知識的知的基礎是了別心，這相當於康德所說的純粹理性（reine Vernunft）；而良知則是道德心，這相當於康德所說的實踐理性（praktische Vernunft）。良知的道德心總是表現於行為上，又通貫到物事方面去，不與物事對峙。而了別心則與物事對峙，以自己是主體，物事是客體。但良知與了別心都是心，兩者有同一的本源，良知又是本中之本，因此此中的問題是：良知如何轉生出了別心？牟先生的看法是，這種「轉生」，是良知基於自身的決定，由它本來不與物事

的獨霸世界的意欲得以順遂地實現。這是科學知識、認知理性必須在高度的監控下而發展的理由。而道德理性或良知正可在這方面發揮有效的功能。有關這一點，我們不妨參考一下唐君毅先生的說法：「中國今日之尊尚科學，……不能不有一科學知識如何與以前之傳統之學術精神互相配合之問題。否則順科學之知之分門別類，以往而不返，而每一科學，皆成一獨立之天地，可供人終身馳騁於其中，而不知出，則道術將為天下裂。而今日之科學之知識技術，若無德性之知為之主宰，亦未嘗不可皆用之以殺人，而不足以美善人生。由是而中國思想之發展，又必再進一步，於既使科學成一獨立知識之領域之後，再求說明此獨立，唯是相對的獨立於傳統德性之知或良知之外，而非絕對之獨立於人之德性之知或良知之外。」（唐君毅著《中國哲學原論》上，香港：人生出版社，1966，頁336。）

對峙的狀態轉而為與物事對峙的狀態，這樣便轉出與物事對峙的了別心了。唐先生認為，這其實是良知的坎陷它自己，以分化出了別心。這樣，我們應在心方面有兩套系統：道德的良知這一套，和由良知所轉生出的了別心這另一套。藉著了別心這一套，我們便可以一方面了別與自己對峙的客觀的物事，另方面了別良知的行為。這樣我們便可有兩種知識：對於客觀物事的知識和對於良知行為的知識。❾❽在這裏，唐先生舉出實際的事例以明之：事親。唐的意思

---

❾❽　在這裏，有一點要提醒，唐先生這裏所說的兩種知識，都是了別心所生起的成果。對於客觀物事的知識固然是了別心所成就的，而對於良知行為的知識，也是了別心所成就的。至於良知行為作為一種道德性格的實踐行為，能否真為了別心所識別而生起知識，那是另一問題，唐先生在這裏並未著墨。我覺得這點很重要，需要提出來加以討論。我們了解客觀物事，是把後者視為一種現象（Phänomen），在時間與空間的直覺形式下藉著我們的了別心所提供的範疇（Kategorie）概念來作業，而對於客觀事物的資料，需先有一種直覺（Anschauung）來接收。這直覺是感性直覺（sinnliche Anschauung）。良知行為的情況便很不同。這行為發自良知，良知不是現象世界中一分子，卻是屬於睿智的世界（intellektuelle Welt），是本體的層次，因而良知行為也應屬睿智世界或本體界，不能當作一種現象來處理，來認識。我們應把它視為物自身（Ding an sich）來證悟，以建立對它的知識。而證悟它的主體，也不應是了別心，如唐先生的所說。能稱理地認識良知行為的，不可能是感性直覺，而應是如康德所說的睿智的直覺（intellektuelle Anschauung）。這才正是證悟良知行為的主體。良知是超越的本體界的主體，由它所發動的良知行為，也應是本體界的行為，是物自身性格的行為。但我們說物自身，通常是就它作為一種靜態的、超越的質體說的，不是作為一種行為、活動說的。以物自身來說良知行為，是不妥當的。在這裏，我們需要有一物自身的行動轉向（activizing turn），把物自身所涵有的、概括的範圍加以推延、擴展，由質體伸展到行動、行為方面去。（關於物自身的行動轉向，參看拙著《純粹力動現象學》，頁 167-169。）良知行為既然是物自身的層次，則對良知行為

是，我們依良知來事親，這是道德的良知這一套的事，這是良知自動自覺這樣做的。但事親是一種活動、行為，為了把這種行為做好，我們便要好好地了解「親」是甚麼。要這樣做，良知需要作自我坎陷，轉生出一了別心，以與作為對象的親相對峙，以求得有關親的知識。這相應於上面說的對於客觀物事的知識。而正當我們進行事親的行為時，這行為便成為一種對象，為我們所認識，而得到關於事親的知識。這相應於上面說的對於良知行為的知識。如註❾❽所表示，這兩種知識都是生自了別心的。同時，這兩種知識都是在良知自願地作自我坎陷而轉生出來的了別心所成就的。最後，唐先生總持地說，科學是知識，但我們決定需要具有科學知識的這種「決定」，則不是知識，而是良知的決定。這種「決定」，肯定地是在比科學知識更高的層次上。基於此，我們可以確認，中國傳統

的理解，而構成知識的，不可能是了解現象的了別心，而應該是體證物自身的超越的主體（transzendentale Subjektivität）。這是甚麼呢？便是良知自身。以良知自身來認識良知行為，可以說是良知的自我認識。即是說，認識良知行為的，不是了別心，而需是良知自身。這點是唐先生未有留意及的。

這個問題應如何解決？我參考自己在拙著《純粹力動現象學》的思維方式，提出如下說法。道德理性或良知通過自我坎陷（我不大用「坎陷」字眼，因它的負面義太明顯，我通常用「屈折」字眼）而轉出認知理性或知性作為了別心，以認識現象義的物事，成就科學知識。而良知自身並未有完全消失，它只是躲在了別心後面，暫時隱藏著而已。但它不是完全不生作用，卻是仍可體證現象學義、物自身義的東西或活動，包括良知行為在內。良知與了別心不是完全分離、完全獨立於對方。卻是在一個完整的心靈的脈絡下，分成兩面，分別理解良知行為和了解現象物事。最後仍統合在完整的心靈之中。或者說，良知自身便是那個完整的心靈。

思想著重德性之知與良知之教，在原則上是可以成立的。**99**

(二)對於良知的自我坎陷說的質疑

　　上面提到，牟宗三先生對於良知的自我坎陷而轉出認知理性或了別心，以建立科學知識與民主政治，總是說得過於簡單，即使有唐君毅先生的補充，也不是很詳盡和周延。因而引來不少不同的解讀方式，同時廣泛地受到一些在學養和思維訓練上有不同背景的學者的質疑。以下我們便探討這個問題。

　　對於當代新儒家特別是牟宗三的良知的自我坎陷說質疑和批評得最激烈的，仍然是對新儒學的泛道德主義批判最多的傅偉勳。他曾多次抨擊這一說法。他說：

> 我國的儒家道統，自宋明理學至今日的新儒家，亦以第七層
> 面（筆者按：指人倫道德 ethics and morality 層面）而為生命各大層
> 面的主導，從新時代的科際整合觀點看來，實犯有泛道德主
> 義（panmoralism）的理論偏差。當今新儒家代表牟宗三教授，
> 在他主著《現象與物自身》，依據儒家「道德的理想主義」
> 立場，主張良知或「無限心」（儒家道德本心）「自我坎陷」
> 而為認知心，依此認知心開展諸般科學與經驗知識的知性探

99　《中國哲學原論》上，頁 338-340。要說明的是，這裏所展示的對牟先生的良知的自我坎陷以轉出了別心或知識理性以成就科學知識的助解，是唐先生作出的。但唐的原文在行文上欠暢順，他的說法也比較散亂。我在這裏盡量以唐先生的原意為準，在敘述或闡釋上作了一些更動，希望不會以辭害意，還請讀者垂注。

　　索領域。我在數篇拙論（如〈儒家思想的時代課題及其解決線
索〉），已經指摘「自我坎陷」一辭的語病與難題，認為牟
先生此一想法，實有泛道德的化約主義（panmoral reductionism）
之偏失，由於辨認不出「德性之知」與「聞見之知」的分合
所在，無法說明「聞見之知」的相對自主性。⑩

　　在這裏，傅氏重述儒學（自宋明理學到今日的新儒學）的泛道德主義在
理論上的偏差。⑩在他看來，儒學一直都過分重視人倫道德，把它
放在人生的各個面相的首位，一切問題都需在人倫（倫理）道德的
脈絡下解決。這明顯地是有泛道德主義的傾向。傅氏這樣說，並沒
有錯。我在上面第一節已有表示：牟宗三先生在說到道德理性與知
性或知識的關係時，以誠心求知連上道德理性，並以前者亦即知性
或知識受後者的影響、決定，便是明證。泛道德主義的困難或流
弊，非常明顯，在這種導向下，道德之外的一切文化活動，都會受
到壓縮。特別是知識、科學知識的活動為然。此中的理據是，在道
德活動之中，主體對於客體的關係是直貫的、涵攝的，客體的地位
未受到尊重，只能在道德主體的浸潤下存在。知識活動的情況則不
是這樣。在這種活動中，主體與客體的關係是橫列的，雙方的地位
是平等的，主體給予客體足夠的存在空間，以對後者進行觀察、研

---

⑩　傅偉勳著《從創造的詮釋學到大乘佛學》，臺北：東大圖書公司，1990，頁
　　50-51。

⑩　傅氏以「理論偏差」來說泛道德主義，「理論」字眼用得不恰當，傅氏在談
　　的其實是基本立場的問題，他不滿儒家一直堅持的人倫道德的立場，故在這
　　裏說的理論上的偏差，其實是指哲學立場上的偏差問題。

究，建立對後者的客觀而有效的知識。在中國文化特別是以儒學為主流的發展中，認知主體一直都處於弱勢，到了明代的王陽明，都是如此。陽明說知、良知，都是就德性的導向立說，與知識、知性活動扯不上關係。

傅氏也特別提到泛道德主義主義和以良知的自我坎陷來交代知識問題，有所謂「化約主義」的偏失，把一切價值都放在道德的脈絡下來衡量。儒學中人抉擇德性之知（道德的知識，但這知識不是取嚴格的知識論義，只是一般的軌約之義）與聞見之知，總是把德性之知放在首位，聞見之知或經驗知識、感官認識只有附屬的地位，沒有足夠的活動空間。⑩在聞見之知與德性之知之間，傅氏未表示出特別的抉擇，但強調聞見之知應有相對的自主性。這是對的。對於知識或科學知識，我們很難說絕對的自主性，因為，如上面所說，科學知識可以益人，亦可以殺人，故應在一種恰當的操控之下被發展，這便是「相對自主性」。至於傅氏批評新儒家不能分辨出德性之知與聞見之知的分合所在，這恐怕是不恰當的評論。上面我提到唐君毅先生認同牟宗三先生所提出的德性之知對於科學知識或聞見之知的統攝性，便是明證。問題是德性之知對於聞見之知應統攝到甚麼程度，在甚麼程度或限度之下讓聞見之知獨立發展下去，這則是我們

---

⑩　傅氏在這裏以聞見之知來概括知識的活動，並不是很周延，只有象徵或代表的意味。通常我們說知識（Erkenntnis），包含經驗知識與形式知識。前者指由經驗或感官接觸外物而成的知識，這相應於傅氏所說的聞見之知，聞與見都是感官（聽覺、視覺）的作用；形式知識則專指邏輯與數學知識，它是形式性格的，它是否正確、有效，就它自己的形式一面便可決定，與感官所接觸的外界無關。

需要進一步探討的問題。

順著上面對當代新儒家特別是牟宗三先生的批評，傅偉勳又在關連到康德哲學的問題上，對牟先生作進一步的批判：

> 「自我坎陷」說……無哲理的強制性。牟先生未曾通透康德
> 分就純粹（理論）理性與實踐理性兩大層次，而去探討科學
> 知識與倫理道德的個別功能的深意所在，反而強逼康德哲學
> 屈居儒家道德的理想主義之下，既無助於儒家思想的自我澄
> 清，亦對儒家知識論的未來發展形成一大絆腳石。⑩

傅氏提出牟先生的良知的自我坎陷說不具有哲理上的強制性，其意味不是很清楚。所謂「哲理的強制性」大抵是就義理上的必然依據、邏輯依據言。跟著他評論牟先生對康德哲學的處理，其意味便瞭然。依傅氏，康德把理性二分：純粹理性（reine Vernunft）與實踐理性（praktische Vernunft），分別交代科學知識與倫理道德的成立。傅氏認為，康德這樣處理理性問題，有他的深意。傅氏大抵認為這深意在於對科學知識與倫理道德這兩種重要的文化活動有恰當的定位，並賦予純粹理性與實踐理性以獨立性。倘若這種理解不錯的話，傅氏顯然認為與認同康德把純粹理性所成就的知識系統與實踐理性所成就的倫理系統的二分法，雙方各有其功能與意義。但牟先生卻不能體會康德在這種分法的良苦用心，反而以德性之知優位為依據，把知識系統放在倫理系統之中，讓前者受後者所統轄，以迎

---

⑩　《從創造的詮釋學到大乘佛學》，頁 115。

合儒家的重道德而輕知識的立場，這樣，康德的哲學特別是其知識論便被置定（傳氏用「屈居」字眼）於儒學的道德的理想主義之下，讓前者順應後者的腳跟轉。傳氏顯然不滿意牟先生的這種做法，亦由於這樣做（重德輕知、重倫理輕知識）無法開拓出儒學的知識論。傳氏對於知識論的開拓問題，顯然有或表示這樣的意思：你要重視客觀的知的問題（不讓它屈從於倫理道德的問題），才能建立知識，才能成就科學知識。現在牟宗三先生把德性之知放在首位，讓它凌駕於康德哲學特別是知識論之上，這樣便不能發展儒學的知識論。

傳先生的這種提法，的確展示出一個重要的、客觀的哲學問題：對於知識問題與道德問題，我們應該如何定位呢？是把知識問題歸屬於道德問題之下，抑是給予「相對的自主性」（用傳氏自己的字眼）呢？對於這個問題，當代新儒學的先生門，似乎還未有共識，未有一致的回應。即使就牟宗三與唐君毅這兩位立場相近的大師來說（他們同是〈中國文化與世界：我們對中國學術研究及中國文化與世界文化前途之共同認識〉一重要文獻的簽署者，其他兩位簽署者是徐復觀和張君勱），態度還是不一樣。牟先生的語調很確定，沒有保留：觀解理性或認知心是道德理性或良知進行自我否定、自我坎陷而轉出，這種否定、坎陷是自動自覺的，出於自由意志。良知可以不這樣做，但它還是做了。它這樣做，目的是要成就科學知識（民主政治也包括在內）。目的達到後，觀解理性便要被收回，恢復原來的良知。在這一點上，觀解理性是被動的，沒有自主性、獨立性；相對的自主性也不能說，更遑論絕對的自主性。唐先生的態度比較保留，如上面所示，他容許或認同了別心、科學知識的獨立性，但這獨立性只應作為相對性格看，即是說，相對地獨立於傳統德性之知或良知之

外，而不是絕對地獨立於人的德性之知或良知之外。其理據是科學知識可以益人，也可以害人、殺人，故需要在一種有效的監管之下，才能發揮最大的作用，這監管正是德性之知或良知所勝任的。因此，在這一問題上，唐、牟兩位先生有不同的意見。牟先生認為觀解理性或科學知識不應有獨立性，不管是絕對的抑是相對的。唐先生則容許科學知識有相對的獨立性，不容許它有絕對的獨立性。

　　另一對於當代新儒學所提的良知自我坎陷或道德主體的歸約主義的猛烈抨擊來自甘陽。我們先看這種說法，然後再進行分析與省思。甘陽說：

> 現代新儒家（牟宗三等）力圖從道德主體中轉出認知主體以便奠定自然科學在中國發展的基礎；又從認知主體的確立中開出民主政治的道路（所謂道統的肯定、學統之開出、政統之連續），這整個路子都是誤入歧途。這實際上仍是一種「傳統的理解世界的方式」，亦即力圖把各不同價值領域都硬性統一在一起。……其理論上的謬誤就在於所謂「歸約主義」（reductionism），亦即把彼此不可化歸的價值領域硬性歸結到一個中心領域（都從「道體主體」中轉出來）。……這樣一種路子，我以為在現代世界是行不通的。❿

甘陽在這段文字中雖然沒有明顯提到道德理性或良知自我坎陷而開

---

❿　甘陽著〈儒學與現代：兼論儒學與當代中國〉，《儒學發展的宏觀透視》，頁 600-601。

出認知主體，特別是良知自我坎陷一類字眼，但明眼人一看便知道他是在談這個問題，他的「從道德主體中轉出認知主體」、「從認知主體的確立中開出民主政治的道路」、「道統的肯定、學統之開出、政統之連續」的字眼都是衝著牟宗三的說法而來的。⑩甘氏在這裏的評論，顯示作者自己不夠冷靜看問題，也帶有火藥味。他以「整個路子都是誤入歧途」的判詞要把新儒學送上斷頭臺。問題可不是這樣簡單，傳統的理解方式也不必然是行不通。對化約主義或歸約主義的意義不一定一下子便要全盤否定。問題是，人生特別是文化生活是不是真存有絕對地在價值上不能比較、不能調和、不能化約的東西？倘若答案不是肯定的話，則甘陽的話便要全數收回去。人的生命以至文化的整體是一個有機體（organism），不是構造論意義的雜湊，內中任何一個分子都不能完全獨立於其他分子而存在、而作用。這些作用的價值是看它們在整個有機體中所起的功能而決定的，人生特別是文化活動不可能有某些因素完全獨立於這個有機體而存在的。倘若有的話，它們的價值也無法被評估。試設想人的身體內存在有一細胞叢，它與身體的其他部位完全沒有關連，

---

⑩　這裏有一點需要澄清。甘陽提到牟先生的做法是「從道德主體轉出認知主體」，又「從認知主體的確立中開出民主政治的道路」，這是說道德主體或良知自我坎陷後有兩層開展：先開展出認知主體，再由認知主體開出民主政治。但蔡仁厚卻說：「這話（按指『良知自我之坎陷』）不能夠通出去，泛用到一切方面，它只是在王陽明的良知系統裏面對知識問題提出這樣的一個講法」（〈討論〉，《儒學發展的宏觀透視》，頁 564）我想牟先生本來應是有這兩重轉出的意思的，他的著作的多個地方都有透露這個意思，只是他特別在提到王陽明的良知思想時只提良知轉出認知主體一點，因此蔡仁厚便這樣說。

只是存在於人的身體內而已,則你如何評估它的價值呢?對於在上面引出的一段甘陽的文字中所涉及的東西,如知識、民主、道德,以及他跟著說到的科學、工商文明,你能說(截然地說)它們之間完全沒有關連麼?這些東西各有其不同的「價值領域」(用甘陽的語詞),但卻沒有聯繫,完全不能依某種標準或脈絡被拉近,被統合麼?甘陽在上引的一段文字之後滿有信心地說:

> 事實上,科學、民主、工商文明,完全可以獨立於儒學之外而在中國發展起來,正如儒學也完全可以獨立於前者之外而繼續保持其生命力一樣。完全沒有必要硬把二者扯在一起。⑩

儒學是最重視道德的,要人依道德律則以自處、待人接物的;相信這點甘陽不會反對。然則你要搞工商文明,能否完全不理儒學所推尊的道德麼?你從商,做生意,或者開工廠、搞企業,能夠不講誠信的道德內涵,而得到成功麼?你要倡導民主思想,進行民主政革,能夠完全不考慮道德操守,卻出之以欺詐,而能成事麼?我完全無法理解甘氏何以會這樣說:科學、民主、工商文明,完全可以獨立於儒學之外而在中國發展起來。除非你把道德操守完全排棄在儒學之外。

　　平心而論,說儒學(先秦儒學、宋明儒學和當代新儒學)有泛道德主義的傾向,便是在這種價值取向下,當代新儒家提出良知自我坎陷

---

⑩　甘陽著〈儒學與現代:兼論儒學與當代中國〉,頁 601。

以開出認知理性，我可以接受。**⑩**說泛道德主義的傾向會壓縮其他
文化活動，造成各種價值取向的不平衡發展，因而良知的自我坎陷
以開出認知理性、科學的說法有不周延之處，我也可以接受。但因
為這樣便一棍把道德的思想體系打垮，說儒學是現代化的絆腳石，
以至說科學知識、工商文明可以完全脫離儒學所尊尚的道德操守，
而獨立發展，則是我萬萬不能同意的。有關泛道德主義的問題，我
會在後面有周延而詳盡的討論。

(三)關於良知的傲慢問題

走筆到這裏，本來想著要結束這章了，但偶然看到書架上有余
英時先生所寫的《猶記風吹水上鱗：錢穆與現代中國學術》一書，
便拿下來翻了一下，看到其中有一長文〈錢穆與新儒家〉，覺得有
細讀的價值，特別是其中論到當代新儒學的地方。**⑩**讀後感到惘
悵，有些地方不知作者何以要如是說。不過，其中也透露一個關乎
道德實踐的客觀問題。我在這裏主要是探討這個問題，表示一下自
己的不成熟的看法。

首先，作者在長文的末尾坦誠表示三、四十年來，對於海外新

---

⑩ 實際上，或嚴格地說，並不是各個時期的儒學者全都有泛道德主義的傾向
的。例如先秦時期的荀子、宋明時期的周濂溪、張橫渠、當代的熊十力，甚
至梁漱溟，都不見得完全傾向道德理性的立場。人們通常說起儒學的泛道德
主義，總是有某種程度的針對性。所針對的對象，不外是先秦時期的孟子、
宋明時期的朱熹、陸九淵、王陽明，和當代的牟宗三、唐君毅。

⑩ 余英時著《猶記風吹水上鱗：錢穆與現代中國學術》，臺北：三民書局，
1995，頁 31-98。

儒家的內部演變只有偶然觀賞的興趣，自身的研究範圍與當代新儒學關係不深（只有非常邊緣性的關係），甚至是「道不同不相為謀」，因此對於當代新儒家沒有特別的成見。⑩但是，雖然說「只有偶然觀賞的興趣」、「道不同不相為謀」，內文對新儒家的思想的批評，卻相當嚴刻，而且內行人一看，便知道作者批評的矛頭是指向熊十力、牟宗三與唐君毅，特別是前二人。說是沒有特別的成見，也不能完全讓人信服。

不過，儘管作者對新儒家的內部演變、發展缺乏興趣，與新儒家沒有很深的連繫，但對新儒學的一些重要觀點，倒是抓很緊、很正確。例如，他強調「心體」是一切價值和創造的根源，但它的第一性質必然是道德性格的。⑩對於上面提到的由牟宗三、徐復觀、張君勱、唐君毅所共同發表的〈為中國文化敬告世界人士宣言〉或〈中國文化與世界〉這一重要文獻，作者正確地指出，這宣言反映了共同發表者的抱負：面對西方文化的衝擊，中國人必須重建中國文化的價值系統，更重要的是，作者正確地強調新儒家堅持一切西方的成分都必須安排在中國文化的價值系統之內。⑪新儒家的這種態度與心聲，實在是擲地有聲的。一個文化系統倘若不能維持自身的主體性、文化認同，則很快會被另一個外來的文化系統所淹沒、取代。作者也能看到儒家的宗教性格的真相，他說：

---

⑩　〈錢穆與新儒家〉，頁98。

⑩　同前註，頁71。

⑪　同前註，頁78-79。

> 作為一套信仰系統，儒家自然具有宗教性的一面。但儒家畢
> 竟與一般意義下的宗教不同，它的基本方向是入世的。章伯
> （M. Weber）研究世界大宗教的經濟倫理，必列儒家為首，即
> 因其對此世持最肯定的態度。⑫

基督教有入世的一面，這可見於耶穌以道成肉身（incarnation）的方式來到世間承受苦難，替世人贖罪。大乘佛教也是入世的，因而有菩薩（bodhisattva）的留惑潤身的說法，要渡盡一切眾生。但與儒家相比，這兩種宗教對世間的終極關懷（ultimate concern）終是遜了一等。

現在我要把討論聚焦在新儒家特別是牟宗三先生的良知的自我坎陷以開出觀解理性或認知理性，以吸納西方的科學與民主政治的成就。在這個問題上，余先生在大方向上抓得很扼要，也理解得很正確。他提及新儒家上承「內聖外王」的統緒，提出道統、政統、學統這三統的說法，而以道統為宗，開出政統與學統。他們不同意「五四」主流派向西方機械式地搬取「民主」與「科學」的主張，因為會淹沒中國文化的主體性。為了保存中國文化的主體性，同時也能吸納民主與科學，因此提出由道統開出關連著民主的政統和關連著科學的學統。而道統正是中國文化的主體性。⑬由於傳統的儒家的文化導向是由道德主體開拓出來的，道德主體即是良知。若要

---

⑫　同前註，頁 53。

⑬　同前註，頁 82。這是余英時對新儒家的以道德主體為本而開出政治主體和科學主體的主張的理解，基本上非常正確。我在行文上略作改動，原意卻是原封不動地被保留下來。

本於道德主體，而又能開展出民主與科學這些現代化的重要內容，牟宗三先生便在這種思維脈絡下提出作為道德主體的良知自我坎陷，或自我否定、分裂而轉出或開出觀解理性，開拓出民主與科學來。

　　我在這裏索性把問題說得更淺近、更清楚一些。余先生表示，新儒家區分本體與現象兩界，本體界是開創性的價值的根源。民主與科學是現代中國人共同追求的兩大新價值，要開創這兩種價值，便需在價值的源頭著手，這在客觀方面說是道，在主觀方面說則是道德主體或良知。新儒家的觀點是，良知需要進行自我坎陷、自我否定這種轉折，而開出政治主體與知性主體，由這兩主體分別開展出民主政治與科學知識的花果。余氏作結謂，這種理論建構必須預設新儒家（或新儒學）在精神世界中居於最高的指導地位。⓮這樣的說法並沒有錯，新儒家的確有這種自信與認識：新儒學所宣揚的道德理想，是最高的精神理想、精神成就。唐君毅先生在他的早年著作《文化意識與道德理性》與晚年著作《生命存在與心靈境界》都持這個立場，沒有改變。牟宗三先生也沒有不同，他早年的《道德的理想主義》和晚年的《圓善論》都持這說法。只是他更強調道德理性、良知是無限心，與客觀的道相通。他很強調在本體層的作為無限心的良知如何作出自我坎陷、分化以轉出在現象層的政治主體與知性主體，以開拓出民主與科學的現代化所指向的兩大價值。道德理性或良知相應於道統，民主政治與科學知識分別相應於政統與學統。他又在其《現象與物自身》中闡述本體層或本體界與現象層

⓮　同前註，頁 87。

或現象界這兩界如何溝通與融合。他又強調東方哲學特別是儒學、佛學與道家都認同這兩界的融合關係，西方哲學則無此認同。

　　但據余英時先生的看法，問題便出現在良知的自我坎陷這一點上。良知或道德理性在價值上居於最高層次，而由它所開出的政治活動與知識探究以至其他有關的文化活動只能在層次較低的次元（dimension）中發展，這便造成良知在存有論上與價值論上依次的先在性（priority）與優越性（superiority），致「良知」有壓倒其他一切活動的傾向、態勢。這是余先生所最感困惑、不滿之處。他說：

> 新儒學家所表現的那種有趣的「君臨」姿態似乎主要是起於對西方人所謂「知性的傲慢」的直接反應。所以我想稱新儒家的心態為「良知的傲慢」。⑮

平心而論，說新儒家有「君臨」別派或別種學問，未免過苛，新儒家不會接受，這個字眼用得太重。熊十力對印度大乘佛學特別是般若思想，有很高的評價，對中觀學（Mādhyamika）的論典，特別是《大智度論》（Mahāprajñāpāramitā-śāstra）更是欣賞。唐君毅對老莊的道家思想，和對佛教華嚴宗的現象學義的法界（dharmadhātu），也很神往；對原始佛教特別是佛陀（Buddha）對有情生命的苦痛煩惱的同情共感因而產生悲心宏願，要渡盡一切眾生的志業，推崇備至。牟宗三對天台學的評價、對西哲康德（I. Kant）的高度重視、對懷德海（A.N. Whitehead）的激賞，都是不爭的事實。「君臨」云云，怎能

---

⑮　同前註，頁 93。

說得過去呢？以西方的科學主義的「知性的傲慢」來比配新儒家的「良知的傲慢」，以後者起自前者，也不見得恰當。西方人的終極關懷，不能在科學中找到，而是在宗教之中。儒學的終極關懷則在道德良知的開拓。雙方相差的很遠，不能相提並論。我們毋寧應該說，儒家特別是當代新儒家在處理良知問題，把它視為道德人格與天地宇宙的本源、本體的同時，也不能忽視其他方面的問題或活動，包括民主政治和科學知識的建立在內。牟宗三先生提出良知的自我坎陷以開出民主與科學的現代化的要素，是否可以不從以良知君臨這些東西之上，要把它們壓下去，這些意思方面看呢？是否可以視為民主與科學對良知有補足的作用，三者均衡地發展可以開拓一條健康的文化坦途呢？倘若從這些面相來想，來理解，當代新儒學應該不會背負著「良知的傲慢」的罪名吧。

　　就對社會的效應來說，良知的傲慢所造成的負面影響較知性的傲慢要小得多。良知的傲慢讓一個人踐履、呈現良知，致對自己有過高的估價，以為自己較別人勝一籌，對於很多事情的處理多憑直覺，個人個性過強，看不起別人，太相信自己，不容易接受別人的意見。如此而已。知性的傲慢則不同，它淵源自科學主義，以為科學知識可以解決一切問題，一切行為、活動的價值都要透過科學關係、是否符合科學的準繩來估量。更有甚的是把科學的效能作無限度的膨脹，同時向物化的方向下滑，只注意現實的利益，而不關心道義問題。最後可以惡化到只求個人利益，雖破壞他人幸福亦在所不計。特別是當科學知識落於泯沒良知、只求個人的名譽、地位與權力的政治野心家手中時，便會被作為工具來運用，製造有巨大的殺傷力的武器（例如核武、化武），對人類帶來巨大的災難。

但余先生不是這樣想，他認為「良知的傲慢」的問題遠較「知性的傲慢」為嚴重。他說：

> 道德主義者……高居本體界，視整個知識領域為低一層次的
> 活動。他們只要肯「自我坎陷」，知識之事固隨時可以優為
> 之。但知識領域中人若欲取得「道德的身分」，上窺本體，
> 則其事難如登天，因為「證悟」、「良知呈現」並不是人人
> 所能有的經驗。此所以「良知的傲慢」更遠在「知性的傲
> 慢」之上。⑯

余先生的這段文字，平心而論，有些問題；他也沒有提供此中說法的文獻依據，我們只能憑自己對傳統儒學與當代新儒學的認識來評論。第一，有關道德與知識的輕重問題，我們可以說道德相應於德性之知，知識則相應於聞見之知。儒學中人似未有刻意將這兩種知明顯地劃分開來，將它們依次歸到本體領域與與此相對比的現象領域方面去，而高揚「本體知識」，貶抑「現象知識」。即孔子自身也未有看不起現象知識。他說自己不如「老農」、「老圃」，顯示他承認自己在務農、種花這些現象知識方面遠遠不如農夫、園丁，而有向他們學習的心願。當代新儒家熊十力在其《新唯識論》中，以攝用歸體為真諦（paramārtha-satya），以攝體歸用為俗諦（saṃvṛti-satya）。就熊氏來說，體相應於本體，用相應於現象。這種相應性可推展到知識方面，即是，體的知識是本體層，用的知識是現象

---

⑯ 同前註，頁 95-96。

層；歸體是真諦，歸用是俗諦，這樣，熊氏確有以本體的知識高於現象的知識的意味。但後來他寫《原儒》與《乾坤衍》，則倒轉了攝用歸體與攝體歸用的價值，相應地也倒轉了體的知識與用的知識，以現象的知識重於本體的知識。這是由於他越來越偏離佛教與道家，而靠近儒家的緣故，前二者強調空寂性、本體性，後者則強調具體性與現象性。**⑰**

至於余先生認為，照當代新儒家的看法，只要讓良知自我坎陷，便很容易地、隨時地成就知識，而置身於知識領域中的人，要成就道德，窺見本體，則是難於登天的這種理解，也是需要進一步商榷的。余先生提出的理據：「證悟」、「良知呈現」，並不是人人所能有的經驗，也不盡然。以下我謹作些討論與回應。余先生謂新儒家一方面說只要良知自我坎陷，便很容易成就知識，另方面又說從事知識探究（聞見之知）的人，則極難展現道德良知，體證得本體。就筆者曾讀過熊、唐、牟這些余先生心目中的新儒家人物的著作來說，似乎沒有人這樣說過，不知余先生這裏闡述的文獻根據為何。就這整個說法來說，也令人困惑：只要良知自我坎陷，便很易有知識，但這要良知已顯現才成。若良知不顯現，則坎陷與知識都不能說。但另方面，即使人有知識，仍然難現良知；則若沒有知識，則現良知的事，更無從說起。這即是，不管你有沒有知識，都難以現良知；但一旦你能現良知，便很容易有知識。這是一種甚麼

---

⑰　參看拙文 NG Yu-kwan, "Xiong Shili's Metaphysical Theory about the Non-separability of Substance and Function", in J. Makeham, ed., *New Confucianism: A Critical Examination*. New York: Palgrave Macmillan, 2003, pp.234-238。

樣的思維方式呢？嚴格言，我們只能從這種說法，得到如下訊息：
要擁有知識很容易；要顯現良知則極困難。在這裏，我想不必談擁
有知識一點，因這不構成一個難題。你只要努力地、用心地去學
習，便可以得到知識了。但顯現良知則不同，極為困難，「難如登
天」。這與儒家的說法很不同。我們這裏試以較現代化的「道德自
覺」字眼來說顯現良知。

　　根據儒家（先秦儒家、宋明儒學、當代新儒家）的說法，道德自覺可
以從日常平實的生活中，指點出來、顯然出來。孔子早已說過「我
欲仁，斯仁至矣」的「求仁得仁」的話，又說「道不遠人」。仁是
一種道德自覺活動，它並不遠離我們，只要有誠意和耐性，便可以
表現了。孟子所舉的四端的例子，更為生動明朗。人隨時可以表現
不忍人之心（不忍見人置身於危難之中的心念），這是人與生俱來的本然
的善性，怎會是難如登天呢？宋代周濂溪在其《通書》〈誠下第二
章〉以誠來解讀聖，說「誠則無事矣。至易而行難。果而確，無難
焉」。誠、聖與仁自是相通的，說它是道德自覺的一種表現亦無
妨。對於這誠的體證，周濂溪先說難，但隨即勸勉學者，只要有決
心、果敢地去做，方向正確，亦不見有甚麼困難。在同書〈道第六
章〉，濂溪以仁義中正來說聖人之道，「守之貴，行之利，廓之配
天地」。這貴、利都是道德義，不是指現實利益；並說如能推廓、
擴充這聖人之道，可以上通於天地宇宙，這自然是與濂溪哲學的重
要觀念「天道」、「誠體」相貫通的。濂溪最後說：「豈不易簡？
豈為難知？不守不行不廓耳。」即是說，這種聖人之道或仁義中正
並不難知、不難行，只要能守得住，貫徹下去，加以擴充便成。這
擴充或拓展聖人之道的工夫，孟子已有所提示，到了周濂溪的後輩

程明道，在他的《明道學案》（收於《宋元學案》之中）中，便有「欲傳聖人之道，擴充此心焉耳」的說法。此中並沒有甚麼神秘難知的問題，只需把這作為聖人的心的道德自覺加以開擴充實便成。到了明代，王陽明直承孟子學，明顯地宣示良知的內在性。孟子說：

> 人之所不學而能者，其良能也；所不慮而知者，其良知也。孩提之童無不知愛其親者，及其長也，無不知敬其兄也。⓲

王陽明則說：

> 良知者，孟子所謂是非之心，人皆有之者也。是非之心，不待慮而知，不待學而能，是故謂之良知。⓳

又說：

> 良知只是個是非之心，是非只是個好惡，只好惡就盡了是非。⓴

對於良知，陽明的觀點與孟子幾乎完全相同。雙方都強調良知的內在性，認為人人本來便具有作為超越的道德自覺心的良知；對於良

⓲　楊伯峻譯注《孟子譯注》下，北京：中華書局，1984，頁 307。

⓳　〈大學問〉，《王陽明全書》一，臺北：正中書局，1976，頁 122。

⓴　《傳習錄》下，《王陽明全書》一，頁 92。

知，是易知易行的。兩人都說良知「不慮而知」，這句話很重要，值得留意。所謂「慮」應是思慮、思維的意思，是認知的導向（cognitive dimension），而不是憂慮的那種心理學的導向（psychological dimension）。即是說，良知不單是一個供我們去思考、作抽象思維的對象、概念，更重要的，它是一種實踐意義的道德自覺心、不忍人的心，是我們的一種優質生活的內容，具有價值義、理想義，這亦可說是現象學義（phänomenologische Bedeutung）。我們不單要把良知作為一個道德哲學或倫理學的概念來思考，同時更要活在良知的世界之中，要能隨時隨地呈現良知。孟子以愛親（父母）敬兄作為呈現良知的具體例子，王陽明則在是非的意識或自覺方面說。這是非不是認識論（Erkenntnistheorie）上的對錯意思，而是在實踐上、救贖上的應該、不應該的道德自覺，或善惡的意識。同時，良知的呈現，即在這種自覺、意識的活動中發生，因而善善惡惡（前一善、惡是愛好、憎厭之意，作動詞解；後一善、惡是善行、惡行，作名詞解），最後在實踐生活中為善去惡。孟子與王陽明共同地肯認善善惡惡、為善去惡並無難處，這種活動早已超越地存在於我們的生命心靈之中，「不學而能」。㉑它在我們心中不停地發出作用，透現其光輝。但人很多時會不順著良知的方向去做，好像良知已經不存在了。陽明認為，這並不表示良知已消失，而是我們受到外在的感官對象所吸引、所拖帶，不能表現良知的明覺。因此，我們要做的，是提高警

㉑　王陽明更強調良知本身有一種恆照的作用（同前註，頁 51）。即是說，它在我們的生命心靈中，是恆常地活動著的，這種活動應是超越的活動，不是經驗的活動。

覺，一旦覺察到良知明覺呈現，便需把它抓緊、指點出來，作道德上的努力，使這種良知明覺能持續下去，並把這種明覺作用推展開去，這便是陽明所說的「致良知」。

由於良知的內在性，它普遍地存在於我們的生命心靈之中，而且又不停息地運作，發出照明的作用。就存有論來說，良知是人人本具的；就實踐論來說，人本來便能展現、呈現良知，不需後天地作強探力索，不限於某一群人。因此，良知的呈現，並不如余英時先生所說「不是人人所能有的經驗」。故良知的傲慢的問題，並不存在。

(四)理論與實踐

余英時先生的〈錢穆與新儒家〉一文，反映一個客觀的實踐上的問題，我想應該在這裏提出與處理。首先，我謹引述該文的一段文字如下：

> 新儒家從來沒有清楚地指示我們：道統究竟怎樣才能「開出」政統和學統？我們只能試作幾種可能的推測。第一個可能性是說只有悟「道」～進入「道統」～的人才能開出民主與科學。……這一限制太嚴格了。依新儒家的標準，今天真正的悟「道」者恐怕不會超過一、二人。……第二個可能性是新儒家以「先覺覺後覺」的方式激發中國人的良知，然後通過「良知的自我坎陷」以「開出」民主與科學。這也許比較最接近新儒家的「開出」的理想，但是也立即遇到一個難解的困境：新儒家既非以傳「教」為本業，則將以何身分並

通過何種方式來點撥中國人的良知而期其必從呢？⑫

　　我在這裏首先注意這段文字的理據在，它把這一節所要討論的問題明確地突顯了出來：理論與實踐的意義和雙方的關連。余先生在這裏所談的是道統如何開拓出政統和學統，更根本地說則是道德的良知如何自我坎陷以開展出政治主體與知性主體，再而分別開出民主政治與科學知識。另外一個必須涉及的問題是，誰是這樣的活動的實際推動者？

　　我們先看第一問題。余先生在這個問題上所提出的兩個可能性，實質上都是一樣，即是，體證到道統的人出來以道統的內涵來開展出政統和學統。亦即是那些率先體證到良知的人或者先覺者去教育其他人，激發他們的良知，讓他們體證到良知，然後進行良知的自我坎陷，轉出政治主體與知性主體，以分別發展出民主與科學。在此中，體證到良知的人是先覺者，相應於體證到道統的人。由良知所轉生出來的民主與科學則分別相應於政統與學統。良知的自我坎陷是這種轉折的關鍵性因素或活動。對於這個問題，我們必須從兩方面來處理：理論方面與實踐方面。從事理論探究或建構的人，需要與實際的環境保持一段距離，凌空地來思考這個問題所指涉到的觀念：道統、政統、學統和良知、自我坎陷、政治主體、知性主體、民主、科學。經過一番理性的、概念的思索工夫，當事者提出一種合理而客觀的看法、觀點，最後確立出一套理論。這即是由道統開出政統與學統，或者由良知作自我否定或坎陷，轉出政治

---

⑫　〈錢穆與新儒家〉，頁85-86。

主體與知性主體，而分別開拓出民主與科學。

　　必須指出一點：從事觀念的、理論的思索與建構的人，常常不是也不可能是實際執行或實踐這有關理論所指涉的事務的人。後者常常是一些實幹性格的、擁有實際執行權力的人。例外的不是沒有，但比較罕見。例如，建築師替一座大樓劃定了圖則（design），便交由工人去作業，把大樓蓋建起來。建築師的任務已經究成，他頂多在大樓蓋建的過程中與工人或管工保持聯繫，雙方有些互動而已。共產主義的鼻祖馬克思（K. Marx）提出馬克思主義（Marxism）理論、主張以社會主義替代資本主義，便交由別人去執行這理論與主張、去革命，自己並不實際地參予革命事務。例外的是列寧（N. Lenin），他一方面提出列寧主義（Leninism）理論和無產階級專政的方針，同時也把自己置身於革命事務中，建立蘇維埃政府，自己當起這政府的領導人。但這樣的事例並不多見。

　　在良知的自我坎陷以開展出民主與科學的情況來說，牟宗三是提出這種主張以至理論的最重要的人物（在此之前的由唐君毅起草的〈為中國文化敬告世界人士宣言〉中有相類似的主張，但這不是〈宣言〉的重點所在，而且牟先生只是〈宣言〉的簽署者之一）。他的一生的實際志業是以大學教授身分宣揚中國的文化與哲學，特別是儒家方面的本質，和以哲學家身分弘揚中國特別是儒家哲學，接著古典儒者說，此中自然包含良知的自我坎陷以開出民主與科學的理論在內。他不是聖人，卻仍可提良知的自我坎陷；他不是政治家，不參予實際的民主、政治活動；他也不是科學家，不參予科學知識的探究，卻仍可談論民主政治與科學知識。他也可總持地提出良知的自我坎陷以開拓出民主與科學的理論。他這樣做，未能同時兼顧理論與實踐兩方

面，這的確是遺憾的事，但我們不能否認他對處理中國文化與哲學問題和解決中國現代化問題的貢獻。最理想的情況，自然是他一方面提出良知的自我坎陷以開出民主與科學，同時也是政治家與科學家，並帶動中國人都體證良知，讓他們都能夠通過良知的自我坎陷以開出民主與科學。但他做不到這點，他沒有這個本領。這是人的現實的、實際的條件限制使然。一個人只有一個腦袋、兩隻手，一天只有二十四小時，不可能同時兼顧及很多事情。良知的自我坎陷以開展出民主與科學，是一個文化與哲學內部調整、建構的大目標，需要很多人配合、合作無間，並經歷一段長時期，才能成就的。牟先生的專業是哲學的研究與開拓，在有關中國文化的問題的反思上，他在自己的《歷史哲學》一書中，以「綜和的盡理之精神」來鎖定中國文化的路向，以「分解的盡理之精神」來說西方文化的路向；又在《政道與治道》一書中，以「理性之運用表現」是「綜和的盡理之精神」的脈絡下的表現方式，以「理性之架構表現」是「分解的盡理之精神」的脈絡下的表現方式。這若以良知的自我坎陷以開展出民主與科學的語言來說，則是由綜和的盡理之精神轉而為分解的盡理之精神，是理性之運用表現（functional presentation）開展出理性之架構表現（frame-presentation, constructive presentation）。這是整個民族、整個文化在意識形態上、在精神的運用上的改造與建立的大事業，我們怎能寄望於一、兩個人而得成功呢？牟先生在中國文化的現代化的問題上所作出的如上述的疏導工作，已是盡了他的能力所能達到的極限了，作出他自己的的貢獻了。**❷**

---

❷　我這樣說，完全沒有為牟宗三先生辯護、擦老師的鞋的意味，我只是要說公

余先生說：

「良知的自我坎陷」的理論最多只能說明人的一切創造活動

道話。人除了可有崇高的理想和無限的創意外，也有他的現實的、經驗的限制，特別是偏己袒私的心理。牟先生不是聖人，更不是上帝，在這一點上自然不能例外。唐君毅先生也是一樣。我在這裏索性就自己的經歷說一些負面的話，讓牟門弟子參考。在上世紀七十年代初期，我拿了碩士學位後，留在香港中文大學崇基學院哲學系當助教，那時牟先生在中大哲學系有很大的影響力，好像也是當系主任。有一天我在報章看到一段中大哲學系請講師任教佛學與宋明儒學課程的新聞。我想自己是研究佛學的，也上過唐先生、牟先生講宋明儒學的課，應該有資格申請副講師，便向牟先生查證，也徵詢他的意見。不料我的話還沒說完，牟先生便以確定的語氣回應，表示他們要安排一位王某來填補這個空缺。當時我覺得很驚異與失望，新聞稿甫刊出不久，申請的文件還未收到，便已作出心目中的人選了。這不是荒謬可笑嗎？不是私相授受嗎？一代宗師既然這樣說，我輩小子還要問下去嗎？我只有急急地離去。後來我才知道，這位王某是牟先生在香港早期的學生，曾經把牟先生的一些講課錄音記錄，出版成書，也曾幫助牟先生把他的一些文字翻譯成英文。另外，新亞哲學系的年輕同學告訴我，這位王某教課紀錄不好，思路混亂，連牟先生自己也不滿意。但既然請定了，也沒有辦法。他一教便是三十年上下，浪費了納稅人的血汗錢。至於唐君毅先生，他的情況也好不了多少，他以「住持」身分管理新亞研究所，對所內的決策具有絕大的權力，把新亞研究所當作少數人的出版機構，該所所出版的書，有很大部分是他自己的著作，如《中國哲學原論》五巨冊、《人文精神之重建》上下等。他對新亞研究所畢業的學生又情有獨鍾，多方照顧，為他們找經費到日本留學，安排他們到中文大學哲學系任教，即使有些在學歷、學問上達不到客觀要求，也不理會了。

以上的失意的經驗，與我後來離開香港，到日本、德國、北美，展開漫長極艱苦的留學生涯，多少有點關連。我今日在學問上略有小成，但已捱到渾身是病。這樣做是福是禍，一時也難以說清楚。

都受「良知」的主宰，但卻無法證立政統與學統必待道統來開出。因為如果人人都有現成的良知，則他們在發現了民主或科學的價值之後，良知自然會「自我坎陷」，用不著也不可能等待道統中人的指點。❷

這裏我想需要作兩點澄清、說明。以道統來開出政統與學統，不單是一個理論的、觀念的問題，同時也是一個實踐的問題。在理論上、觀念上我們可以說良知相當於道統，民主與科學分別相應於政統與學統，分別由政治主體和知性主體所成就。說良知自我坎陷而開出政治主體與知性主體，後二者分別成就民主與科學，是在理論上、觀念上特別是原則上這樣說。這種原則上、義理上的說明，並不能保證良知自我坎陷在實際上必定能開展出民主與科學。這需要體證到良知、道統的人與在現實上表現政治主體與知性主體、處理民主政治與科學知識的開拓的人之間有互動的關係才成。在理論的層面提出良知自我坎陷的人，倘若不理現實上的政治與科學的具體的運作情況，而在現實上處理政治與科學的問題的人又不講及或意識到良知的自我坎陷的原則性的問題，則良知自我坎陷而開展出民主與科學的現實效果便無從說起。這便是我在上面提出處理有關問題的人相互間要有一種恰當的合作、配合才行的理據所在。余先生在這些問題上的說法未免流於簡單。另外，說人人都有現成的良知，他們知道民主與科學的價值，其良知會自動「自我坎陷」，不必道統的人來開導，也太單純化。良知的自我坎陷以開展出民主與

---

❷　〈錢穆與新儒家〉，頁 86。

科學，是我們努力追求完美的文化體系與人生理想的重要步驟。一般的人並不見得都懂得良知自我坎陷便能開出民主與科學的道理。這的確需要別人來指點、來開導。即使懂得了，也不能保證現成的良知便必定能開悟，而作出自我坎陷以獲致民主與科學。因為說現成的良知只表示良知的內在性而已；它內在於我們的生命心靈中，但不是恆常地顯現出來。上面提到陽明的良知的「恆照」狀態，只是就超越的層面說，它是否能在我們的現實生活中展現，還要決定於我們會否為感官對象所誘惑，是不是隨著欲念的腳跟轉。倘若我們不能從現實的限制如外界的誘惑和內在的欲念方面突破開來，良知的呈現還是不能說。

有關道統的獲致、重建對道體的體證問題，余先生說：

> 道統自然是掌握在證悟了道體的人手上，所以新儒家必然居於金字塔的最高一層，為經驗界的一切創造活動提供價值標準。學者和政治家最多只能佔據第二層，⋯⋯他們只有在新儒家的道德精神的「浸潤」之下才能開拓中國的現代化。⋯⋯由於新儒家在基本立場上繼承了中國「精英主義」（elitism）的傳統，他們的討論重點是放在金字塔的第一層與第二層之間的。最重要的則是金字塔的塔尖。以新儒家的立「教」形態言，此塔尖非他們的教主莫屬，因為「教主」不但是「道」的最高權威，而且還是從內聖領域「開出」外王的原動力。⑫

---

⑫　同前註，頁 88-89。

余先生又說：

> 現代新儒家……以證悟的經驗為重建道統的前提。無論是評
> 析宋明儒者的工夫論或本體論，新儒家的論斷和語氣都必須
> 假定他們對宋明儒者的種種修為與造境無不親歷一過，否則
> 他們所指陳的前人證會道體的異同高下便成為觀念遊戲了。
> 新儒家強調的證悟在西方人看來毋寧是宗教體驗的一種。例
> 如熊十力所說的「良知是呈現」。❿

在這兩段文字中，余先生主要討論道統和對道體的體證問題，也涉
及所謂「金字塔」的問題。余先生的意思是，要有對道體的體證才
能掌握道統，才能攀上工夫論的金字塔的最高點。他們討論宋明儒
者的修行境界和為宋明儒者定位，需要先能獲致與宋明儒者相同的
對道體的證悟成績，才能這樣做。而這種證悟是一種宗教體驗。余
先生的這種理解，嚴格地言，並沒有錯，起碼就道理、義理上說，
應該是這樣。一個人倘若要評估另一人的或高或低的道德實踐或道
體體證，他自己需要獲致與被評估的人同樣程度的道德或形而上的
精神境界才行。對於這種說法，我們完全接受，原則上的確是這
樣。但若實行起來，執持得太過於死煞，太過於機械化
（mechanical），便甚麼也不能做，永遠在作「原地跑」。特別是余
先生所說新儒家要評析宋明儒者的學問，必須對後者的修行與所達
的境界具有相同的學養，要「親歷」一過。舉一個例子：要評論一

---

❿　同前註，頁 72。

個聖人之為聖人,自己先要是一個聖人,具有與後者相同的學養或體驗才行。但聖人是要能悟道才算,能滿足這一條件的人,少之又少,如余先生所說,依新儒家的標準,今時今日能悟道而成為聖人的,不會超過一、兩個(或者根本沒有)。⑳因此,評論一個聖人幾乎是不可能的事。換一種說法,談談向聖人學習吧。要向某甲學習做聖人,則需要知某甲真的是一個聖人才行。要判斷、確認某甲是一個聖人,則自己必須與聖人具有相同的學養(修為與造境,如余先生所說)才能這樣做。但若自己具有與聖人相同的學養,則自己已是一個聖人了,又何必跟他人學習做聖人呢?這是一個吊詭(paradox),是我剛才提過的執持標準過於死煞所致。我們進德修業,為學與做人,儘可以以一種較輕鬆、寬容的心情或態度去面對,擇善而從,只要某些人具有某些長處,我們便可視該長處為學習的對象。一個人的學問與行為如何,我們總可以透過某些方式了解到,倘若有好的、值得學習的地方,便放心去學,便可以了,不必要那些人得到法理上的(official)認可,才去學習。在這學習之中,我們大可酌情吸收,不必太著意於他們的階位,要他們能居於余先生所說的「金字塔的最高一層」,才去學習。學習或學養是累積性格的,日子有功,自然有進步。值得我們學習的人,即使他的專業未達高峰,未到武林高手的水平,我們也可以放心去學。

由上面的引文可以感覺到,余英時先生對新儒學重視道統這一點有很強烈的意識,對新儒家居於或要求居於哲學與文化的金字塔的最高一層亦即塔尖耿耿於懷。這是很自然的事。從事哲學探索的

---

⑳　同前註,頁85。

人，一般總是認為他們要處理的對象，是心靈、人性、文化的本質面相，而不是現象面相，他們認為後者是散殊的，人人不同，而前者則是普遍的，可以概括後者。特別是哲學，它能展示人的文化的精神方向、價值取向，同時也可回頭來決定文化的精神與價值。哲學與它所決定的文化精神與價值，便被視為居於金字塔（文化的金字塔）的最高層，而歷史與社會則是處理諸種不同的、多姿多采的歷史現象、歷史事件與社會現象、社會事件，這相當於金字塔的基部、底層。歷史哲學與社會哲學則不同，它們是反省歷史與社會的本質。此中並不含有在價值論（axiology）上哲學與它所展現、決定的文化精神與價值對於歷史、社會與它們所處理的歷史現象、歷史事件與社會現象、社會事件的超越性（transcendence）與優越性（superiority）。毋寧是，哲學、精神取向、價值取向，連同歷史與社會、歷史現象與事件、社會現象與事件，合起來構成文化的整體，本質與現象、事件是同等重要的。在文化的金字塔中，塔頂、塔尖代表理想，基部、底層代表基盤，理想帶動基盤，基盤支持理想。雙方並無價值論上的高下之分，但雙方配合在一起，則成就整個文化的金字塔。余先生所謂的「新儒家必然居於金字塔的最高一層，為經驗界的一切創造活動提供價值標準，學者和政治家最多只能佔據第二層」所隱含的梁山泊排座次式的階位的價值義的高低的分野，並不存在。余先生所說的作為金字塔塔尖的教主並不存在。若定要說教主，則教主便是內聖，是開出外王的原動力，內聖的價值不必高於外王的價值，相應地，良知的價值不必高於它通過自我坎陷方式而開展出來的民主與科學。內聖與外王是缺一不可的。

　　以上我花了很多篇幅和工夫討論在這一節開首所提出的第一個

問題，即是道統如何開拓出政統和學統，亦即是，道德性格的良知如何自我坎陷以開展出政治主體與知性主體，再而分別發展出民主政治與科學知識。現在要看第二個問題：由誰來推展由道統開出政統和學統，即是說，由誰來進行良知的自我坎陷，以開發出政治主體與知性主體，而分別獲致民主與科學的成果或理想。對於這個問題，其實我在討論第一個問題時已有多處涉及，這總的意思是，體證到良知、道統的人與在現實上表現政治主體與知性主體、處理民主政治與科學知識的開拓的人相互間互動，共同努力，以獲致由道統開出政統與學統、透過良知的自我坎陷以開出政治主體與知性主體，以發展出民主與科學的大目標。更重要的是，這個大目標必須通過理論與實踐雙方的合作、互動，才能成就。提出與建立由道統開出政統與學統，由良知的自我坎陷以發展出民主與科學這樣的思想，是搞理論的人所要做的事；但把這思想實現出來，由抽象的說法化而為具體的事實，則是執政的、行政的人要做的事，這是實踐的問題。理論與實踐必須結合起來，達致上提的大目標。至於這兩方面的人如何合作，如何互動以達目標，則是技術性的問題，不是我們在這裏要專心探討的。我只想指出，現代新儒家特別是牟宗三先生所做的工作，是理論方面的作業。光靠他們，目標不會達致；沒有他們，目標更不可能達致。

最後，在結束這一節的討論之前，我謹提出在讀完〈錢穆與新儒家〉一長文後所感到的幾點困惑，希望有人能為我開示。第一，余先生說：

> 新儒家採取了最極端的「六經註我」的方式，其中自不免留

有許多值得商榷的地方。⓲

我想提出如下問題。余先生以「最極端的六經註我」的字眼來說新儒家詮釋中國傳統哲學與文化的方式，有主觀的負面意味過重之嫌，也不很符合事實。所謂「新儒家」，應該是指熊十力、唐君毅、牟宗三、徐復觀諸位無疑。梁漱溟應不被包含在內。⓳這四位中，熊先生的哲學最具原創性，也最主觀，說他的注釋是以六經註我、出了常軌，甚至極端，也許可以。牟先生在論述中國哲學的主要著作中，如《心體與性體》、《佛性與般若》、《才性與玄理》等，都相當重視原典文本，而且在理解上有一貫性，難以說是「最極端的六經註我」的理解方式。至於唐先生與徐先生，他們的主要著作如《中國哲學原論》六巨冊、《中國人性論史先秦篇》、《兩漢思想史》三冊，都展示深厚的學術基礎，文獻與問題都擺在那裏，說這些著作是「最極端的六經註我」的詮釋，相信沒有內行人會接受。

第二，余先生說：

> 從新儒家第一代和第二代的主要思想傾向來看，他們所企圖
> 建立的是涵蓋一切文化活動的至高無上的「教」，而不是知

⓲　同前註，頁 97。

⓳　余氏指出梁漱溟歸宗佛教，又不承認中國有哲學，能否視為新儒家是有問題的。（同前註，頁 59）這裏有一點我不大能理解，梁漱溟很早便發表他的成名作《東西文化及其哲學》，其中討論中國哲學的地方不少，何以說他不承認中國有哲學呢？

識性的學。……這個「教」的地位在歷史上大概只有西方中古神學和現代國教化的馬克思主義曾經取得過。⓭⓪

據我所知，新儒家（熊、唐、牟）是哲學家，而且特別著重生命的學問。他們的撰著，主要不是在知識性的學方面，而是闡揚儒學，是接著說而不是照著說，因而不免會提出自己的觀點、理論，以理性為依歸，而不是宣揚某一種有獨斷意味的教法。這與西方中古神學的只講信仰不講理性的教義不能相提並論，更與馬列主義壓縮人性而宣揚物性的唯物論扯不上關係。為甚麼要把它們混在一起說呢？熊十力先生在解放後公開說自己不能接受唯物論，唐君毅先生一生倡導人文精神，牟宗三先生是站在道德理想主義的立場上的，他曾公開駁斥共產主義唯物論者的矛盾論與實踐論。⓭⓵這已是哲學界的常識了，博學多聞的余先生斷無沒有所聞之理，何以會作這樣的比附呢？

關於教的問題頗為複雜，我再作些釐清工作。余先生說：

> 正由於新儒家是「教」，他們才對內有統一教義的嚴格要求，對外又必須安頓客觀世界的整體秩序。道統的重建即是統一教義的具體表現。……新儒家雖沒有形式上的「教主」，但精神上仍然要求有一「教主」。依照新儒家內部的

⓭⓪　同前註，頁 96。

⓭⓵　牟宗三著〈闢共產主義者的矛盾論〉、〈闢共產主義者的實踐論〉，載於牟著《道德的理想主義》，頁 68-90、91-114。

> 不成文法典，見得道體最真切、修為的境界最高的人事實上
> 便居於「教主」的地位。㉜

以教來說新儒家，或當代新儒學，倘若這教是指宗教的功能，指能讓人安身立命、解決終極關懷的問題的教法、義理，是可以說得通的。但余先先說新儒家有統一教義的嚴格要求，這便成為問題。道統是一個內容不很確定的觀念，很難嚴格地說誰主張道統誰不主張道統。就哲學的實際旨趣來看，熊十力很重視宇宙論，或更周延地說本體宇宙論。這個觀念雖然時常出現在牟宗三的著作特別是《心體與性體》、《從陸象山到劉蕺山》中，但牟先生的哲學的主脈，畢竟是道德的理想主義，而不是本體宇宙論；即使是他所提的道德形上學，其著墨點仍是在道德方面，而不在形而上學方面。他推崇康德哲學，亦主要著眼於後者對道德學的詮釋與建立。唐君毅與徐復觀都不看重本體宇宙論。唐先生的哲學的核心觀念仍是道德理性；他以天德流行境來說儒家的心靈境界，其重點仍是在德方面，不是在形而上性格的天方面。說天德流行，雖然有一定程度的形而上的實體的導向，但其焦點仍是在德，而不在天。徐復觀有提及老子的宇宙論的字眼（見他的《中國人性論史・先秦篇》），但他所實際關心的是政治、民主、自由、人權的問題，形而上學在他的思想中，並不是核心所在。他反對熊先生晚年的思想，特別是後者的《乾坤衍》與《原儒》的思想，至為明顯。由上面所述可見，新儒家的第二代對於其恩師熊十力的哲學的終極旨趣，相去頗遠，「教」或

㉜　〈錢穆與新儒家〉，頁81。

「統一教義」（如余先生所說的）從何說起呢？至於余先生說新儒家在精神上要求有教主，亦難有文獻學與義理上的佐證。唐君毅先生的學問廣大無涯，如大海納百川，各家各派的優點都被他吸收到自己的儒學的理論體系之中。實話實說，唐先生在處理現實事務上倒頗有教主的姿態，新亞研究所的一切事情都操控在他的手中，那是因為他視新亞研究所為自己的命根，它的存亡，和他自己是息息相關的。但即使唐先生在這一點上有教主的姿態，也是非自覺的，不是自覺的。牟宗三先生在對於某些義理的問題方面的確有些霸氣，而讓人覺得他以教主自居。其實不一定是這樣，他只是對自己充滿自信而已，我們不能說他有意要當教主。需知當教主是要在體證終極真理方面有最殊勝的表現才行，如余先生所謂「見得道體最真切、修為最高」。這種表現，若以康德與牟先生的語言來說，是以睿智的直覺（intellektuelle Anschauung）體證作為終極真理的本體（Noumenon）或物自身（Ding an sich）。康德認為只有上帝才具有睿智的直覺；牟先生則認為人亦具有睿智的直覺，能真切地體證本體或物自身，或道體。就牟先生的這種觀點來說，並無所謂「見得道體最真切、修為最高」的教主。若一定要說教主，則人人都是教主，都能「見得道體最真切、修為最高」。至於徐復觀先生，我們看不到他有教主的觀念，他的著力點是在外王方面。他不但沒有教主思想，反而有反對、摧毀教主思想的傾向。這在他對熊十力的嚴刻的、不留情面的批評中可見。

第三，余先生說：

　　為了說明錢先生和新儒家的學術途轍截然異趣，本文不能不

對新儒家有所質疑。⑬

這我便不明白。為甚麼不是對雙方的學術思想先作客觀而深入的理解，辨析其中的不同點，再提出質疑呢（若認為有質疑的需要的話）？為甚麼必須質疑新儒家，而不質疑錢先生？這是不是預先已有了成見呢？這是不是認為錢先生在學術思想上沒有可質疑之點呢？我看盡余生生的全文，發覺文中有多處是用負面字眼說及新儒家的學思與為人的，而對於錢先生，則半句也沒有。他們在學思與為人方面，是不是真有這樣大的差別呢？⑬

---

⑬　同前註，頁 97。

⑬　我提這些問題，內心委實難過。我能體會余先生在心理上的怨憤，因而不免發出一些過激的言論。錢先生與新儒家之間，必然存在著一些難以化解的宿怨。但上一代的宿怨，不必也不應該由下一代去解決，歷史自有公論。這些受人尊敬的先生們都已逝去，我們在這裏要爭論、要平反，他們也不會知曉。實際上，他們都是由於致力傳揚中國文化，不讓中國文化失墜、煙沒而各自努力，得到巨大的成果，因而受到後人的欽佩。對於個別問題的看法、解決方法存有歧見，不能得到一致的共識，那是學術界、思想界中常有的事，在這方面不必抓得太緊，執著不放手。錢先生與新儒家在總的方向上，使命上，是大可相通的，有極廣遠的對話空間，那便是傳揚中國文化的人文性，特別是寬容性、融合性和同情共感的道德懷抱。我認為這是中國文化最可貴的地方，這便是道。因此，當我讀到余先生最後一段「道不同不相為謀」文字時，心情不免凝重起來。道便是中國文化的人文性，在這個大目標之下，何必分你我呢？退一步具體地說，孔子說「吾道一以貫之」，這道是忠恕之道。以恕道來化解上一代的宿怨，總可以了吧。

六、唐君毅論天德流行

上面我對當代新儒學中三個可以說是最重要的人物熊十力、唐君毅、牟宗三的哲學及其終極旨趣作過要點式的闡述與評論。其中熊十力是這個學脈的開山人物，他的哲學旨趣在形而上學特別是本體宇宙論方面，肯定一健動不息、大用流行的本體，以體用不二的方式創生並引導宇宙萬物和它們的運作方向。熊自然強調這本體的生生之德，但這「德」並不含有特定的道德涵義，而與知識、藝術、宗教區分開來，它毋寧指本體的形而上的生化性格是「天地之大德曰生」中的生化之德。唐與牟在這一點上有一定程度的轉向，由形而上的旨趣移到道德的導向，以人生的道德精神的追溯與開拓作為他們的哲學的探究的重點。在這一點上，唐、牟二先生的旗幟都非常鮮明：唐先生以一切文化活動都發自與各該文化活動相應的文化意識，而把統合義的文化意識歸宗於道德理性或道德的主體性（moralische Subjektivität）。牟先生則以道德的理想主義（moralischer Idealismus）概括一切存在，也包含道德的行為在內。雙方都有很強烈的道德的主體性的理論立場。不過，他們都未有把道德的性格或內容局限於主體性一面，卻都強調道德在客體性（Objektivität）以至天道、天命方面的定位性格與作用。即是，人在主體性方面是一道德的主體性，但這主體性並不與客體性、形而上的天道、天命相對立、對峙，雙方卻是通而為一。主體性與客體性的內容都是道德方面的，只是由於分際不同，因而有主體性與客體性的區分而已。這樣，兩人的哲學的核心問題又同時回流到熊十力先生的本體觀念方面去，只是唐、牟賦予本體確定而鮮明的道德性格。

㈠唐君毅對於天德流行的推證

　　上面我花了很多篇幅探討牟宗三先生所提的良知的自我坎陷以開展出民主與科學的問題。這是當代新儒學中最具有爭論性的問題，是沿著所謂泛道德主義的導向發展下來的一個重要的環節。上面提到，唐、牟由對道德的主體性擴展到道德的客體性。因此有向著道德形上學的導向發展的傾向。由於兩人在這個問題上的相通性、類似性（Homogenität），故我在這裏只選取唐君毅的說法來探討。

　　唐君毅先生在他的晚年鉅著《生命存在與心靈境界》之中，平章歷史古今各種重要的哲學與宗教思想，最後歸宗基督教的歸向一神境、佛教的我法二空境和儒家的天德流行境，並特別以儒家的天德流行境居中。雖然他明言這樣安排基督教、佛教與儒家的哲學與宗教，而把它們一一定位，並不是就價值上的高低立說，只是在分辨三者的主從的差異。他以三才的鼎足結構來說這三大教說：以基督教的歸向一神配天，以佛教的我法二空配地，而以儒家的道德的尊嚴性配人。❸在這裏提出主從的關係，無疑是以儒家為主，基督教、佛家為從。這必不為後二者的教徒所接受。因在基督教來說，

---

❸　唐先生說：「吾人今於前文已交代西方一神教之歸向一神境，解紛釋滯，並代佛教說其所持之種種義之理由之後，當更說此儒者之天德流行境中之義，其更進於此二境者何在。此則非意在爭其高低，而在辨其主從，以興大教，立人極，以見太極；使此天人不二之道之本末終始，無所不貫，使人文之化成於天下，至於悠久無疆。而後一神教之高明配天，佛教之廣大配地，皆與前於道德實踐境中所論人間道德之尊嚴，合為三才之道。」（《生命存在與心靈境界》下，頁834。）

理想的生命境界在天國，而不在人間。耶穌在末日審判來到人間，旨在選取哪些教徒可上登天國而已。佛教徒更把佛教之外的信眾，包括儒者在內，置於生死輪迴的界域之中，認為不能出離三界（欲界、色界、無色界），不能免於輪迴之苦。在他們眼中，儒者還對世間的聖人的名有所執著，又不能毅然捨棄、放下家庭倫理關係，而走向普度眾生的大悲之路。在耶、釋教徒眼中，儒者固然能繫念人間，開拓人文化成的志業於現實世界，但仍未能超越人間的種種限制性，致一間未達。這亦是熊、唐、牟他們強調宇宙本體、天道，要把人的主體性的心、德無止境地向外、向上拓展，而達致客體性的天心（無限心）、天德的形而上境界的理由所在。在這一點上，唐、牟二先生的表現尤為積極。

現在的問題是，從存有論言，人心是主體性，人德也是主體之德，如何能從主體性的格局擴展開來，而說有客體性或形而上方面的天心、天德呢？唐先生在這裏採工夫論的推證方式，表示人自身有其相續不斷的德性德行，這種德性德行必有其所自來，這應是天地的德性在我們的生命心靈中流行不息所致。[136]唐先生又說：

> 必於人之有其人德者，見天地之有生此人之德，成此人德之德，而於人德中見有此天德之存在；然後吾人對此人之有德者，其敬愛之情，方得至乎其極。[137]

---

[136]　唐君毅著《生命存在與心靈境界》下，頁 889。
[137]　同前註，頁 863。

唐先生的意思是，我們在日常生活中常連續不斷地表現道德行為，這種道德行為應有它的來源，這來源是天地，則天地亦應同時具有這種道德性，才能成就人的道德行為。我們也可以說，從我們人的道德行為中，可以看到天（地）的德性，因而對有道德行為的人，有一種敬愛之情。

這種說法，未免失之過簡。唐先生似乎也意識到這點，於是他在另處，有較詳細的說明。他的意思是，人有心靈，作為他的根源的天地，也應有其心靈。天地創生人與萬物，是深不可測的，因而天地自身的心靈生命，亦是深不可測的。不過，人只須由他的心靈生命的相續不斷地活動，生起相續不斷的道德行為，便可見到這心靈生命和它的道德行為總是要超越它自己已有的表現，而要有更多的表現，這樣，我們便可說，這作為人的根源的天地的心靈生命和它所具足的德性，不斷地流行於人的心靈生命之中，以成就人能不停地表現道德行為，以至於無窮無盡的程度。⑱唐先生的推斷，很簡單直截。即是：人由天地所創生，人有心靈生命以表現道德行為，則作為人的存在根源的天地亦應有心靈生命以表現道德行為。

這種主體性的心的德性的性格是甚麼呢？內涵是甚麼呢？唐先生以高明、博厚、廣大、悠久這些字眼來說。他指出，人以人格世界、德性世界為所對之境，而以高明之心覆之、博厚之心載之、廣大之心涵之、悠久之心持之，而這些德性，足以涵蓋整個宇宙，與天地的純亦不已地創生這具足一切德性的人格世界相同，是同樣地

---

⑱　同前註，頁889。

純亦不已地運作的。⓭

　　唐先生的這種推溯，不是邏輯性格，而是存有論、本體宇宙論性格。邏輯的推溯應該沒有問題，具有必然的有效性（necessary validity）。存有論、本體宇宙論的推溯則不同，它需要一種存有論的、本體宇宙論的洞見（Einsicht），才能證成。這種洞見不是人人可有，因此，必然的有效性便比較難說。而且，所謂證成，也分幾個步驟。首先，當事者要先對所謂「人格」、「人格世界」、「德性」，以至「高明」、「博厚」、「廣大」、「悠久」等觀念能把握其確義，而對人與天地、天道的貫通關係，也要有相應的理解，對於人心、宇宙心、天地心也要有清晰的概念，存有論的、本體論的證成才能說。在唐先生眼中，德性之在天地中的表現，所謂「天德流行」或人心之表現為無限心，需是聖賢人格，才能具足。

　　以下我們看唐先生對天德流行的殊勝意義和具足這種意義的儒家在哪些方面對於基督教與佛教具有優越性（superiority）。

　　他說：

> 以此純全是天德流行之聖賢生命，觀世間一神教之歸向一神
> 境，與佛家之普度有情境，則見此歸向一神境，雖有上達高
> 明之旨，而未有此中高明之義，以其智未足以知此人格世界
> 中不同人格之各有其德性，而一一求知之，則其智未能有此
> 中之極高明也。佛家言普度有情之心，固亦廣大博厚，然此
> 普度之心所持載者，唯是有執障之有情，其視古今四海之人

格，皆視為未出三界者，則不能以自下而上之崇敬之心遇之，亦不能有此中博厚與廣大。至於此天德流行中之悠久無疆之義，則類似他教之言上帝之永恆、佛果之常住。然儒家中庸之言悠久無疆，乃即人之德之純亦不已，而不見古今之一切有德之人格，其生命精神之有古今之隔，而通之為一純亦不已之天德之流行，即見其中自有悠久無疆之義在。⓵

唐先生在這裏的說法，有些問題。首先，他判三教，表示不涉價值上的高下之分，只是分主從關係。分主從其實已有在價值上辨高下的意味在內。這在上面已提過。就這段文字的意味言，唐先生確有在周延性、圓融性方面視儒家較耶釋二教為優越之意。第二，說基督教的智慧不夠高明，不能遍知人格世界的各種人格的德性，也沒有求知之心，耶教徒當不會接受。他們不是說上帝是全知麼？祂可以透過啟示的方式，把祂的所知傳給祂的信眾。這樣，信眾便可以由偏知變為全知。第三，說佛教只照顧有執障的有情眾生，卻以四海的人格為未出三界，這有甚麼問題呢？這四海的人格正是佛陀要救贖的對象。最後，說儒家聖人統觀古今的有德者的人格，而未嘗在精神上有隔閡，都是天德的流行的純亦不已所貫通，因而有悠久無疆的旨趣，這自然是對的。⓶

⓵　同前註，頁865。

⓶　對於當代新儒學特別是唐君毅先生、牟宗三先生他們要本於道德理性以開拓一個宏大的形上世界，因而擴展人心人德以達於天心天德的理想，大陸學者方克立有相當恰當的理解，這是比較少見的。方氏說：「現代新儒家堅持傳統儒學特別是宋明理學的道德理想主義立場，通過建立心性本體論使儒家所

㈡天德流行與順成啓發

儒家的天德流行說有一種理想主義的旨趣，是我們人生要達致的終極的道德目標，這是不待言的。有一點要注意的是，唐先生提天德流行的理想的、道德的導向，並不是逆反著人的自然地隨順著私欲私念的腳跟轉的性向而實現的。剛好相反，唐先生認為儒家或儒學是一種順成的教法，而不是橫逆的教法。即是說，儒家根本上隨順著人的自然的性向、自然生命的流向，而加以疏導，使它連上人的生命心靈中的性情，把這性情發展到終極的層面，把生命心靈提升至天德流行的理想境界，讓人心與天心合一。⑭但這種做法，要先假定人的本性是善或有向善的傾向才成。若以人的本性是窮兇極惡的，則順成便無從說起。在這個問題上，唐先生顯然是宗孟子的人性本善的立場。在這一點上，唐先生說：

> 人之所遇之特定的外境，與人之生命存在中之體質、氣質，皆能對人之靈覺的生或生的靈覺，有所命，而此生的靈覺或靈覺的生，即能以其所命為其所自命自令。⑭

所謂特定的外境與自身生命中的體質氣質，都是經驗性格（empirical

要開發的道德良知具有了形而上的究極意義，並且通過內在超越性的論證，著重闡發了儒家將天道落實於人性之中的成德之教所具有的宗教精神。」（方克立著〈略論現代新儒家之得失〉，《儒學發展的宏觀透視》，頁546。）

⑭ 《生命存在與心靈境界》下，頁858。要指出的是，唐先生在這裏的說法很簡單，有些點是我依著他的思路加以發揮的。

⑭ 同前註，頁879。

character）、自然的情事（natural facts），對於向善、為善，沒有必然的保證，它們也不是本來是惡的。它們像荀子所說的性那樣，是中性的。⑭唐先生認為，這些外境與氣質等，對我們本身的自我（相應於唐先生所說的生的靈覺或靈覺的生），有所督促、驅使，最後變成自己對自己的督促、驅使，所謂「自命自令」。⑭按唐先生這樣說，自有順成的意味：順成自然的、生而有的性向、態勢，而隨時（或有必要時）加以疏導、指引，讓這性向、態勢走上正軌。這儼如這些外境與氣質督促、驅使是發自自己（真正的自己）那樣，對自己加以疏導、指引那樣。但倘若這些外境與氣質發出很強的力量，促使自己向惡的方面趨附，要自己隨順感官對象的腳跟轉，又如何呢？即是說，倘若順成的路向走不下去，又如何呢？是否需要用另外的途徑來處理，例如實施強力管制、逆反抑壓呢？唐先生沒有討論這個問題。他大概也沒有留意及這個問題。

　　唐先生對人的特定的外境和自身生命中的體質氣質，顯然持過分樂觀的看法，因而對順成這種培養方式具有信心。他對人性本來與生俱來的醜惡，對人的內部的魔性（基督教所說）與愚癡（佛教的所說）或無明（avidyā）所帶來的在知見上與行為上的顛倒虛妄的做

---

⑭　荀子言性惡，與孟子的性善說對說。但這所謂性惡，是人依滿足自然性向（如求飽、求暖）的需要而行，發展到了極端狀態，不理他人也有相近的自然性向，因而與他人相互爭奪，致引起衝突、打鬥，最後讓社會陷於暴亂狀態，到了這種程度，荀子才說性惡，不是人一開始便是性惡的。關於這點，參看拙著《儒家哲學》，頁54-58。

⑭　對於這種自命自令與天命之間的關係，唐先生以為若以天命為先，人的自命為後，則是「後天而奉天時」。若以自命為先，而天命即存乎其中，則是「先天而天弗違」（《生命存在與心靈境界》下，頁880。）

法，未有充分的留意與體會，因而提出「順成」的觀點，以為人的罪性與無明可以透過順成的疏導方式來解決。他在早年著作如《道德自我之建立》、《人生之體驗》、《文化意識與道德理性》等書中，都佈滿著這種樂觀的看法。他對於神的愛與原罪、無明與法性、佛性與魔性、天理與人欲之間的相生相剋、相互牽制的吊詭（paradox），未能有深沉的自覺。對於理性與非理性、佛性與魔性的矛盾，未有如京都哲學家久松真一與阿部正雄有那樣既深且廣的體會。❿

　　對於重視順成的觀點，唐先生有他自己的理由。他認為順成是就第一義的本性說，而人生的負面要素，則是就第二義的本性說。他說：

> 儒家所言之性善，乃第一義之本性；佛家所言之有我執之性，乃第二義之本性。此中之本末主從既辨，則佛家之言人當破除我執之論，如種種觀空、觀緣生之論，即皆可為對治此第二義之性用，而其價值亦至高明至精微，為吾人所當承認。……就中國佛教之徒發揮般若，法華、華嚴等經所成之圓教與禪宗而說，則多以佛性說吾人之第一義之心性為淨善，而順成此淨善以立教。然此圓教與禪宗，對心性之善，

---

❿　在這一點或一問題上，唐先生也承認儒家在對人性的負面的體會上，不如基督教與佛教般深沉、深刻，因而在他晚期或後期所寫的《人生之體驗》續篇、《病裏乾坤》等書中，心情與筆觸也較為凝重。但他始終是一個樂觀主義者、理想主義者，深信道德的明覺最後能照破原罪與無明，天理最後會摧破人欲。

仍未能直下就人之自然生命與人初生而有之赤子之心處，加
以肯定，亦與儒者直下順此自然之生命，與人之赤子之心性
之善，以立教者，為一徹始徹終之順成教者不同。**⑭**

唐先生說儒家的第一義的本性性善，與佛教的第二義的本性的我執
層次不同，不能混在一起。這是一種以超越的分解（transzendentale
Analyse）的思維方式把人的本性分為兩個義理層次，儒家的性善是
在最上層，佛教的我執則是在次一層。雙方層次不同。這種超越的
分解的思維方式，在佛教的經論中和派系中，時常見到。如華嚴宗
所說的法界緣起心、《大乘起信論》所說的真如心或心真如，由達
摩到弘忍的早期禪、神秀的北宗禪和後來在慧能座下的神會禪與宗
密的禪法，都是透過超越的分解的思維方式而分辨出來的。華嚴宗
強調在法界緣起的境界中，毗盧遮那大佛（Vairocana-Buddha）以佛眼
在海印三昧禪定（sāgara-mudra-samādhi）中見到事事物物的無礙自在的
圓融關係，這大佛即是以其如來藏心（tathāgatagarbha-citta）或如來藏
自性清淨心來體證這法界緣起的圓融無礙的境界的，但如來藏心是
由超越的分解的思維所建立起來的，是佛心，它與九界眾生仍有隔
閡，因此天台宗人評斥這種超越、分解性格的心是「緣理斷九」，
只觀照圓融無礙的理境而與九界（佛以外的九界）斷絕關連也。《大
乘起信論》本來說染淨和合的眾生心，後者分化而成心真如門與心
生滅門。心真如門是超越性格，心生滅門則是經驗性格，前者是透
過超越的分解而確認的。至於由達摩到弘忍的早期禪，基本上肯定

---

⑭　《生命存在與心靈境界》下，頁857。

真性真心,作為我們的超越的本性、主體。早期說性,後期則說心。不管性也好,心也好,都是超越的、清淨的。但這性這心易為客塵如感官對象掩蓋其明覺,故要捨妄歸真、凝住壁觀,以回復這性這心的本有的明覺。神秀更提出拂拭的實踐方法,要看心看淨,防止這真心為塵埃所染,而不能見理照物。神會與其系統中的宗密則宣揚清淨的靈知真性:作為我們的本性的清淨的主體、心體。這是透過超越的分解而從一切經驗的、後天的事物中檢別出來的真如真性,它是清淨、潔淨如明鏡,可照見事物的真相。⓮

　　我在這裏引述佛教言心言性的多個事例,目的是展示透過超越的分解的形上思考而確認的本性,以助讀者廣泛地、多方面地理解唐先生所言的性善的第一義的本性的形態。相對於此,佛教所說的我執的本性,或我在這裏說的生滅(門)法、客塵、虛妄等東西,則是第二義的本性形態。由於真心本性與我執、客塵分屬不同的義理層次,則從存有論言,它們是可以各自分離而存在的。由分離而相碰在一起,然後透過超越分解的工夫方法,所謂「捨妄歸真」,讓第一義的本性得以突顯地存在。這便是唐先生在引文中所說的

⓮　關於華嚴宗人所說的法界緣起、圓融無礙諸義,參看拙著《中國佛學的現代詮釋》,頁 98-113。關於《大乘起信論》的心真如與心生滅的說法,參看拙著《佛教思想大辭典》,臺北:臺灣商務印書館,1992,頁 398b-399a;拙著《佛教的概念與方法》,修訂本,臺北:臺灣商務印書館,2000,頁 182、186。關於達摩及早期的禪法,參考拙著《游戲三昧:禪的實踐與終極關懷》,臺北:臺灣學生書局,1993,頁 1-27。關於北宗禪或神秀禪,參閱拙著《游戲三昧:禪的實踐與終極關懷》,頁 63-66。關於神會禪,特別是他的靈知真性觀念,參閱拙著《中國佛學的現代詮釋》,頁 180-184。關於宗密的靈知觀,參閱拙著《佛教的概念與方法》,頁 537-550。

《般若經》、《法華經》、《華嚴經》所成的圓教與禪宗所說的第一義的淨善的本性。⑭倘若淨善的本性是在第一義的層面，順成是可以說的。我們只要緊扣著這一淨善的本性，讓它顯現出來，不為後天的、經驗性格的種種因素所掩蓋、所熏染，則這淨善本性放光明之時，亦是圓滿得覺悟而成佛之時。但倘若這淨善的本性存有論地與後天的、經驗性格的客塵煩惱糾纏在一起，不能分開，而合成一個背反（Antinomie），則在存有論方面以超越的分解方式以確認一個淨善的本性，便不能說。這種善惡的要素牽纏在一起的綜合形態，是天台宗常說的，如智顗的「一念無明法性心」、「煩惱即菩提」、「生死即涅槃」、「惡中有善」、「善中有惡」，都直指這種淨染和合的存在形態。在這種清況，順成便不能說。你要順成甚麼呢？你不能單單順成法性、菩提一面，因為它們是分別與無明、煩惱結纏在一起的。你只能夠對法性與無明、菩提與煩惱雙方同時順成。但這是不行的，就終極義言，法性、菩提可助成人成覺成佛，但無明與煩惱則會對這個目標成為障礙。⑮

---

⑭　唐先生在這裏提圓教，在經典方面，列出《般若經》，並不正確。不管是天台宗所說的圓教，或華嚴宗所說的圓教，都沒有把《般若經》包含在內。般若思想在天台圓教的判教來說，屬於通教；在華嚴圓教的判教來說，屬於大乘始教。

⑮　按日本京都哲學的做法，是要從法性與無明、菩提與煩惱所分別做成的背反突破開來，超越上來，而臻於沒有了法性與無明、菩提與煩惱、淨與染這種正、負兩極牽纏、相互滲入，才能成覺。但這是另一種思路，非唐先生的系統所能概括。另外，關於這種背反問題的解決，筆者在拙著《純粹力動現象學》中討論到迷覺背反我之處，有頗詳細的交代。由於所涉的篇幅太廣，問題太複雜，我在這裏不能細說，有興趣的讀者，可逕參閱該書，頁 226-249。

再有一點是，唐先生指出，佛教的圓教（指天台與華嚴）與禪宗對人的心性之善，不能當下便在人的自然生命的性向與初生的赤子的善心善性立教順成，讓這種順成能夠有始有終，而且始終一貫。這種指摘，實在難以成立。因為要這樣做，必須要預設人的自然生命本來便有善的趨向才成，但人性不見得必然是這樣，除非你完全接受孟子的性善的說法。即使這個問題得到解決，也不能保證在人性的成長的過程中，一切都能順成下去，而沒有波濤暗湧。人生之路處處是荊棘，處處可以讓人精神下墮，怎能這樣樂觀呢？另外，赤子之心驟看是美善的，但內裏是否藏有惡與罪的成素，我們無從預知，這要待孩提往後成長與表現，才能確定下來。說赤子之心是美善的，可能是一種主觀的感覺；生命的這感覺是美學的，但未經磨鍊的美的感覺是不穩定的，必須歷練種種艱苦，才能確定下來。我們不能一開始便順成到底。人生要能徹始徹終地順成，幾乎是不可能的。

唐君毅先生重視儒家所特有的倫常關係，特別是家庭中的道德倫理，很多人都知道。關連到這一點上，有些人可能認為我們在家庭中所表現的情義，只涉及家中成員，範圍終是有限，不能和基督教所說要愛一切鄰人，和佛教所倡導的普渡眾生的廣泛含容性比較。唐先生不以為然。他認為儒家所有的寬廣的情義，不應被忽視。例如說四海之內皆兄弟、泛愛眾、親親而仁民、仁民而愛物，不能不說是寬廣情義的表現。相反地，他批評基督教倡導要先愛我們的鄰人，佛教說要普度眾生，仍不免有不足或不完滿之處。他所提的理據是，我們所發放出去的情義，需要有回應，對於對方應有實質性的感染。這樣，情義才能相互反映、交流。亦只有這樣，情

義才能增強其深摯與篤厚。不然的話，我們發放出去的情義，只能是單向的作用，同時也會由於沒有感受者的回應而成為一種虛的、沒有感受目標的流逝，而消失於太空之中。❺唐先生的這種說法，不為無理。愛一切鄰人和普度眾生，自然有盛大的含容性。但我們不是上帝，只是有限的人身，因此能力有其上限，不能無窮無盡地遍施情義。倘若是這樣，則愛鄰人和普度眾生不會有實質性的效果，可能只流於一派空言。我們對於周圍的人，有親疏厚薄不同的關係；因而我們的關心、情義，便應相應地有親疏厚薄的不同程度。我們總不能機械化地以一種大愛的懷抱，愛別人的父母猶如愛自己的父母。自己的父母對自己有生養的恩德，人家的父母則無此種恩德，因此應在恩德的回報和情義的施予方面，有不同的做法。這並無不對之處，也不會出現不平等的問題。倘若視別人的父母如自己的父母，他們有患難時都平等對待，則如何交代自己的父母的生養的恩義呢？這會產生對自己的父母不公平的問題。基督教與佛教所強調的平等的愛、關心，在原則上很好，但在實行上有困難。人是有限的存在，當自己的親友與他人的親友有難時，若能對雙方都施予救濟，是最好的，但人若因能力有限而只能救濟一方，則在自與他之間便要作取捨。在這種情況，取自捨他，是良知的抉擇，不應有公平與否的問題。

　　唐先生所提的另一點，寄意亦非常深刻。即是，我們施予情義，應對準施予的對象而發，不能空泛地宣揚要對一切人施予情義。若是前一種情況，我們的施予應有迴響、迴流，這樣便有感應

---

❺　《生命存在與心靈境界》下，頁 862。

關係，我們的施予便會有落實之所在。若是後一種情況，則在外延上是遍施，但在內容上、實質上可能是恩義的施予無的發放開去，而無迴響、迴流，結果是如唐先生所說的「銷沉」，而成一無處落腳的流逝。

㈢落實天德流行的工夫實踐

　　一切生命的學問，最後必歸於工夫實踐，俾讓所響往的目標、理想能內在化，在我們人的經驗世界中成為事實，成為我們日常生活中的一部份。唐君毅先生的天德流行境界亦不能例外。我們要讓形而上的天德實現於大地，在我們的生命中流行不息，便得作工夫實踐。要達致這個目標，便得先確認在我們的經驗存在之中，有超越的心靈的明覺在起動、在作用，以與在上的天德相契，與它的啟示相應合才行。對於這超越的心靈的明覺，唐先生稱之為「靈覺」。

　　依唐先生的說法，我們的心靈的靈覺，總是游離於我們周圍的內外境之間，與其中種種事物成一對峙的關係，甚或黏附於這些事物，甚至沉沒、陷溺於其中，而成種種執著，執著我們自身的生物本能、過去的生活慣習、概念上的判斷，等等。我們首先要做的，是要奮力自發，使自己的靈覺從沈沒陷溺於種種執著的狀態中霍然躍起，把自己提升上來，而昭臨於周圍內外境的事物之上。要做到這一點，我們的靈覺需要先存養好自己，暫時不與外物相應接，在虛靜中凝斂自己。這有點《周易》所說「潛龍勿用」的意味，或如道家的虛靜自持，天門開，天光照。這種工夫做足了，便可以蓄勢

待發。⑱

　　這基本上是儒家的工夫實踐。不過，唐先生認為，基督教和佛教的工夫論，亦有其輔助作用。他的意思是，我們在作工夫時，要注意外境。對於外境，我們是以自然的生命活動來感應的。這些外境可讓我們產生或順或逆的回應，而直接影響我們作工夫實踐的結果。即是說，我們的活動可以成功，也可以失敗；而我們在工夫實踐中所獲得的成績，也可失去而為無有。因此之故，我們的得不是常得，有不是常有，而為無常，為偶然的得著；即是，我們的所得，可以存在，也可以不存在。因此，原始佛教有無常的說法，原始基督教亦說世間的存在是偶然的存在，不是必然的存在。便是由於這個緣故，佛教說一切世間的生命存在必然有苦痛煩惱，基督教由存在的偶然性，而必求一非偶然的必然存在，這即是上帝、神靈。而儒家則問人生的或順或逆的境遇，除作為一現實外，是否還有另外的意義，而對我們有所啟示，告訴我們義所當為是甚麼，我們要自命自令去做甚麼。唐先生在這裏特別強調，在面對順逆之境，我們要翻上一層，確認我們的義所當為的事。而這義所當為的事，即是我們的責任、義務，是我們自命自令自己去做的。而正在我們實行自身義務所當為的實踐行動之中，我們的生命心靈的活動

---

⑱　同前註，頁 885。在這裏，唐先生提醒謂，這種內心的工夫有它的難處。我們若對靈覺存養收攝得過緊，而遠離日常的事務，會導致這靈覺陷於虛靜之中，而形成一種更高、更難解決的自我沉沒狀態。因此，我們仍需有日常的外向的作業，來調節在虛靜中的自己。這種外向的生活作業是甚麼呢？唐先生提禮樂生活以對。（頁 886）

便成為一種實在（reality），是我們要嚴肅對待的。❸

　　這義所當為是甚麼？唐先生沒有細說。我則用責任、義務的字眼來說。在我看來，唐先生顯然要透過道德的導向來解決人在這裏遇到的有關艱難問題。「義所當為」中的「義」、「當」，都有很濃的道德含義，展示一種應然（Sollen）意識。這無可非議，人只要順應自己的職分、身分去履行這職分、身分所要求的事便成。不過，我是擔心效果的問題。我們做事，不單要考慮責任、義務問題，有時也要關心成效問題，是否對大眾、社會帶來好處、福祉問題。我的意思是，人生所遇到的逆境、艱難，不一定是道德性格的，很多時不能以道德的途徑來應付、來解決。例如大飢荒、一般人視為不治的病痛，或對死亡的恐懼。對於這類自然災難的問題，道德不必能勝任愉快地解決，反而宗教更具力量，更能解決問題。此中的理據是，道德是以理性為主導的，所謂道德理性（moralische Vernunft）。康德在這一點上，闡釋與發揮得很清楚。但光是理性，力量仍嫌薄弱。倘若有熱情（passion）信仰（faith）為輔，則肯定會好得多。這熱情與信仰，不是道德所能提供的，這是宗教的世界中的事。我在這裏所說的宗教，不一定要涉及上帝或他力大能。這些東西，有固然很好，沒有也不見得便完全不能解決問題。熱情與信仰，可以發自對友情、知音的追求、對性情的持守，或對終極關懷的生死相許。人的生命力量（例如意志力）可以非常巨大，只是埋藏在生命的底層，在平常的環境，不易發放出來。但在緊要關頭，這股力量可以如熊熊烈火，燃燒遍野，又如波濤巨浪，排山倒海，淹

❸　同前註，頁 873-874。在這裏，我加了一些自己的意思以助解。

沒大地。近代的譚嗣同、秋瑾，便是明證。現代又有梁漱溟，憑著
對信念的堅持，對民族文化的忠誠，可以當面頂撞暴君毛澤東，
「三軍可以奪帥，匹夫不可以奪志」，怎能謂書生是文弱呢？

　　這裏便引唐君毅先生以下的文字：

> 當人自覺沉陷於罪業苦難之中，全無力自拔之人，（亦）宜
> 信一神靈之大我，以為依恃。此一神之教之所以不可廢也。
> 在智慧較高之人，而自知其我執法執深重者，則必先以破我
> 法諸執，而觀其所執之空，方能自見其深心本心。故宜說此
> 深心本心，為一在纏之如來藏，為無明所覆之真如心、法界
> 性起心。此即佛教之所以不可廢也。故唯有人之執障較淺，
> 我慢不甚，依賴心不強者，然後不必先用其智慧以破執，而
> 用其智慧以直契悟其具先天之純潔性、空寂性之赤裸裸之生
> 命中之靈覺，而直下由此以見其形而上之本心之所存。此則
> 儒者之道，待其人而後行者也。相較言，一神教與佛教之
> 說，對一般執障深重之人，實更能契機。而人果能先信一在
> 上之神靈或在纏之如來藏，亦可進而識得此神靈與如來藏，
> 即人之與天地萬物為一體之本心，則三教同歸也。❿

此段文字實含有非常深微的意旨，亦顯現出明亮的綜合洞見。唐先
生在這裏印證出我在上面所提到的宗教的巨大力量。對於神、佛的
信仰，可以強化（consolidate）人的膽色與力量，讓自己能克服罪業

---

❿　同前註，頁 891。

苦難，破除對自我、對自然世界的迷執，體證到自己本有的糾纏於
煩惱中的如來藏本心本性的明覺。這是耶釋二教的可貴處。至於非
宗教的儒家，唐先生也給予它一恰當的安排。那些根器較高的人，
不必依賴上帝與耶穌來解決罪業的問題，也不必以般若智慧來破除
對自己和存在世界的執著，正可以憑藉本有的明覺，認悟到存在於
自己生命中而又上與形而上的天道相貫通的道德理性，而拓展這道
德理性，便能成賢成聖，參予天地的化育事業。這樣，耶釋儒各有
所長，亦各令其相應的眾生受益，這三大學說合起來，正可以建立
一個可供人安身立命的精神世界。這可稱為一圓極的配搭。不過，
唐先生最後還是以主從的身分與關係為三大學說定位：基督教的一
神與佛教的在煩惱中的如來藏本心本性，正是儒家所宗的與天地萬
物為一體的形而上的、道德的本心的分殊示現。這樣，儒家是主，
耶釋二教是從的序列便確定下來。

第二章
儒學與現代化

　　自清末以來，中國與西方國家的交往，無論外交上或軍事上，都節節敗退。中國對西方列強的侵略，除了割地賠款求和之外，似乎再沒有其他有效的辦法。在這種情況下，知識分子自然會想到文化的問題來。表面上，他們有一個共同的看法，以為中國文化一定出了問題，自己的文化一定是在某些方面有缺陷，致不能製造出洋槍大礮來。於是有人提出要向西方文化學習，所謂「西化」。甚至有人提出要徹底放棄自己的東西，要全盤西化。這種提法流行了一段時期，特別是在五四運動以後所謂新文化運動的那個階段。但全盤西化顯然是行不通的，是一種很極端的提法。我們有自己的文化傳統、風俗習慣，怎能一下子把它們都丟掉，而去學習西方人，從頭開始呢？

　　較理性而妥善可行的提法，是所謂「現代化」（modernization）。這表示我們的老傳統已進入一個新的階段、現代化的階段，我們理應採取一些新的文化機制，以順應現代的潮流，迎合現代的需求。當然現代化的內容是很廣泛的，很豐富的，一般來說，人們都把眼光集中到科學與民主這兩方面來。他們大抵都認

為，這兩點是西方文化的高度成就，是使西方特別是歐美方面成為現代化國家的關鍵。我們要現代化，使國家富強起來，便得向西方學習這兩方面的東西。他們並未清楚地意識到，科學與民主是我們人類順著某一種精神方向或矢向來發展文化的兩種成果，這即是由知性（Verstand）以一種主客對峙而成的二元性（Dualität）而獲致的。要現代化，需在這根本的層面著手來做才行，不是光是學習外國的這兩方面的表現那麼簡單。

而儒家作為中國文化的主流思想，它的意識形態支配了中國人二千多年來的生活方式，它能否順應現代化的思潮呢？它會否成為中國現代化的障礙呢？它與現代化的關係到底是怎樣呢？這些問題，自然成了關心中國現代化的人所要探究的問題。

本文便是在這種思想的背景下，提出儒學與現代化的關係的問題來討論。在本文中，「儒家」是與「儒學」交替互用的。有些日本學者有時把儒家稱為「儒教」，強調它的宗教功能，我在這裏暫時不想涉及這個問題。

一、關於現代化

實際上，現代化一詞，取代西化而在思想界學術界廣泛地使用開來，是近三、四十年的事。而與現代化關連起來的，最初自然是歐美地區。其後有些人提到蘇聯東歐，特別是東亞地區，如日本、韓國、臺灣、香港、新加坡。後一地區，更特別被關連到儒家倫理方面，被認為它之所以能現代化，是受到儒家倫理深切影響之故。人們更特別留意到這地區的工業發展，是與儒家倫理分不開的。即

是，儒家傳統重視全面的人才教育，提倡上下同心協力的精神，培養刻苦耐勞的工作倫理，引發造福人類世界的懷抱。這對東亞社會的工業現代化、經濟繁榮的促成，扮演著重要的角色。

不過，在另一方面，儒家與現代化的關係，有些人提出不同的看法。德國社會學家韋伯（M. Weber）即提出現代化是資本主義帶起來的，而資本主義又與基督教的新教倫理有密切的關連。這便是他的名著《新教倫理與資本主義精神》的思想。關於儒家，他更判定儒家倫理是傳統中國社會阻礙資本主義發展的主要原因。他是從比較宗教學的立場來看人類文化的進展，認為只有基督教經過了宗教改革，使西歐從中世紀的信仰發展出資本主義精神，而走向現代化。他認為其他的宗教都不能促進現代化，特別是工業現代化。近數十年來東亞在工業與經濟方面的發展，由於與儒家倫理的關連，可以說對韋伯的研究結果作出根本的質疑。在這個問題上，很多學者都討論過了，我在這裏也就不用多著墨了。

現在讓我們回到現代化觀念方面來，甚麼是現代化呢？許多人曾以工業化或經濟發展來說現代化，這種說法太過狹窄，也太過表面，只看到物質的效果方面，不能關涉到本質的精神方面。韋伯提出「理性化」。他認為貫串西方近世文明的，是一種理性的力量，人類本著這種力量，征服自然，改造社會，提高生活水平。這理性力量或理性精神可說是近代西方發展的文化動力。

但理性化的理性包涵兩方面的意思，其一是「價值理性」（Werkrationalität），另一是「目的理性」（Zweckrationalität）。價值理性關連到西方古典的理性主義，特別是德國唯心論的理性主義，表示人類理性所共同認許的某些終極價值，我們應無條件地接受這些

價值，不應計較它的現實的效果。目的理性則著眼於功效方面或效果方面，它可以就一組特定的價值，比較其效果的得失，而決定它們的輕重和取捨。亦可以就一組特定的目的，考慮如何才是最有效的方法或途徑來實現它。不管是哪一方面，目的理性都是著眼於功效方面，故又可稱為功效理性。就韋伯本人言，當他在論及西方近代的理性精神時，主要是指這目的理性，或功效理性，他認為歐美近代的科技發展和資本主義的經濟制度最能表現這方面的理性。

我們以為，以理性化來說現代化，還是不夠精確。當我們說中國現代化或儒學與現代化時，是著眼於那些能使我們國家進於富強而又合理的狀況的因素的，這些因素又是中國文化所欠缺的。這便是在政治上的民主與在學術上的科學，這也是新文化運動所要求實現的目標。這兩者在西方文化中有長足的發展，並有高度的成果。而在中國，則總是未有正確地、健康地發展下來。梁漱溟在他的《東西文化及其哲學》中也提出過，一個民族要正常地、健康地發展它的文化，需要依序分三個階段來發展，各個階段的用心、心靈取向與所達致的結果並不相同。第一個階段是要奮勇向前，探索自然世界的真相，從中取得它的資源。在這方面，西方人做得很好，取得重大的成果，成就了它的科學。第二階段是以調和持中的態度去建立人與人之間的倫理的、道德的關係，成就德性的文化。中國人正是這樣做的。第三階段是反身向後，思索人生的終極關懷、終極歸宿問題，這是印度人的所長，成就他們的宗教的文化。一般人大體上認為西方人在科學上的成就正是中國文化所缺乏的一環，與中國的積弱也大有關連。必須發展這方面，中國才能成為一個具有現代意義的富強的國家。

二、民主與科學的心靈取向

儒家一向重視道德實踐。這實踐的基礎在道德主體，這是對比著知性主體而言的。在用心的模式或心靈取向方面，道德主體與知性主體是很不同的。民主與科學基本上可說是由知性主體的心靈取向所發展出來的。

道德主體的心靈取向，是主體融攝客體，主體不與客體對列為二，而處於對等的位置。卻是攝客歸主，以主體來引導客體，使客體融入主體的懷抱中，主體由是取得對客體的先在位置（priority），特別是在存有論與價值論方面為然。

知性主體的心靈取向則不同。它不融攝客體，卻與客體並列為二，與客體有一對立的二元關係（Dualität）。即是說，它賦予客體一獨立位置，讓它單就自己而存在，成為對主體來說的一個對象，一個客觀面。若在學術研究或知識的建立來說，客體獨立於主體，而成為一被主體所認識的對象。若在政治活動來說，則客體獨立於主體，而為主體所尊重，與主體對等地存在，而具有其基本的政治權利。在這種情況，主體之間是相互獨立的關係，沒有一方在權力上與價值上對另一方具有先在性（priority）與優越性（superiority）。

在康德哲學來說，道德主體是實踐理性（praktische Vernunft），知性主體則是理論理性（theoretische Vernunft），或觀解理性。道德主體是綜合能力，表現為具體的道德地涵攝他者的行為。知性主體則是分解能力，表現為抽象的、概念的思考。在政治上，則表現為政治權力的分立，大家互相尊重，互相隔離，權力不由一人獨攬。這正與上面所說道德主體的攝客歸主與知性主體的相互獨立於對方，

眾主體並立的意思相應。這兩種主體也分別與筆者所提的自我設準中的同情共感我與總別觀照我相配。牟宗三對道德主體與知性主體的性格與作用，曾作過精確的闡述，他認為道德主體是理性的運用表現，知性主體則是理性的架構表現。兩者都統合於理性本身。他認為理性的運用表現是攝所歸能，攝物歸心，這二者都在免去對立；或者把對象收進自己的主體中，或者把自己投到對象方面去，兩方面都成為徹上徹下的絕對。若是內收，則全物在心；若是外投，則全心在物。若把兩者強分能所而說一個關係，便是「隸屬關係」（sub-ordination）。理性的架構表現的底子則是主體與客體的對待關係，由對待關係而成一個「對列之局」（co-ordination）。在這架構表現中，理性頓時失去它的人格中的德行亦即具體地說的實踐理性的意義而轉為非道德意義的觀解理性或理論理性，這是屬於知性層上的表現。❶

在牟宗三的理論建構中，民主與科學的底子都是理性的架構表現，亦即是主體與客體的對列之局。二者都是知性主體的表現。在這裏面，科學活動基於主體與客體的對列之局，比較容易理解。在科學研究中，科學對象或物質以一種獨立的客體、對象的身份為我們所研究，我們亦以客觀的態度，尊重對象的身份而對物質世界進行理智的、冷靜的觀察與探討，而求得它的真相。這沒有問題。民主的政治活動何以是主體與客體的對列之局呢？這點可就人民與執政者與人民與人民之間的關係說。人民與執政者在政治權利上是平等的，人民以公民權選出執政者，執政者是人民的公僕，要為人民

---

❶　牟宗三：《政道與治道》，臺北：廣文書局，1961，頁 52-53。

的福祉著想，向人民負責，不能高高在上地欺壓人民。倘若他的政績腐敗，則在任期屆滿再行選舉時，人民可以不投支持他的票，讓他下臺，而支持另外的賢者組織內閣執政。至於人民與人民之間，各有自己的政治意義的主體性，相互平等，獨立於對方。人民秉有自己的選舉權與罷免權，不受其他人所剝奪。基於以上我所提出的認知，牟宗三認為，儒學與現代民主及儒學與科學的融通，是同一問題，即是理性的運用表現與架構表現的融通問題，亦即是道德主體與知性主體的融通問題。

故民主與科學的心靈取向，是以知性主體為底子的主體與客體的對列之局。這是理性的分解作用、分裂作用，對於這種作用模式，牟宗三又稱為「分解盡理」。他認為主體在分解盡理的作用中有兩個特徵，其一是外向的，與物成一對峙的局面；其二則是使用概念，抽象地概念地思考對象。若特別就民主政治的脈絡言，這第一個特徵表示階級或集團的對立，互相獨立於對方。第二個特徵表示人要對外爭取政治權利，訂定制度與法律。所謂盡理的意思是，在對立爭取中，求取那些公平而合於正義的政治權利，及訂定一個政治法律形態的客觀制度，以建立倫常以外的客觀關係。❷

由唐君毅、牟宗三、徐復觀和張君勱於一九五八年元旦聯署發表的〈為中國文化敬告世界人士宣言〉（以下簡稱〈宣言〉）❸亦特別提到在表現科學精神的知性心靈的運作方式，與上面提到的民主與

---

❷　牟宗三：《歷史哲學》，臺北：臺灣學生書局，1984，頁 173-174。

❸　此文載於唐君毅：《中華人文與當今世界》下，臺北：臺灣學生書局，1978，頁 865-929。又此書載此文時，易其名為〈中國文化與世界〉。

科學的心靈取向很有相通處。他們認為這西方所擅長的科學精神，實導源於希臘人的為求知而求知的心念或態度。這種態度是要先置定一客觀的對象世界。而為了認識這一對象世界，我們要暫時收歛我們一切實用的活動、道德實踐的活動，暫時不作道德價值的判斷。這樣，我們才能以我們的認識主體，專心地觀察客觀的對象，看它們呈現於我們主體之前的狀態。另外，這主體又可順著它的理性的運用，以從事純理論的推演，這樣便能認識客觀對象世界的條理，而呈現理性在運用中所依循的思想範疇與邏輯規律。❹按這裏有一問題是〈宣言〉中沒有涉及的，這便是理性在其作用中所運用的範疇（Kategorie），自身展示一種思考形式，亦即先驗綜合的連結形式，這種形式如何能應用到客觀的現象世界方面，讓後者的與料或雜多與它相配合，而接受它的整理呢？這正是康德在他的《純粹理性批判》（*Kritik der reinen Vernunft*）中的〈超越的推演〉（transzendentale Deduktion）要處理的問題。

三、儒家的限制

以儒家為主流的中國文化，其用心的模式一直是道德主體的模式，而不是知性主體的模式。即是說，它是以主體涵攝客體的，而不是主體、客體成對列之局的。道德主體的發展，能開拓出高尚的倫理情操和道德生活，亦能體驗天人合一的終極理想。最後成就道統，這是道德形上學的真理的傳統。知性主體的發展則能開出民主

---

❹　〈宣言〉，頁 897-898。

政體與科學研究，而分別成就政統與學統。政統是民主政治的傳
統，學統則是客觀的學術研究的傳統。儒家或中國文化由於一直都
是發展道德主體，而不發展知性主體，故有道統而無政統與學統。
這會產生許多流弊。即在哲學上，其不足之處，已甚為明顯。中國
哲學一直開拓不出嚴格意義的知識論（Erkenntnistheorie）與邏輯
（Logik），這是探討知性的學問。中國的哲學，除了在先秦時代荀
子有過簡單的知識論思想和名家、墨家略有簡單的邏輯思想外，整
個哲學的傳統在這方面都落了空。在儒家作為哲學或意識形態的主
流的影響下，我們有很健全的包括義理與實踐的道德哲學；存有論
或形而上學方面有儒家開展出來的道德形而上學和道家開展出來的
境界形而上學；宇宙論方面則只有漢儒所提出來的經驗性格的氣化
宇宙論，到宋儒、明儒才開拓出本體宇宙論。西方式的思辯的、觀
解的形而上學還是發展不出來。

　　至於沒有政統與學統方面，也帶來問題。特別是沒有政統方
面，由於政治權力的轉移沒有一個合理的、合法的方式來處理，最
後只能訴諸革命。其結果是治亂相繼的歷史循環模式，不能出現民
主政體。對於這個問題，明末清初的儒者如黃宗羲、王船山、顧亭
林等人已覺察到，而且也作過深切的反省。近、現代也有不少學者
提出過這個問題，如上面提到的〈宣言〉便說：

　　　中國文化歷史中，缺乏西方近代之民主制度之建立。……在
　　此君主制度下，政治上最高之權原，是在君而不在民的。由
　　此而使中國政治本身，發生許多不能解決之問題。如君主之
　　承繼問題、改朝易姓之際之問題、宰相之地位如何確定之問

題，在中國歷史上皆不能有好的解決。中國過去在改朝易姓之際，只能出許多打天下之英雄，以其生命精神之力，互相搏鬥，最後歸於一人為君，以開一朝代。但在君主世襲之制下，遇君主既賢且能時，固可以得政治上之安定；如君主能而不賢，則可與宰相相衝突，亦可對人民暴斂橫徵；如君主不能不賢，則外戚、宦官、權臣皆覬覦君位，以至天下大亂。然賢能之君不可必，則一朝代終必衰亡。以致中國之政治歷史，遂長顯為一治一亂的循環之局。欲突破此循環之唯一道路，則只有繫於民主政治制度之建立。❺

〈宣言〉提出，改進之道，君主必須將權力下放，讓人民有選擇他們理想的統治者的權利，以選舉他們心目中的人物，組織政府，亦監察政府的運作。我們應能依憲法保障人人都有他應享的自由與人權，而君主制度最後亦應廢除。

〈宣言〉對於中國的政治制度，作出深切的反省。它以為，在中國政治制度中，只有政府內部的宰相、御史等對君主的權力具有有限的限制，是不足的，也是不合理的。這種情況，應轉化為，在政府外部，人民都有權力去有效地限制政府的權力。僅由君主加以採擇與作最後決定而後施行的那種政治制度，必須轉化為以全體人民的公意為主體的政治制度，亦即是一切以憲法作為最後依歸的政治制度。政權的轉移的方式，必須由以往的通過世襲、篡奪或戰爭

---

❺　〈宣言〉，頁 900-901。

的方式，轉化為以政黨為媒介而作和平轉移的方式。❻實際上，中國歷史自周以來，經歷春秋、戰國、嬴秦、楚漢相爭，以迄西漢初期，是歷史上爭戰最多、局面最動蕩，又歷時最久的時期，大批老百姓流離失所，中國人再沒有餘力與勇氣去面對戰爭的殘局了，因而有黃老無為之術的提出，和文景之治的局面，讓人民能有喘息的機會，也帶來漢武帝的一時隆盛太平的政治。

由此我們可以進一步確認，我們首要的任務或工作，是要建立正確的政治思想，在自己的認識中，確定正確的政治理念，這即是「公天下」：天下為天下人的天下，不是一兩個人或一小部分人的天下；因而人人都平等地具有參予政治活動的權利。這種參予政治活動的權利，即是選舉權與被選舉權。我們一定要清楚地、堅定地確認，人人都平等地是一政治的主體。這點確認了，我們便可以說，應該依據人人的公意而制定憲法，作為共同行使政治權利的運行軌道。

四、儒家或中國文化
何以發展不出民主政體

儒家或中國文化何以發展不出民主政體，而開不出現代化的局面呢？這個問題非常重要，關乎中國國運的興衰。這個問題與上面所說有關，儒家或中國文化的心靈取向，是主體融攝客體的，兩者成一種隸屬關係。兩者不成一種對列之局。或者說，儒家或中國文

---

❻　〈宣言〉，頁 902。

化只發展道德主體，而不在知性主體方面用心，加以開拓。現代的
社會學者與自由主義者喜歡關聯到資本主義以至基督教來思考這個
問題。韋伯首先把儒家與基督教作一對比而說儒家缺乏一種人與世
界之間的緊張性，來探討這個問題。他認為儒家倫理與基督新教倫
理都是理性主義，但這兩種理性主義有完全不同的精神取向。在基
督新教的倫理中，表現一種發自內在的力量，要控制自己，控制世
界，要使自己對世界有一理性的主宰。因而在人與世界之間存在著
一種巨大的緊張性。儒家的倫理則是要對世界作理性的適應，把人
與世界間的緊張性減低到絕對微末的地步。便是因為這緊張性的有
無，影響到人的內在的修為狀態。基督新教教徒視自己的本性為壞
的、有罪的，對這本性要實施一種系統的控制。儒者則強調人的本
性是善的，先天地便是如此，因而有一種天真的樂觀態度，不能表
現一種「內向的」（inward）道德掙扎。❼

　　依韋伯，儒家缺乏一種對於人與世界的關係的緊張意識，因而
缺乏內向的道德掙扎，對自己的負面的人性不予正視，也不求控
制。韋伯的意思，涵有儒家對人性的善方面過分樂觀，而產生聖王
的思想的意思。在這方面，自由主義者承著這一看法，將儒家的人
性論與基督教的人性論作一比較，認為儒家是樂觀的看法，以為人
始終是性善，可以放心把國家事務委諸聖王，相信他不會出錯，因

---

❼　按韋伯這樣理解儒家倫理，並不完全正確，儒家的主流固然是主性善說，以
　　為人本來具有善性，因而較樂觀，是理想主義情調。但儒家實在並未忽視人
　　性的幽暗面、人性的負面。他們對人欲橫流對於建立正確的道德秩序的障
　　礙，並非無深切的覺察。朱熹與王陽明便曾大力提倡人需有「存天理去人
　　欲」的實踐工夫，以建立正確的道德秩序。

而不對他的權力加以限制，結果開不出民主政體。基督教則自始至終都以人有罪性，是不可靠的，故要對這罪性警覺，特別是不讓當政者濫用權力，為非作歹，因此重視人民對當政者的選取與監察的權利。這樣，順理成章便開出民主政體。

這個意思有啟發性，有一定的道理，應該予以正視，作進一步深入的探討。臺灣的自由主義者殷海光的弟子張灝便這樣說過：

> 基督教因為相信人之罪惡性是根深柢固，因此不認為人有體現至善之可能；而儒家的幽暗意識，在這一點上始終沒有淹沒它基本的樂觀精神。不論成德的過程是多麼的艱難，人仍有體現至善，變成完人之可能。重要的是，儒家在這一點上的樂觀精神影響了它的政治思想的一個基本方向。因為原始儒家從一開始便堅持一個信念：既然人有體現至善、成聖成賢的可能，政治權力就應該交在已經體現至善的聖賢手裏，讓德性與智慧來指導和駕馭政治權力。這就是所謂的「聖王」和「德治」思想，這就是先秦儒家解決政治問題的基本途徑。❽

張灝指出，儘管儒家對於道德實踐的艱難性有其認識，它最後還是認為，少數的人可以克服困難，成聖成賢，而聖賢一旦出現，權力便應交給他，讓他做統治者，這就是聖王的觀念。儒家並未考慮到一個根本問題：即使有人能成聖成賢，也沒有人能保證他在享有權力以後，不受權力的薰迷和腐化。基督教則不同，它一方面肯定人

---

❽　張灝：《幽暗意識與民主傳統》，臺北：聯經出版事業公司，1992，頁28。

是可以得救的，但另一方面又強調，人總是人，不是上帝，他不可能變得完美無缺。人的墮落、人的罪惡是永遠潛在的。我們對於這點，必須隨時提高警覺，加以提防。便是由於這樣，基督教才能就外在制度上，求防範，求約束。張灝強調，從這一點出發，基督教發揮了極高的政治智慧。由於了解到人有其不可彌補的缺陷，有其永遠的罪惡性，因而確認不能授予任何人以絕對無限的權力；認定權力只要在人手裏，就要加以防範，加以約制。❾很明顯，西方的憲法與議會制度便是在這種認識下確立下來。而儒家所代表的中國，則由於聖王的觀念，始終未有對無限權力的擁有所帶來的危機，有清晰而深刻的自覺。儒者對君主一直都有很高的期望，盼望他能效法聖賢的操守，實行仁政，發揮他的性善的本質。他們的著眼點在於主觀的個人，而不在客觀的憲法。因而始終未能發展出西方式的民主政體。

　　按這種說法，的確是石破天驚，一語穿透了中國歷史上不斷循環出現的改朝換代、以戰爭來解決這種人所不欲見的政權交接的問題。想不到人性論會對政治產生這麼大的迴響。儒家的性善說的道德形上學的根本觀點與聖君賢相的政治理想遇到了空前的嚴峻的挑戰，讓人醒覺到意識形態對於現實政治可以有這麼嚴重的影響。我們對於儒家的性善說、人人皆可以為堯舜、佛教說的一切眾生都有佛性，都能成佛和道家說的人人都可以成為聖人、真人、神人，與天地精神相往來，這樣的理想主義的理解，的確有進一步向更深層次反省的必要，而基督教的原罪說也不是一般人所想的那樣負面

---

❾　同前註，頁 125-126。

的、對人類不公平的看法。一般人認為亞當、夏娃因偷食禁果而引致原罪，因而讓子孫世世代代都得承擔這種根源性的罪惡為不公平的說法，有重新被解讀、被反思的必要。

對於這個問題，新儒家的回應又如何呢？牟宗三提出現實原因與本質原因來作答。關於現實原因方面，他指出，西方文化之所以能產生民主政治，階級對立是個重要的歷史機緣。中國過去並無馬克思在西方歷史中所見到的階級對立，也就欠缺了促成民主政治的重要機緣。西方歷史的演進，在階級對立的情形下，通過個性的自覺，通過「在上帝面前人人平等」這一最根源而普遍的意識，因而使它向民主政治乃至近代化的國家政治法律的形態走。❿不過，階級對立何以能成為促發民主政治的機緣，牟宗三並未作進一步的詳盡的、具體的闡釋。大抵階級對立能引發出一種政治上的自衛意識，能使人有政治上的覺醒，要求制定客觀的憲法，以保障自家的政治權利，而不受到侵擾。

不過，牟宗三認為，階級對立只是促成民主政治的現實原因，不是本質條件。促成民主政治的本質條件是個性的自覺，這在西方，表現為一種「分解的盡理之精神」；相較之下，中國文化所表現的是「綜和的盡理之精神」。⓫

這裏提出分解的盡理精神與綜和的盡理精神來說中西方的心靈運用模式，並以「分解」一概念以說民主政體的個性的自覺，很有啟發性。分解盡理與綜和盡理都是理性的表現，前者是主體與客體

---

❿　牟宗三：《歷史哲學》，頁 181-182。
⓫　同前註。

分離開來,主體賦予客體一定的獨立性,而成為一個對象:在學問上成為一個認知的對象,在政治上成為一個尊重的對象,尊重他具有基本人權也。綜和則是主體與客體綜合起來,以主體涵攝客體,不使之分離開來。這樣,主體與客體成一道德上的統合關係,兩者打成一片。關於這點,下面在第七節續有探討。不過,這裏我們可以先提出一個問題,一個實踐性格的問題:中國文化是以綜和的盡理的精神為基礎而發展出來的,這種精神的最明顯結果,是引致完善的道德教化的生活與文化。但這是不足夠的,我們還需要發展出分解的盡理的精神,俾能建立出科學的學統與民主政治的政統。但就我們目下的實際情況來說,中國文化已經把綜和的盡理的精神發展了幾千年了,如何具體地、實際地,從甚麼步驟著手,以開拓出分解的盡理的精神呢?中國大陸目前仍是以共產黨一黨專政,這與分解的盡理的精神是相悖的,人民仍然沒有被賦與選舉權和被選舉權,去抉擇他們心目中認為好的執政者。只有臺灣這一小塊土地實行了民主選舉。因此,一個很現實的問題便會馬上浮現出來:在這樣的文化與政治環境下,我們應該怎樣做呢?我們不是要怪責牟先生,他已盡了力了。我們的問題是實踐性格的:我們要怎樣做?要從哪一方面具體地做起呢?

五、梁漱溟對現代化的回應

現在的問題是,儒家或中國文化應如何現代化,以使國家富強起來,俾能在這個多元化的國際社會中挺立起來,發揮應有的影響呢?在這方面,新儒家有兩個具體的回應,其一是梁漱溟的回應,

另一則是〈宣言〉與牟宗三的回應。前者反對吸收西方的民主政體，提倡鄉村建設；後者則強調要以自己的道德主體為基礎，開出客體意識，以吸納西方的科學與民主。

　　梁漱溟反對吸收西方的民主政體。他認為中國文化有其獨特的精神條件，不能民主化。即是說，中國的民主化是不可能成功的。關於這點，他提出三個層面來解釋。首先，他以為中國的民主運動只是出於少數知識分子的熱心推動，大多數的國人都沒有這種要求。他是以為，既然大部份人都無此意思，則中國的民主運動是不會成功的。第二，中國的物質條件並不應合民主運動的要求。他以為中國人的生活簡單低陋，知識分子亦是一樣，他們並沒有心思與餘力過問政治的問題。另外，中國國土太大，而交通又不發達，資訊缺乏，結果是一般人民對國家缺乏政治意識，政治感覺麻糊。另外還有一個實際的、現實的問題：國內交通不便，人們要投票選舉，要走上好幾天，並未有幾多人能騰出時間與金錢去行使投票權。這兩點或層次還是次要的。梁漱溟以為，決定中國民主化永遠不可能成功的因素是這第三點或第三層次，這即是中國文化的精神條件與民主政體根本不協調，兩者完全不能結合在一起。他提出四個理由來作論證。其一，中國人缺乏主動積極地爭取權利的精神。梁漱溟認為，西方近代民主政治的實現，是基於各人都向前要求個人權利，而不甘退讓的精神；但中國人數千年生存至今，都是以不爭、退讓為貴，各自消極節制，彼此調和妥協。其二，中國人尚禮讓，因而難以進行選舉競爭。西洋政治家到處演說，發表文章，運用選舉以推銷自己；中國人則總是覺得自己有所不足。這種精神態度，實與選舉競爭背道而馳。其三，民主政治的制度設計精神，在

於牽制平衡，彼此監督。這是基於不信任何人，亦即性惡論而來；但中國人講性善，中國民族精神崇尚對別人的信任。其四，民主政治是以個人私慾或物慾出發，以謀取公眾慾望的滿足，是物慾本位的政治。中國人的人生態度，卻不是放在慾望的滿足上。中國思想有理慾之爭、義利之辨，這是要探討與追尋人生的意義與價值，而不著重於物慾的滿足。⓬

　　總而言之，梁漱溟認為中國民主化是不可能成功的，主要在於精神條件不合。中國文化與西方文化比較起來，它有一種獨特的文化精神，這即是退讓、不好炫耀自己、以和為貴、信任他人、精神價值本位。這種文化精神，使中國文化超越西洋文化。他在稍前提出的三點或三個層面，例如中國人無民主運動的共同願望、貧窮、中國交通不發達、資訊缺乏等，是屬於社會形勢方面，還是可以改變的；改變了，便不會障礙民主化。但精神條件的不同，是不能改變的，特別是，他以為這表示中國文化是高於西方文化的，不能改移而下，去遷就西方文化。這便使中國的民主化成為一條絕路，不可通行的。怎麼辦呢？梁漱溟以為，中國人只有依據本身文化的特殊的精神，去創造出適合自己的政治制度來。這便是他提出的鄉村建設的社會運動。這即是鄉治或村治，這是要透過改革和建設鄉村來建立健全的社會，完成中國文化的復興。它的基本構想，是透過知識分子與鄉村居民結合在一起，使中國社會的上層與下層兩種力

⓬　梁漱溟：《中國民族自救運動之最後覺悟》，臺北：學術書店，1971，頁108-137。又可參考何信全：《儒學與現代民主》，臺北：中央研究院，1996，頁 17-20。

量動員起來，形成一種巨大的力量，以轉移鄉村的結構，使作為農立國的中國出現生機，富強起來。

以上所闡述的梁漱溟的看法，有一個根本問題，必須解決。他的見解可以幾句說話盡之：中國文化精神與西方文化精神不同，中國文化優於西方文化，我們不能以前者去遷就後者，把西方的民主精神融入中國文化中去。梁氏說法的依據，隱隱地含有中國文化精神與西方的民主精神有本質上的衝突，兩者不能混合起來。是不是這樣呢？單是說中國文化超越西方文化，要吸取西方文化的民主意識與制度，便要遷就西方文化，是很麻煩的。你說中國文化超越於、優於西方文化，需要有一個判準才成，如何確定這判準呢？這是一點。另外，遷就云云，也不見得事實上是這樣。兩個文化體系碰頭，一方參考、吸收另一方的優點，讓己方文化發展得更完美、更健康，這是自我轉化，不是甚麼遷就的問題。又，倘若說中國文化重視道德主體的開拓，西方文化重視知性主體的開拓，這兩種主體，並不見得相互違背，如水與油不能相融。雙方的關係，正是打後一節要討論的。實際上，梁氏所提出和身體力行的鄉村建設的社會運動，要把知識分子與農民連結起來，共創雙贏，只是書生之見，行不通的。共產黨一來，便自動垮臺，以後再沒有人提出這種構想了。

六、〈宣言〉論道德主體的退隱

與梁漱溟不同，〈宣言〉的作者們特別是牟宗三認為我們可以以儒學的道德主體為基礎，經過某種轉化，以吸納西方的科學與民

主，而達致現代化的目標。首先我們看〈宣言〉的主張。

〈宣言〉首先表示，有些人提出儒家或中國文化中沒有民主科學的種子，因而現代化不可能成功，是不正確的。他們承認中國文化歷史中缺乏西方近代民主制度的建立，也沒有近代科學及各種實用技術的發展，結果中國未能真正的現代化、工業化。但是他們不承認中國文化思想中沒有民主思想的種子，它的政治發展的內在要求不傾向於民主制度的建立。他們也不承認中國文化是反科學的，古來即輕視科學與實用技術的。即是說，中國文化中是有民主與科學的種子，在中國文化中，民主與科學之門永遠是敞開的，但有待我們的努力。如以內聖代表道德實踐，以外王代表民主與科學的建立，兩者的相結合，可以開出一個健康而正確的文化發展方向，〈宣言〉的作者們以為，內聖可以包含著外王，內聖可以開出外王。在這方面，最明顯的說法是《大學》的三綱領八條目。內聖如何開出外王呢？〈宣言〉由是提出道德主體暫時退隱，讓知性主體或認識主體得以確立的說法。由此以完成道德主體同時作為政治的主體與認識的主體的自覺。〈宣言〉說：

> 當其（道德的主體）自覺求成為認識之主體時，即須暫忘其為道德的主體，及實用活動之主體。……此道德之主體，須暫退歸於此認識之主體之後，成為認識主體的支持者，直俟此認識的主體完成其認識之任務後，然後再施其價值判斷，從事道德之實踐，並引發其實用之活動。❸

---

❸ 〈宣言〉，頁899。

中國文化依其本身之要求，應當伸展出之文化理想，是要使
中國人不僅由其心性之學，以自覺其自我之為一「道德實踐
的主體」，同時當求在政治上，能自覺為一「政治的主
體」，在自然界、知識界成為「認識的主體」及「實用技
術的活動之主體」。這亦就是說中國需要真正的民主建國，
亦需要科學與實用技術，中國文化須接受西方或世界之文
化。❶

即是，儒學或中國文化一直以道德主體為根柢，以進行格物、致
知、誠意、正心、修身和齊家的內省工夫，其用心模式是以主體攝
客體。在進行治國、平天下的政治活動時，用心模式要轉成主體與
客體並立的認知模式。在這種情況下，道德主體要暫時退隱，讓主
體能以認知的模式進行其作用，道德主體不加以干預。這樣，認知
主體便能確立它的獨立性。當認知活動完成，主體可回歸向它原來
的自己，即道德主體。這兩種用心模式並不相衝撞，主要是看主體
自身如何適切地運作。這種處理方式一方面可保住道德主體，不違
背儒本來的以內聖為核心的義理架構，以及以德性之知較聞見之知
為優越的思想，另方面又能開出知性主體，照顧到中國未能發展出
科學與民主的事實，而使中國現代化。

---

❶　〈宣言〉，頁 896。

七、牟宗三的新外王說：
良知的自我坎陷

　　對於〈宣言〉的這種道德主體的退隱思想，牟宗三有更系統更明確的說法。首先，就內聖與外王的關係而言，如果外王仍然只是傳統傳承下來的那種聖君賢相的治國平天下的格局，則內聖仍可直通外王，但如果外王是指民主政治與科學，則顯然不能從內聖的表現，直接推導出這一新外王的內容。此時的新外王，是直接就西方文化的高度成果的民主政治與科學言。在這方面，就儒學與現代民主與科學的融通而言，牟宗三提出內聖曲通外王的說法。這「曲通」表示一種曲折的融通，不是直接的融通。即是，道德理性或良知通過一種辯證的自我否定（self-negation），由原來的道德理性轉而變成為與自性相對反的觀解理性或理論理性，由理性的運用表現轉而為理性的架構表現，亦即是由綜和的盡理方式轉而為分解的盡理方式。

　　道德理性或良知的用心模式是主客融攝的，在這種模式下，人可以克己復禮，與他人成為一體，以至與天地萬物為一體，這可以成就道德生活，但不足以發展出科學與民主。後者的主體是觀解主體或知性主體，它的用心模式是主客對列的、對立的，主體並不融攝客體，而視客體為一個獨立的對象以認知之，或視為一與自己對等的人權主體而予以尊重之。要使良知能轉出知性主體，使其用心模式由主客融攝轉變成主客並列，良知必須先行自己否定自己，或自我坎陷。關於這點，牟宗三說：

知體明覺不能永停在明覺之感應中，它必須自覺地自我否定
（意即自我坎陷），轉而為「知性」；此知性與物為對，始能
使物成為「對象」，從而究知其曲折之相。它必須經由這一
步自我坎陷，它始能充分實現其自己，此即所謂辯證的開
顯。❶⑤

這裏說的否定與坎陷，是陷落而有所執著之意。道德的良知自覺地
自願封限自己，使自己陷落而降為知性層次的認知主體，使自己與
對象的關係由與物無對的融攝關係轉而為與物有對的並列關係。這
不是如佛教所說主體由無始無明而有所執，而是自覺地自願地有所
執，由此轉出認知的了別活動。

　　這種了別活動是理性的架構表現。它能撐開一個主客對待關係
的局面、一個形式的骨架子、一個架構，以成立一個抽象的制度，
把不同的分子都適如其分地安置在那骨架子上，而作為一個獨立的
政治個體挺立起來。這正是民主政體的基本模式。關於這點，牟宗
三自己便說：

把寄託在個人身上的政權拖下來使之成為全民族所共有即總
持地有（而非個別地有）而以一制度固定之。此即將政權由寄
託在具體的個人上轉而為寄託在抽象的制度上。這一步構造
的底子是靠著人民有其政治上獨立的個性，而此獨立的個性
之出現是靠著人民有其政治上的自覺，自覺其為一政治的存

---

❶⑤　牟宗三：《現象與物自身》，臺北：臺灣學生書局，1975，頁 122。

在。……人民一有其政治上的獨立個性，則對待關係與對立
之局成。此即政道之所由來。政道出現，則民主政體出現。
政道是民主政體所以出現之本質的關鍵。故政道與民主政體
之成立皆是理性之架構表現。**⓰**

　　故良知的自我坎陷是作為道德主體的良知退讓一步，自甘於陷
落，轉化成知性主體，讓這知性主體暫時冒起來，使它的理性的架
構表現落實於社會與政治之中，作中間架構的開展，以充實道德主
體。這也兼顧到在純理、純學術上作架構的開展，以發揚科學。這
種說法，除了解答道德主體與知性主體在形而上學方面的關係問
題，也對儒家或中國文化如何能開出民主與科學以實現現代化的問
題，作出一哲學的、理論的交待。這是到目前為止新儒家所提出的
處理我國的外王問題的最有力的、最有理據的方式。要注意的是，
良知自我否定、自我坎陷而轉成知性主體，並不表示它便這樣地消
失了。它並未消失，卻是隱匿於知性主體的後面，而由知性主體作
主。知性主體的呈顯，目的是要開拓出科學與民主政體。此一任務

⓰　牟宗三：《政道與治道》，頁 53。關於良知的自我坎陷而轉出知性主體，筆
　　者在拙著《純粹力動現象學》（臺北：臺灣商務印書館，2005）中有類似的
　　說法。即是，作為終極原理的純粹力動透過凝聚、下墮而詐現為氣，氣再進
　　一步分化而成蘊聚，後者復通過詐現而成就宇宙萬事萬物。這是從客體方面
　　看。就主體方面來說，純粹力動直接下貫到眾生的生命存在中，而成為一睿
　　智的直覺。這睿智的直覺自我屈折而轉出感性與知性以了解由純粹力動所詐
　　現的萬事萬物。我不用「自我坎陷」而用「自我屈折」字眼，主要是由於
　　「坎陷」字眼過於負面的緣故。良知自我限制、自我否定或自我屈折而成就
　　知性主體，有其正面的意義，這意義非坎陷所能概括。

完畢，良知可以回復原來的道得的明覺主體。

　　以上所言的良知自我坎陷或自我否定而轉出知性主體，由此以開出民主政體與科學成果，是綱領式的說法。它需要一詳盡的解說與論辯來證成。這個問題很不簡單，需要寫一專書來討論。這是牟宗三之後的新儒學的重要的工作；如何完成，或能否完成，現在是言之過早，我們姑拭目以待吧。

專 論 篇

第一章
梁漱溟的東西方文化比較
與哲學觀

一、前言

　　梁漱溟是當代儒學的領軍人物。他的重要著作是《東西文化及其哲學》。這本書是他自己對當時一些學者在東西文化的觀點提出的批評與看法。在第二章、第三章談「如何是東方化，如何是西方化」中，梁漱溟高調地提出意欲概念，認為意欲產生生活路向的不同，即意欲決定文化。西方文化的意欲是向前要求，擁有「塞恩斯」（科學）與「德謨克拉西」（民主）的精神。中國文化的意欲則與西方不同，是以自為調和、持中為根本精神。印度文化的意欲以反身向後為其取向。❶在「西洋、中國、印度三方哲學的比較觀」

---

❶　梁漱溟以意欲決定文化，這與當代東方一些重要的哲學家的看法很不同。例如西田幾多郎以文化的基礎在宗教，唐君毅則認為一切文化活動皆出自文化意識，而文化意識的根基在道德理性。

方面，他比較了西方、中國和印度文化產生的哲學依據，並且全面對孔子哲學進行新的詮釋。對於面對當時十九世紀中葉西方文化勢力的衝擊，中國人是否要全面實行西化，人類未來應追求什麼樣的文化的問題，梁漱溟提出新儒家的精神，認為這種精神是東方文化的永恆價值。他預測未來世界的文化將是中國文化的復興。

回應：梁漱溟本來的願望不是要當一個哲學家，他是關心中國文化的前途，在這方面進行相當廣面的探究，在探究的內容方面，涵蓋西方的文化、印度的文化跟我們中國的文化。他作這麼多的哲學探究，有人對他說，梁先生您講這一套哲學的重點就是文化哲學。梁漱溟感到很驚愕，說這原來是哲學嗎？他才知道、確認自己在講哲學。所以他的那種探究的方式，其實不很符合哲學的標準。他講的主要是在文化方面，不是通常我們瞭解的哲學的內容，如邏輯、分析哲學、知識論、形而上學、倫理學之類，就是比較 academic 的、學術性的學問。梁漱溟不是這樣講，所以你看到他寫的書，特別是《東西方文化及其哲學》，會感到這本書的寫法，還有它的內容，跟一般比較嚴肅的哲學著作不一樣。尤其是與西方人寫哲學的那種寫法與內容不一樣。他們非常重視概念的闡揚與理論體系的建立。不過，我們也可以這樣說，講哲學的方式很多，梁漱溟的這種講法，我們也可以把他歸為他是在講哲學，我們也不是要把西方那一套、那一種講法，看成一種典範，以它為標準。梁漱溟不是這種形態。

下面要講的其他人物，也是跟梁漱溟有點相像，不過，梁漱溟的背景跟他的基礎與訓練，跟其他一般標準的形態不一樣。他好像

沒有念過大學，熊十力也沒有，他們都是自己自學，當然也沒寫過什麼學術性的論文，這些東西他們都覺的不重要，重要的是中國當前的問題在哪裏？要能講出來，要提出一種解決的方法，他們是在這些方面努力。所以，嚴格來講，他本人的那種所謂哲學的內容或分量是很不足夠的。以西方的觀點來看，他不是一個很標準的哲學家，可是這點無損於他探討文化的出路的意義。他強調在我們中國的環境裏面，在文化的發展上要能夠走出自己的道路。他的思想價值是在這方面，不在哲學理論、邏輯等學術性很濃厚的思辯性與概念性。所以我們在這方面要瞭解一下梁漱溟所提出那些主張、所關心的問題，就比較容易替他定位，有些人不大承認他那套是哲學，有些人有這見解。我們也不必把他的哲學看的好像很專門的一種學問，它有自己的標準。我們不採取這種看法，而是採取一種寬鬆的、同情的背景來看這種哲學。

二、梁漱溟對於文化的看法與
文化三路向説

　　關於東西方文化的觀點，在《東西文化及其哲學》這本書裏，梁漱溟列舉其他學者的看法，有學者說西方是「征服自然」；東方是「放任自然」❷，或者說東方是「靜的文明」；西方是「動的文

---

❷　參考梁漱溟，《東西文化及其哲學》，臺北：臺灣商務印書館，初版 2002，頁 22-24。早稻田大學哲學教授金子馬治在演講題目「東西文明之比較」內容中提到相關的觀點。另外，杜威的演說也提到西方人是征服自然，東方人是與自然融洽。同書，頁 22-24。

明」❸。梁漱溟對於以上的說法頗不以為然。

回應：你是說他不是很認同杜威的講法，就是說西方的文化是動態麼？東方的文化是靜態。我想杜威這樣講，我們不妨有條件的接受。其實西方文化從音樂來看，它的動感非常強，西方的音樂，尤其是交響樂，一百幾十人在舞臺上表演，然後你看那指揮，音樂動感性主要表現在指揮這方面，那些大指揮家的動作有一種勁力，他那種目光啊，他所注視的範圍是整個交響樂團，他臉部表情隨著演奏的發展會不一樣，這表示他那個表情，那個交響樂啊，它發展有高潮有低潮的分別，西方主要是這樣子。像卡拉揚（Herbert von Karajan）便很有這種姿態。布恩（Carl Böhm）便比較溫和些。東方音樂那些人，彈古琴，就像我坐在這邊我也聽不到啊，你有沒有看過有人表演古琴呢？（老師問同學）你沒有看過？（問另一位同學）有沒有聽過呢？對啊，它就是很孤獨，很優雅，很靜啊，談談這高山流水啊！你這演奏，坐的遠些都聽不到啊！你說，哪裏有動感呢！靜的很呀。我從前聽朋友彈，公開彈，我坐在後面，他在臺上，只看到他手指在兩邊動，可是他彈出什麼聲音，我聽不到。彈完以後，我問他，說：「怎麼你彈那古琴沒發出什麼聲音啊？我聽不到。」他就說啊：「你不懂音樂，你不懂中國音樂，古琴這種音樂，不是用耳朵來聽，而是用心來聽啊。」我就進一步問他，我的耳朵聽不到音樂，那我的心怎麼能有感應呢？他就說這就是你的修養還沒有到家。這是一種態度，也有一種代表性在裏面。東方音樂有這種靜

---

❸　同上，李守常說：「東西文明有根本不同之點，即東洋文明主靜，西洋文明主動是也。」頁27。按李守常即是李大釗，是我國共產主義的初期人物。

態的取向，西方音樂動感很強，跳舞也是一樣。你看他們的芭蕾舞：天鵝湖，還有什麼呢？對了！睡美人，幾十人在舞臺上，一跳起來，你就會感到一種很強的生命力在裏面，當然也很優雅，很有美感，但這得長期訓練才行。這大概就是杜威以哲學家來看東西方的文化活動的感受吧。

梁漱溟討論什麼是「文化」，他說：

> 文化是什麼呢？不過是那民族生活的樣法罷了。生活又是什麼呢？生活就是沒盡的意欲（will）～此所謂「意欲」與叔本華（A. Schopenhauer）所謂意欲相近～和那不斷滿足與不滿足罷了。❹

所以生活方式的不同是由意欲決定，他還說：

> 通是個民族通是個生活，何以他那表現出來的生活樣法成了兩異的采色？不過是他那為生活樣法最初本因的意欲分出兩異的方向，所以發揮出來的便兩樣罷了。然則你要去求一家文化的根本或泉源，你只要去看文化的根源的意欲，這家的方向如何與他家的不同。你要去尋這方向怎樣不同，你只要他已知的特異采色推他那原出發點，不難一目瞭然。❺

---

❹　《東西文化及其哲學》，頁 31。
❺　同上，頁 31。

學生問：讀到這點時，發現梁漱溟對文化的定義很模糊。

回應：有關於文化的概念，越是廣泛的概念，我們要下的定義就越難，因為文化是一個有廣泛範圍的活動，它本身就有它困難的地方。所以，你們也不需要對文化概念下一個很清楚的定義，梁漱溟對文化的那種態度和處理，顯然也不是通過下定義的方式來講。

學生問：老師，梁漱溟不是用定義來說文化，而是通過描述性來說的嗎？

回應：對！他是用意欲的觀點，他指的意欲也沒有說的很清楚。我們嘗試在這方面做一些補充。他指的意欲是一種人生的方向，或者是心靈的取向～就是說心靈活動的矢向、方向，有一個目標，有一個導向，他是用很精簡的字眼來替東西方文化做一個品評。他說西方文化是奮勇向前，中國文化是調和持中，印度文化是反身向後。他的定位有他的道理，有他的洞見（Einsicht）在裏面。他的意思是不同的心靈取向、活動形態，所產生的文化結果不一樣；西方人以一種奮勇向前的矢向發展，這種奮勇向前就是對自然的世界予以探究、研究，進而利用自然世界所有的種種資源。所以，在這方面，他們可以成就哲學，而在科學方面，成就更大。中國人就不取這個方向，他們是調和持中，在哲學裏面，在社會裏面，在國家裏面，他們希望以一種和諧關係來處理問題。……謝長廷不是說過和諧共生麼？

學生答：和解共生。

　　回應：對啊！是吧！這就是中國人的一種生活態度，或者是說他們期望理想出現。這種和諧共生或和解共生，明顯地表現在倫理學、道德哲學方面，他們的長處，就是在倫理學、道德哲學這方面。講到印度方面，他說是反身向後，向後也不是退後、消極的意味。而是說它是朝一種信仰、一種宗教這一面向來講。我們人跟萬物，都有一個根源。他們到底是什麼根源呢？他們是以一種信仰的心情去尋求那種根源，最後嘛，一定要跟這種根源合而為一。這種情況在婆羅門教（Brahmanism）就表現的很清楚，它是把大梵（Brahman）看成為人、其他動物、生物、萬物的總根源，這些都是從大梵而來。那麼，我們的理想就是要向大梵趨附，跟它結合在一起，以達到這種梵我一如（Tat tvam asi）的關係和境界。這明顯地是說一種宗教，印度文化在宗教方面是很強的。這是文化的取向活動。不同的文化活動，產生不同的文化結果。對不對？我們可以再進一步地問，西方、中國與印度這幾個文化系統可各自發展，行不行呢？這樣說也不太好，所以梁漱溟就提出三個文化系統，指出要怎麼去發展，以達致一種文化發展的理想秩序。即是：第一步我們要怎麼做，第二步怎麼做，第三步怎麼做。然後他得出一個結論：我們要先走西方文化那條路，然後是中國的，最後是印度的。所以，我們應該先發展科學，那是西方文化的強項；然後進展到道德倫理這一方面，那是中國文化的強項；最後就是要關心宗教問題，那是印度文化的強項。這樣，我們可以看到他對文化的形態與實現步驟的看法，確實是有智慧、有洞見的，他對文化問題是從大處方面著手，跟一般人看文化不一樣。

　　因此可以說，梁漱溟認為意欲決定文化，並且把「文化」與

「生活」視為同一。文化並不是別的，是人類生活的形態。生活的形態不同，所產生的文化也就不同。梁漱溟解釋生活，他說「生活」就是唯識家說的「相續」。❻生活與生活者不能化分為二，而且生活者不是僅僅應付本能的生活，更要有意識的向前努力，解決當下周圍環境的困頓。❼然而所謂的生活也不全然都是解決問題的，也是要有情感流露的活動，比如音樂、歌舞、詩文、繪畫……等。

學生問：梁漱溟把一群人的生活只限定於一種文化中，這樣是不是忽略個體性的差異呢？

回應：一個人的生活可以說是多元化，他的生活背景會依賴整個文化的形態。就是說個人文化、微型生活，它背後所依賴的，比如說西方文化、中國文化、印度文化，就是一種巨模。個人的文化生活是微型（微模），很微小，空間很窄，限定你個人。大家所負著的背景，是巨模的文化系統。然後，每個人過的一種生活，就是

---

❻ 見上書，頁 61。唯識把「有情」～就是現在所謂生物～叫做「相續」。生活與「生活者」並不是兩件事，要曉得離開生活沒有生活者，或說如果只有生活則沒有生活者。再明白的說，只有生活這件事。所謂生物，只是生活。生活生物非二，所以都可以叫作「相續」。

❼ 梁氏以「奮鬥」兩字說明：「所謂生活就是用現在的我對於前此的我之奮鬥，那麼，什麼叫『奮鬥』呢？因為凡是『現在的我』要求向前活動，都有『前此的我』為我當前的『礙』，譬如我前面有塊石頭，擋著我過不去，我須用力將他搬開固然算是礙，就是我要走路，我要喝茶，這時我的肢體，同茶碗都算是礙；因為我的肢體運動或將茶碗端到嘴邊，必須努力變換這種『前此的我』的局面，否則是絕不會滿意的；這種努力去改變『前此的我』的局面而結果有所取得，就是所謂奮鬥。」（同上書，頁 63）

一種微型的模型。微型的模型是多元的，巨模的模型是一元的，這就是一元與多元的矛盾。各種文化的問題，我想沒有一種很正面的衝突，就是說文化沒有不能解決的地方。比如說兩方面不一定要被視為處於一種相互對抗的關係，它們是可以調和的，你一個人有自己的生活方式，每個人都不一樣。但不見得便會引來衝突。

　　依循以上的思路，梁漱溟確立了意欲決定生活，生活決定文化。並且把東方、西方、印度的文化分為三個面向。在這方面，我們對西方文化說得較為詳盡。

　　1. 西方文化是以意欲向前要求為根本精神的。或者說，西方文化是由意欲向前要求的精神產生「塞恩斯」（science，科學）與「德謨克拉西」（democracy，民主）兩大異采的文化。

　　西方的文化精神是「塞恩斯」與「德謨克拉西」，可以從兩方面說法來看，一是學者持唯物史觀的看法。不過，梁漱溟不認為這樣的文化只是被動，是環境的反射，全然無意志的趨往與創造活動。因此提出他觀察文化的方法是以生活、文化為徑路。二是西方文化的「異采」與「精神」，舉例來說，製作物品的方法，東方的製成都是靠手藝，師徒代代相傳，一旦造成門戶獨立，則易流於失傳。西方人雖然也著重手藝，但是更重視方法，它是根據科學，把零碎的經驗結合成有系統的知識。知識普遍客觀化後，供後人沿著方法製作或日後突破，日新月異。因此，梁漱溟認為東西方文化的本質區別就在於：西方文化是科學的成就，中國文化則是藝術成就。❽

---

❽　同上書，頁 34。

2.就知識本身來看，西方是學與術互相分離的，中國的學問大多是術而非學，或者說不學無術。比如醫學，光是看病，病人患了傷寒，中醫的判斷就說這是因為吹了風，被寒氣所傷，至於為什麼如此說，這是因為外表看起來就像是如此。梁漱溟說中醫的方法，不客氣地說，就是「猜想」，美其名也可以叫「直觀」❾。中醫不講學理，和西醫不同，西醫是講學理的，是經過解剖實驗的。雖然東方人在醫藥上的研究也是下過苦功，有一番用心，可是就是方法不對。猜想、直觀只能說是玄學的方法，不是客觀知識。

回應：講到西醫、中醫的差別，梁漱溟好像學過中醫，對中醫有一定的瞭解。梁漱溟所學的非常廣泛，雖然他沒有受到正規的教育，基本上他是自學，在走哲學這條路也很曲折。就是說，在儒家和佛教，他穿插其中，有時候信奉佛教，有時候信奉儒家，後來到了某一階段，他定下來，以儒家作為他的終極的取向，放棄了佛教。可是他在生活裏面也常常表現那種佛教的生活方式。不過主要還是說，他對文化的認可，或者是哲學的認同，還是認同儒家，而且把儒家聚焦在孔子的學問中。另外，他也學過中醫，好像學到深入的程度。梁漱溟對中醫有不少批評，他是真正感到中醫的限制，主要是不夠科學化，沒有實驗，特別是開刀、解剖的作法。不過他還是有對中醫欣賞的地方，比如說中醫把一個人看成是整體的，你身體上某一器官感到不舒服，例如眼睛：他就認為這一方面不是只有眼睛問題，全身都可能對眼睛有影響，血氣不太靈通、眼睛微血

---

❾　同上書，頁 37。這裏所說的「直觀」，是泛說，籠統得很，與西方知識論所說的 intuition、Anschauung 非常不相同。

管裏面血氣不夠等等，這就不光是眼睛的問題，可能也是整個身體血氣不好，中醫是把人看成一整體，用綜合處理的方法。

西醫不同，眼睛不舒服，醫生就看眼睛。身體上哪一個器官有問題，醫生也只是看那個器官，用儀器去檢查、測量身體，最後給藥。梁漱溟在這方面反而是不支持西醫的，是贊同中醫的。西醫就不太注意這點，雖然它治療的很快，去醫院排隊可能要等個半鐘頭，接著進去看病三分鐘就出來。可是，中醫就不是，醫生看個半鐘頭，比如把脈看個十分鐘，問病人平常的生活是怎麼樣，吃什麼東西，哪一方面感到不舒服，最後再開藥，所以兩種方式不一樣。梁漱溟可能是感受到中醫要符合科學的程序，以一種科學的精神來治病，這樣才會有進步。

3.生活差異，中國社會生活與西方社會生活有差異。我們可以用權的概念來說明中國社會：

中國人對「權」的理解是「威權」而不是「權利」。歷代帝制，大家都是聽令於一個人拿主意，除了這條路，沒想到要採取西方人的作法立憲，更難以想像西方人沒有尊卑上下之分。可以說：第一層便是公眾的事，大家都有參與作主的權利；第二層便是個人的事，大家都無過問的權利。所謂私隱，便是屬於這第二層。

梁漱溟歸結以上情況，造成西方人「個性伸展」和「人的社會性發達」。所謂個性伸展是指社會組織的不失個性，所謂社會性發達就是指個性不失的社會組織。比起中國人的倫理道德觀，西方人就重視公德，而非私德。

總結來說，1.西方化的社會生活表現是「民主」與「科學」的

精神，是學術思想上兩種精神的結晶。梁漱溟把西方科學精神關連到西方近代經驗論哲學方面去，把民主的精神關連到對威權的反抗行動，這種生活態度展示出西方人「意欲向前要求」。梁氏也把所有人類的生活路向大約分出三種：(1)向前面要求；(2)對於自己的意思變換，求取調和、持中的關係；(3)轉身向後去要求。他認為第一路向就是西方人的生活路向。

回應：西方人的態度就是向前的要求，就是我剛才講的奮勇向前。變換、調和、持中是中國的，轉身向後要求是印度的。梁漱溟的這種瞭解，有沒有道理呢？我試舉一個例子，展示西方、中國、印度人的不同的處理事件的態度。如果他們住在某一地方，住所的前面有一座大山，大山把生活所需給隔離，大山後面才有超市、便利店。那麼他們如何解決生活所需的問題呢？西方人的態度就是把山剷除，直通的道路就出來了。中國人呢，會在山上鋪一條路，他也不需要把大山剷除，也不是完全什麼都不做，他就是想辦法，跟大山建立一種調和的關係，不破壞生態環境。至於印度人的作法就是路也不做，山也不剷除，寧願繞山到超市。這個例子就能表現三大系統在文化精神上的不同。面對這三種態度和作法，有人贊成，有人不贊成。

梁漱溟為了證明如他所說的西方文化是走「第一路向」的態度，說早在希臘時代就有四點思想正是關聯到走「第一路向」的：(1)無間的奮鬥；(2)現世主義；(3)美的崇拜；(4)人神的崇拜。這種思想就是以現世幸福為人類的目的。只是這樣的思想、精神到了羅馬時代，因為政治、法律的興起產生意念上利己的流弊，因而不得不

向希伯來的宗教：基督教尋求挽救。之後又因為一些流弊的產生，文化又轉向文藝復興，正是文藝復興催生出西方近代的科學與民主的文化。他說：

第一、要注意重新提出這種態度的「重」字。西方人重新走希臘時代人生第一路向，是經過理智的活動所選擇的，而非是無意走上的。

第二、理智的活動就是先從認識「自己」、認識「我」開始，這正是所謂人類的覺醒。

第三、這種理智的活動將混然不分的我與自然劃分開來。

第四、理智的活動也把情感不分的我與人劃分開來。

　　梁漱溟認為以上四點都是說明理智的作用，為西方近代帶來文化上的成就，開創出科學、哲學，卻也帶來其它種種問題。

　　回應：我們說西方哲學或者是西方文化，它有三個根源。第一個就是希臘傳統：柏拉圖（Plato）、亞里斯多德（Aristotle）跟他們的老師蘇格拉底（Socrates）所開出的對人的理性的尊重，對整個宇宙的認識，集其大成者就是亞里斯多德的學問。然後，就是辯士（sophists），他們講一些關於解析的問題，辯來辯去，跟現實生活有深入的連繫。可是，從蘇格拉底開始，辯士的文化，就慢慢淡化下來，蘇格拉底比較關心人的問題、道德問題，結果，他就是因為堅持知識的觀點，給人灌毒藥而死。因為他不妥協，堅持自己那一套哲學。第二個傳統是希伯來的宗教傳統：猶太教、基督教。基督教又分新教、舊教。就是以耶和華這個真神，宇宙的一個 Creator（創造者）為中心。耶和華是一個大實體，所以它也是一個實體主

義的傾向。希臘傳統也是講實體主義的。第三個傳統是羅馬的法律跟政治的成果，對一般社會結構是有影響的。西方人重視法律，甚麼事情都要訴諸法律來解決。法律的精神在羅馬統治歐洲時代開始就已經受到重視，背後的哲學立場還是實體主義。西方傳統基本上所走的路線是實體主義。發展下來到近代，沿襲這方面的影響，也接觸到印度和中國思想，它的主流還是實體主義。

另外，英美方面則盛行懷德海（A.N. Whitehead）的哲學，很明顯就是和實體主義的導向相反。他不建立實體的思想，而建立機體的思想，整個宇宙是大的機體，宇宙中每一個事件都是一個機體，每一個人都是機體。機體是有發展的，不是恆常不變的。當年梁漱溟的閱讀是有限的，他大概看不懂英文書，對西方哲學的瞭解大概是靠中文翻譯，有些地方不能傳達原來的意思，甚至是誤解，錯誤的翻譯也有，那個年代對西方文化的瞭解有很多不足之處，也不光是梁漱溟，其他很多人都是。

熊十力、早期新儒家這些人，通常是通過翻譯來瞭解西方哲學與文化，因此照顧的不周延，而且也不是很精確。如果要很精確的瞭解哲學，最好是從原典來下手，不要依賴翻譯，翻譯一錯，就跟著它錯下去，這就是學問越來越難做，因為在他們幾個老先生的年代，就是看中文翻譯也沒有人會批評，說他們不行，你能看英文書、德文書已經很不錯了。現在不行，大家提倡要能運用原典，大原則是盡量不要依賴翻譯。所以，我們也不能對先輩有太多的要求，他們對西方文化、哲學在瞭解方面的確有很多不足，印度文化也是一樣，他們也是在很有限的條件裏面，寫一些專書來講那方面的哲學，梁漱溟不是有寫過一本印度哲學概論的書麼？其實那本書

問題多的很，主要是語文的問題，由語文問題影響理解。

2. 中國文化是以意欲自為調和、持中為其根本精神的。

梁漱溟認為中國人的思想是安份、知足、寡欲、攝生，不似西方人面對自然的態度是去征服的。它走所謂的第二路向，強調協調、相互尊重的關係。

3. 印度文化是以意欲反身向後要求為其根本精神的。梁漱溟說印度文化是以宗教最為發達，在於印度人不像西方人要求的幸福，也不像中國人的安分知足，他是追求解脫世俗生活的。因此它走所謂的第三路向：轉身向後屈折以進。

三、梁漱溟認為
中國文化當下所應走的路

梁漱溟以「向前面要求」，「自為調和持中」和「反身向後要求」將東西文化劃分成西方、中國和印度三大系統，我們應否對人類各個文化系統，用梁漱溟所說的三種模式來理解呢？胡適在〈梁漱溟先生的《東西文化及其哲學》〉一文中就指出梁氏的「三大文化路向」「犯了壟統的大病」。因為「文化的分子繁多，文化的原因也很複雜」。胡適更批評梁氏的「三大文化路向」說是「整齊好玩的公式」，來規範「繁多複雜的文化」現象。❿

回應：這裏我覺得問題很多，梁漱溟的東西文化觀，招來很多

---

❿　見鄭大華著，《梁漱溟與現代新儒學》，臺北：文津出版社，頁 68。

負面的誤解。我想梁漱溟的觀點當然有很多弱點、不足的地方。可是，他還是表現優點，尤其是在文化的發展上，有智慧的洞見，反而在這裏批評他的人沒有考量這點，其實當時大家討論的是文化問題，首先就是人類幾個文化系統如何統合起來，對不同形態的系統做理性的統合，這應該是主要的問題所在。可是當時很多人未有意識到這個問題，而是研究東西方文化系統裏面哪些是優、劣的問題。這是兩種不同的問題，應該怎麼做呢？通常都認為盡量學習優的文化，拋棄劣的文化。大家都好像對文化的探討集中在優劣的問題上面，當時很流行的一種看法是西方文化是很優秀的文化，中國文化是落後、八股、壟統、觀念不清楚、缺乏理論。

　　所以那時候有一種共識：西方文化是科學的、民主的、理性的、開明的，中國文化好像跟這些都相反。胡適就是代表人物，他批評傳統文化，可是他批評傳統文化，並不是從心靈的取向、精神的方向這方面來看，而是從一些生活的小節這方面來看，說什麼中國人就是不精確，以一種很壟統、很概括性的觀點來看事物，他不是寫過一篇〈差不多先生〉嗎？他說中國人看什麼東西都採差不多態度。有些地方可以講差不多，可是有些地方講差不多就很麻煩。他是說這是中國人的陋習，很不科學化的。你若從一般生活的態度來看，這差不多的態度的確會產生很多問題，因為你要發展科學，最重要就是要很精確（precise），但是如果每一種生活小節都講求精確性的話，那在人與人之間相處方面就很難維持友好的關係。在科學範圍我們要講求精確性（precision），可是在生活上，我們的態度上就不要講的太緊。人與人之間要有一種諧和的關係，這是不同於精確性的生活態度。但胡適沒有在這點上分清楚。

　　我剛才提到很重要的問題，就是東西方文化問題，一般人都把它看成為優劣問題來考量，通常大家都說西方文化是優秀的，東方文化特別是中國文化是落後的。要全盤西化。這樣處理文化問題是不行的，不能實行。中國人生活了幾千年，一下子要全盤仿效西方文化，怎麼行呢？而且也沒必要。在兩種不同的文化系統中，要把自己的文化丟掉，來學習西方文化，西方文化發展也有幾千年啊，我們要重頭來學習西方文化，也要幾千年的時間來學習啊，這樣我們不是一樣永遠落後於西方嗎？而且西方文化也有很多不合理的地方。比如不容許我們拜祖先，你去學它，就是數典忘祖。若一定要學，也要有選擇性才行。

　　梁漱溟的貢獻就是把文化優劣問題，提升到一個文化的不同系統傳承的問題。就是說，西方文化講的那一套是積極的、奮勇向前的態度，以這種心態來建立文化，有它的好處，也有它不好的地方。中國文化是強調持中的、中庸的，要盡量把雙方的距離拉近，建立一種中和的關係，不要動不動便只取這個，不要那個。然後，印度文化的整個心靈、心態，是向內省察的。梁氏提出這三種體系的文化，不能說哪一方是優、哪一方是劣，而是說先走哪一個體系的路向，我們發展自己的文化，應該先採取哪一種方式，要怎麼走，在甚麼階段走另外的方向，這樣才好。

　　所以梁氏才提出西方文化是奮勇向前的態度。所處理的對象是自然，我們先在這方面做工夫，讓自然跟人之間建立好的關係，讓人盡量利用自然資源來改善我們的生活。這就是科學，所以我們要先走科學這條路。

　　中國人重視人與人的諧和關係，也思考宇宙真理問題，這就是

他們所關心的問題。更切近地說,是道德、倫理的問題,也是宗教的生死問題,不是科學問題,科學解決不到的。人總是要死,不能用科學的方法讓人不死。所以,在這些問題上,科學一點作用也沒有。只有在宗教、道德方面能給予解決的辦法,那麼它的作用、意義就出來了。

人與人之間要有一種諧和、互相幫助的互助活動的生活方式才好。這就是儒家要講的。西方的科學不能在這方面幫甚麼忙,所以文化問題不是優劣問題,而是在什麼階段我們採取什麼生活方式的問題。梁漱溟在這方面的考量下,提出次序問題:先發展西方科學,再來是中國的道德倫理,最後是印度的宗教解脫。

可是在現實上,中國人沒有經歷過西方科學的文化,就去發展倫理道德的文化。梁漱溟說中國文化的這種文化狀況是一種早熟現象,太早去發展成熟的文化。中國人的文化是太早熟了,沒有走科學這階段,沒有跟自然這方面建立很好的關係,就先發展人文倫理的關係,便帶來很多毛病,很多問題。所以他認為我們現在要做的,就是要走回沒有走過的那一段科學之路。

梁漱溟也不是極端分子,說要走保守的那條路,即是國粹派的舊路。也不認為要從頭走西方科學之路,梁漱溟認為我們要學西方,但西方走科學的那條路已經走了相當一段距離了,也出了問題,要改一下了,要參考東方文化的發展。因此,我們要學習西方的科學研究的經驗,擇善而從。而西方也應向中國文化取經,解決他們自身所陷入科技的深淵的問題。

四、西洋、中國、印度三方哲學的比觀

　　梁漱溟說思想是知識的進一步發展，所以我們除了觀察文化，增加對文化的知識外，還要考量哲學思想的問題，包括宗教方面的。

　　就理解所得，梁漱溟從宗教之部、知識之部、人生之部分別說明西洋、中國、印度的思想。概括的說，知識之部是西洋著重的地方，印度著重宗教思想，那麼中國最關懷的是什麼呢？這也是梁漱溟認為未來中國人應有的人生走向，這就是人生之部：人與人之間的道德倫理關係。由於三方哲學所注重的問題不同，目標當然也不同。西洋人的目標是知識、科學，中國人的目標是倫理生活，印度人的目標是行為宗教方面。因此，他們用的方法就不同。梁漱溟認為對三方哲學所用的方法，由方法形成知識，可用唯識學的概念來說。唯識學講知識常用的名詞就是「現量」、「比量」、「非量」，此三量是心理方面的三種作用。❶

　　回應：這裏面有些問題，我想提一提。梁漱溟在他那本書裏面，講到西方人、中國人跟印度人，他們在哲學上所重視的那些問題，這裏所講的，基本上就是傳統的那一套講法，很多人都是這樣講，實際上我們也可以這樣講。可是我們要注意一些其他問題，一些跟我們現前所發展的哲學探究不完全是一致的問題。比如西方人重視的是知識問題，但西方哲學除了知識論之外，它還是講了很多

---

❶　見梁漱溟，《東西文化及其哲學》，頁 90。

問題。像形而上學,就是從柏拉圖跟亞里斯多德以來,西方人都是一直講的。中間經過了中世紀宗教基督教發展的階段,還是講形而上學,不過,他們是以上帝來代替形而上學所講的實體而已。上帝就是一個大實體,祂是一個創造萬物的神,祂是超越人的存在,也超越時間、空間、歷史。

上帝的性格幾乎跟形而上學所講的實體是一樣的,不同的是,它是以一種人格神來表達,因為它是宗教,它要以上帝為中心,展示祂對人的期待,所以非要講人格的上帝不可。可是祂的形而上學的性格還是一樣的。只是以上帝代替柏拉圖講的形而上的理型,亞里斯多德的形而上的實體罷了。這可以說是在中世紀宗教發展的共識。

到現在還是有人在講形而上學,就是海德格(M. Heidegger),他講的存有(Sein)也是形而上學,不過,他不是從實體方面來講,而是從我們現前所看到的,從這角度來講。然後有沙特(Jean-Paul Sartre),他不是寫有《存在與虛無》嗎?也是在講形而上學。他的講法跟海德格也不一樣。另外,西方流行所謂的現象學(Phänomenologie),基本上就是一套形而上學。英美方面,懷德海他講的那一套機體主義哲學,也可以說是一種形而上學。還有,黑格爾(G.W.F. Hegel)講的精神現象學,在說精神或靈魂,這些名相就有形而上學的意味。

所以,西方哲學除了重視認知之外,在形而上學方面還是有一個上下承襲的傳統。現象學的影響越來越深,越來越廣。影響的範圍也不光是心靈哲學方面,也影響到語言、歷史、價值觀這幾方面。現象學包括有社會學的成分在裏面,將來它會影響到甚麼限

度，還不知道。不過，它現在還是在流行、影響著人的思維。

　　印度方面也不光是講宗教問題，印度哲學也講知識問題，講認識，也有一定的成就。像你在這裏提出的現量、比量、非量，都是認識論的概念。印度人的宗教意識非常強，這沒有問題。可是，他們也有世間與出世間的區分，把存在的領域二分為世間的存在跟出世間的存在，他們所重視的宗教應該是出世間的那一方面，可是他們也沒有忽略世間這方面的問題。探討世間這方面的問題，最明顯的學問就是知識論，就是怎麼樣才能對這個現象的世界、經驗的世界，建立一種客觀而有效的知識，他們也相當關心這方面的問題。

　　我在這邊提出兩個人，一位就是 B.K. Matilal，他是研究印度和西方知識論的學者；另外一位就是 J.N. Mohanty，他也是研究知識論的優秀學者。從印度的哲學傳統來看，他們當然很重視宗教方面的問題。可是怎麼樣在宗教立場上建構一套對他們生活有幫助的知識的理論，對世間的事物如何建立客觀而有效的知識，讓他們在生活上比較能夠運用周圍的資源，生活得更為充實，這一點不管在佛教也好，在其它教派也好，都受到關注，而且做出來的成果也很好。舉例來說，佛教的陳那（Dignāga），另一位是法稱（Dharmakīrti），在知識論方面進行精確的研究，重視現量、比量、非量這些唯識學的名相，陳那與法稱就是屬於這個學派的。所以一般說西方哲學重視知識論，印度哲學重視宗教學，這是從大體上來講的，可是如果仔細的看事實，也不是一般人講的那麼簡單。

　　梁漱溟他這本書在上世紀二十年代出版，距離我們現在幾乎有大半世紀了。他在那個階段所瞭解的西方哲學、印度哲學已經早就過時，在他那個階段能這樣講，算是不錯了。可是如果我們今天還

跟他這樣講的話，那人家就會說你講的這種學問已經落後大半個世紀了。

　　所以，我們也肯定梁漱溟在這方面的瞭解，可是也不能說這是很周延。

　　學生問：梁漱溟用唯識學的講法認定人透過經驗來認識世界，因這是一種很有直觀性格的方式，是所謂的經驗主義。這是梁漱溟沒有注意到的問題，他的理解便不夠客觀。

　　回應：因為他們那個時候的限制很大，對於印度宗教、哲學的理解不足的地方很多。就語文來說，如果從傳統的典籍來看的話，就是用梵文來寫，他們當然不懂梵文。本來，對某種學說要進行很恰當的瞭解，就要盡量拿原典來看，不要靠翻譯。梁漱溟他英文也不是很懂，不知有沒有進過中學，熊十力就沒有進過中學。梁漱溟可能比熊十力好一點，好像有念中學，可是有沒有念完也不知道，因為那個時候很亂，所以他們都沒有機會接受正規的教育。他肯定不懂梵文，也不能看英文、日文這些。所以他對印度哲學、宗教那方面的瞭解，我想，只能通過二手的研究，是一些用中文來介紹印度哲學和宗教的資料，這個限制就很大。因為如果翻譯也好、研究也好，用中文來翻譯，如果翻譯錯了，梁漱溟也跟著瞭解錯了。再來就是翻譯範圍還是有限的，只能翻譯一部份，其他沒有翻譯，那這樣靠中文翻譯的書研究也是有限的。所以，在梁漱溟他那時代的理解總是有很大限制的。

　　用「心理」、「經驗」這些字眼也不好，因為心理、經驗是主觀的，我們做認識論的研究，第一個條件就是客觀性，客觀性

（objectivity）與經驗心理的主觀性（subjectivity）成了很強烈的對比。現量、比量、非量，都不能說是心理學的；比量可以說跟心理沒有什麼關係。因為，比量相當於西方哲學的推理，是邏輯學的名相，跟心理學根本沒有關係。

(一)現量

所謂「現量」（pratyakṣa）就是感覺或直接知覺，我們喝一杯茶，茶的口感和味道是因為有味覺的緣故。我們在視覺上看到茶的顏色和在味覺上喝出茶的味道都只是現量，只是單純的感覺，也是日後成為對「茶」的概念的憑依。我們要知道，感官是會騙人的，我們認識的結果並不必反映客觀外物的實況。

回應：在這裏講感官是會騙人，感官是主觀的，如人飲水，冷暖自知，這是主觀性很強的認知能力，但不是很可靠。如果以康德（I. Kant）的哲學來講，就是感性直覺（sinnliche Anschauung），用我們的感官：眼、耳、鼻、舌、身等感官來表現，來作用，這些通過感官來表現的感覺，本身就有很濃厚的主觀因素在裏面。所以，我們單憑感官來認識，是不夠的，還要靠理論理性（theoretische Vernunft）或知性（Verstand），這是康德所提出的。

(二)比量

「比量」（anumāna）就是現在說的「理智」，也是在心理方面去建構知識的一種作用。我們對茶的觀察完成後，會對種種茶進行區別，將不同種類的茶的元素抽取出來，而成「茶」的概念，這是

唯識家說的「共相」（sāmānya-lakṣaṇa）。

回應：這裏寫心理就很不對了，這跟心理有什麼關係呢？怎麼會把比量跟心理拉在一起呢，這是很嚴重的錯誤。

知識是由現量和比量構成的。可是照唯識家的說法，現量是無分別、無所得的。除去影像之外，都是全然無所得。形成知識的最重要的機能就是直覺。我們看到一幅畫、一幅書法，如果無所得，沒有感受，那麼再多看幾次，也是無所得的。直覺若依梁漱溟所說，關連到「帶質境」，帶質境有影有質，而影不如質。❷

回應：他提出這個「帶質境」，這是很麻煩的名相，你在這裏也說得不周延。我們在這裏也不需要去研究這個名相。這裏要說明很重要的一點是，他提到比量，這是客觀性非常強的認知機能，無論如何跟心理是扯不上關係的。

知識的構成就是依上面說的兩種工具或機能而得。西方、中國和印度三方哲學或生活運用工具的方式，依梁漱溟的說法是：(1)西洋生活是直覺運用理智的。觀察西方哲學發展，他們對自然的研究，自文藝復興以後，將人與自然劃分，用理智來分析自然，產生科學，這套作法也延用至社會生活中，處理人與人的問題，而產生民主法治。(2)中國生活是理智運用直覺的。中國人的生活承襲古代，教人過一種直覺的生活，以調理直覺為先，以孔子的禮樂制度和根本思想如調和、平衡、中庸為輔，理智的運用由直覺作主。(3)

---

❷　《東西文化及其哲學》，頁94。

印度生活是以理智運用現量。印度文化以宗教最為興盛，梁漱溟討論宗教的問題，他認為所謂宗教的，都是以超絕於知識的事物，謀求情志方面的安慰勗勉的。人處於現有的世界也就是知識中的世界，對世界的理解感到不安，或對於生命茫然不知。在這種情況下，能使他在精神上感到安穩，就是對神的祭拜、燒香拜佛。按照佛教的說法，人之所以有煩惱，是因為有我執和法執，把自己和萬物看成實有。其實它們都是妄識的變現。它們本身是假相。有了妄識，有了我法二執，就將宇宙的絕對「打成兩截」。要認識本體，就要解放二執。意思是說連現量、比量這種探求也不要了。印度佛教哲學要證明的就是那種不可言說、不可經驗的「絕對」。❸

　　回應：對於宗教的看法，當然是比較偏向消極的，個人的主觀性，也是親身感受。可是，有沒有它的客觀性呢？它的有效範圍有多大呢？也是很難講。宗教對我們人的生活，特別是精神生活，能發揮的作用及我們要怎麼瞭解，是很重要的問題。

　　梁漱溟最後還是離開了宗教，而回到孔子，就是講道德倫理，講生活方式。他這種講法也不能說準，因為在宗教跟道德生活做比較，看兩者之間的關係，有沒有相通、互動的地方，或者兩者的界限分得很清楚，梁漱溟在這裏都沒有講到。其實宗教跟道德，在人生生活方面，兩者之間哪一邊的影響比較大，我看也很難用一兩句話把這個問題解決。這也要看當事人的遭遇、他的人生觀、他所關心的那些問題是哪一方面的問題而定。梁漱溟最初有一段很長的時

---

❸　　見王宗昱著，《梁漱溟》，臺北：東大圖書公司，1992，頁 93。

間沉溺於佛教裏面，從他的生平就可以看到，可是最後還是從佛教返回到儒家。可是，之後他又比較嚮往佛教那種宗教的理想。他有一段很長的時間生活在佛教裏，吃素，也在行為上、一般的生活上跟佛教的戒律相配合。但最後還是回到儒家方面，這是他個人的經歷。

　　在他看來，在解決人在生命方面所遭遇到種種的困擾來說，他覺得道德的作用比較大。宗教還是比較消極，道德較積極。跟他同年代的一些人，取向跟他不一樣。當時的知識分子，以宗教做為終極歸宿的人也不少，歐陽竟無所創立的支那內學院，他是歐陽大師的弟子，他的朋友很多是佛教徒，大家都有自己對宗教與道德的看法。在對人生種種的困擾與苦痛方面，哪一方比較能有效處理，也沒有共識。

　　像方東美先生，他講學講這麼多年，講了超過半個世紀，他本來是學習西洋哲學，後來轉到中國哲學方面，研究儒家、道家、佛教。他的學問範圍非常廣，而他的精神生活也相當開通，相當廣闊，儒家、道家、佛教對他來說都有一種親切感。可是，最後他還是做了一個很明確的選擇，他選擇佛教，參加過皈依的儀式，以佛教做為他生命的歸宿。（不過，我聽劉述先先生說，方先生皈依佛教，不是自願，是他在病危中他的家屬向他施壓的。）熊十力便不同，他比較接近梁漱溟。他們兩個當過歐陽大師的徒弟，周圍的朋友很多都是佛教徒，可是最後他們兩位歸宗於儒家，歸宗於孔子，更是當代新儒學兩個很重要的人物。

　　我想對這個問題也不需要抓的太緊，對一個人來講，哪一些東西是他最關心，或者是說他的終極關懷所在，不必有太確定的答

案。終極關懷這種名相可能比較抽象，我們可以換另一種講法，就是什麼事情能讓你為它生死相許，把它看成比生命還要可貴，還要重要。在這裏我們可以就當前存在這一點推出去，比如生命、愛情、自由、文化的開拓、犧牲小我，完成大我，或者是歸命於佛陀，或者孔子，這都可以做為你生死相許的對象。生死相許的問題也沒有固定的答案，有些人要成就一種人格，成為一個民族英雄；對民族的忠誠，對他來講是最寶貴，無論如何都不能放棄，這就是他生死相許的所在。生死相許可以說是一個普遍意義的觀念。可是，它所牽連的內容不一樣，每一個人都可以不一樣。

道德介於科學與宗教之間，因為科學對象是自然世界，宗教的對象是精神世界，自然世界與精神世界好像距離得很遠，中間的接通媒介就是道德倫理的生活。科學、道德、宗教都是我們要過一種比較全面、比較幸福、完整的生活不可或缺的要素。

梁漱溟自己對東西方三個文化系統和現狀作出比觀，他認為中國人雖然原有的生活態度不能如西方人的理智那樣帶來科學發達，不過，西洋人不是也有傾向以直覺方式認識自己，以直覺去處理人與人的關係嗎？這種直覺的運作，不就近似中國古代所嚮往的聖人的生活方式嗎？因此，中國人未來的生活走向若全面接受西方化，以純粹的理智的態度來生活，未必是最好的，就客觀的觀察未來文化的發展來說，從經濟的變遷到文化的變遷，從心理學說的變遷，從人著眼於向外而回轉於向內的變遷，都顯示西方人的生活方式正在移轉變化之中。梁漱溟說中國人應該持有的態度是什麼呢？對上面討論的三種態度又該如何取捨呢？最後他提出自己的決擇：

第一，要排除印度的態度，絲毫不能保留；

第二，對於西方文化不是全盤承受，而根本改過，只是在態度上改
　　　一改；

第三，批判的把中國原來的態度重新拿出來，作為人生與文化在發
　　　展上的根本導向。

　　回應：我覺得梁漱溟提出西方、印度跟中國代表三種不同人生
導向，他是這樣瞭解的：他並沒有評價或估值的意味，說哪一個生
活的導向，哪一種生活的方式比較好。在這方面，他沒有做一個很
確定的判斷，他只是提出三個不同的文化體系，各有它們自己的一
種生活的態度。他認為這三種不同的人生態度都是好的，不過，要
在不同的、恰當的階段實現出來才行。在這裏有一個次序、先後的
問題。他說西洋人是奮勇向前的人生態度，這種態度應該在一個人
或者民族，在他生長的早期表現出來，這是比較健康的生活態度。
這種生活態度發展到某一個階段就轉換，不要老是奮勇向前。就是
生活的節奏，應該有一些轉變，轉到追求調和、和諧的生活方式。

　　所以，他說一個人的生活歷程或者一個文化系統的發展，第一
階段是奮勇向前，因為比較年輕，所以要盡量讓自己向前發展，面
對種種問題，尤其是外在的自然方面，以求解決。到了成熟階段，
要從對外在的對象轉到自己跟別人的關係方面來，不要一直本著一
種要處理、征服自然的科學態度，反而要在人與人之間建立一種諧
和、舒服的關係，在奮勇向前的生活態度做一個改變，變成一種比
較強調人與人之間的關係，在家庭就是道德倫理的關係，在社會方
面則是社會倫理的關係。這樣一來，以科學做為中心轉為以人與人

之間的關係為中心，這就是終極關懷的問題、生死相許的問題。

　　宗教比較多討論終極關懷的問題，我們應從倫理意義的調和持中的生活態度，回向宗教，採取宗教的生活態度。這不是消極的，而是有一種很深奧的理想在裏面，就是要跟終極的真理，或者與神秘主義講的那種神明，建立關係，或者像莊子所講的與天地精神相往來，回歸自然，自然就是指天地精神。如果拿這種生活態度跟中國、西方相比，則西方就是奮勇向前，中國就是調和持中，最後的印度的宗教生活就是反身向後。其實不應說「向後」，而是「向內」，梁漱溟用「後」字用的不好。要「反身向內」地在自己的心靈生活方面多做一些工夫，最後，可以讓自己跟終極的真理或宇宙，如果用基督教的講法就是創造主，用印度教的講法就是大梵，結合而為一體，在儒家來講就是天人合一。這三種生活態度不是好與不好、優與劣的問題，而是我們在不同階段，應採取不同的、相應的生活態度，這樣人生就很完美。梁漱溟是這個意思。

　　從他的那個年代來講，西洋文化是走奮勇向前的方向，走到他的那個年代，已經差不多走完了，要轉向。至於調和持中的態度，中國人一直在走，西洋人要回頭，採取調和持中的人生態度。在這一點上，西洋人可以參考中國人的經驗。所以中國文化對西洋文化是有好處的。

　　學生問：梁漱溟在講「理智」跟「直覺」，他在本書（按即《東西文化及其哲學》）的序中有提到這兩個概念，這造成許多人對他的誤解。實際上，他也沒有講的很清楚。

　　回應：以我看，梁漱溟的態度比較傾向直覺那方面，而且直覺

思想也不是他自己憑自己的學問、那種洞見建立起來的，他是受了西方哲學相關的影響，特別是法國的柏格森（H. Bergson）。柏格森就是提倡直覺主義：希望我們能體證超越的真理，有一個終極性的覺悟、覺醒，但理智不能讓我們體證超越的真理，直覺才是正確的方式。所以西方哲學裏發展到近代，就有直覺主義出來，成為思想的風潮。

梁漱溟早年的確看了很多很多柏格森的書，熊十力也看了不少。但問題是，光是直覺夠不夠呢，這點大家的看法都不一樣。梁漱溟他也不會否定理智，可是如果跟直覺比較，那是兩種不同的處理事物和生活的態度。理智是分析的、系統性的，這是理智的優點，直覺的優點就是直接體證到真理，不必經由概念、理論，我們可以說，直覺的宗教性格比較強，覺的意味很濃厚。

科學跟宗教是人生不能缺少的生活方式，這也不是誰好誰不好的問題。在日常生活裏面要有科學才行，像冷氣啊電燈都是科學研究的成果，可是光是科學也不夠啊，科學不能解決生死相許的問題，科學也不能提升精神境界，這要靠宗教與道德才行。

後　記

一、

梁漱溟的著作，較重要的，除了《東西文化及其哲學》外，還有《中國民族自救運動之最後覺悟》、《鄉村建設理論》、《朝話》、《中國文化要義》、《人心與人生》和《東方學術概觀》等

等。後二書是解放後的著作，其他的則是解放前的著作。這兩期的著作，基本上保持著一貫的立場，即是，在信念上是佛教的，在生活上、行為上以至事業上是儒家的。在儒家方面，聚焦於孔子。其他如孟子、荀子、宋明儒者，所涉不多。《人心與人生》和《東方學術概觀》在思想上與早年的《東西文化及其哲學》雖然經歷不同的政治環境，但思想一致，只是在後二書中時常提及毛澤東思想、馬克思、恩格斯和列寧的說法，這是由於時勢上的考量，不提一下這些東西，甚至共產主義、社會主義，是很難出版的。這種情況與熊十力的很相似，特別是，兩人說到儒家（梁在《東方學術概觀》中的〈今天我們應當如何評價孔子〉和熊在《原儒》），都把重點放在孔子方面，予以極高的評價，給人一種透過對孔子的肯定以保住中國文化，避免受到政治方面的踐踏，用心良苦。他們顯然認為孔子是代表中國文化的。

梁漱溟以《東西文化及其哲學》的發表而成名，躋身於當代新儒學的開山大師之列。平心而論，這本書展示出梁氏在文化哲學方面的睿見，但也不無缺點，其中之一是人工的斧鑿性（articulation）太明顯，把文化問題簡單化，忽略它的多元性。關於這點，胡適在當年已說過了。他在後來所寫的著作，包括在解放後的，好像沒有很大的轉變，也可以說是沒有甚麼進步。這本書仍然是他一生最重要的著作。

就哲學的造詣言，《東西文化及其哲學》不見得很深厚，除了有限度顯示出柏格森的直覺主義和佛教唯識學的影響外，主要還是靠他自己的閱讀、體會與反思而得成就書中的觀點，這點在當時來說，是很難得的了。

　　實際上，在梁漱溟之先，西方已出現了一些頗為成熟的文化哲學的著作，如黑格爾的《精神現象學》、史賓格勒（O. Spengler）的《西方之沒落》，和康德的一些論文化、宗教、永久和平的書。其中黑格爾的精神現象學的體系，可以有很廣很遠的涵蓋性，由此可以開出他的歷史哲學與文化哲學。即是說，在他所提的精神（Geist）的行程、發展中，由東方的中國開始，然後西向發展，開出印度、埃及以至希臘的歷史與文化，最後到日耳曼，發展至頂峰。但日耳曼之後又如何呢？他無法處理。或許由此引出史賓格勒的歷史、文化的周期的說法：一個周期開始以至完結，由另一個歷史、文化周期來延續。每一個民族的歷史與文化只有一周期。但我國的一些學者如林同濟、雷海宗以至黃振華提出中華民族的兩個周期的說法。難道中華民族可以有兩個周期，而印度、阿拉伯（埃及）民族便不可能麼？中華民族憑甚麼可以例外呢？對於這些問題，梁漱溟在他的〈今天我們應當如何評價孔子〉一文中也提出，世界史上早見文明開化的，如埃及與希臘等，都不復存在於今日。印度雖存在，但曾失去它的獨立的民族生命，今日雖是獨立，但要依靠西歐文化。世界上只有中國人一直依著自己的文化而生活，其歷史未曾中斷。就《東西文化及其哲學》言，與它時代相近的類似性的書也有好些，如史懷哲（A. Schweitzer）的《文化與倫理》、西田幾多郎的《場所邏輯與宗教的世界觀》、高山岩男的《文化類型學》，還有受到史賓格勒思想影響的、上面提及的戰國策學派的林同濟、雷海宗他們的《文化形態史觀》，就我的有限的所知，梁氏似乎都未有注意及。更近的有唐君毅先生的《文化意識與道德理性》，最近的則有勞思光先生的《文化哲學講演錄》。和梁氏同時

期的馬一浮的《復性書院講錄》所提出的文化自心性中流出的觀點，也可說表現一種文化哲學的洞見。馬一浮是以六藝（禮、樂、射、御、書、數）來說文化，倘若他說的心性主要是就道德方面而言的話，則唐君毅的《文化意識與道德理性》可以說是這文化自心性中流出的觀點的後續發揮了。至於馬列主義的唯物史觀，梁漱溟和熊十力都曾公開表示不能接受。

梁漱溟是當代新儒家中最具有事功意識的，同時也最積極從事實際的文化與政治活動，這在他從事鄉村建設運動或村治運動和奔走於國共和談以避免內戰的志業之中可見一斑，從事哲學思考與學術研究只是作為副業看而已。但兩方面都不是很成功。此中原因是多元性的，重要的殆是他不是事功形態的人物，不是那種材料，他也不是作純粹的哲學探索與客觀的學術研究的人，他在這些方面缺乏起碼的訓練，最明顯是不具有西方語文的知識。他卻是那種真實感覺到人生問題而要憑個人力量去處理、去解決的人，在這方面他非常認真，也對他的信念非常忠誠。他的初衷並不是當一個新儒家，更沒有想到要做當代新儒學的先驅人物。他成為後者的結局，並不是他最初意念所及的。關於這些問題，非常複雜，我們得先從他的生平說起。

二、

以下先扼要地介紹一下梁漱溟一生的經歷。他出生於一八九三年，是中日甲午戰爭的前一年。自小入讀中西小學堂、順天中學堂等，學習理科和英文，接受新式教育。很早已經隱然萌露出對國家社會的責任感，看不起那些不關心世事，只是明哲保身的人；這可

以說是一種社會主義的傾向。在那個時期，讀了日人幸德秋水所寫的《社會主義神髓》，對於書中反對私有財產制的觀點，留有深刻印象。同時又在家研讀佛教典籍，又萌有出世的念頭；在這種想法下，寫了《究元決疑論》，批評中外思想，而獨推崇佛法。此文後來受到北京大學蔡元培校長的賞識，便邀他到北大任教，開講印度哲學和佛教唯識學。此時他只有二十五歲左右。在這個階段，梁氏處身於對國家社會的責任感與佛教出世想法的張力之中，心理上頗為矛盾。《東西文化及其哲學》便在這階段的後期寫成。

　　過了幾年，梁漱溟變得積極起來，提出「鄉治」的主張，認為由於中西文化的根本差異，要學習、實施西方的政治制度，唯有先在廣大的農村社會中推行鄉治運動，逐步培養農民新的政治生活習慣。後來便停止大學的教職和研究，投身社會改造的活動，在山東鄒平創辦山東鄉村建設研究院，規劃實驗區，區內有師範、實驗小學、試驗農場、衛生院、金融流通處等，採取政教合一的形式，以全體鄉民為教化對象，培養農民的團體生活習慣與組織能力，普及文化，移風易俗，引進科學技術，以提高生產，發展農村經濟，要從根本上建設國家。這種活動進行了七年，最後終於因日本發動侵華戰爭而停止。

　　這場戰爭對梁漱溟要積極投入國家建設帶來巨大的挑戰與衝擊，他的意志變得堅強起來，以團結國共兩黨、齊心抗日、建設現代中國為己任。他於一九三八年訪問當時共產黨的根據地延安，與毛澤東進行過八次交談，其中有兩次更是竟夜談。後來他到四川去，與志同道合的人如黃炎培、李璜等組織「統一建國同志會」，目的是要調解國共兩黨的紛爭。其後兩黨由紛爭變為分裂，又與黃

炎培、張君勱、左舜生等人成立「中國民主政團同盟」，取代統一建國同志會，又到香港創辦《光明報》，作為這中國民主政團同盟的機關報。其後國共兩黨和談決裂，梁認為責任在國民黨，不在共產黨。於是從政治的第一線退下來，從事文化、教育工作，在重慶北碚創辦勉仁文學院，並開展《中國文化要義》的撰作。在此書中，他總結了對中國歷史和文化的見解，指出中國文化並不是欠缺理性，而是理性的過早發展，致淪於早熟之弊，其論調基本上與《東西文化及其哲學》者同。解放來了，梁留在內地，未有往外國跑，初期頗受中共器重，得與毛澤東有多次談話的機會，建議設立中國文化研究所，或世界文化比較研究所，這與熊十力向毛氏提議設立中國哲學研究所是基於同一旨趣。中共一向對中國文化、中國哲學沒有興趣，卻著眼於階級之間的批鬥，認為梁、熊之流的想法太過天真、幼稚，不符合當時的政治現實的實況，因此對他們的提議，只聞而不做。梁此後便被中共中央疏遠，也受到批鬥，其極致當然是在文化大革命的大災難之中。此後梁便沒有積極投身於政治、社會運動中，在「批林批孔」的年代，堅持「只批林，不批孔」。最後完成已籌劃多年的《人心與人生》一書的撰作。

　　以下要具體地闡述梁漱溟的學習與研究。基本上，梁氏的學問是自學而得的，沒有受到良師的指引。他的個性倔強，不易接受他人的觀點，主體性也很強，對很多問題也有自己的定見，不會受他人影響。他強調自學的重要性，認為任何一個人的學問成就，都是出於自學。學校教育不過給學生一個開端，使他更容易自學而已。在他看來，身體的健康對自學也很重要，只有在健康的體魄之下，才能下苦功，讓自己的自學精進，求取更多知識。因此他很照顧自

己的身體，注重修養，培育胸中一股清剛之氣，使外面病邪無隙可乘。在課堂上，他比較認真學英文，後來又學了一年俄文，對於傳統之學，如國文，並不看重，也很少看中國舊書。

梁氏回憶說，他的積極的、熱誠的自覺，是由於他一直有兩個問題要解決：人生問題和社會問題，後者也可說是中國問題。這兩個問題逼出他的向上心，非得要自己學習、沈思不可。另方面，當時那種環境不好，中國人飽受外邊列強欺凌，政府沒能盡應盡的責任；以政治來救國，很快便流行起來，梁漱溟當時的想法是，為了救國，便先得重視政治改革；很自然地，像民主和法治等觀念，和英國式的議會制度、政黨政治，構成他的政治理想的重要內容。在那個時期，梁漱溟也萌生出社會主義的想法：他認為那時的人心很不乾淨，人變得越來越下流、衰敗，拔本塞源的處理方法，是徹底廢除財產的私有制度，以生產手段歸公有，生活問題原則上由社會共同解決，免除人與人之間的生存競爭。他自承對於社會主義所知不多，但確認財產私有是社會一切痛苦與罪惡之原。

這痛苦與罪惡的感受與現象又使他從積極的第一線退墮下來，向佛教方面尋求出路與解決，於是廣泛地閱讀佛典，甚至有出家的念頭，也拒絕母親為他議婚的事，而展開茹素的生活。但他在出版了《東西文化及其哲學》一書後，又積極起來，捨佛從儒，在人生思想上歸向儒家，並強調世界最近未來將是中國文化的復興，而儒家一向是中國的主流思想，在這方面必會發揮出重要的力量。

這些想法轉來轉去，最後梁氏歸結出自己的人生思想的轉變或哲學的變化，可分為三期：第一時期為實用主義時期，那是受他的父親梁巨川的影響所致。第二時期傾向佛教的出世思想。第三時期

是由佛家思想轉入儒家思想。對於這三段時期的思想,他自謂第一時期是西洋的思想,第二時期可謂為印度的思想,第三時期則可謂為中國的思想。彷彿世界文化中三大流派,都在他腦海中巡迴了一次。不管怎樣轉,梁氏都很堅定地表示他本來是沒有甚麼學問的,只是有思想,有問題。有了問題,便認真去求解決。因為問題是從實際的現實中來的,結果也必定回歸到實在的行動中去。

梁漱溟並坦言他心目中要寫下列四本書:《東西文化及其哲學》、《人心與人生》、《孔學繹旨》和《中國民族之前途》(亦名《鄉村建設理論》)。他又分析,《人心與人生》與《孔學繹旨》兩書的導源,來自《東西文化及其哲學》,而《東西文化及其哲學》一書的產生,實由於他對於人生問題的煩悶。因為對於人生問題的煩悶,便由實利主義的思想轉變為出世思想,又由出世的佛家思想轉變為儒家的思想。由儒家思想的講習,再進一步,便不光是在理論上、觀念上用工夫,同時要把這些東西付諸實行了。這便是他在此後進行的鄉村建設運動的原因。

三、

梁漱溟的鄉村建設運動,有它的特別的意義與目標,以下我們便把重心放在這個問題上來探討。梁氏所做的任何事情,包括讀書、研求學問,都是源自己的生命存在所感受到的問題。鄉村建設運動是他在外王方面的一種特出的表現,在淵源方面自然是其來有自的。他坦率地表示,他進行的這種運動,發端於中國或中國人的兩大缺點。一是中國一向都是以農立國,但中國的農民如一盤散砂落在地上,散漫而無紀律,自生自滅。農民不關心國家,國家也不

理會人民。農民散漫，缺乏團體組織，因而力量無法集中。另外一缺陷是中國社會一直沒有科學技術，國家無法強盛起來。梁氏不是科學家，在這點上無能為力，但可在社會的鞏固方面用力。他認為要建立一個憲政的新中國，應該自地方自治入手；而地方自治又需從團體自治入手，將農民組織起來，才能實現理想。他心目中的團體自治是組織合作社，這種合作主要是生產合作，包括消費合作和信用合作。他從和西方的進步一事實比較著來說，認為西方的進步是從都市入手的，要向外侵略，以發展貿易，結果是犧牲農村的發展。中國的實況則不同，它是以農民佔大多數，而農民最缺乏團體組織，科學技術自然也沒有。他認為要在這兩方面下大工夫，便能使國家轉弱為強，中國有富強的資源，這便是廣大的農村。基於此，他要將團體組織和科學技術引入農村。於是在山東的鄒平成立農村金融流通處，並兼理縣金庫。流通處不貸款予個別的農民，只貸款予由農民組成的合作社，以推動合作社的發展，促進農民組織，同時又促進科學技術的發展。例如鄒平的孫家鎮是棉花集散地，農民將生產的棉花匯集在此地出售、打包，運給青島紗廠。管理方面致力於棉種的改良，推廣紗廠需要的長絨棉（美棉）。紗廠高價收購棉花，農民的收入自然增加。進一步可即在棉花生產地自辦紗廠，不必把棉花運到鄒平孫家鎮，這樣便可以把農與工結合起來，增加農民的財富。

　　總結來說，梁氏從主觀認識出發，搞鄉村運動，在農村破產的客觀形勢推動下，讓這運動有較大、較廣泛的發展，並定期舉行全國鄉村工作討論會。可惜搞了幾年，便因七七事變，日本大規模侵略中國，運動便中止了。

四、

　　梁漱溟搞鄉村建設運動、村治，有其構思，可惜實行不久，即受中日抗戰影響而擱置，無法繼續實行。之後他便四處奔走，為對日抗戰而努力。抗戰完畢，他又涉入國共內戰問題，多方奔走，多次與相關重要人物如蔣介石、張群、周恩來、董必武、毛澤東聯繫，要阻止內戰，進行和談，但最終失敗，最後導致國共分治的局面。大事既無可為，梁氏只得放棄從政工作，返回學問研究崗位，對我國古代思想進行反思。其中重要的問題是儒佛的同異問題和我們應如何理解和評價孔子問題。以下要對這些方面作些扼要的說明。

　　首先是儒佛同異問題，梁氏以三則來表示：

　　第一則認為儒佛所說的內容，都是攸關自己的具體的生命存在的修養的學問，亦可說是生命的學問。其矢向同是向內的，是生命上自己向內用功以解決生命上的負面的問題，如罪、死、苦。這很不同於一般的科學知識，後者的矢向是向外的，向外尋求經驗世界、現象世界的知識。這種分別，立基於對生命自身的正面的價值判斷。即是，生命的可貴的地方，在靈活無滯礙，又在感應上的靈敏、通達而不閉塞。雙方的終極境界，如儒家的「七十而從心所欲，不踰矩」，超越甚至克服個人主觀的執著：意、必、固、我，「克己復禮」。佛教則說不起分別心，得大自在，破除對我法的迷執，而臻於最高自由的境界。這些都可在終極關懷的脈絡中說。在異或不同方面，儒家始終都是站在人文的立場而進行道德的教化。佛家則站在遠高於人的立場，要人通過戒、定、慧的修行，「直指

本心,見性成佛」。儒家的理想人格是聖人、賢人;佛家的理想人格是佛、菩薩。

第二則說得比較複雜,且強調儒佛的異方面,同方面則只輕輕點到即止。在同方面,梁氏強調儒佛兩家之學都是人類未來文化在古代東方出現的早熟品。即是,人類的文化生活應是漸進的,先是用心於自然世界,而後處理心靈世界的問題。但儒佛都不最先於自然世界用力,都著力於解決心靈世界的問題。另外,儒佛雙方都重視在世間的形迹上的生活,亦與本源相通。關於前一點,佛家說菩薩不捨眾生,不住涅槃,儒家則要人盡力於世間之事。關於後一點,梁氏在佛家方面未有提及,但他的意思是清楚的,即要洞悉世間事物的本源性格是空,故需證空而得涅槃。在儒家方面則說得很清楚:孔子說「吾道一以貫之」,他的道即是宇宙的本源,對於這本源,要「默而識之」。「默識」是直透本源的工夫,不落於能取、所取的分別性。不過,梁氏亦在這有關問題上作出澄清。他說儒佛兩家同以人類生命為其學問對象,但佛家旨在從現有生命解放出來,以體證、實證宇宙本體(在這裏,梁氏以不生滅法或出世間法為宇宙本體,措辭不大恰當,在佛家是很難說本體、實體的)。他引《般若心經》的「遠離顛倒夢想,究竟涅槃」的說法作證,表示佛家仍有出世的傾向。儒家則不同,它要就現有生命體現人類生命的最高可能,徹底達致宇宙生命的一體性;如《孟子》說「盡心、養性、修身」(案應說「盡心、知性、知天」),「事天、立命」,《中庸》說「盡其性」、「贊天地之化育」、「與天地參」。梁氏特別強調,儒家講「作人」,只需卓然超越俱生我執(關於「俱生我執」的意思,見下文),而不必破除俱生我執。在梁氏看來,儒家修養不在摒除

人事，卻要在日常人事生活中求得工夫上的磨煉；從「踐形」中去「盡性」，下學而上達。

在儒佛的異同方面，梁氏說得比較透徹而清晰。他以孔子的《論語》來代表儒家，以《般若心經》代表佛家，並特別提出一對概念：樂與苦。他基本上認為儒家以樂來看人生，佛家則以苦來看人生，這是兩家相當明顯的分別處。他又用統計的方式，說《論語》開首即拈出「樂」字，其後此字多次重複出現，而通體不見「苦」字，《般若心經》二百數十字中，「苦」字出現了三次，「樂」字則未有出現，梁氏認為這不是偶然的事，卻反映儒佛兩家對人生的樂、苦狀態的不同看法。進一步，梁氏提及宋儒有「尋孔顏樂處」的說法，明儒又有「樂是樂此學，學是學此樂」的說法，而《般若心經》則強調「度一切苦厄」，這亦反映儒家多留意人生的樂，而佛家則多留意人生的苦。他又指出，佛家說起惑、造業、受苦，三者相因而至，從佛家看來，人生是與苦相終始的。人的生即與缺乏相伴俱來，而缺乏是常，缺乏之得到滿足是暫；缺乏是絕對的，缺乏之得到滿足是相對的；缺乏不安是苦，缺乏而得到滿足便是樂。梁氏這種說法，有其睿見在，起碼在我看來是如此。我曾說人生的樂是變數，人生的苦是常數；樂是暫時的，苦是恆時的。對於生活上的需求，不足與過分都是苦，只有在恰到好處、處於恰當階級，才是樂。

梁氏又從我執來說。他依佛教的說法，以我執有深淺二層：俱生我執是深，分別我執是淺。俱生我執是在第七識恆轉不捨，分別我執則是在意識上起分別，是有間斷的。在這我執的問題上，儒家只在分別意識上不落執著，或少執著，對於俱生我執，則任其自然

而不刻意去破除它。儒家能做到不破俱生我執而又不為它所礙,這是依於有超越於俱生我執之上的心,這心是不為形役的。梁氏指出,物類生命錮於其形體機能,後者掩蓋了其心。人類生命則不同,他能以心來超越形體機能,使後者依從於心。若從形體來說,不免有彼此的分別,但此心則渾然與物同體,與廣大宇宙相通而不隔,因此人能夠先人後己,先公後私,捨己為人。俱生我執在這裏只能作為生命活動的一基礎條件,但不會形成障礙。因此,人只要能超越俱生我執便可,不必破除俱生我執,佛教則要同時破除分別我執與俱生我執,這是兩家很不同的地方。

第三則則以宗教與道德來區別佛家與儒家。說到宗教,梁氏引述自己的著作《中國民族自救運動之最後覺悟》中一段話語:

> 人們的生活多是靠希望來維持,而它是能維持希望的。人常是有所希望要求,就藉著希望之滿足而慰安,對著前面希望之接近而鼓舞,因希望之不斷而忍耐勉勵。……怎能沒有失望與絕望呢?恐怕人們所希求者不得滿足是常,而得滿足的不多吧。這樣一覽而盡,狹小迫促的世界誰能受得?於是人們自然就要超越知識界限,打破理智冷酷,闢出一超絕神秘的世界來,使他的希望要求範圍更拓廣,內容更豐富,意味更深長,尤其是結果更渺茫不定。一般宗教就從這裏產生,而祈、禱、禳、祓為一般宗教所不可少亦就在此。雖然這不過是世俗人所得於宗教的受用,了無深義,然宗教即從而穩定其人生,使得各人能以生活下去,不致潰裂橫決。(轉引自《東方學術概觀》,頁 20-21。)

在這裏梁漱溟提出希望（hope）作為宗教所能給予人的最寶貴的東西，這是宗教之能夠生存、立足的根深原因。說希望是生活下去的支持力量，一點也不為過。人總是不能滿足於現實狀態的，總是希望、盼望現實的困境能夠鬆開，讓好運、運氣有空間進來。現實的境況不管如何美好，如何吸引動人，終究是有限性格。人是不會滿足於有限性的，他要求無限，要求絕對與永恆，宗教正好在這一點上能滿足他。這希望是基督教能夠廣泛流行的支柱，聖湯瑪斯（St. Thomas Aquinas）的著作中便常提及希望，他並把希望與幸福（happiness）連接起來，強調人即使在現實中找不到幸福，在希望中必能找到。這便有力地提供予人繼續活下去、繼續撐持的道德勇氣。

　　宗教具有這樣的殊勝的作用。梁漱溟指出，佛家是走宗教的路的，而儒家則走道德的路。他認為宗教是一種方法，道德則不是。道德在於人的自覺自律，宗教則多轉一個彎，俾人能假借他力。但歸根究底，宗教的他力只是自力的一種變化形式而已。案梁氏這樣說，有點問題。說道德在於人的自覺自律，而得到理想的實現，這是對的。但以宗教為只假借他力以達到個人的目的，實現個人的理想，則可以商榷。實際上，宗教分兩種：他力宗教與自力宗教。前者預設一個外在的他力大能作為信徒的助力，讓他能夠在他力大能的慈悲願力下，得到加持，最後能成覺悟，得解脫。另外一種是自力宗教，這種宗教不預設任何他力大能，卻是強調每一眾生或人都具有覺悟的能力，只是由於後天的惡劣因素的障礙，因而不能展示它的明覺，而在輪迴世界中受苦。若一朝能自覺到這種明覺能力，衝破種種外在的障礙，而矢志求上進，則最後仍能憑藉一己的能力

以成覺悟，得解脫。若以京都哲學家久松真一的詞彙來說，宗教的主體是無，這無有兩種：受動的無與能動的無。受動的無指需要依靠一外在的他力才能得覺悟。能動的無則能夠依靠自己的能力而得覺悟。久松把這種覺悟的主體稱為絕對無（absolutes Nichts）。舉例言之，西方的宗教如猶太教、基督教、伊斯蘭教都是他力的宗教，佛教的淨土宗也是他力形態的宗教。而佛教的禪宗、天台宗與華嚴宗則是自力的宗教。

　　回頭再看看宗教與道德的關係。梁氏以道德的基礎在自力，宗教的基礎在他力。但兩者也有相通之處。他指出人類的心理是時時在發展中的，到了心思開明，主動性漸強的階段，便發展出一種能抉擇是非好惡的意志（梁氏稱之為情理）來推展他的行動，這便成了道德。梁氏認為道德是從宗教慢慢分化出來的，是社會文化的一種大發展。他便在宗教在先，以他力為基礎，發展到自覺、自力的表現，便成就道德，這樣的觀點把道德與宗教的關係建立起來。這是貶宗教而揚道德，以宗教是原始的，有迷信成分，道德則是文明的，發自人的自覺的理性。在價值上，道德是優於宗教的；但在發展歷程上，宗教對道德具有先在性。這種看法，未必人人都會贊同。在京都哲學來說，它認為道德仍有善惡的對待關係，仍然存在二元性（Dualität），不是終極的性格。道德必先崩壞，才有宗教的現成。

五、

　　以上是有關梁漱溟對儒佛的同異問題的看法。以下看他所提出我們看待孔子的觀點與解釋。他所寫的一篇長文〈今天我們應當如

何評價孔子〉正是探討這個問題的。在這點上，他以一種善巧的方法來處理：先肯定和讚揚社會主義、共產主義的真理性，又處處引用馬列毛的說法，然後再提出對孔子應如何評價的問題，用心煞是良苦。他先從「理」一概念說起，表示理有「物理」與「情理」的分別。物理是事物之理，是人們從多次實踐中總結過去的經驗而得，存在於客觀方面，不夾雜有一毫主觀好惡在內。情理則表現在人的感情好惡之中，有意志取捨的價值意識，是有主觀性的。另外，他又提出「理智」，是頭腦心思的作用，它反乎本能的傾向，讓人從自己的生活實踐中學得事物之理的知識，以應付和處理種種事情。與理智相對，又有理性，這是從人類主體的生命來說。兩者有體用關係：理性是體，理智是用。用不離體。理智是認識物理的能力，理性則是認識情理的能力。案梁漱溟穿梭於物理、情理、理智、理性這幾個概念之間，讓人有零亂之感。他自己在這裏面並未完全弄得很清晰。若以康德哲學的概念來作比配，則物理相當於自然規律、範疇（Kategorie）；情理相當於道德格律；理智相當於知性（Verstand），理性則相當於 Vernunft，一般譯為理性。這勉強可以說得過去。但梁氏又以理性與理智有體用關係：理性是體，理智是用。在康德來說，理性有理論理性與實踐理性之分，理論理性即是知性，可視為與理智相應；實踐理性大體上可以歸於情理一邊，但「情」不能與實踐理性混在一起說，因為實踐理性主要是就道德理性而言，這便通於道德意志，這種意志是有客觀性可言的，不易與「情」相混。至於說理性是體，理智是用，也有把道德與知識相混淆之嫌。理性是道德涵義，理智則是知識涵義，道德與知識如何能在一起說呢？新儒家就道德理性與認知理性（相當於梁氏的理智）的

關係，仍通過一轉折來說：道德理性必須自我坎陷，或退隱，才能開出認知理性，或以認知理性作主，才能認識自然世界，構成科學知識。梁漱溟在這些概念的同異分際上，的確是一間未達。

跟著他說到革命問題，提出在社會發展史上有自發性的革命，也有自覺性的革命。所謂「自覺」，指其活動奮鬥發自身體，為了求生存，頭腦心思便為身體所役使，其歷史是宇宙自然演進過程的歷史。至現代社會主義革命，揭出了通達不隔的心，本乎情理來運用物理，自廣大的人類立場自覺地創造歷史。人類逐漸能夠主宰大自然界，以往的心為身用轉化為身為心用了。梁氏又引用列寧的《怎麼辦》的論文，強調文中指出工人運動若停滯於自發活動之中，便會斷送了社會主義革命；工人運動必須由自發性進於自覺性，負起歷史使命，才有世界革命可言。資產階級思想是個人本位思想，發於其身，而非發乎通而不隔之心。無產階級思想則以通而不隔之心為本，又能看清社會發展的前途，增強自信，這就是自覺。梁氏又推崇一九四九年由中共領導的無產階級的革命，這種革命是從心出發，不是從身出發，即是以人的自覺為主，而不是自發性的。跟著，梁氏又強調古代中國人的理性是早熟的，理想的社會不是靠宗教力量來維持，也不靠國家力量來維持，而是靠人們的行事的自覺自律性，這則要待作為社會主義的高級階段的共產社會才會出現。

梁漱溟說了那麼多對共產階級和共產主義捧場的話，又強調道德在發展上對宗教的先在性，目的是要把孔子的地位穩固起來，這點辦到了，則受孔子重大影響的中華文化便也能保住，不會被馬列毛的階級鬥爭的激流所淹沒。他先把自己的觀點說清楚：二千五百

年來中國文化並不環繞著某一種宗教為中心而發展的，它的淵源可以推至很早，但把中國文化的合理生活和道德倫理貞定下來，則基本上是依靠孔子的。他又強調，孔子的儒家思想十分適合社會的需要，甚至能發揮出宗教的作用，穩定人心。但實際上孔子學說不是宗教，而是人生實踐之學，如所謂「踐形盡性」，由人的外在的形軀以推展至內在的本性，都有道德的作用在運轉。中國文化是一種道德的、理性的文化，而不是一種宗教的文化，與印度很不同。中國文化之能悠久無疆、永續下來，正是肇興於自古的「非宗教性文化」，這種文化的具體內容，是周公制作的禮樂制度，特別是孔子的理性的、道德的教化。其根基深厚，即使遇到禮崩樂壞的危機，還能夠作為社會文化中心而生存下來，不必倚賴宗教。這與印度文化和西方文化都是不同的。

梁氏繼續發揮，在儒家思想的帶動下，中國傳統教化能夠提供宗教的功能，使人民養成好講情理的風俗，頭腦也變得開明，也啟發了人民的情理自覺。儒家理性主義者正是以人所本來具有的理性來辦事，指導人民，同時也同化外來者。儒家有很大的文化同化的力量，它尊重別人，容受別人的生活習慣，使別人保留他自己的獨特性，而不必捨其自己的所有而從我，這樣人便具有自己的尊嚴，而樂於歸順。梁氏又以歐洲的狀況來作比較，指出歐洲人在經濟生活上、水陸交通上彼此往來密切相依，但不能統合為一大單位，是由於身近而心不近。中國經濟落後甚遠，交通非常不便，卻在文化上有高度的統一性，政治上亦以統一為常。疏遠雖在身方面，但在心理、精神上，是通而不隔的。

梁漱溟又從馬克思主義的階級觀點來審視儒家孔孟之道。他指

出馬克思主義從社會生產方式的發展來闡明社會的次第前進，從無階級到階級分化，從階級分別對立到階級消泯，都可讓人看到事實的發展。他讚揚馬克思本人具有高強的自覺能動性，早已超出他本於階級的立場。而孔孟之道實不合於一般階級社會內居於統治地位者的通例，這是由於它具有高超的自覺能動性，不局限於一般的階級立場之內的緣故。但孔孟之道並不是孔孟二人的事，而是很大學派的事，源流久遠，這是中國人聰明太早所致。梁氏指出，古代中國從社會經濟上看不能無勞心與勞力的階級分化，但這種分化並不是很明顯，也不是那麼僵滯，階級立場的矛盾對立並不是那麼鮮明。又其間如周孔之類的優秀特出分子更能發揮一種通而不隔之心，在因襲中有創造，以化導眾人，這樣便成就了卓然迥異於世界各方的中國文化。

梁氏亟亟表示，中國文化有很多卓越之處，其總綱在以富有理性成分的教化代替了迷信獨斷的宗教，在它的影響下，歷代的階級分野也不是太明顯。而發揮最大影響的，應是孔孟的思想傳統。中國的這種社會歷史發展，屬於馬克思所謂的亞洲社會生產方式，我們實不應執著於社會發展史的五階段的說法，教條主義的說法。馬克思主義的偉大精神正在於能夠破除一切教條主義。梁氏的意思很明顯：在孔孟特別是孔子影響下的中國文化正證明了馬克思主義不執著教條主義的正確性，因此，我們不應隨便批判孔子，不然便是脫離了馬克思主義，是「鹵莽滅裂」。這裏可以看到梁漱溟對自己提出的應該如何評價孔子一問題的答案。

說到批林批孔，梁漱溟也明確地表示他的態度是只批林彪而不批孔子。他認為當時流行的批孔運動是由於批林引起的。因「克己

復禮」是林彪念念在心的事，時論便扯到說這句話的孔子身上，認為孔子是要恢復周禮，像林彪要復辟資本主義一樣。在梁漱溟看來，由批林而牽扯到批孔，是完全不必要的。

六、

最後，我們要對梁漱溟的志業、思想、學問、社會運動和政治牽連以至一生的成功與失敗作一總的評論。第一，在志業方面，梁氏可說是一個典型的儒家式的人物，對國家、民族以至文化感到有一分責任在，學而優則仕的儒家的教訓，一直在他腦海中盤旋，他的一生經歷，可以「書生救國」四字盡之，這是他的志業。最後他是成功抑是失敗，反而不是那麼重要，重要的是，他自始至終，都忠於自己的良知，忠於傳統人士所懷有的「天下興亡，匹夫有責」的抱負。他有多重身分：學者、哲學家、大學教授、儒者、佛教徒（生活方式，如茹素）、社會運動家、政治人，等等。他自己心中所想的，都在生活上表示出來，對於自己的信念，從不懷疑，不動搖。他的行狀，也正好反映出他的所想所說。在當代新儒學的人物中，他是最具有貫徹自己的理想的道德勇氣的人，不像一些這方面的人物及他們的後學只是說而不做，或做而不能貫徹始終。

第二，在思想方面，梁氏徘徊於儒家與佛教之中，但都不能深入。他曾自述自己的思想有三個階段，依次是西方的實用主義、佛教與儒家。他以〈究元決疑論〉一文而為北京大學校長蔡元培所賞識，邀他到北大當講師，講授印度哲學與唯識哲學。他自己聲言來北大是替孔子與釋迦牟尼說話的，講明他們的思想。這不啻是表示自己在思想上的立場是儒家與佛教。這頗有別人講這些學問都不恰

當,要由他來講才行之意。按當時梁氏只有二十四歲,未上過大學,佛書讀得不多,也缺乏佛學語文（梵文、藏文、日文等）的學養,而蔡元培又非佛學出身,竟會以一篇短短的論文為據,便聘請梁氏到北大開課,講課內容包括印度哲學,他是根據甚麼文獻來理解印度哲學呢?這也不是蔡元培所熟諳的東西。這樣聘請大學講師,是否恰當,我不能無疑。梁氏的成名作《東西文化及其哲學》與後來寫的《中國文化要義》很明顯地展示了他的儒家的思想立場。但他在其〈今天我們應當如何評價孔子〉（載於《東方學術概觀》一書中）中,提到熊十力所寫的《原儒》,表示此書引用了不少民主主義社會主義的話,以至於採用馬克思主義的觀點來說話,以宏揚孔子的內聖外王之學,是完全失敗的。又明言與熊氏在思想上實不相同:熊氏是儒家立場,而他自己則是佛家立場。其實他最後還是歸宗於儒家,也同樣以馬克思主義思想來維護孔子及中國傳統文化,反孔子與中國傳統文化即是反馬克思主義也。這樣他便可以在批林批孔的政治運動中,只批林而不批孔了。

第三,在學問方面,梁漱溟其實頗弱,功力殊為不足,關於這點,他自己也承認。他不大讀中國的古籍,只在四書方面較為用心。即使是儒學,他也只是留意先秦的孔子、孟子與荀子,對兩漢儒學與宋明儒學,他都不大措意。在佛學方面,他只是對唯識學較為熟悉,也留意原始佛教所說四聖諦和三法印的問題,其他的則不甚了。對於西方哲學,了解得更少,只懂一些柏格森和杜威。此中的原因,一方面固然由於他不是學者型的人物,他的心思不在學問的、學術的研究,而是要解決生命問題和社會問題。另外一方面,也是最重要的一方面,是他不具有作學術研究的配備,這即是

外語知識的缺乏。他連英文都不行，其他語文則更不用說了。因此，他對西方學術的理解，只能透過中譯。做學問而只能依賴翻譯，自然不行。

　　第四，在社會運動方面，梁漱溟顯得很活躍。他在二十四歲受邀往北京大學講課，講了七年，到三十一歲辭去教職，進行鄉村建設運動。這種運動其實是一種農民運動，因他要教導、要組合的，都是農民。農民與工人不同，更與讀書、研究學問的人不同，你要聯繫他們，在他們之中發揮影響力，需明瞭他們的背景、個性、想法，出身在農村才行。梁漱溟在這方面一點條件都沒有，他是一介書生，是鑽研思想起家的。他也沒有自己的班底，沒有群眾基礎，與大夥農民交集不起來。故村治運動攪了幾年，還沒建立根基，遇到日本鬼子侵華，便一舉潰散了。在政治運動方面，梁漱溟曾在頗長的時間中，相當活躍。他懷著書生救國的熱誠，組織統一建國同志會，後來改組，成立中國民主政團同盟，又創辦報紙、開設學校，所涉的面相當廣，但他始終是書生出身，對於政治的組織與運作，並不熟悉，最後還是不了了之，沒有結果。後期政治形勢變得緊張，國共爭鬥激烈，他要當中間人，致力協調工作，避免發生內戰。他也跟當時共產黨人如周恩來、董必武、毛澤東建立情誼，最終還是失敗。他和熊十力一樣，都是書生、知識分子，甚至哲學家，但要當王者師，作政治權威的諮詢人，最明顯的是向毛澤東提議設立中國文化、哲學研究所。共產黨怎會對這一套有興趣呢？他們的興趣在政治鬥爭、階級鬥爭、人民民主專政。他們邀熊、梁加入政協（政治協商），當政協委員，但政協只是一種統一戰線的工具而已。共產黨對知識分子既怕又恨，他們的頭領正是知識分子。

　　以上我在志業、思想、學問、社會運動和政治運動各方面都對梁漱溟作出了評論。由於在志業上有天下家國的責任感，因而涉身於社會運動、政治運動，便變得很自然了。由於身處於非常複雜的環境，梁漱溟的社會與政治運動最後淪於失敗，是很可理解的。至於思想和學術方面，則依於他自身所感受到的人生問題，需要逼切地求得讓他滿意的答案，因而最後也不能獲致具有深度與廣度的客觀的成績，委實令人感到惋惜。在這些方面，梁氏的表現好像是四不著邊，四無掛搭。就這點來說，梁氏一生奮鬥不懈，但成果有限，不能不說他的為人與結局是悲劇性格的。儘管如此，梁氏的生命仍有其光輝與挺拔的一面，足以作為一個讀書人的典範，為後人所尊敬與效法。這便是他具有讀書人的傲骨，不對時代的威權低頭，堅持自己的價值觀與對自己的良知的忠誠。單是這一點已可讓他在歷史上留有不朽的形象。特別是在批林批孔的政治運動中，他不隨順眾人批判孔子，也不盲從流行的奴隸制的說法（對於這種說法，郭沫若持之甚堅），更不附和孔子護衛奴隸制的謬論，當時批鬥他的言論，無日無之，但他堅決不肯隨流俗批孔。有人問他遭批鬥的感想，他只說了兩句話：「三軍可奪帥也，匹夫不可奪志」。他即因此被人譽為「中國的脊樑」。他是抱著必死之心來拒絕批孔的。文天祥說：「哲人日已遠，典型在夙昔」。梁漱溟的典範只在目前，豈在夙昔？當下看取可也。

註：上面的〈後記〉，是依據以下幾部著書寫成：
　　梁培寬編《梁漱溟自傳》，上海：江蘇文藝出版社，1998。
　　梁漱溟著《中國文化要義》，成都：路明書店，1949。
　　梁漱溟著《人心與人生》，香港：三聯書店，1985。
　　梁漱溟著《東方學術概觀》，香港：中華書局，1988。

第二章
熊十力的體用不二說

一、形而上學系統建構的提出

熊十力為當代儒學形而上學理論的奠基者，他的形而上學理論的關注點是在體用不二的理論中。熊先生著述豐富，現以《新唯識論》與《乾坤衍》❶為文本依據，討論他的體用不二的大旨。

回應：我們現在先做一個總的觀察，熊十力的思想，如果從他的著作裏面看，我們可以說，基本上分兩期。特別是從政治這個角度來看，很明顯分兩期，前期就是 49 年解放以前的那一套思想。那一套思想最重要的著作就是《新唯識論》，有關傳統思想包括經學等等都在裏面，我們還可以舉《讀經示要》。基本上就是這兩本書，尤其是《新唯識論》，在其中，他的整個形而上學的架構已經

---

❶　《乾坤衍》原刊於 1961 年；《新唯識論》文言文本原刊於 1932 年，而本章所據的《新唯識論》語體文本，上卷原刊於 1940 年，上中卷再刊於 1942 年，全書三卷後刊於 1944 年。可知《新唯識論》成書較早，而《乾坤衍》則包含了熊先生晚年的思想要旨，特別是體用不二說的再闡述。

看得很清楚。解放以後，就是 49 年以後到 1968 年他去世那段時間，大概有二十年吧。在這二十年裏面，基本上他的思想沒有變化，還是強調前期他在《新唯識論》裏面講的那個實體，或者說是本體，都是講體用不二，不過他用的一些名相有點改變了。在《新唯識論》裏面他多用了一些佛教的名相；而在解放以後他發表的、印出來的那些書裏面，多用了一些儒家的名相，還有一些馬克思、列寧主義的政治語言。例如「革命」啦、「社會運動」等等，但這些都不是很重要。他在後期在這方面的重要著作，基本上就是《乾坤衍》，然後有《體用論》跟《明心篇》這兩部作品，可以說是補充《乾坤衍》的。這三本書相當於前期的《新唯識論》，就是講他的那套形而上學。而把這套思想關聯到歷史、文化，還有熊先生理想的社會樣貌，則主要表現在後期的《原儒》這本書裏面。

我們大體上可以這樣瞭解：《原儒》相當於《讀經示要》，講的東西比較偏向外王方面。然後《乾坤衍》相當於《新唯識論》，主要是講形而上學。對於形而上學，通常我們分兩部分，一部分是本體論，或者說存有論；另一部分就是宇宙論。熊先生這套形而上學包括這兩方面，而且他有把這兩方面統一起來的想法，就是所謂本體宇宙論。這個名相，熊先生在他的書裏面提得不多，可是他的意思很清楚，所謂形而上學，大概包括這兩方面：本體論，講存在的根源；而宇宙論，是講存在的生成跟變化。這就是所謂本體宇宙論這套思想的內容。這個名相講得最多的是牟宗三，他基本上吸收了熊先生的這種思想，而繼續講宋明儒學。所以在《心體與性體》跟《從陸象山到劉蕺山》裏面，你常常會碰到「本體宇宙論」這個名相。我們可以這樣講，熊十力以後的那些新儒家人物，受他影響

最大的還是牟宗三。

　　《新唯識論》序言說：「本書根本問題不外體用。」❷《乾坤衍》則舉出孔子作《周易》創明「體用不二」的理論，熊先生視之為「內聖學之淵奧」。❸而熊先生提出體用不二說的緣由，根據《新唯識論》的說法是：

> 今造此論，為欲悟諸究玄學者，令知一切物的本體，非是離自心外在境界，及非知識所行境界，唯是反求實證相應故。❹

可知熊先生不滿學者在本心之外作體證工夫，所以想要糾正，而造此論。《乾坤衍》進一步說明：

> 余在清季，乍聞西洋唯心、唯物諸論，便起驚疑。……唯心宗執定實體是單純的精神性，所以把精神或心靈拔出於萬物之上去，俾成為變形的上帝。中國道家便與西洋唯心論同犯此錯誤。……唯物宗破斥唯心論把精神看作變形的上帝，此乃明睿的正見，然而唯物宗把物質看作是一元的實體，易言之，即以宇宙實體為單純的物質性。此種主張，余不得無

---

❷　詳見熊十力：《新唯識論》，臺北：文津出版社，1986，頁 240。
❸　詳見熊十力：《乾坤衍》，臺北：臺灣學生書局，1987，頁 237。
❹　《新唯識論》，頁 247。

疑。❺

熊先生不贊同道家與唯心論者把精神實體看成是獨立於萬物之上，同時也不滿唯物論者直接將宇宙視為一元的物質實體。

　　回應：你上面錄的一段文字說：「今造此論，為欲悟諸究玄學者，令知一切物的本體，非是離自心外在境界，及非知識所行境界，唯是反求實證相應故。」他這裏就有畫龍點睛的作用。你提出一種思想、一套理論講本體問題，不只是提出而已，你要提出一種方法讓人家可以依循，來體證本體。所以他在這裏就說「反求實證相應」，這句話很重要，展示他的方法論，在他的本體論裏面或者說形而上學裏面的方法論。什麼叫「反求實證」呢？這個「反」字用得很妙，因為我們通常作的瞭解、認知活動，是向前面、向外面的，是吧？先向外觀察，然後作一些假說，再去證明這些假說的正確性。這是科學方法，包括一些哲學也是這樣進行的。可是熊先生這裏說「反求」，這個「反」說明了並不是向外，而是反過來向我們生命的裏面，然後實證相應。所謂實證就是一種存在的體證，也就是通過一些跟我們的現實生活、生命存在的種種狀態，有密切關係的方式去體證。

　　京都學派他們喜歡講：我們對這個「絕對無」，是要主體性地與存在性地去體證。主體性和存在性在這裏相當於熊先生所講的「實證」。「實證」就是我們要自己親身作為一種存在的主體去體

---

❺　《乾坤衍》，頁 245-246。

證，而不是通過理論、通過一些抽象的觀念，或者通過一種媒介來體證，不是這樣。而是要你自己親身去體證，所以老師講的東西你去瞭解一下，這也不算是實證，不管是誰講的，凡是他講給你聽，讓你在這方面增加對本體的瞭解，這些都不算是實證，一定要在自己的行為裏面，實實在在的去體會，這才算是實證。如果你能這樣子去做，你就跟本體相應。所謂相應，就是要有契合才行。

　　有一次我參加一個研討會，有位鵝湖的朋友，對實證這個字眼有不同的解讀，他說要體證這個實體，那個「實」就是指實體，而「反求實證相應」意思就是說我們要向內體證我們的這個實體。這裏有一個問題，「實」這個字眼是一個工夫論的名相，如果把它看成為實體的話，它就變成一個存有論的觀念、名相了，這差得很遠啊！這「實」百分之一百是工夫論的觀念，不能把它解成為所謂實體的意味。所以，有時候我們讀一些比較深奧的哲學書籍，要把它的觀念抓得很緊，而且要準！緊跟準才可以。「反求實證相應」這句話一般人好像不會很重視，沒什麼難字，每個字我都看得懂，我都知道它的意思是什麼，可是整句話你應該怎麼去瞭解呢？這才是關鍵，是吧？而且裏面每一個字是在哪個脈絡下來講，也很重要。「反」，這是表示一種反省的，不是向外，而是向內反省，這也是很關鍵性的。「實證」的「證」沒話講，就是體證，對不對？不是進行一種概念的認知，而是要體證，就是要以你自己的生命存在去確認、去跟它契合。而最重要的觀念，就是這個「實」。「實」一定是親自、切實的去體證，不是通過一個媒介，也不是通過一些文字上的途徑，不管你是講理論也好、講觀念也好，都不是這種方式。

此外，熊先生也對佛家法性與法相的對舉感到懷疑，《乾坤衍》說：

> 據佛氏說，法相（現象）與法性（實體）截然破作兩重世界，
> 互不相通。（重，讀若蟲。）如何可說不生不滅法，是生滅法
> 之實體？繩以邏輯，實不可通。況復法相如幻，法性寂滅。
> 是其為道，反人生，毀宇宙，不可以為訓。❻

由上述引文可知，熊先生不贊同法性、法相被析離為二。依熊先生
的理解，法性雖然不生不滅，但以它為憑依的現象界，卻有生有滅
而如幻不實，故法性所引導的現象界的趨向實為空寂。熊先生自注
法性為「實體」，然而佛家是不說「實體」的。❼就熊先生的意思
去推敲，即使法性空寂，仍與作為「現象」的法相對舉，故權以
「實體」視之。而法性空寂，不具實體義，更不是熊先生理想中的
形而上學系統。綜上所述，可以看到「本體與現象不可二分」是熊
先生的重要主張。

回應：「法相（現象）與法性（實體）截然破作兩重世界，互不
相通。」熊先生這句話就很嚴重了，這是一個錯誤啊，熊先生沒有
抓到佛教的根本義理，他用現象來講這個法相是沒有問題的，可是

---

❻ 《乾坤衍》，頁 277。

❼ 關於這部分的討論，參考自吳汝鈞：〈當代新儒學體用不二論的突破與純粹
力動觀念的提出〉，收於《當代儒學與西方文化：會通與轉化》，臺北：中
央研究院中國文哲研究所，2007 年 12 月，頁 410-412。

你說佛教講這個法性，怎麼把它講成為實體呢？實體就是有它的實在性，有它常住不滅的那種內容在裏面，佛教正是要反對這種東西，不過佛教稱作自性（svabhāva），熊先生就把這個自性轉了一下變成實體。但佛教講這個法性，怎麼會是實體呢？這錯得很啊，他老人家怎麼會這樣解釋呢？這可能是因為他當時對佛教很不滿意，他發現儒家那套實體思想是真實的學問、真理的所在，尤其是《周易》所講的生生不息、大用流行。這種「生生」是從實體創生的脈絡下來講的。用實體這個字眼來講法性，完全不相應。剛好相反，法性就是沒有實體。所以如果你通過熊先生他那套東西去瞭解佛學，那會出錯，而且會錯得很嚴重。他那種大哲學家到達這麼高的境界，對於一般的 understanding、一般的知識都不管的，他喜歡怎麼講就怎麼講，這完全不是學術性的態度。我們現在是對事不對人，我們這樣說熊先生，仍然覺得他是一個很偉大的哲學家，他是新儒家裏面最重要的人物，可是這不表示他講的東西都很對，是吧？尤其是他講到佛教的一些重要觀念，就常常會出錯。然後又說「截然破作兩重世界」，這是小乘的思想啊，而熊先生他書裏面所提到的佛教是大乘佛教。大乘佛教怎麼會把這個世界截然分成兩重呢？

　　大乘佛教裏面挺重要的一個宗派就是中觀學（Mādhyamika），中觀學裏面有所謂二諦論：俗諦（saṃvṛti-satya）跟真諦（paramārtha-satya），這兩諦是不能分開的。諦（satya）可以看成道理或真理，二諦就是兩重道理或真理，推廣來講可以說兩重存在的世界。熊先生這裏也錯了，他說「截然破作兩重世界，互不相通」，兩重存在的世界怎麼會互不相通呢？錯得很啊！龍樹是中觀學裏面最重要的一

個人物，《中論》（*Madhyamaka-kārikā*）是他的著作裏面最重要的一本書，它裏面就有一首偈頌，內容說我們學習跟體證真理有一個歷程，首先要建構俗諦，有了俗諦作為基礎，才能瞭解、體證真諦。體證了真諦，再以這體證作為基礎，才能達致涅槃的境界。這有文獻學的根據，在我寫的很多書裏面都提到這個道理。哪裏有兩重世界截然分開這種情況啊？小乘也不會講得那麼差。所以你看他的書，看一些大人物、大師的書，要注意，他不見得講的東西都很對。像牟宗三講西方哲學，講到叔本華（A. Schopenhauer）、尼采（F.W. Nietzsche）和以後，很多方面都不正確。他只能講到黑格爾（G.W.F. Hegel）。他很認真唸西方哲學，一直唸到黑格爾。然後一轉，轉到羅素（B. Russell）和懷德海（A.N. Whitehead）這方面。歐陸哲學在黑格爾以後，還有多方面的發展，有尼采、叔本華，也有現象學，也有詮釋學，也有存在哲學，這些都有，而且成果非常可觀。牟先生都沒有仔細看，所以你要瞭解他講的西方哲學，到他講的黑格爾就可以了。牟先生對這些講的還是有道理，他講康德、講德國觀念論的那一套東西，講得很好。可是一下來就不行了，講胡塞爾（E. Husserl）、講海德格（M. Heidegger），問題很多。現在熊先生也犯了這個毛病，這很嚴重啊，佛教的人一看就很火大，可能要把他抓來打一頓哩。引文下面接著說「如何可說不生不滅法，是生滅法之實體」，那生滅法又怎麼會有實體呢？事物就是因為沒有實體、沒有自性，才成就它生滅的性格，才可以說生滅法。所以他提「生滅法之實體」，這種講法的問題也很明顯。然後下面再說「反人生，毀宇宙」，佛教怎麼會毀宇宙啊？你看，現在很多人都講環保，佛教就是在這方面做得很好，他們非常注重自然生態，不殺

生，也不會毫無限度的去砍伐樹木，對不對？佛教跟道家都非常注重自然，不破壞生態的規律，所以我看到熊先生寫這種文字也很氣。因為熊先生他名氣很大，很多人看了他的書會受他影響。當代新儒學的祖師怎麼會講錯呢？他講的一定都是對的。一般人都是這樣瞭解，所以就用這段話來看佛教，誤會就非常嚴重。

關於熊先生的「本體與現象」、「體與用」兩對範疇，宋志明的《熊十力評傳》認為：「熊十力喜歡用體用範疇展示他的哲學體系，而不大使用本體與現象這對術語。」他分析道：

> 體與用相當於西方哲學中的本體與現象，但也有區別。「用」與「現象」不同。現象似乎是本體的派生物；用卻不可作這樣的理解，它並不是本體的派生物。用即是本體的功用，同體是一而二、二而一的整合關係。……在西方哲學中，現象似乎是游離於本體之外的東西；「用」無論如何也不能脫離本體。本體與現象是一對靜態的哲學範疇，如同凝固的畫面；體與用則是一對動態的哲學範疇，仿佛川流不息的河流。❽

本文大致同意《熊十力評傳》的看法，而熊先生本人確實以「體用不二」的說法為主，卻也偶見「實體、現象不可離而為二」❾這樣

---

❽　詳見宋志明：《熊十力評傳》，南昌：百花洲文藝出版社，1996，2 刷，國學大師叢書冊 4，頁 120-121。

❾　《乾坤衍》，頁 277。

的說法。從嚴格的角度來看,「本體與現象」、「體與用」之間應該有分別,但在熊先生眼中,「現象」與「用」都是本體自身展開的勢用,所謂「現象似乎是本體的派生物」之說,不為熊先生所取。熊先生的主張是本體與現象不可割裂為二,也就是體用不二。如果將熊先生所謂「現象」視為本體的派生物,則本體與現象便被析離為二了,這便像母雞生蛋的情況。此外,《熊十力評傳》提到「用即是本體的功用,同體是一而二、二而一的整合關係」,本文對「一而二、二而一的整合關係」這句話有一點異議。若說體用關係是一而二、二而一,則表示體用可以為二,這與熊先生體用不二說不符。所謂「整合」,就是將兩項或兩項以上的事物整頓結合在一起,從這個說法來看,若以體用為整合關係,則應與熊先生的原意有區別。類似的用法,如稱熊先生此說為「體用合一論」❿,本文以為,若必將「體用不二」用另一個名稱替代,則「體用為一」似比「體用合一」來得達意。稱「合一」,即將體用視為二物才得以合一,如果以「為一」代「不二」,便沒有這種誤會。

回應:宋志明的《熊十力評傳》說:「體與用相當於西方哲學中的本體與現象。」通常我們說體就是實體,用就是從實體發揮出來的那種作用,而且是實際呈現在我們感官面前的狀態。像希臘哲學,柏拉圖(Plato)講本體是完全不動的,他不是用理型(idea)來講本體嗎?我們現象界種種東西都是 idea 這個理型的 copy,就是仿製品。他講的這個 idea 存在於理型的世界,而我們是生活在現

---

❿　例如林安梧:《存有‧意識與實踐——熊十力體用哲學之詮釋與重建》,臺北:東大圖書股份有限公司,1993,頁 25。

象的世界。理型的世界是實體的、本體的世界，我們這邊就是現象的世界。在柏拉圖那套形而上學裏面，這兩個方面分得很清楚，是截然分開的兩重世界。熊先生如果拿這點來批評西方哲學就很好，用來批評佛教就不行。就是說，在西方哲學中，如果我們以柏拉圖作為代表的話，他那套形而上學就是把這個世界分成兩截，一截是理型的世界，另外一截是現象的世界。理型是完美的，現象是有缺憾的。理型就是一個模型、完美的模型。現象界裏的很多東西都是那個模型的仿製品。譬如說這裏有一個茶杯，那裏也有一個茶杯，它們互相之間有什麼關係呢？又跟理型有什麼關係呢？柏拉圖會這麼說，在理型的世界，有一個茶杯的理型，然後我們現象界就有種種不同的茶杯。可是不管你是用什麼原料來做茶杯，不管設計得多美麗，還是不如本體、或者說是理型世界的茶杯理型，它是百分之一百完美的。現象界的茶杯是物質性的存在，柏拉圖很正視這種物質性，但認為觀念性才有最高價值。有物質的成份在裏面，那些東西就不是完美的。

　　現在有一個問題，你說這些茶杯、這頂帽子、這支筆啊這些東西，都是相關理型的仿製品。那我們就問，你說現象世界的東西都是理型的仿製品，那這個理型世界裏的理型怎麼能影響到現實世界的那些東西，讓它們去模仿理型來形成現實上的東西呢？柏拉圖的答案是，由上帝來把這個理型從理型世界搬到實際的現象世界，讓現象世界的那些東西模仿它的 model、形狀，然後就構成不同的實在物，像這些茶杯。可是哪一個茶杯是最完美、最標準的呢？柏拉圖就會跟你講，這些茶杯之中與理型最相像的，就是最好的茶杯。在西方哲學中，形而上學方面受亞里斯多德、柏拉圖的影響很大。

當然也不只是他們那套形而上學的再延續下去，還有其他不同的形而上學，像基督教講的上帝就不一樣。

基督教講的上帝有動感，能創生這個世界。祂怎麼創生呢？人物沒有，動植物也沒有，萬物都沒有，全都是空的。為了要彌補這種空，上帝就拿一塊泥土來捏，捏了半天，就捏出一個人形來，模仿上帝祂自己的形象，令這個人形泥土變成一個男人，可能是吹一口氣：「呼！」像這樣子變出這個男人，就是亞當。但光是有男人不夠，要有女人才行。於是從亞當的肋骨裏面取一條出來，吹一下，女人夏娃就變出來了。跟著再做其他的動物，再做花草樹木、山河大地。所以上帝是一個很有動感的實體，跟柏拉圖說的理型完全不一樣。西方形而上學有很多不同的派別，理論也不一樣，包括對實體的看法也不一樣。像懷德海，他就不講實體，而講機體，就是每一個事物都有生機，不是固定不變的，是 organic，所以他那套東西，稱為機體主義哲學（philosophy of organism）。

再回頭看柏拉圖，他的理型是不能動的，只能待在理型世界，跟我們這個人間世界、現象世界，是兩重，分得很清楚。那理型世界怎麼樣對我們這個現象世界有影響呢？讓我們這個現象世界可以模仿，拿理型作為一種典範、一種標準來模仿呢？你要有方法接觸到那個理型才行，但理型不能動，那怎麼辦？柏拉圖提上帝出來，說上帝把這個理型搬到現象世界給我們模仿。然後他又說上帝也有上帝的理型，那上帝的理型也是存在於理型世界，祂也不能動啊，結果這個上帝的理型也要另一個上帝把祂搬出來。所以這套說法就有問題。他這樣就是無窮推溯，上帝的理型需要一個上帝來搬動祂，那這個上帝本來也是不能動的，也是一個理型，祂也需要另外

一個上帝來搬動祂，這麼一來不就成了一種無窮推溯麼？凡是一套哲學理論，陷入這種無窮推溯，問題就很嚴重，是一個大缺口，表示你這套理論是不完整的。

對「體」「用」這種名相，其實在晉代文獻裏面已經有了，晉代那些玄學家不是喜歡談形而上學的問題嗎？他們之中就有人用「體」「用」這對術語。魏晉玄學的王弼應該早就開始運用「體」「用」這對字眼，然後到了宋明理學，愈來愈流行。所以熊先生接上這種運用的傳統，也是很自然。實體和現象很明顯是西方哲學的，可能是日本人先用「本體」或者是「實體」跟「現象」這種譯詞，因為日本人接觸西方哲學比我們還要早，他們從明治維新那個時代已經開始很積極的學習西方的學問，包括哲學在裏面。「哲學」這個名相就是日本人先用，我們中國古代文獻裏面沒有「哲學」（philosophy）這個字眼。是日本人先用，然後我們覺得他們這樣用法對應於西方的 philosophy，很好！所以我們就跟著這樣用了。

你說體用不二，或者是體用為一，這個不二，起碼可以有兩種解讀的方式。一種就是從存有論來講，體跟用不能分開。就是說，要講體嘛，就要在用裏面講；講用嘛，就一定要在體裏面講，這是存有論的講法。體，是用的體；用，是體的用，體用不離，不二就是不離。另外一種解讀方式，就是體用完全一樣，不二是排除一切差別性，體跟用的差別性被排除後，體用就變成完全一樣了。不過這個方式也有一個問題，如果體跟用完全一樣，那我們就不需要立體用的名目了，也不需要講體用的關係。這是我的思考，在《純粹力動現象學》這本書裏，講到純粹力動。在純粹力動裏面，體跟用

是完全一樣，所以我要廢掉體用論，建構另一種形而上學，不是熊先生那種。熊先生是屬於第一種解釋，就是體跟用不離，不即不離，所以他常常講，「體用本不二，而亦有分」，「分」就是分別，體跟用雖然不二，可是還有分別。我那本《純粹力動現象學》前面第一章專門講熊先生的形而上學，裏面引了很多文獻上的依據，然後就判定熊先生講體用不二，是在存有論方面的不二，就是不分離。他以這個標準來批評佛教，說佛教把實體跟現象斬開為兩截，結果就成為兩重世界。如果這個體用不二就是體跟用不能分開的話，那本體的世界跟用的現象世界，就不會被砍成兩段，這是符合熊先生批評佛教的那種觀點。他就是覺得佛教在體用方面分得太清楚，實體的世界，或者說是本體的世界，跟現象的世界一起截開，分開為兩截。一截是本體的世界，另外一截是現象的世界。他就是從體用不二這種存有論方面的不能分開的性格，來批評佛教。

　　大體而言，熊先生對當時的體用論充斥著許多疑問與不滿。或將本體視為拔出在萬物之上的精神實體；或單純以用為體；又或否定萬有，令本體與現象分離等等。面對無法令他完全信服的諸多論調，自己重新建構一形上系統：

> 肯定功用，而不許於功用以外，求實體，實體已變成功用
> 故；肯定現象，而不許於現象以外，尋根源，根源已變成現
> 象故。……肯定萬有，而不許於萬有以外，索一元，一元已

變成萬有故。⓫

這就是熊先生著名的體用不二說。下文將分別對此說中的「體」、「用」定義作一討論。

回應：《乾坤衍》說「不許於功用以外，求實體」，就是說實體已經在功用裏面，那不是不分離的意思嗎？這很清楚。

學生問：因為熊先生下面接著說「實體已變成功用故」，我以為這是在實體跟功用之間畫上一個等號。

回應：實體變成功用，「變」這個字眼，是不是有表現的意味呢？說實體變成功用，根源變成現象，我想也不一定表示根源跟現象完全一樣。我們通常講「變」，就是有表現的意味。它本來表現為這個樣子，過了一陣子，又表現為別的樣貌，這樣也可以說「變」，就是不同的表現。

二、以本心為本體

在熊先生的形而上學的系統裏，對「本體」有以下六點描述⓬：

㈠本體是備萬理，含萬德，肇萬化，法爾清淨本然。

㈡本體是絕對的，若有所待，便不名為一切行的本體了。

⓫　《乾坤衍》，頁 237-238。
⓬　以下六點詳見《新唯識論》，頁 313-314。

㈢本體是幽隱的，無形相的，即是沒有空間性的。

㈣本體是恆久的，無始無終的，即是沒有時間性的。

㈤本體是全的，圓滿無缺的，不可剖割的。

㈥若說本體是不變易的，便已涵著變易了，若說本體是變易的，便已涵著不變易了。

回應：這裏先對第一點作說明，「含萬德」的「德」，與「道德」不必是同義。例如道家的《道德經》的「德」便不是道德義，而是同於「得」，表示萬物從道中得到、分享道的性格。所以這點可以再作進一步的研究。

依熊先生所言，本體不在時空限制下，所以應該無所謂恆久或一瞬、幽隱或顯著，任何跟時空有關的形容詞，都不能恰當的表示本體，有時不免是一種「強說」。[13]熊先生也說過：

> 至於本體是怎樣的一個物事，那是我們無可措思的。我們的思惟作用是從日常的經驗裏發展來的，……若思惟本體時，不能泯然亡相，即無法親得本體，只是緣慮自心所現之相而已。須知，本體不可作共相觀，作共相觀，便是心上所現似的一種相，此相便已物化，而不是真體呈露。[14]

---

[13] 熊先生在上面第四點夾注云：「此中恆久二字並不是時間意義，只強說為恆久。」《新唯識論》，頁 313-314。

[14] 《新唯識論》，頁 313。

由是，道可道，非常道。一切關於本體的語言文字描述，都是從人固有的思惟經驗裏得來，必須要忘言忘象，才能親得本體真意。第六點謂本體在不變易中涵著變易，反之亦然。這種說法乍看之下有矛盾存在，實則同上所述，本體是無可措思的，只能強為之說。當說本體變易時，是從它的用的萬殊有變而言，但本體自性並不隨之起變；可是也正因為本體的用的萬殊有變，所以稱本體自性不變時，又包含著勢用萬殊的變現。這就是所謂變易中涵著不變易，不變易中涵著變易。

回應：「變」這個字眼，其實我們對它的解讀也沒有一種一致性、一種共識。我們可以說，「變」是一種東西由 A 性質變成為另外一種具有 B 性質的東西，這種「變」就是在它的性質、內容發生變化。另外，我們也常常會這樣講，水到了零度以下就會結成冰，到一百度就會沸騰成為水蒸氣。如果這麼說，「變」就是指狀態發生改變，跟本質沒有關係，水還是 H_2O，還是兩個氫原子跟一個氧原子結合而成一個水分子。所以不管你是怎麼變，變成液體也好，固體也好，氣體也好，它都是 H_2O，而這樣講「變」，只能指狀態的那種變。但不管你是說哪一種變，都必須預認、presuppose 一種動感，就是你一定要能動，才能成變，不動就不變。這個「變」除了上面這兩個意思之外，還有沒有其他的意思呢？「變」基本上是一個宇宙論的觀念，宇宙論的基本內容是講萬物生成跟變化的歷程。宇宙嘛，universe，就是花草樹木、山河大地這些東西。它有生起，也有消失，它的發展有一個歷程可以說，每一個歷程都表示一種變化。佛教講常、住、壞、滅，就是說每一

種事物都有這四個主要歷程，緣起法、生滅法都有這種歷程。這樣講「變」，就比較複雜。這涉及在生以前，是誰生它？然後它滅了以後，又到哪裏去？它原來的姿態不見了，所以我們就說它消失了，但有可能是完全消失，也有可能是以另外一種姿態出現。

從「本體能變」的角度來看，熊先生又稱本體為「恆轉」。《新唯識論》說：

> 恆字是非斷的意思，轉字是非常的意思。非常非斷，故名恆
> 轉。我們從本體顯現為大用的方面來說，則以它是變動不居
> 的緣故，才說非常，若是恆常，便無變動了，便不成為用
> 了。又以它是變動不居的緣故，才說非斷，如或斷滅，也沒
> 有變動了，也不成為用了。不常亦不斷，才是能變，才成為
> 大用流行，所以把它叫做恆轉。❶❺

「恆轉」的意義在於本體能變，熊先生在《新唯識論》中談到「生命」時說：「恆創恆新之謂生，自本自根之謂命。」❶❻自本自根，表示無待於他物；恆創恆新，則與本體能變之意的「恆轉」相應。熊先生接著說：

> 二義互通，生即是命，命亦即是生故，故生命非一空泛的名
> 詞。吾人識得自家生命即是宇宙本體，故不得內吾身而外宇

---

❶❺ 《新唯識論》，頁 315。
❶❻ 《新唯識論》，頁 535。

宙。吾與宇宙，同一大生命故。**⑰**

可知生命即恆轉，即本體。熊先生又說：「生命與心靈不容分為二，離心靈無別生命可說故。」**⑱**與作為本體義的「生命」不容分為二，則「心靈」這個概念或為「體用不二」中的「用」，或即為本體。

回應：我們拿懷德海那一套機體主義哲學來看，他是這樣講的，每一種事物都是一個機體（organism），所謂機體，就是會發展的，有生機，不是停留在某一個階段不動。然後整個天地萬物合起來成為宇宙，也是一個機體，是一個總的大機體。這裏說恆轉跟生命，如果你要建立恆轉的概念，便要先肯定變化。一切東西一定要有變化的性格，才能講轉，如果沒有變化的可能性，那就不能講轉。可是一般的科學比較傾向於從靜態不變的情況來研究事物，其實那些事物本身不是這樣的。如果從哲學這邊來談，像這裏說的體用論，用是由體表現出來，而這個體如果像熊先生所講是有動感的，就有恆轉的作用。這個用有一種展現自己的作用，它也可以把自己展現為不同的現象，這不同的現象的概括性可以很寬很廣，但也有限制。凡是你能想到的都適用，也不一定在現實上具體地列舉出來。當實體表現、發展為各種不同的現象時，包括你腦袋裏天馬行空所想出來的東西，都可以成為其中一種現象。這樣講現象，我想不是熊先生的意思，他沒有講得那麼寬。我們通常講現象，是限

---

⑰　《新唯識論》，頁 535。
⑱　《新唯識論》，頁 538。

於我們生活環境裏面所接觸到的東西。我們很少會把現象關聯到純粹是幻想的東西，通常會把現象跟幻想分開。現象就是我們在時空裏面所碰到的東西；幻想、想像就不是這個意思，它不受時空的限制。我們通常是這樣分開的，我相信熊先生基本上也是順著這種常識、common sense，用一般人所謂現象的意思去講他的體用論。如果是這樣，我們只能說一切都是本體的顯現。所謂一切就是一切現象，花草樹木、山河大地都是本體的顯現，熊先生用「詐現」（pratibhāsa）這個字眼，是從佛教吸收進來的名相。

《新唯識論》又將「心」分為「本心」與「習心」。關於「習心」，熊先生說：

> 習心亦云量智，此心雖依本心的力用故有，而不即是本心，畢竟自成為一種東西。

這裏說習心自成為一種東西，表示習心不等同於本心。不過習心既然是依本心的力用而現起，則仍不脫「體用不二」的關係。關於「本心」，熊先生結合了佛道儒三家所謂的最高本體或終極境界來了解，他說：

> 本心亦云性智，是吾人與萬物所同具之本性。……道家之道心，佛氏之法性心，乃至王陽明之良知，皆本心之異名耳。❶⑨

---

❶⑨　以上兩段習心和本心的引文，詳見《新唯識論》，頁 548-549。

可見熊先生所謂的本心義，同於「恆轉」、「生命」，都是他的形而上學系統的本體的別稱。

回應：你引到《新唯識論》說「本心亦云性智，是吾人與萬物所同具之本性。……道家之道心，佛氏之法性心，乃至王陽明之良知，皆本心之異名耳。」熊先生這句話講得比較大意一點，嚴格來講不能這麼說。他講這個本心，大概是從孟子、陸九淵、王陽明那條線講下來，都稱作本心，內容是一樣，只是用不同的字眼來講。不過他提到法性心就有問題了。因為佛教講法性心，沒有實體的意味，它是在一種所謂非實體主義（non-substantialism）的脈絡下來講法性心，所以這個心沒有自性、沒有實體。可是儒家所講的，無論你說本心也好、良知也好，孟子不是說良知良能嗎？陸象山講吾心就是宇宙，王陽明說良知。儒家所有的這些講法都是把心看作實體，是在實體主義（substantialism）這種理論立場下講，熊先生在這裏沒有進一步判別。所以你如果這樣看他的文章，不加以細究，就會覺得佛教的心和儒家的心沒有分別。其實大有分別啊！一個是有實體，一個是沒有實體，整個哲學理論立場剛好是對反的。所以你講儒道佛三教合一，講來講去都是各講各的。你先不要講道家還是道教，就說儒佛合一好了，一講到這個層次就講不下去了。

西方人喜歡講什麼宗教比較、宗教對話，一講到一些關鍵性問題，還是你講你的，我講我的。對話之後沒有結果、沒有共識，你也不讓步，我也不讓步，一個是實體主義，一個是非實體主義，怎麼溝通呢？又例如基督教和佛教，你開口就講上帝，可是佛教根本不承認有上帝的存在，基督教跟佛教對話幾百年，還是沒有結果。

京都學派的阿部正雄，提出一種說法，就是把上帝淘空，empty，把祂空掉，把上帝的實體性空掉，也就是把佛教的非實體性灌注到基督教裏面去。他是有這麼一種提議，而且也跟西方一些神學家、哲學家、宗教家作了一些對話，但是成不成功，或成功到哪種程度，就很難講了。你要把西方那種上帝的實體性化掉、解構掉，結果基督教就沒有上帝了，那道成肉身怎麼講？耶穌的來源在哪裏？三位一體的架構怎麼成立？這完全不能講。所以西方很多跟他對話的人，對他提出這麼一種觀點，持保留的態度。他們也不是直接地說我不接受你這種講法，可是他們也沒有正面肯定。因為這個問題的後果很嚴重！他的目的就是要把上帝祢這個大實體打掉，但基督教如果沒有上帝，那還算是宗教嗎？上帝怎麼透過道成肉身，派遣獨生子耶穌來替世人贖罪呢？上十字架受苦受難，都不能講，那些宗教的效應、效果就沒有了。所以阿部正雄這個人也想得太天真了。我跟他很熟啊，他幾年前過世，九十一歲。在很多方面我跟他意見都不一樣，他還對朋友說，我是他的一個很好的對話夥伴，dialogue partner。我對他始終非常尊敬。對話是可以就一些稍為一般性的問題去進行，可是一涉及關鍵性的問題，就很難有共識。可是你也不要說對話沒有價值，因為你通過對話，才能更清楚理解對方跟自己的理念，知道自己這邊的缺點在哪裏，然後才可以講轉化，求進步。你如果沒有對話，那就沒有比較了。那你怎麼知道你那套東西是好還是不好呢？

學生問：老師您剛剛提到阿部正雄要把上帝的實體性淘空，這是指把上帝的人格化形象去掉嗎？還是說取消上帝創生萬物的意義

呢？

　　回應：你所說的創生萬物，不一定要採取基督教的講法，佛教也有這種講法，佛教也有創生的思想。所謂緣起、因緣說，就是一種解釋萬物生起的原則和方式。創生這種思想也不是只有基督教才有，凡是講宇宙論這一套哲學都會涉及這個問題。萬物怎麼生成呢？然後怎麼變化呢？最後會以什麼方式繼續發展呢？或者消失呢？這都是宇宙論所關心的重要問題。上帝那種創生萬物比較好懂，起碼如果你跟儒家比較，你就覺得基督教那套東西比較容易理解。因為基督教講的創生者，Creator，就是上帝，而上帝是一種人格化的實體。儒家沒這一套，儒家講天道、天命、天理，或者是良知，都沒有人格性，都沒有 personality，只是以一種原理的方式存在。可是上帝並不是這樣，祂有原理的意思，另外一面祂也有人格神的意味在裏面，以人格神的姿態存在，創造天地萬物。阿部正雄要打掉的不是人格神的形象，沒有那麼簡單，他要打掉的是整個實體性，要改造基督教，讓它從實體主義轉到非實體主義。他這種企圖，一定不會成功。我跟他談到這個問題的時候，我心裏面也不滿意，可是我沒有表現出來。我怕他失望，受不了，因為他這套東西弄了很久才提出來，跟他比的話我還是後輩，你一個後輩的身份跟他談這個問題，說他這種講法根本不能成立。你不能這樣講，他可能氣得生病啊！他那個時候都接近九十歲了。京都學派他們跟西方宗教進行對話，他們的野心都是滿大的，不會在一些小問題裏面鑽牛角尖。京都學派是鑽大問題來跟你討論，然後把你辯倒了，你輸掉了，他們就成功。可是你要辯倒西方那個大實體的上帝是很不容

易的，反過來你的非實體主義可能守不住啊！形勢是可以逆轉的。你要說服人家實體主義不對，應該採取非實體主義才行，但如果你學問的功力不夠，對方比你還要強，結果整個形勢都會變了，你不得不處於一種被動的位置，這樣便不是你轉化人，而是人轉化你。阿部正雄所找來的對手，都是比較理性的。有一些基督徒是很不理性的，你一說上帝這個大實體要打掉，變成為非實體的一種原理，他根本不能夠容忍這種講法，他會痛罵你的。我們通常講激進分子，尤其是回教那些人，很兇的！他講不過你，可是他也不想輸，就要動手打你了。還有另一種對話的結果是一走了之，跑掉了。以上這些對話都是失敗的。有一次我在加拿大，等公車的時候，當時冷得很，公車卻老是不來，我就在附近一間公司門口的石階坐著等。這時有一位四、五十歲的女基督徒來向我下手，她要把我轉化，那個時候我饑寒交迫，哪有心情跟她聊上帝的事呢？所以我就直說：「I don't want to know, I am not concerned about what you said.」結果她就說，你不聽我的話你就會下地獄，「Go to hell, you will go to hell！」然後我就很氣，怎麼基督徒會咒人家下地獄啊！你這種傳教的方式太愚蠢了，我說：「I will go after you！」妳先去呀，我會跟著來。像這樣，你怎麼能跟她對話呢？她是一個女生，很兇的，如果是男生，可能要動手打我的！你有傳教的自由，我也有不聽妳講的自由，為什麼要咒我下地獄呢？這是很不禮貌的一種反應。我說要去妳先去，「I'll follow you.」

三、翕闢的勢用

　　熊先生把體用不二說的「體」，確立為本心，而「用」則有翕與闢這兩個矢向。翕與闢從本體來看，都是一種動勢，兩者也沒有自體、沒有先後，方滅方生、才起即滅。這是它們大致的性格，以下分別討論。

㈠翕的化物

　　本體恆轉而善動，《新唯識論》說：

> 動的勢用起時，即有一種攝聚。這個攝聚的勢用，是積極的收凝。因此，不期然而然的，成為無量的形向。形向者，形質之初凝而至微細者也。以其本非具有形質的東西，但有成為形質的傾向而已，故以形向名之。物質宇宙，由此建立。這由攝聚而成形向的動勢，就名之為翕。❷⓿

　　作為本體的用，翕的動勢指向萬物的化成，能夠成就物質宇宙。熊先生所謂「形向」，可說是藉由「小一」發動而形成物質，《新唯識論》說：

> 萬物唯依一切小一而施設。若離小一，實無萬物可說。無量小一，相摩盪故，有跡象散著，命曰萬物。所以者何？小一

---

❷⓿　《新唯識論》，頁 317。

　　　雖未成乎形，然每一小一，是一剎那頓起而極凝的勢用。此
　　　等勢用，既多至無量，則彼此之間，有以時與位之相值適當
　　　而互相親比者，乃成為一系。亦自有不當其值而相乖違者。
　　　此所以不唯混成一系，而各得以其相親比者互別而成眾多
　　　系。……二箇系以上相比合之系群，漸有跡象，而或不顯
　　　著。及大多數的系群相比合，則象乃麤顯。㉑

熊先生以為，萬物乃至整個物質宇宙的形成，都是由小一頓起而漸
成。在初始未有形之時，小一之間互相親比，漸合成系群，又不只
形成單一的系群，而是形成多個系群。當系群之間彼此相比合，則
現象、物體便由是而起現。必須注意的是，小一並非原子之類的物
質組成的單位，它是一種頓現、剎那，從「動圈」而來。「動圈」
就是上文提到的「形向」，其形成則依翕的勢用，而動圈也未始有
質，不可析離。小一是否由動圈析出來呢？答案是否定的。動圈只
是一種形成物質的傾向，小一則是「剎那」的異名，兩者關係並不
是物質經驗下的甲物包含著乙物。因為「圈」字不是指涉它的形
狀，而是強用於形容收凝的動勢。動圈雖由翕的動勢而成，但翕不
能離闢而獨自生起，「每個翕之中，皆有闢的勢用周運其間」。㉒
小一既然由這動勢而作用，則它所顯現的萬物並無自性，「只是無
量凝勢，詐現種種跡象，因名萬物而已」。㉓若任由翕的勢用發

㉑　《新唯識論》，頁 490-491。
㉒　以上論述之依據，詳見《新唯識論》，頁 476。
㉓　《新唯識論》，頁 492。

展，則本體「便是完全物化，宇宙只是頑固堅凝的死物」。❷為避免完全物化，便有闢的動勢的運作。

　　回應：這裏熊先生是說，實體或者是本體，怎麼樣表現為用。用，你可以說是作用，表現出一種力量的作用，它可以成就種種不同的活動。另外，熊先生有時也把這個用看成為一種現象，或者是一種事件。從這個現象或事件成變，再凝聚，就會促成一些具體的物體，有種種感性方面的性格。而本體或實體表現它的用，熊先生在這裏提出許多字眼，像是攝聚、小一、形向，然後又提出「圈」這個字眼，他提那麼多的字眼，你可以說每一個字眼都表示整個歷程中的各個階段、環節。以本體表現它的大用來構架具體事件，來提出這幾個階段，這當然有漸教的意味。現在我們要問，熊先生這樣苦心去經營這個歷程，在這個歷程裏面他分開好幾個階段，這樣講給了我們一個看法──機械化，mechanical。好像你去開車，把車比喻為本體，你要從一個地方開去另一個地方，有一個歷程。你會不會開車呢？告訴我有多少個環節要做。

　　學生答：打開車門，坐上駕駛座，繫上安全帶，插入車鑰匙，發動，拉起手煞車，踩油門……。

　　回應：你看，有六、七個階段這麼多。這是在我們現象世界一般生活裏面所經驗到的生活，每一種活動都要分成一個階段一個階段的，相互銜接，拿你開車這種經驗活動來講，就有六、七個階

---

❷　《新唯識論》，頁 321。

段。你如何讓這部汽車發動運轉，需要一定的歷程來操縱，讓它從靜態變為動態，把你從這個地方載到另一個地方。我們在經驗世界或者說是現象的層次裏面，一定要經歷各個階段才能達到目的。也就是說，你非得依循一定的程序不可，才能讓汽車運作。所以我們說整個汽車的運作過程，從開始到發動，都是一種 mechanical 的 process，或者是說 mechanical movement。

本體是不是也像上面所說的那樣呢？如果本體的發用，跟我們處理一部汽車讓它發動一樣，那我們就看不出本體的特性在哪裏了。本體跟我們常常使用的汽車有什麼分別呢？我想這一點，是我們可以對熊先生講的體用論提出的問題。我的意思是，它既然是本體，就應該超越了時間跟空間、超越一切主客、人我種種的分別性、對立性。這些被超越的性格，現象界所有東西都有的，本體是超越這些東西的。起碼現象界裏面所有事物都不能離開時空性，運作也要一步一步來進行。現象中這些歷程的 meaning、意義，一定要依附時間這個概念才能成立，可是本體是沒有時空性的。本體不應該像一般機械一樣，要發動必須經歷各種階段。剛剛提到熊先生說的攝聚、小一、形向，其實也不需要講得那麼曲折，佛教裏面有一個字眼，叫「詐現」（pratibhāsa），就是說我們的心識變現宇宙萬象這種活動，好像有那麼一種東西，可是它是詐的，詐就是不真，是假的。例如這個茶杯放在我的前面，它有一定的形狀，也有它的作用。我們可以把水倒在裏面，然後拿來飲，可是它不是本體啊！有實在性嗎？不能說。所謂本體，所謂實在性，我們沒有一種認識的機能來確定，所以這些我們都不能說。從唯識學的角度看，杯子好像存在於我們眼前，宛然如有其物，可是真相是不是這樣呢？這

個杯子是不是一個真實、reality，或者說它只是一種現象，它在我們感官面前，呈現為這個樣子。如果它離開我們人的感官，在別的動物面前，那它所呈現在動物眼中的樣貌會不會跟我們人看到的一樣呢？進一步說，我們把杯子從現象界這個領域移走，放在本體的世界、物自身的世界，那它又是什麼樣子呢？這我們都不能說，因為我們沒有瞭解本體、實體、物自身的機能，從認識論這種學問來說就是這樣。所以這個杯子作為現象界裏面的一種存在、一種物體，呈現在我們眼前是這個樣子，我們只能說是詐現。以這麼一種詐現的活動就夠說明了，唯識學用詐現這個字眼來講經驗事物的存在性。而我們在這裏講本體，也可以說本體為了要顯現它自己，而詐現一些具體的、立體的東西，讓它在經驗世界、現象世界裏面有一個地位，發揮它的作用。這不是很直截了當嗎？也沒有mechanical 的意味。你上面引到熊先生《新唯識論》的「詐現種種跡象，因名萬物」字眼，就有這種講法，這是概括性的講。我們講本體的活動，講體用，其實不需要講得那麼機械性。

㈡闢的歸本

　　熊先生說：「翕和闢本非異體，只是勢用之有分殊而已。」㉕前文已提過翕的化物勢用，那麼，闢的勢用和它的分別在哪裏呢？據熊先生所說，本體是實有而不是物體，翕的化物勢用正與本體相反，而闢的動勢又與翕相反。運用於翕中所化成的萬物的歷程，就是以闢轉翕，使詐現的萬物顯發本體的精神、回歸於本體。因此熊

㉕　《新唯識論》，頁 321。

先生說：「闢雖不即是本體，卻是不物化的，是依據本體而起的。」❷闢不是物化，它仍然同翕一樣，是本體的勢用。

回應：闢，根據熊先生的講法，是本體的一種 function、作用。本體有兩種作用，一種是翕，是凝聚的勢用，另外一種是闢，是開發的。凝聚跟開發的作用剛好相反，本體就通過這兩種不同的勢用而活動。

熊先生曾多次用大海水與眾漚來比喻體與用（現象）的關係：「譬如大海水是眾漚的自身，不可說大海水是超脫乎眾漚而獨存。」❷此說一方面展示實體並非超拔於萬物以外，同時也聲明體用關係是一不是二，也就是說，本體與翕闢不可二分。

回應：熊先生用大海水跟眾漚來比喻體跟用的關係，這種比喻有沒有問題呢？你們通常可能沒有想得那麼細微。這個比喻如果細心去探究，就會發現裏面有問題。我看別人研究熊先生，講到這裏，好像都沒有異議，都同意他用這種比喻來講體用關係，但是我發現這個比喻有些地方不夠周延恰當。他用大海水來解讀「體」，然後用眾漚來解讀「用」，而體顯現為用，就好比大海水顯現為眾漚，眾漚就是一個一個的波浪。從性質來講，大海水的性質的是什麼呢？最明顯的是溼性，不管什麼水都有溼性，眾漚也有溼性，從這裏就可以找到一個共通點，也就是大海水跟眾漚都以「溼」為它們的性格，「溼」就可以比喻為體的性質。那體跟用是不是也可以

❷　《新唯識論》，頁 321。
❷　《乾坤衍》，頁 236。

這樣講呢？它們有沒有共同的性格，就像大海水和眾漚那樣呢？這好像講不出來吧，這就是一個問題。即是，如果你說現象從實在的本體那裏得到了一些真實性，但是真實性並不能代表現象的全部性格，而大海水跟眾漚都可以用「溼」來概括其性，所以問題還是沒有解決。

第二個問題，你說眾漚，那只是在大海水表層的一些波浪，可是它不是大海水的全部。大海水除了表層的眾漚以外，還有底部的水，眾漚下面還有海水。所以我們說大海水表現為眾漚，這個眾漚只能限於大海水表面那一部分，而眾漚底下的部分就沒有處理了。我想正確的講法應該是，大海水的表層表現為眾漚，然後它的底部、眾漚下面的海水我們看不到，可是我們憑常識、用 common sense 來推論，波浪下面還是海水，性質還是跟波浪一樣，可是因為它在波浪下面，我們看不到。大海水表現為眾漚，不足以概括所有的大海水，而體表現為用，應該是全體大用，這就是另外一個疑點。

熊先生又說：

> 闢的勢用是剛健的，是運行於翕之中，而能轉翕從己的，即依闢故，假說為心。[28]

若以「物」來稱呼翕的勢用，則闢的勢用可稱為「心」，此處指的

---

[28]　《新唯識論》，頁 319。

「心」不是本心義。「心」與「物」同樣是本體顯發的大用，據熊先生的定義，兩者的勢用雖然不同，但它們的體則是一致的，可說是相反相成的整體。㉙熊先生再進一步說：

> 這個整體非是由各別的東西混同而成為一合相，卻是一全整體而復現有分化，即有內在的矛盾，以遂其發展的。㉚

正是因為有闢的勢用，在本體內造成與翕的相反矛盾，令萬物顯發本體的精神，使它回歸本體，宇宙才免去完全物化而成為死物的境地，所以熊先生又稱闢為「宇宙的心」、「宇宙精神」。㉛從這個角度看，雖然翕闢本來不是異體，但是「於闢可說為本源的，而翕畢竟是從屬的。」㉜

回應：你上面引《新唯識論》說：「這個整體非是由各別的東西混同而成為一合相，卻是一全整體而復現有分化，即有內在的矛盾，以遂其發展的。」這個講法也有問題。我們說本體是一體性的整一體，或者說本體的體性是純一無雜的。但是熊先生說本體有內在的矛盾，有矛盾就預設複雜性。本體既然是純一的，怎麼能夠含有複雜性呢？如果本體含有複雜性，就表示在本體裏面有一些複

㉙　以上論述的依據，詳見《新唯識論》，頁 323。

㉚　《新唯識論》，頁 326。

㉛　「宇宙的心」、「宇宙精神」的字眼分別見於《新唯識論》，頁 326 與 328。

㉜　《新唯識論》，頁 330。

雜、矛盾的東西，也就是說，這個本體還可以還原為它所包含的那些複雜的東西。如果是這樣，這個本體就不是終極的。所謂終極就是一種東西不能再還原為比它更基本的東西，我們就說這種東西有終極性。如果像熊先生講這個本體裏面有矛盾的情況，然後又有複雜性，這樣本體就可以再被分析，把矛盾的雙方找出來，把那些表現為複雜性的不同成分找出來，這些東西就比本體更為基本，那本體既不是終極的，這個定義就有問題。

我們通常所瞭解的本體，是終極的存在，純一無雜，這「純一無雜」是儒家對本體的一種很重要的確認。宇宙萬有的東西都有雜，都不是純一，惟有本體是純一無雜。若說有內在的矛盾，或說複雜性，都不能講到本體身上。所以有些自許為新儒家的人物，喜歡讀熊先生的著作，熊先生怎麼講，他們就怎麼講；熊先生沒有講過的東西他們就不講。對熊先生的東西毫無保留的接受，沒有批評。他們不是以一種批判的眼光來看熊先生，而是把熊先生視為一代宗師、新儒家的開山祖，地位是非常崇高的。他們覺得熊先生講的話有權威性，一定是對的，任何批評都不行。有這麼一些人，而且不少，這種情況我們要注意。熊先生當然是一個很偉大的人，學問也非常深廣，可是他也有他的限制。有些比較細微的地方，如果我們詳細去思考一下，你就會發現他的講法也不見得完全周延。剛剛談的問題，好像在牟先生、唐先生的著作中也沒有提到，其他一般人好像也沒講過。

學生問：范縝的〈神滅論〉用刀子跟鋒利來比喻形神的關係，論證離開了形體，就沒有所謂的精神存在。我們可不可以把這個比

喻放在體用不二這裏呢？刀子比喻為本體，鋒利比喻為用。鋒利是肉眼看不到的，必須藉由刀子來切割東西、發用的時候才能顯現；那刀子不切的時候，我們就看不到鋒利。這有點像熊先生說詐現的意思，不知道這個比喻適不適合呢？

　　回應：這也沒有什麼不可以，但是也沒有什麼特別啊，每一種工具我們都可以這樣講。工具本身是本體，工具的功能為作用，每種工具都可以這麼說，看不出有什麼深度，在思想上沒有洞見。像茶杯也是一樣，茶杯是本體，可以裝水就是它的用。問題是，不管你是講工具本身還是講它的作用，都是在現象、經驗這個領域裏面講。以一種現象、經驗性的東西來比配本體，這麼一比的話，那本體就會有工具性、現象化的情況出現。如果再順著現象界的東西和特性來比配，那就離本體愈來愈遠了。起碼，這樣比喻會使本體很難免除時間性和空間性，這點很重要。現象界裏面所有東西都有分析性，可以被分解、被解構的，像佛教講緣起一樣，所有緣起的東西都可以被分析出它們的組成成分。如果你把這種分解的性格運用到本體方面去，那本體也會變成為一種可被分析的東西，還可以分析出構成本體的部分，這樣本體就失去了純一性，本體就變成一種緣起法、生滅法，這個問題很嚴重，哪裏還會有本體可以講呢？

四、關於體用不二說的兩個疑問

　　在熊先生的體用不二說中，關於純一的本體，如何具有矛盾相反的翕闢二用，而造成難以避免的複雜性，進而可再析離複雜因

素，使本體失去終極的確義，這無疑是個問題。對此，吳汝鈞先生在〈當代新儒學體用不二論的突破與純粹力動觀念的提出〉一文中作出回應，他說明物、心的種種詐現，都是本體在變化行程中的跡象：

> 這行程或歷程（process）非常重要，它依仗本體而表現為下墮和升揚兩種導向：下墮成物，升揚成心。❸❸

這個歷程並不代表本體具有複雜性，但熊先生以本體具複雜性，由翕闢成變而開出現象界。吳汝鈞先生則認為：

> 實則應該說本體自身便是辯證性格，可自我否定而發展出反的一面，此反的一面與原來的正的一面相反相成而成變，開展出現象世界。辯證性格並不是本體存有論地具有複雜性。這樣便可避開本體因具複雜性而可被還原為其複雜成分，而失去其終極義、純一義的困難。❸❹

由是，熊先生體用不二說中的本體，仍然保留它的純一而不可析離的完全性、圓滿性。宋志明的《熊十力評傳》在論述對本體的規定時說過：

---

❸❸　詳見吳汝鈞：〈當代新儒學體用不二論的突破與純粹力動觀念的提出〉，頁427。

❸❹　〈當代新儒學體用不二論的突破與純粹力動觀念的提出〉，頁428。

> 一切事物作為現象來說都是部分，都是可以分割的，然而部分只有在整體中才成其為部分。本體作為整體來說，不是部分的相加之和，而是使部分成為部分的依據，它理應具有圓滿無缺、不可分割的規定性。**㉟**

作者將勢用也視為本體的部分，而本體並不由部分相加而得，所以不可因為勢用的關係再去析離本體。這個說法也能作為參考。

由本體自身具辯證性格，使正反兩面開展出現象世界，保證了本體的純一圓滿。然而，據熊先生的推斷，現象世界由小一形成，但是小一並不具物質性，本體的正反兩面也不具物質性。不具物質性的小一，無論相合成多少系群，又有無數的系群相結合，仍然不會具有物質性，熊先生也尚且認為現象界的萬物並無自性，「只是無量凝勢，詐現種種跡象」。以「詐現」描述小一形成萬物的情況，表示現象萬物並非真的出現，這樣，在熊先生的體用不二學說中，現象是否即如佛家所謂的「法相如幻」，成為一種與真實而存在的本體相對立的假象呢？如此一來，實有的本體與虛幻的現象畢竟有別，還能不能毫釐不差的納入體用不二的理論中呢？在《新唯識論》第一章〈明宗〉的末段，熊先生說：

> 因為我人的生命，與宇宙的大生命原來不二。所以，我們憑著性智的自明自識才能實證本體，才自信真理不待外求，才自覺生活有無窮無盡的寶藏。若是不求諸自家本有的自明自

㉟　《熊十力評傳》，頁132。

識的性智，而祇任量智把本體當作外在的物事去猜度，或則
憑臆想建立某種本體，或則任妄見否定了本體，這都是自絕
於真理的。

當推敲本體與現象究竟是不一還是不二的同時，就熊先生的看法來
說，已經是自絕於真理之外。

回應：上面這幾句話的措詞不免過激，對不一、不二的問題的
討論，應不必有「絕於真理之外」的意思在其中。不然的話，熊先
生提體用不二說也有問題了。

以量智去臆度不在我們生命之內的實體，因此便生起惑、煩
惱。熊先生在上一段引文後接著說明真理顯現的境界：

> 到此境界，現前相對的宇宙，即是絕對的真實，不更欣求所
> 謂寂滅的境地。現前千變萬動的，即是大寂滅的。大寂滅
> 的，即是現前千變萬動的。不要厭離現前千變萬動的宇宙而
> 別求寂滅，也不要淪溺在現前千變萬動的宇宙而失掉了寂滅
> 境地。本論底宗極，只是如此的。**㊱**

熊先生一方面肯定宇宙是絕對的真實，一方面又以現象萬殊為大寂
滅。從真實的一面來說，是見體；從大寂滅的一面看，是顯用。這
樣，便能說即體即用而體用不二，「不二」的意思不只是「不可二

㊱　以上兩段引文，詳見《新唯識論》，頁 254-255。

分」，也是「不必二分」。依熊先生的主張來看，這可能不是「問題」的答案，或者應該說，「『實有的本體』與『虛幻的現象』如何納入體用不二關係之中」，這個問題的本身已經出現了問題，也就是說，這個問題是否能夠成立？這是本文須再琢磨的所在。

回應：你這裏是參考我的講法。你問「實有的本體與虛幻的現象如何納入體用不二關係之中」，怎麼會提出這個問題呢？你說這個問題的本身已經出現了問題，出現的是什麼問題呢？

學生答：我原先的想法是這樣的，不是屬於物質界的小一，它怎麼構成物質世界？後來進一步考慮，照熊先生的說法，本體是實在而存有的，而小一是假的、詐現的，不是真的。如果我們硬要把小一詐現的這個物質世界提出來跟本體對舉，這是不是不符合體用不二的意思呢？體跟用是一起的，不是分立而可以拿出來對舉的。

回應：不過現在問題是，依據他的體用不二的基本前提，一切現象都是從本體生出來，不管你是用詐現還是用別的字眼，反正現象的根源就是本體，同時也是本體的表現、作用。你這裏提「實有的本體與虛幻的現象」就有問題。本體是實有，根據體用不二的觀點，現象是從真實、實有的本體創生出來，或者是詐現出來。本體既然是真實的，它詐現出來的東西怎麼會是虛幻的呢？這就有問題。因為這個萬有的現象，如果不從本體這方面來講，而從印度的一些外道講法來說，就叫作無因生。外道是被佛教否定的，他們不講因果律，不講緣起，而講有些東西就是無因生，沒有原因，不曉得怎麼樣它就生出來了，這是外道所說的生法。在此之外，就是體

用不二的生法，是由真實的實體創生出來，在實體的活動裏面就給創生出來。這兩種情況不一樣，第一種無因生，既然是無因生，這種東西就可以說隨時會毀滅、會消失。你也可以說，它既然是無因生，那也會是無因滅。因為它不講生滅的因果規矩，不守因果的關係。無因生跟無因滅，都背離了因果律，背離了緣起的法則。所以像這些無因生、無因滅的東西，你可以說它是虛幻的，因為它沒有真實的來源；然後它消失，也是突然間不曉得為什麼就滅掉了。可是你現在說那些現象是從實有的本體的活動裏面顯現出來，這樣講的話，這些現象就應該承受了本體的真實性，而不是虛幻的。這種現象有它從本體方面分享到的體性，就因為這一點，它也有它的實在性，不能說它是虛幻。

宋明儒學有一種講法：實理實事。宋明儒者也講體用，但比較常用理事這對字眼，因為體用的字眼是偏向於玄學的、形而上學方面的概念，理事則近於生活、常識。宋明儒學喜歡講一些跟我們平常生活有密切關係、有親切感的概念，所以他們講理事，比較少講體用。但這沒有問題，哲學含義是一樣的。宋明儒者說事的根源在理，理的發用在事。事既然是從理發展出來，而理是真實不虛的，所以它所發展出來的事，也應該是真實不虛的。否則的話，你這個理就不能看作事的原因了。如果說實體真實不虛，那它所表現出來的現象、種種事物，也應該具有真實不虛的性格，不可能是你這裏所提的虛幻的現象，這是一點。

我們再看理事的關係，現在從體用關係轉到理事關係，也就是讓熊先生這套思想接上宋明儒學。理事關係有沒有問題呢？真實不虛的理、形而上的理，會創生出種種的事，這樣子的情況就是所謂

「實理實事」，實就是真實，事就是現象。宋明儒者這種講法相當於熊先生講的體用關係。我現在從實理實事這邊提一點，如果你在這裏抓得太緊，把「實」這個字眼抓得太實了，例如茶杯、桌子、眼鏡……等等，通通是事物、現象，這些東西有它們的實在性，而實在性是來自於存有的根源，也就是從實理那方面創生出來的，so far so good，到這裏為止沒有問題。可是你老是抓住「實」這個字眼不放，結果就是理當然是實實在在，而它產生出來的那些事也是實實在在，跟理一樣。問題就來了，如果世間種種的事、種種的物體，都有很強的實在性，你就不容易去動它，要改變它就很難。換句話說，它那種實在性的強度愈高，它固守那種狀態的能力就愈強，相對的你就愈難去改變它。如果發展到這種程度，轉變就變成非常困難，甚至是不可能。所以，理事關係一般來講沒有問題，可是如果你解讀的不是很正確、不恰當，抓得太緊，那麼這種事就凝固，不能改變了。如果真是到了這個程度，所有道德上的教化跟宗教上的轉化，就變得不可能。

一個人如果有一種很強很強的主觀性，總是以為自己講的話、自己看的東西都是正確的，他就陷於死煞了的這種狀態裏。一旦到了死煞的程度，就是太實了，不管你拿什麼東西來影響他，都沒有效果，這個人就沒有救了，不會再聽別人的意見。他對自己的觀察力、思考力有百分之百的信心，其他人要給他什麼意見，在他有困難的時候幫忙他，提出一些見解，他都聽不進去了。如果「事」到了這種難以改變的程度，道德的教化跟宗教轉化既然行不通，也就沒有意義。宋明理學有這個危機，可是一般新儒家的人物不重視這一點，甚至沒有覺察到此中的問題所在。總而言之，理事這種關係

要抓得恰當才行，鬆動一點，不要抓死，抓死的話便很難有進步。一個人可能以為自己什麼都懂，在所有的學問中，自己都是第一的。如果有這麼一個人的話，他就不會聽別人的意見，也看不起你，你提什麼東西他都覺得無聊、沒有用。你要他有進步就很難，因為他太自滿，哪裏會容納其他人的意見呢？他只能原地踏步。

我們再從實理實事回轉到體用關係上，「用」這個概念，像「事」一樣，也不要抓得太緊。你對某些事情有很正確很恰當的瞭解，這當然很好，可是你這種瞭解，只限於你自己而已，即便是正確的，這種個人的瞭解是不是絕對完美無缺，非常周延，適用於每一個人而沒有可批評的空間呢？這就很難說。因為我們不是上帝，我們是人。人的那種主觀性，尤其是在認識、知識這方面，總是有限制。你根本沒有可能對某一件事情有百分之百正確的、全面的瞭解。這種瞭解，或者是說絕對的瞭解，人是沒有的，上帝才有。所以你到了這麼一種高度，還是要謙虛一點好，多聽一些別人的意見，看看別人的瞭解有沒有值得參考的地方。如果你沒有這種謙虛的心情，犯上了佛教裏面講的嚴重的煩惱——自慢、自癡、自見、自愛等，你就很麻煩，你就不會有進步了。

熊先生講體用關係，作用從本體發出來，本體是無限的，作用是有限的。作用到了某一個階段就達到盡頭，不能再繼續發展，它就要回轉，不能老是堅持走一個方向。這裏就有一種對自我的瞭解的智慧。你的長處表現到了某種程度，是極限了，大家都很讚賞，你就應該見好就收，不要勉強再進一步。不可能，因為你有限制，你不是上帝，不是本體，你是現象啊，現象就有限制。我們要注意，熊先生提體用不二，我們上一次已經講過，體跟用在存有論上

不能分離，他講不二，就是這個意思，不是相等、相同的意味。不二這個字眼，從邏輯的角度來看，不二就是同一，沒有第二個可能性。可是熊先生在這裏不是講邏輯，而是講形而上學。他有一些地方就強調體用雖不二，而亦有分。我們要注意這個「分」，「分」就是分際、分別。他講這個體用的分別在哪裏呢？體是根源，用是發用。例如樹木有它的根，往上發展有它的主幹，然後有樹枝、樹葉，然後開花、結果。有些植物只開花不結果，有些只結果不開花，這沒關係，分別還是有的。熊先生的觀點在於，活力、作用、力量需要從一個根源發揮出來才行。如果沒有根源的話，力用、表現就不能成立。現在我們把體用關係運用到日常生活裏面，涉及現象、力量、活動，它們需要有一個根源作為依靠，才能發揮出來，如果沒有根源，現象、作用就不能說。

學生問：老師您剛剛說樹從樹根到樹葉的那一段話，表示必須有一個根源，才會有這些生長的活動。這跟亞里斯多德（Aristotle）的由潛能到現實有沒有相通的地方呢？亞里斯多德說一個東西有它的內在價值，經歷了一些過程後呈顯出來，這跟老師剛剛提的有無適切性呢？

回應：你可以這樣說，亞里斯多德不是講四因說嗎？其中有一個是動力因，這就是一種潛能、力量的意味。如果這種情況放在體用關係來講，還是一樣，一種力量、作用能夠成效、能夠發揮它的影響力，還得需要一個發力的根源。例如一部發電機，它好比是本體，發電就是它的力用，如果不談發電機，就不能說電能，發電機就是電能的根源。講到這裏好像沒有問題，可是再深入探究，你說

一種作用，在它以外需要有一個根源才能發出來，像發電機那樣，這種情況是所謂 mechanical 的關係。這種關係在我們現象界裏面講，沒有問題，我們就是生活在這種經驗的、現象的環境裏面。可是體用關係是形而上學的問題，不是經驗性的問題，我們不能以一個處理經驗事物的方式來處理體用關係的問題。這種類比一到了這個程度，你的腦袋就要活轉一點。我們現在討論的是體用問題、存有論、本體論、形而上學的問題，而發電機發電是屬於現象範圍裏面的一個項目。所以在形而上學這邊談體用問題，並不一定要依據現象界的情況來看。我們是不是可以說，宇宙裏面存在著一種形而上的活動、一種超越的活動，或者說一種精神性格的活動呢？這種活動本身就是一股力量，既然涉及活動的狀態，那力量就已經含在裏面了，我們是不是還要為這種力量再找一個實體作為發出力量的根源，像我們要為電能找一個發電機作為它的根源，然後電能才能說、才能出現呢？這個問題是很費思考的。我們自己可以憑感應，感到宇宙裏面有一種精神的力量，這種力量不是一般物理的力量，它是一種精神的力動，像我所講的純粹力動，它就存在於精神活動裏面，它也正是精神活動本身。它自己當然是用、是力用，因為它是一種活動，力量當然含在裏面。這樣我還需不需要在外邊替它尋求一個體，作為這種力量的根源呢？不需要。因為在這種情況下，它一方面是力，另外也是體。它之外，沒有別的體。如果你要在它以外找一個實體，那你永遠也找不到，因為體就在這個力用裏面，你要向外找，就是「騎驢覓驢」，沒有結果。你在騎驢，驢已經在你的胯下，你還要再到外面找驢，找不到了。

後　記

一、

　　關於熊十力的體用不二的形而上學，我在拙著《純粹力動現象學》中提出過兩個問題，其一是他說本體或實體有複雜性，這是很難說得通的。這複雜性指涉一些異質的元素或構成物，說本體有複雜性意味著本體內有異質的元素存在，或本體由這異質的元素所合成。這樣，本體便可分解為構成它自身的元素，倘若是這樣的話，則這些元素比本體更為根本，更具終極性。這樣，本體的真實的終極性便不能說，而本體也不成本體了。熊氏提出本體有複雜性的目的，本來是要交代本體的發用顯現為眾多不同的現象、事物的，現在反而引來本體不能說終極性的困難，這真是無風起浪，好肉剜瘡。實際上，要交代本體起用而生起種種不同性質的東西，只需就本體有反或自我否定的作用、功能，種種東西的不同性，可在本體的自我否定而生起相反的或相異的東西一點中交代便可，不必提複雜性的問題。

　　另外一個問題是，熊十力認為本體必發而為用，而用也必要由本體發出來。其意即是本體必表現為萬物，而萬物亦必由本體所創生。就開拓出萬物的用的根源而言，這用必是由本體發出來。則用由體發便可類比為在我們的經驗的現實中種種作用必須由一個源頭發出來，如電能由發電機發出來那樣。這樣來看體用關係，不免有機械化之嫌，把本體類比為一臺機器。實際上，說用由體發可類比到現實的種種作用要由一臺機器發出來，只是一種方便說法，在終

極的、絕對的層面，便不能這樣說。即是說，用作為一種力用、活動，更恰當地說是一種超越的活動，是不是一定要在存有論上在外面為它尋求一個體、一個源頭，作為它的存在的依據呢？倘若用自身是以超越的活動的姿態存在，則它本身已具有終極性，具有力量，則我們不必再在外面替它找一個體或一種具有實體的、體性義的東西來交代它的存在。它自身便是體，便是實體。在超越的活動中自然有力量、力用在，這力量、力用的來源便是它自己，是超越的活動自己。倘若要說體用關係，則這超越的活動便是用，也便是體。在這種脈絡下，不必有體與用的區分，或者可以說，體與用完全是同一的東西，不必立體用關係。體用關係只存在於現象界、經驗界中，在超越的、終極的世界，無所謂體用關係。

二、

現在我們要探討另外一個問題。在熊十力的體用不二的形而上學中，體的作用或由實體、本體發出來的作用有兩種矢向，其一是聚斂的，他說是「翕」，另一則是開發的，他說是「闢」。根據上面所引文字的意思，本體發而為用，有兩種動勢或矢向：翕與闢。翕是攝聚、收凝作用，這種作用自然法爾地、不期然而然地成為無量數的「形向」。所謂形向是事物在形質發展的初期的至微至細的狀態，它本來不是具有形質的東西，只是有向形質的東西發展的傾向。物質的宇宙、世界，便建立在形向上。

那麼具體的事物或萬物是如何形成的呢？熊先生在此提出「小一」概念，表示具體的萬物是由這些小一所施設的。無量數的小一在宇宙中相互摩盪、接觸，便成萬物。要注意的是，小一雖然不是

在具體的形質的狀態，不是具體物，但是剎那剎那頓起頓現的的一種勢用的極凝，因而勢用也是無量數的。這些無量數的勢用在時間與空間的直覺形式的相互排比之中，得以相互親近，而成為一個一個的組別，熊氏稱這些組別為「系」。當然亦有在時間與空間的直覺形式上不構成相互的排比，因而成為相互乖違、不協調的情況，在這種情況下，系的形成便無從說起。系與系之間，相親相比，因而有數量極夥的多個系形成。兩個系或以上相互比合、依附，可成為系群，漸漸有跡象展現，但並不顯著。若更多或大多數系群相互比合、相互依附，便會讓所形成的跡象變得粗大而顯著，這樣便可成就具體的事物。這些事物合起來便成世界、宇宙。

熊先生這樣構思固然可以比較詳盡地、精確地說明萬物、世界的宇宙論的生成，但顯然有一種機械化、人為經營的傾向，而形成一種構造論的說法；在這種說法中，我們可以多處地看到他是模擬現代科學特別是物理、化學所提供的科學世界的形成。這樣，他的本體宇宙論的哲學或形而上學的性格便淡化下來，而移向科學方面，或竟成為一種科學的學說、假設（scientific hypothesis）。在這種設想中，他心目中存有一種科學的世界構造的想法，只是以宇宙論的名相來說明罷了。此中最需要注意的，便是「小一」概念。這很明顯地是參考現代物理學的質子、中子、電子以至「原子」（atom）或印度哲學、佛學所說的「極微」（aṇu）而來。質子、中子、電子構成原子，多數原子聚合成分子（molecule）。這些分子由於太過於細小，我們的肉眼無法見到。但多數以至無量數的分子聚合起來，便成一個粗大的物理體（physical body），我們的肉眼便可見到了。例如無量數的米分子聚合起來，便成米粒。我們無法見到

米分子，但可以見到米粒、一粒一粒具體的、白色而有一定硬度的米粒。依照同樣的原理，很多事物或物體都可以清楚地出現在我們的視覺面前，而為我們所見到：見到它的形狀、顏色等等外形。無量數事物、物體聚合在一起，便成整個宇宙、世界了。熊氏提出的小一，可視為相應於物理學上的質子、中子、電子等粒子。無量數的小一相互摩盪、接觸，而成以勢用的方式存在的極凝。這相應於由多數粒子結聚而成原子。作為勢用的極凝在時空中相互排配親近，而聚合起來，成為系。這相應於多數原子聚合在一起而成分子。例如兩粒氫原子與一粒氧原子聚合而成一粒水分子。由系的組合而成為系群，相應於若干分子的組合，例如若干水分子的組合。系群可以不斷因碰觸而聯結起來，構成一個粗大的形象，我們的肉眼便可以看到。這相應於多數水分子的組合相聚，終於成為我們的肉眼可以看到的水滴。之後發展為包含多數量水滴的可以放在容器中的一杯水、一碗水，以至大河、大海中的水，便容易說了。

　　熊先生的這種構想，可以成就一種科學化的形而上學，或本體宇宙論。由於科學化的關係，純粹的形上學或本體宇宙論的哲學便不容易說了。這可以說是他的體用不二的形而上學的限制。我在構思自己的純粹力動現象學的理論體系中，對於具體的、立體的事物的形成，並不採取熊十力的那種如上述般煩瑣的說法，而是以分化（differentiation）與詐現（pratibhāsa）的宇宙論概念來說。即是，純粹力動在開拓出整個存在世界的歷程中，先凝聚，然後下墮，詐現為經驗的氣，這氣相應於熊氏的形向，氣再進行分化，詐現為宇宙中種種具體的、立體的萬物。這可避開了經營小一、極凝、系、系群、形象這些具有濃厚的科學的構造論意味的概念。「詐現」是一

個很具靈活意味的宇宙論概念；宇宙萬物便是透過作為終極原理的純粹力動的兩重詐現而成就今日呈現在我們感官面前的立體的、具體的東西、環境。這些東西好像真有其物地在我們的感官面前出現，表現為種種式式的多元的樣貌，因此用「詐」字眼，表示不是真實的，是宛然如有其物的意思。限於篇幅，這個問題我們只能討論到這裏，希望以後有機會作進一步的細論。

第三章
唐君毅的「心通九境」論

一、前言

　　唐君毅在當代新儒家學者之中，其著作內容所涉論題可謂最為廣泛。他的哲學體系雖然龐大，但卻是統之有宗、會之有元的。他的哲學體系主要便是以「道德自我」或「道德理性」為主軸以貫串一切人類文化的精神活動❶，並探討這一作為人類文化精神的動力根源的道德主體性的昇進發展，及觀照這一主體性的各種心靈活動的展現，後者的內容見於他的晚年鉅著《生命存在與心靈境界》一書中。約略言之，唐先生的著作大致可分為三個階段，第一階段是以探索人類內在的道德主體性為主，並說明這一道德主體性的辯證發展，此時期的代表作為《道德自我之建立》。第二階段則是對於

---

❶　關於這點，唐君毅先生的早年著作如《道德自我之建立》及《文化意識與道德理性》二書的內容，便是以「道德自我」或「道德理性」為哲學系統的根本精神，以探討由它所開展出來的各種文化面向，而他晚年的《生命存在與心靈境界》雖以審視人類的各種不同的心靈活動為主，但最終亦是歸本於道德主體性或道德理性作為各種心靈活動的根源。

人類的文化精神作一通盤的考論，並對於中國文化作一理解與反省，說明其精神價值與意義所在，進而說明道德主體性作為人類文化精神的根源意義。這期的代表作為《文化意識與道德理性》。第三階段則是對於中國哲學的研究與對於人類心靈活動的探索，這階段的代表作為六冊的《中國哲學原論》及《生命存在與心靈境界》。

　　由於唐先生的哲學體系過於龐大，要在一篇文章中全面探討他的哲學系統是不可能的，因此本文的論述將集中於探討他的晚年著作《生命存在與心靈境界》對於作為超主客境界的儒釋耶三教的精神的判釋。本文會先探討唐先生如何觀照各種不同的心靈活動和他如何證成這九境論的說法，進而集中探究他如何判釋儒釋耶三教，最後對他的判教理論與根據作一討論。

　　回應：這裏我們可以做些補充，第一點就是你所提的唐先生思想發展的三個階段，每一個階段都以一本著作為代表，第一期是以《道德自我之建立》作為代表，第二期是《文化意識與道德理性》，第三期是《生命存在與心靈境界》。但在這裏《道德自我之建立》與《文化意識與道德理性》，加上他的《哲學概論》，這些著作，據我的記憶，好像都是在同一個階段寫的，所以在這裏還是要弄清楚。第一期跟第三期是沒有問題，現在問題是，如果一定要分三期的話，那中期階段要怎麼處理呢？因為唐先生以人的道德心還有文化精神作為問題探討的對象，然後提出他自己對道德自我與文化哲學的觀點，雖然有些寫的比較早，有些則比較晚，例如《人文精神之重建》、《中國人文精神之發展》，可是在這一套著作

中，基本上他的主題有一貫性，所以我想應該把它們放在同一個階段亦即第一階段。那第三個階段他以判教的方式來講整個人類思想的發展，所寫出來的鉅著《生命存在與心靈境界》當然可以說是他晚年的重要著作。中間的階段我想可以這樣看，他主要集中在對中國哲學的研究方面，從時間方面來看也合乎我們的這種講法。《中國哲學原論》一共有六本，這六本鉅著應該都是六十年代的著作，雖然中間經過一段相當長的時間，可是大概就是在這段時間裏所寫出來的有關中國哲學研究的著作。所以我想這種區分可能比較合適：第一期是對道德理性、文化哲學作一種深而廣的探究，第二期是專心於對中國傳統哲學的研究：儒家、道家與佛教，甚至先秦的墨家與名家都有涉及，最後是他自己的對整個世界哲學的一種判教的方式的整理。

另外是，唐先生對儒家的了解與堅持在很多方面跟牟先生都是相通的，可是到了現在，在臺灣與大陸兩邊的學術界，好像大家研究的重點都放在牟先生那邊，對於唐先生就沒有那麼注意，結果就是牟先生的影響遠遠超過唐先生，這是事實，那我們就從這個事實來講。這不是學問上的問題，不是說學問上的功力問題，不是說牟先生在學問上的功力比唐先生厚。而是牟先生在表達一些哲學的觀念上，比較清楚，有一種分析性，主題也標的很顯眼，例如，講道家他就有《才性與玄理》，講佛教就有《佛性與般若》，講宋明理學就有《心體與性體》、《從陸象山到劉蕺山》，這些標題很清楚的把他書裏面要講的內容都概括進去了。可是唐先生的書一方面就是他的表達不好，重重複複的，好像系統性不太夠，對某一些特別重要的觀念也沒有進一步的探討、敘述或評論，這是文字上的問

題，讓人讀來頭痛。換句話說，他對中國哲學的種種問題，種種學派思想，沒有特別在標題方面用工夫，來遷就讀者，讓他們對他所要探究的某方面問題能很快的知道應該看什麼書，結果讀者對他在有關中國哲學方面的研究跟看法，比較難以掌握。因為全部的相關研究都包括在這六本書中，讀者對於他對某一特殊問題或概念的看法，要一本一本去找，很麻煩，無法一下子加以把握，所以看的人就比較少。其實我覺得他講中國哲學的著作是一座大寶山，裏面有很多很有洞見的地方，很多方面甚至超過牟先生，可是這要很仔細的看，要花很多時間才能找出他的洞見與精采處，所以他絕對不是功力不如牟先生，而是入路不同，牟先生入路較容易，唐先生則很難。

所以我一直有一個構想，就是唐先生這六本《中國哲學原論》當該要由人替他重寫，把他那種表達方式來一個精簡化，不要用那麼多的觀念、那麼長的句子，還有就是儒家、佛教以及道家，以至於先秦的一些名家、墨家的學說都分開，讓讀者比較容易拿來參考。像牟先生的《心體與性體》，有人就把他拿來重寫，使讀者比較容易閱讀，對唐先生的著作，也可以這樣做。關於這個問題，我跟鵝湖的朋友提了很多次，結果都沒有實現。另外還有一點，當年牟宗三先生去世，屍骨未寒，就有人說「後牟宗三時代」到了，我覺得這種講法讓人感到困惑，熊先生去世是不是也可以講「後熊十力時代」，為什麼只有牟宗三先生去世我們才講「後牟宗三時代」呢？這種心理我不大明白，熊唐牟這三位大師哪一位比較偉大，主要是在哲學的探究方面，哪一位成就最高，我們很難說。因為要解決這個問題，我們先要有一個設準，你要根據這個設準來評論他們

的成就，那誰能提出這個設準呢？這個標準很難提出來。所以我想也不需要提「後牟宗三時代」的講法，這對唐先生與熊先生都不公平。

二、九境論的建立與證成

唐先生在他的《生命存在與心靈境界》一書中，對於人的心靈活動的各種不同層次與面向作出一分疏與融通。對不同的心靈活動中可有不同的觀法，這便是橫觀、順觀與縱觀，而相應於不同的觀法所關連的心靈所觀的對象可有體、相、用三種不同的表現。這即是相應於心靈所對的客觀存在事物、心靈的主觀活動與對於主客境界的超越嚮往三者。這體、相、用三觀相應於不同的心靈境界的層層發展，便建構出「心通九境」的理論系統。❷

回應：唐先生這裏所說的體、相、用，主要是參考《大乘起信論》的發展而成的，就是說最高的主體性或是終極真理，它有體相用三個面向，但這三個面向是什麼意思，或者說唐先生在這裏的用法是不是也把《大乘起信論》有關體相用的意思拿過來作為參考，這要進一步研究。因為這是《大乘起信論》很明顯的一個講法，唐先生的了解與文獻的原意是否相同，就要作進一步的闡釋與比較了。另外，唐先生提出體、相、用三觀，這與佛教天台宗所說的三觀（一心三觀）不同，我們需要揀別一下。天台宗的三觀基本上是從

---

❷　唐君毅：《生命存在與心靈境界》上，臺北：臺灣學生書局，1985，頁 40-46。

工夫論上說，唐先生的三觀則除有工夫論義外，存有論的色彩也很濃厚。

　　唐先生提出的心靈活動所開展出的九種境界，涵攝了一切客觀、主觀及超主客的哲學體系，九境亦是依這次序所開展而成。前三境是客觀境界，這是就人的心靈所觀照的一切客觀對象而言，對於這一客觀存在的世界可有不同的觀照或理解，以建立起各種對於這一客觀世界的知識，故這境界所強調的是對於客觀世界的知識或理解。(1)萬物散殊境：這境是心靈相應於客觀事物的體而成，所觀照的是散殊而互不相屬的個體，因此，這境是經由對於個體的了解而建立相關的知識所成的心靈活動的境界。(2)依類成化境：這境是對於由互不相屬的個體相互結合而成為類的群體的理解，即是，就個體的相同處所呈顯的性相以結合成類。世界上一切存在可依此而成為一以類為線索的概念化的知識系統，人便可以這類化的概念方式形成對於世界的理解與知識。(3)功能序運境：這境是就個體間的關係以了解它們的功能或因果影響，即是說明這一客觀世界是遵守因果律則的，由對於因果關係的了解，便可將客觀世界的個體間的關聯影響貫串起來，而形成一知識系統。而這種因果關係若運用於倫理學上，便可發展出功利主義的看法，這即是就重視事物的功用的觀點發展而成的倫理學理論。

　　中間三境則是主觀境界，這是由主體的反省而表現出的心靈現象，對於這些主觀的心靈現象加以觀照了解。這種心靈的反省活動是由主體本身的主觀活動統攝客觀事物而成的。(4)感覺互攝境：這境是由人類的感官活動所成，人在心靈活動中，將感覺所見的對象

涵攝於這能感的心靈中，而被涵攝的對象亦能為其他能感的心靈所涵攝，進一步，心靈之間亦應能互相涵攝。以這種方式去了解世界，便成就這境了。(5)觀照凌虛境：這境所討論的，是就人的心靈的理解活動而論，這種活動所表現的，是人在純粹知識上的概念發展。因此，它並不是像客觀境界那樣就客觀存在的經驗事物上所成就的理解。這境既是心靈上的純知識概念的活動，故可廣而論及一般人類在學術文化上的各種意義。(6)道德實踐境：這境主要探討人類心靈的道德理性的活動。道德並不是世界上現存的事實，而是由道德理性的自我立法而成就的道德世界，這樣便能生起道德活動。而對於道德生活上所遭遇的困難與險阻，則需要憑道德理性的自覺呈現為成德實踐的基礎，方能真正展現這境的意義。

最後三境則是超主客境界，這境既不是關涉客觀對象，亦不是心靈的主觀活動，而是發自內在心靈的一種超越的嚮往。這是超越主客觀境界之上而又統領涵攝主客境界所成的絕對境界，這種境界是人類透過內在心靈的超越的道德或宗教的要求所成，唐先生在這裏以基督教、佛教與儒家三者的說法作為這種心靈的超越嚮往的代表，來說明這種絕對境界。(7)歸向一神境：這是結合了希臘思想與希伯來信仰而成的宗教觀點。對於西方傳統的上帝存在的論證，唐先生只肯定康德由實踐理性以契入上帝的方法，並進一步說明人應由道德精神的超越以與上帝相接契，人神之間才能泯除界限而交感互通。(8)我法二空境：此境是探討源於印度的佛教思想，認為現實存在的世間都是由因緣和合而成。這一現實世界是虛妄不實的，而人的心靈又易對這一世界執持，因而產生煩惱，故佛教強調需要去除這種對於虛妄世界的執著，如實觀照它的空的本性，才能使心靈

超越而得解脫。(9)天德流行境：這境是儒家由道德實踐的超升所開展而成的境界。儒者於現實的日常生活中從事道德實踐的工夫修養，開拓內在的道德主體以上達天德，由此轉化現實世界為一人文化成的道德世界。天雖是超越意義的價值根源，但亦是內在於人的道德行為中，由此而「盡心知性知天」，便可以證成此境。

唐先生的「心通九境」的哲學體系，可說涵攝了人的心靈活動的各種面向。心靈所開出的九種境界，是心靈活動的方向，依它的種類、次序及層位而配以體相用三觀的互通而轉成的。❸最後點出了人類的宗教精神思想，是根源於心靈本身的超越嚮往。在這裏，唐先生以儒釋耶三教所代表的超主客境界為人類宗教精神的歸趨，並作了「判教」的工作，而將儒家的「天德流行」境作為最圓融的宗教精神方向。當然這一分判牽涉到哲學家個人的「終極關懷」的所在的問題，不必客觀地確實是這樣，但就唐先生的哲學系統而言，他以儒家的境界為最圓實，應是無疑的。❹

唐先生的「心通九境」論的證成方式，可說是基於一種「超越的唯心論」❺，肯定心的超越意義，由心面對世界時所產生的活動而創生地開展出種種不同的境界，這九境可以說是將心靈的活動及其相應的哲學理論盡數涵括過來。唐先生的這種說法，雖是由審視心靈的各種活動以建構成的理論系統，但亦不是與他的早年重視

---

❸　同上書，頁 44-45。

❹　李杜認為就九境作為由人的超越心靈所開展而成，其間應是無高下之分判的。參氏著：《唐君毅先生的哲學》，臺北：臺灣學生書局，1983 再版，頁 118。

❺　同上書，頁 117-118。

「道德理性」的說法全然無關。❻唐先生的「心通九境」論的哲學
系統，是以生命自身的存在為基礎，而與心靈的活動相感通而且相
應於這感通的方式後如實觀照而得。❼這一生命存在的價值根源可
說是內在的「道德理性」。然唐先生書中並未特就「道德理性」一
觀念而作申論，但我們應可說心靈在面對世界時會有種種不同的活
動而產生各種境界，其中最為根源的內在意識應發自「道德理
性」，故生命存在、「道德理性」與「心通九境」三者應是唐先生
的哲學理論發展的主要架構，這三者的關係應是互為感通相關的發
展。❽

　　回應：這部分可以有一些補充，主要是在心靈九境中的最後三
境的問題上。最後三境就是對儒家、佛教與基督教的教理還有實踐
作一個分判。基督教是用「歸向一神境」來講，這是可以的，因為
基督教強調一個至尊無上的神，然後他以一種「道成肉身」的方式
化身為耶穌來到世間，進行種種救贖工作，忍受種種痛苦，最後以
上十字架結束。這就有一種象徵的意義，就是說，耶穌透過他自我
的犧牲，來完成替世人贖罪的任務。他這種做法，宗教的動感很
強，所以能發揮很大的影響力。像最後的上十字架，可以說是一種
最痛苦的死亡方式，那是在不斷的痛苦中受到漫長的煎熬而死去，
在這裏完成他的救贖使命。在這整個宗教敘事過程裏，它就是把最
後這一段講的非常淒烈動人，所以可以感動人心。佛教在這方面就

❻　同上書，頁 57-58。
❼　同註❷，頁 1-2。
❽　葉海煙：《道德、理性與人文的向度》，臺北：文津出版社，頁 107-108。

有所不如，佛陀的去世讓人感到很平安，雖然傳說他是吃了毒藥而死，可是我們也沒有感受到他有什麼痛苦，根據佛經的記載就是如此。從這點看，佛教的動感不夠，對一般的民眾影響力就減弱，基督教在這方面所表現的動感，就比佛教強了很多。佛教倘若要進行自我轉化，把基本教義發展得更周延，更有宗教的作用，似應在這方面多加留意。

　　另外是批評。唐先生所了解的基督教，大致上是從《聖經》來了解，雖然這是基督教最重要的文獻，可是基督教的思想經過中古神學到現代神學，有很多方面的發展，也出了很多基督徒所建構出來的神學系統，這些都是很有思想與學術價值的。例如中古時候的多瑪斯（Thomas Aquinas）、奧古斯丁（St. Augustine）、馬丁·路德（M. Luther），他們都是基督教裏很有學問的神學家，對基督教的教義有不少的修正與補充，所以如果我們要了解基督教，除了《聖經》以外，也應該注意它在後來的發展。到了近現代階段，基督教思想的發展更是廣遠，在這方面出現的神學家也很多，尤其是德國的神學家，更是名家輩出，如孔漢思（H. Küng）就是其中一個，他是提倡世界倫理的重要人物，劉述先先生曾跟他一起推廣世界倫理，他是一個學問非常廣博深入的人，在推廣宗教活動方面也有很積極的表現。還有田立克（P. Tillich）所提出的系統神學，丹麥的祈克果（S.A. Kierkegaard）等，他們都有自己的神學思想，對於《聖經》的詮釋有很多方面的開拓，所以如果我們要對基督教有全面的了解，近現代神學是不能忽略的。唐先生在了解基督教方面，他所抓到的資料是不夠的，例如在基督教裏面已經發展出很多不同系統的神學：歷程神學、辯證神學等不同學說，都是我們要注意的。

　　然後在講佛教方面，用「我法二空」來判釋是不夠周延的，概括性不夠。講我空跟法空，在印度佛學裏面來講是對的，不管是中觀學、唯識學還是如來藏思想等大乘學派，它們最後都是強調空的真理。可是發展到中國佛學，它的著力點有所改變。比如說「空」這個觀念在中國佛學裏，比在印度佛學裏便不是那麼重要，當然中國佛學還是遵守「我法二空」的基本觀點，可是它那套哲學跟印度佛學比較的話，在很多方面都有改變，這是一種有正面意義的改變，可以說是一種正確的發展。它對真理的了解，從客體性意義比較重的「空」觀念，轉變成比較具有強烈主體性意義的「佛性」觀念。這個轉變很重要，整套印度佛學的關鍵概念是「空」，是一種沒有自性的終極真理，比較偏向從客體的角度來講空。中國佛學就不一樣，它把「空」轉成「佛性」，到慧能講「自性」，很明顯都是從主體性來講終極真理。到了天台宗，就有一種綜合，把客體性的「空」跟以「佛性」來講的主體性的終極真理統合起來。這樣講的話，我們可以說中國佛教繼承了印度佛教的基本精神，同時也有它的新的開拓，這是在印度佛教裏沒看到的，雖然理論上印度佛教本身也可以這樣發展，但是因為歷史的限制，發展到如來藏思想，就趨於衰微，讓婆羅門教壓倒。可是發展到中國佛學，卻是另外一種很有正面意義的發展，這裏當然有一些中國哲學的元素在裏面。如果用「我法二空」來講佛教，就會對中國佛教沒有照顧到。從客體性來講終極真理，發展成為從主體性來講終極真理，再把二者總合，以中道來講終極真理，像天台宗所講的以中道來講佛性的觀念，這是中國佛教的發展。如果跟印度佛教相比，我們可以說中國佛教有它的創發性，對於印度佛教可以說是一種開拓性的發展，唐

先生並沒有注意到這一點。

三、對儒釋耶三教的理解與判釋

(一)歸向一神境

唐先生認為，基督教強調對於超越的精神實在的境界的追求，相較於此，對於現實世界便較為忽略。基督教突顯人的「原罪」，這是由人類的始祖亞當所犯下的罪的遺傳，因此單靠自身的力量是無法克服這種罪孽的，救贖的可能及完成便要依賴一外在的主宰，故基督徒以耶穌為神子，藉由祂在十字架上所流出的寶血以完成人類的救贖。這種觀點，唐先生認為是一縱觀的思路：

> 一般世間宗教之歸向一神者，其引人至於超主觀客觀之境，要在由下界之有主客相對之境，升至一統主客之神境。此乃依於其心靈之自提升，以成其自下而上之縱觀，而及於神之存在之肯定。❾

說它是縱觀的思路，是認為人所存在的現實世界，都充塞著主客相對的關係，而且充滿罪惡，因此人的心靈的超越嚮往以臻至一主客圓融的絕對境界，便需要有一自下而上的縱觀，藉由上帝的降恩，以完成人類的救贖，以此而成就與一超越的存有的契合關係。

---

❾　唐君毅：《生命存在與心靈境界》下，頁 76。

　　唐先生除了對於歷代西方哲學家關於上帝存在所作的種種論證有所批評外，亦提出他對於這「歸向一神境」的理解。基本上，唐先生對於西方哲學家的論證方法，大都是持批判態度而有所保留的。他認為對於此境的證成，首先要由道德心靈自身的超越加以了解：

> 原人在一般之道德生活中，只須我與他人間，有真實之同情共感，而更能自加一真切之反省，即原可見得：有此人我之道德心靈結成之統一的精神實在，⋯⋯人所遭遇自客觀之自然社會而來之艱難困厄，皆所以打破人之生命心靈中之封閉限制，亦皆有所貢獻於此共同的心靈之呈現，⋯⋯此時人即在主觀上各有萬眾一心之感，而在客觀上亦可說實有此一心之存於萬眾，⋯⋯由此而自人之對此心靈之呈現與存在，見其超越在上，而又不離人我而觀，即更可視如一「洋洋乎如在其上，如在其左右」之普遍心靈或神靈，人之道德生活即通於宗教生活。❿

唐先生認為由道德心靈的相通超升，便能使一超越的精神實在呈現於心靈，而此一遍佈於宇宙萬有間的精神實在，即可被看成是上帝。

　　回應：在同情共感方面，講的最多的其實是佛教，特別是對於

---

❿　同上書，頁 62-64。

釋迦牟尼對眾生在種種的苦難裏面，他對眾生有一種慈悲心，這種慈悲心在面對不斷受苦難的眾生時，就會化為一種同情共感的心。其實儒家、基督教都可以講同情共感，不過就是佛教在這方面好像特別強調，而唐先生講同情共感，就是集中在佛陀對於眾生所受的苦難是感同身受，所以用感同身受來講同情共感，然後再回歸到他本來就有的慈悲心，那就比較順暢。然後慈悲心發動，就成為一種弘願。所以我們常說悲心弘願。弘願的焦點是要渡化眾生，所以佛教裏面有「四弘誓願」。我在京都學打坐的時候，一開始就要念「四弘誓願」，就是「眾生無邊誓願渡，煩惱無量誓願斷，法門無盡誓願學，佛道無上誓願成」，表示把自己的整個志業，都放在渡化眾生的大理想裏面。其實這要做很多事情，但是都概括在「四弘誓願」裏面，要從一種慈悲心發出來，如果誓願沒有慈悲心作為基礎，那就無法持久，只是一時的情緒使然，無法堅定。慈悲心一發，就是同情共感。這可以講到道德方面去，就是感同身受，就是《論語》所講的「己所不欲，勿施於人」，這就是同情共感，就是以自己比他人，以他人比自己，這點儒家也常講。不過唐先生最常拿來講原始佛教所表現的那種對眾生的慈悲的懷抱，要普渡眾生的弘願。

儒家講的道德心特別是孟子所講的「惻隱之心」的旨趣，它背後是依於道德主體來撐持這種感受，然後發而為道德行為。它背後有一個實體在撐持，對於這個道德實體，牟先生講為是根本。現在的問題是，像這種無條件的去幫助別人，儒家跟佛教都講，那當然要有一個根本，就是一切無條件的想法發而為行動去幫助別人，都要有一個根源。這個根源在儒家來說就是道德心，它以道德心為

本，然後開拓出去，表現為種種道德行為，由個人推廣到家庭、社會、國家到天下。它有一個次序。現在的問題是，本是不是一定要從道德心來講呢？如果你說一定要在道德裏面立本，其他的領域都不能立本，則很多其他跟儒家不同的哲學系統、宗教教義，都要給壓下去了。最明顯就是海德格（M. Heidegger），他所關心的是存有的真相，在這裏建立他的根本，這裏沒有道德的意味，結果只能給強調儒家理念的一些學者壓下去。所以牟先生批評海德格是無本，問題是他是從道德理性的立場來講，而且是實體主義，海德格一方面不講道德理性，另外也不是實體主義，遇上牟先生就很慘。所以牟先生可以這樣來壓海德格，他也能同樣壓懷德海、佛教，壓那些不強調道德理性的人，好像是把道德理性看作最高，其他都是旁支。對他來講，所謂本一定要建構在道德性格的實體裏面，其他都不行。

可是我們還是可以提一個問題，就是一個人的救贖，在佛教來講就是渡化、覺悟、解脫，救贖的根源在哪裏呢？儒家講「克己復禮」、「存天理、去人欲」，這都有救贖的意味，「克己」就是克服自己個人私慾的心，回歸到道德理性的理方面去。我們的問題是：救贖是不是只能建立在道德實體裏面呢？不同的學說對這問題可以有不同的回應。就新儒家而言，道德心不只是主體，也包括客體在裏面，它也不只是道德的創造、道德的創生，而且還有存有論的意味在裏面，它也有存有論的創生意味。它是心，是主體性，但它也是性，也是客體性，而且也是良知即天理，它兩邊都有，而且是在實體主義的基礎上提出來的。所以這個問題可以牽連很廣，可以牽連到實體主義跟非實體主義的問題，這兩者之間有一種張力，

有人主張實體主義，有人主張非實體主義，這是一點。

另外一點，從上面提到的主體性來講，你這個主體性是不是一定要是道德心才能立本，才能展開一切救贖行動，開拓出種種不同的文化呢？那我們除了道德心以外，是不是還可以講其他的心呢？我看也不光是道德自我，我們對自我可以有幾方面的設準，不一定限定在道德自我裏面，它也可以是認知的自我，就是觀照認知普遍的對象與個別的對象，在我的書《純粹力動現象學》裏說就是「總別觀照我」。另外一種設準就是藝術的，發展美感的思想，發展出藝術上的創造，像道家就是這種自我，我用莊子的名相把它說成「靈臺明覺我」。然後在宗教方面我們也可以講救贖的我，一個是講自力的，就是「本質明覺我」，一個是講他力的，就是「委身他力我」，還有就是迷與悟牽連在一起的「迷覺背反我」，這三種宗教的我，最後都可以得到救贖，這相當於儒家講的「克己復禮」的理想。

所以是不是一定要把救贖、覺悟、解脫，克己復禮，成就藝術的境界，與天地精神相往來，這些人生的理想或目標，把它們的根本說為是道德性格的呢？我們可以提這個問題。如果不是，那牟先生的說法就不見得可以完全接受。我們是不是可以把這個本源，就是生命的本源、文化的本源講的寬一點，不把它限定在道德的行為這方面，不把它限制在道德主體這方面。我們照顧多一點，也不需要限定在實體主義這一方面，非實體主義也可以有這些意義跟面向。所以這個門是敞開的，可以講道德，但不表示不能講別的。我也只是把這個問題攤開來看，也不表示哪一個自我是最好的。我的意思是說這要看你這個人的氣質如何，有些人的氣質比較接近道德

行為的，有些人的氣質是對藝術審美的活動有特別強的反應，有些人喜歡向內反思自己的苦痛煩惱或罪業，在這方面的意識特別強。你不能要求每個人都要做一個君子或聖人，每一個人的生命型態都不一樣，他的生命情調與價值觀不同。這就是我對牟先生看法的回應。

我覺得我們的心靈是多元的，不要把它限制在道德心、道德行為這方面。每個人可以把自己的長處以最恰當的方式表現出來，這樣就能多元發展，不要以某一方去壓迫另一方。每個人的心靈都有他的矢向，道德、藝術、宗教還有認知都各是一個矢向，要把心靈全面打開，才能各自發展其長處。王弼解《老子》有一句話，他說「不塞其源，不禁其性」，這講法就很好，不要像共產黨一黨專政，只講唯物論，其他都不講。不要以唯物論去壓縮其他的觀點。

這裏我們可以再做些補充。上帝存在的問題從中世紀開始便有許多哲學家提出各自的論證，他們基本上是要通過一種理性的進路來論證上帝的存在，這雖然不是感官上的認識問題，但單靠信仰，他們也覺得好像不夠。特別是多瑪斯非常強調理性，所以在他的《神學大全》（*Summa Theologica*）裏，以理性的方式來論證上帝的存在。而理性主義的萊布尼茲（G.W. von Leibniz），也有他論證的方法，他是採取一種以果推因的思維方式，如我們現在看這個世界非常完美，每一種生物的存在都很有秩序，環境非常的優美，顯現出一種層次很高的美感，這只有上帝才能使自然世界呈現得如此有倫有序。他就是以這種方式論證上帝存在的問題。但我覺得這些論證都是比較邊緣性格的，沒有抓到上帝存在的問題的核心。

實際上，上帝存在不是一個理性問題，也不是一個認識問題，

而是一種信仰的問題，尤其是在信仰裏面顯現出一種終極關懷的面向。人面對目前環境不斷變化、無永恆性，因而也聯想到自身的問題，可能百年之後也要從世界上消失，那人死亡消失之後會歸向何處，我們自己也不知道，所以人必須要找一個能安身立命的居所，才能安心快樂的生活，而對上帝存在的信仰，便可以回應他們在這方面的要求。基督教不是有這種講法嗎，就是說人有原罪，而原罪不是人能靠自己解決的，因為人的力量很有限，所以要依靠一個他力的大能來替自己解決這個問題，上帝便以一種「道成肉身」的方式，差遣祂的獨生子耶穌來到世間，主要是為世人贖罪，洗脫他們的原罪。就是說他背後有一個很大的宗教使命，要使每一個人的原罪都能消解，所以耶穌就是上帝，因為他是上帝的「道成肉身」。一方面他背負了上帝的本質，另方面就是耶穌以一個有血有肉的人出現，所以他可以擔任人跟上帝溝通的中介，將人跟上帝連結起來。所以「道成肉身」的講法是很重要的，這是一個終極關懷的問題，耶穌不是說麼：人若是信他的話，就可以上天國，如果不信而且作壞事，就會下地獄。

上天國就是解決生死問題，就是人死了不是真死，不會完全消失，而是到了另外一個更高的境界，在那個境界，人跟上帝的關係要比在現實世間中人跟上帝的關係密切的多。如果是這樣，死亡便不成一個很嚴重的問題，倘若沒有了對死亡的恐懼，則人便可以很安心的去完成自己的工作，做好自己想去作的事情。這基本上是一種信仰的問題，而信仰是在我們自己的心裏面，所以說上帝存在的這種存在的性格，跟一個茶杯或眼鏡的存在是不一樣的，跟所有經驗性格的存在都不一樣，因為上帝的存在是超越時空的，上帝是一

個永恆無限的真神，沒有生滅或佛教所說的緣起問題，上帝不在緣起的領域內，而是在我們的心裏面，心中有對上帝的信仰，上帝是存在的，心中若無這種信仰，上帝便是不存在的，這就是關鍵所在。所以這種問題是無法爭辯的，你跟基督徒根本不需要講上帝存在，因為他們早已有這個信仰。

這裏需要特別注意的是，耶穌雖然是上帝的「道成肉身」，但他的本質依然是上帝，所以他也沒有時空的限制，他受盡種種刑罰，最後被釘死在十字架上而不停的流血，這流血有一種象徵的意味，就是說他以他的寶血來洗盡世人的原罪。他在三天後便復活了。耶穌跟我們一般的血肉之軀也不完全相同，他畢竟是上帝的化身，而上帝的本質便是不生不滅，所以耶穌最後還是能復活。我自己也曾想過為何上帝要讓耶穌來到世間，受盡苦難，最後被釘死在十字架上，這對耶穌不是很殘酷嗎？後來我想其實耶穌就是上帝，整個道成肉身、十字架以及復活的過程，都是上帝的安排。耶穌是上帝在世間的一種示現，其目的是讓世人都能得到救贖，洗脫原罪，而上天國，所以耶穌不過是一個中介而已，說不好聽，便是他是任由上帝操弄的。在聖經的記載裏，耶穌是一個很正面的人物，與孔子、佛陀一樣都是聖賢人格的境界，所謂上帝對耶穌不公平的問題根本不存在。

如果以我自己所提的「純粹力動現象學」的觀念來講，也可以有一種解釋，就是說純粹力動一定要顯現自己，顯現為現象的世界，他的本質才能證成，也可以說純粹力動的本質就是顯現，若不顯現而一直停留在一個隱蔽的狀態，便毫無意義，若要表現他本身力動的本質，便一定要顯現，要跟現象世界掛鈎，形成一種關係才

行。說到顯現或示現，我的看法就是上帝便是純粹力動的一種示現，可以顯現為上帝，也可以顯現為佛陀，顯現為孔夫子，所以在不同的宗教裏面，祂有不同的顯現，但都背負著同一個宗教的目的，即是讓眾生都能得到救贖或是覺悟解脫。佛教也是這樣，佛陀便是一種顯現，一種終極真理的顯現，因而有「法身」（dharma-kāya）的說法。進一步說，佛教的終極真理也不光是以佛陀的狀態顯現，在佛陀之前便已經有所謂七佛（一說佛陀是七佛之一），表示覺者並非只有一人，以前是如此，那以後呢？現在的娑婆世界，教主依然是佛陀，而每一個佛都能在這個世界停留一段時間，之後他就跟我們一樣要退休了，等待後一輩的人上來處理這個事務，所以佛陀在我們這個娑婆世界退隱之後，就由彌勒菩薩（Maitreya）繼任為這個娑婆世界的教主而成為彌勒佛，在這之前，他是在兜率天，等到佛陀一走他便會馬上下來，這就是一種示現。所有的佛或菩薩都可說是示現，是純粹力動的一種示現。

就這一點而言，可以說亦有一種泛神論的姿態。泛神論是一種很普遍的哲學形態，道家的「天地與我並生，萬物與我為一」以及佛教所說的「一色一香，無非中道」，都可以說是有這種姿態。西方的斯賓諾莎（B. Spinoza）尤其可說是泛神論的典型倡議者，在印度的哲學與宗教裏，亦有這種泛神論，就是講法不同而已。怎麼樣把這種泛神的意思講出來，以及如何達到這種泛神的境界，這是人生的意義或終極關懷的問題，需要在這個脈絡下求答案，人生的意義正是在於怎樣將這種泛神性顯現出來。

所以說上帝亦是遍佈於萬物，是一種精神的實在。這裏說的上帝是一個宗教上的大實體，而佛教所說的佛性或佛陀，則是非實

體，在這裏界限便特別分明。如果要進行宗教對話，雖然很多問題都可以談，但是到了這一個層次，一定談不下去，就是說上帝跟佛陀要如何統一起來，在這一方面便無法講下去，因為不會有一方放棄自己最基本的立場。所以宗教對話只能談一些一般性的問題，談到最深入且牽涉到基本立場的地方，就會顯出雙方有很嚴重的分歧，一個是實體，另一個是非實體，這就不可能對話。

　　唐先生這裏的說法還有一個重點，便是要縮短道德生活與宗教生活的距離，最後將二者統一起來，讓一個人的生活可以同時有這兩個矢向，因為這兩面都有很高的精神價值，人不光可以過一種道德生活，同時也可以過一種宗教生活。唐先生是新儒家的人物，他根據儒家的基本看法，認為道德跟宗教基本上沒有衝突，道德通於宗教，我們說儒家不光是一種學說，也兼有宗教的功能，所以有人將儒家稱為儒教。一般來說，宗教有它們的組織結構，例如佛教有它的僧伽團體，基督教也有教會，同時也都有各自獨特的宗教儀式。儒家雖然沒有這些組織和儀式，但有它的終極關懷。儒家也可以說是一種宗教，凡是能解決人類終極關懷的生死問題的，都是宗教。有沒有固定的儀式，是另外性質的問題，沒有固定儀式，一樣能解決終極關懷的問題。有人贊同儒家是一種宗教，也有人反對，這主要看重視哪一方面而定。

　　又，若就哲學思維理解上帝，便須由辯證法加以了解：

　　　依此辯證法，一切有限制之事物，與一般觀念以及哲學觀
　　念，無不須經同一之命運，即其存在皆所以為被超越。其存

在為正，被超越為反。……故一切存在，必先遇與之矛盾衝
突者，以打破其存在之原始的限制封閉，……而見其錯誤，
然後人能升至更高之觀念。……然人以哲學觀念，理解絕對
之神靈，必歸於見其觀念之不足以盡神靈。人亦必將其平日
之觀念，一一提升，至高無可高，一一擴大，至大無可大，
知此神靈之更高於此，更大於此，再自知其觀念之有限制，
自去其觀念中之內容之限制，使其觀念中之內容，皆歸入於
此神靈，然後其心靈中所餘者，為是其心靈自身之神明，而
以此神明與神靈相契應。**⓫**

唐先生認為藉由辯證法，對一切事物及觀念加以層層超越，之後予
以綜和，由此最終便能達到一最高的絕對境界。

　回應：唐先生在這裏所說的辯證法，與黑格爾（G.W.F. Hegel）
所說的相通。其實辯證法可以無限量的應用，凡是有關精神的發
展，都可以講辯證法，就是說若能通過一種自我的否定，而達到真
理的更高層次或者精神境界，便是辯證法。經過正面的肯定與反面
的否定之後，將二者綜合起來就是合。這就是辯證法。黑格爾看過
一些有關中國哲學的文獻，最欣賞的是老子，他認為老子講的與他
的說法最相近。老子強調反，說「反者道之動」，以及所謂的「正
言若反」，兩者都有辯證的意味。換句話說，一個人在道德的實踐
或是宗教的實踐裏面，經歷正反合的歷程，正就是肯定，反就是否

⓫　同上書，頁 67-71。

定。在佛教裏講否定，就是生命裏面所有的執著，經過這個反的階段而被否定，否定自己對事物的種種虛妄的看法，將心靈的負面因素都否定掉，才有自我轉化的可能。人生也是這樣，人的一生中會有許多挫折，這也是反，要克服這個反，人生才能繼續前進。如果能克服這個障礙，人的精神境界，或說是對於道德與宗教的意識就會更強、更深，不斷遇到挫折而不斷的去克服它，到了最後就覺悟了。

所以辯證法這種思想，在很多著作中都顯現出來，不過就是黑格爾講的最多，所以我們一談起辯證法就很容易聯想到黑格爾。其實辯證法在古希臘時代就有了，那些辯士就喜歡用這種方法跟人討論問題。在印度佛教裏面也有一些辯難，他們喜歡用這個反，這種辯證的程序來進行辯論。他們相信真理是愈辯愈明的。

(二)我法二空境

唐先生認為佛教強調「苦」的觀念，而苦的根源在於人的心靈對於生命自身及世間存在的執著。心靈執取有一實存的自我，對於世間的存在萬物便虛妄地生起感官上的分判，而無法對於世間萬物如實理解。而由這一執取而成的自我，便容易生起種種自身的欲望，使心靈為滿足欲望更為陷溺其中。欲望的滿足與否更成為苦樂的判準，由此而產生種種無明煩惱，生命亦因此而進一步下墮，導致苦痛。佛教認為要超離這生死苦海，便須破除對於自我與客觀世界的執著，如實觀照一切我與法的空的本性而證得解脫，這即是「我法二空境」的證立，唐先生認為這是一橫觀的思維方式：

> 佛家思想要在由破除吾人之心靈對主觀客觀世界之種種執
> 障，以先開拓此心靈之量，而成其對法界之一切法之橫觀，
> 以使此心靈日進於廣大，而更自上而下，以徹入於法界中一
> 切有情生命之核心，由其有所執而生之苦痛煩惱，更與之有
> 一同情共感，而起慈心悲情，再以智慧照明此有情生命之核
> 心所執著之本性空。**⑫**

唐先生認為佛教的苦業意識，來自心靈的虛妄執著，執持自我的實
有，這便是我執。進而對於世界存在的萬法加以虛妄分別而生法
執。若要證得解脫，便需對我執與法執加以蕩除，如實觀照世間萬
法的本性，了解世間萬物原是因緣和合而成，並無任何自性的獨立
存在，如此便能對於自我與世界無所執持，遠離甚至摧破因執著而
生起的種種煩惱，便能證空理而臻解脫。

　　回應：剛才提到苦的問題，苦就是痛苦，而苦的另外一面就是
樂，我們可以說苦樂是我們一般在生活上的兩種感受。如果就表面
去看而不深入去思考苦樂的性格，就很容易有這麼一種想法，以為
苦樂是相對等的。如果對這個問題深入研究，你就會發現苦樂不是
對等的兩個概念，苦是根本的，而樂只是一種暫時性的感受，我們
可以說苦是生命裏面的常數，樂則是生命裏面的變數。苦是有永恆
性的，樂只是在我們生活的狀態到了某一階段才會有的感覺，過與
不及都是苦的。舉例來說，一個運動員很喜歡打籃球，讓他去打球

---

⑫　同上書，頁 76。

打一個鐘頭，他覺得有點愉快，可是不是很過癮。打的不夠，那就繼續打，打兩個鐘頭，他覺得有點快樂，可是好像還不夠，還能繼續打。打了三個鐘頭後，他覺得過癮極了，這時候他就會覺得打籃球的樂趣已經到了高潮，所以前一、二個鐘頭的時候他覺得不夠。而打了三個鐘頭之後如果繼續打，接下來的時間他就會覺得疲勞，就會覺得辛苦，打到最後他可能就會摔倒，那就很痛苦。所以從這裏可以知道，苦是根本的，樂只是限於某一個程度的變數。所以樂就是當你在進行某一種活動時，在某一個階段上下挪移的感覺。未達到這個階段或超過這個階段，就會覺得不舒服，那就是痛苦。

　　佛教講一切皆苦是對的，它用苦這個觀念來顯出眾生生活的狀態。人有苦有樂是沒錯，可是苦總是恆久的存在、恆久的感受，樂則是沒有恆久性的，只是在某個階段上下挪移的感受，過與不及都不會覺得樂。一般人沒有深入思考，總是以為苦樂是對等的，但從剛才的分析就表明事情不是那麼簡單。就算拿苦與罪相比，也都不是對等的。基督教講原罪，佛教講苦，哪一種講法更有普遍性呢？就是說在真理的有效性上，哪一種講法比較強呢？我認為還是苦比較強，理由就是我們可以說罪是一種苦，可是不能說苦是罪。沒有人會否定罪是苦，但是不能倒過來說苦是罪。因為一個人可能天生身體殘缺不全，那很痛苦啊，可是他沒有罪，因為這是他的雙親所生出來的，而他的雙親也沒有罪，他們也無法預先知道生出來的孩子會有殘缺，也不能說他們是有罪。我們不能說一定是他們心裏的想法不正當才會生出這樣的孩子，雖然他和他的雙親都沒有罪，可是就是有苦，而且這種苦是一輩子的。所以我們可以用苦來描述罪，就是苦是謂詞，罪是主詞，可是倒過來就不行，我們不能說苦

是罪。從這一點來講，謂詞的外延比主詞大，這就表示苦比罪更有普遍性。所以我們說基督教對人生的負面感受，還是及不上佛教，罪的根源性比不上苦的根源性，就是說苦比罪更為根本。

唐先生接著討論唯識宗的心識變現的理論，以說明世界的形成及心靈如何產生執著的問題：

> 依此法相唯識宗之言功能種子之義，以說一般所謂因果之關係，則於一般所謂因之有，自亦不須說有此果之藏於其中。……言功能種子唯一切果之生之親因之說，則一一事物之親因，即一一事物之功能種子，……除此親因之功能種子外，更有其外緣，一一外緣，亦各有其功能種子，……以成一世界之大因緣網，以相依而生起。……一切色法乃心之感覺之能之所統攝，……此末那識與其所執持賴耶識及一切種子，雖為人所不自覺，然此正人之自覺的心之所以繼續有其所自覺之種種之感覺經驗之世界之現行之原，……而此一一有情生命，各本其心識之活動，各造業受報，其善惡染淨苦樂，自各不相同，其求為善去惡、捨染取淨，以自其人我執、法我執之封閉障蔽中，求解脫之道，所經之形成，亦各各不同。❸

一事物所以能產生，除了外緣的關係外，其內在的因素便是所謂的

---

❸　同上書，頁108-113。

「種子」（bīja），而種子在人身體上的所在地便是「阿賴耶識」（ālaya-vijñāna），由此便可說明世界的產生是由種子與外緣的互相配合所變現，此中還有一關鍵機能，即「末那識」（mano-vijñāna），它能執取「阿賴耶識」中的染污種子而使它們現行，由此而生出種種妄執。唯識宗認為種子有善惡之分，成佛之道便是在於將「阿賴耶識」中的種子轉化為清淨種子，經由不斷的現行，便能使惡種子清除淨盡而得解脫。

回應：這裏有些地方要補充。在阿賴耶識裏有兩種種子，一種是有漏種子，另外一種則是無漏種子。無漏的部分是沒有問題的，但要讓有漏種子轉為無漏種子才行，也就是要先讓阿賴耶識裏的惡種子先全部轉為善種子才行，這還沒有講到成佛；要讓種子從潛存的狀態都現行，全部都實現出來，覺悟才能說。種子如果不現行，便只是潛存在第八識裏面，這樣還是不能講清淨的行為，要有那清淨的行為才行，這種行為可以幫助你成覺悟得解脫，這就需要讓第八識裏面的所有無漏種子全部都現行，成為清淨的行為才行。就是說，一切行為都要是清淨的而沒有染污的，才可以講成佛。

㈢天德流行境

唐先生認為儒家是以道德心靈為基礎，經由道德實踐而使心靈逐漸自我超越，以臻至天人合德的精神境界，這即是「天德流行境」。相較於佛耶二教，儒家更能肯定現實的生命存在與世界的價值，道德人格的培養便是在這一世界中不斷的從事道德實踐，進而推擴此一內在的道德主體以與天道契合，故唐先生認為這是一種順

觀的宗教精神方向：

> 今茲所言之使人德成天德之流行，要在順吾人生命存在之次
> 序進行，與當前之世界之次第展現於前，依由先至後，由始
> 至終，由本至末之順觀，以通貫天人上下之隔，亦通貫物我
> 內外之隔，以和融主觀客觀之對立，而達於超主觀客觀之
> 境。和融即所以成其統，通貫即所以知其類，而其本則在依
> 序，而順成其言行。**⑭**

依此，道德實踐雖能上達於天而與它契合，但實踐的次序有其本末
先後、親疏遠近的分別。唐先生認為人的道德實踐能遍潤一切存
在，但道德心靈的開展必是由自身道德人格的培養開始而逐漸拓展
出去，及於日常人倫的關係，最後才能超越時空的限制而與天道相
融無礙。但問題是人做為一有限的存有，並非只有道德理性，同時
亦有氣稟之雜，作為成德過程的障礙，我們應該怎樣做才能超克氣
質的限制而與天合德呢？讓這理想可能實現的實踐方法是什麼呢？
對此，唐先生認為關鍵在於所謂的「盡性立命之道」。

　　儒家所以認為人本身便能與天合德，而非如基督教所說需由上
帝以完成救贖，此中區別便是在於天道一方面雖是一超越的價值根
源，但又內在於人而為人的道德主體，因此人藉由工夫修養以從事
道德行為的實踐，使道德主體不斷擴充發用，道德心靈的命令便可
同於天道的命令，如此則天人之間的隔閡便逐漸泯除，而成一體無

---

⑭　　同上書，頁 155-156。

間的關係，這即是盡性立命以至於極的絕對境界。

　　儒家的「天德流行境」雖與佛耶二教同為超主客境界的宗教精神方向，但唐先生對於三教有他自身的判釋，在他的判教中，儒家最為圓實，其次則是佛教與基督教。唐先生認為雖然三教同時代表著人類心靈最高的超越嚮往與宗教精神方向，但其間仍有所分別。

　　首先，就基督教而言，它過於追求超越的世界，致使對於現實世界的正視不足，而且過於強調對一全知全能的上帝的依賴，才能完成自身的救贖，對於人的主體性不夠正視，太過依靠他力。佛教雖強調自力，但它由苦業意識出發，認為世間的存在是因緣和合而成，故為空，為無自性，因此雖能在現實人生中破執證空，也不須依賴他力便能解脫，但對於生命存在的價值的體認仍較為不足。儒家則能正視現實世界及生命本身的存在意義與價值，就生命存在本身而言，則人內在的道德理性便是道德實踐的動力與根源，也因此生命存在本身便是一道德的存有。而對於世界，儒家視之為道德實踐的場域，一切成己成物與人文化成的理想都是在這一世界中進行。經由道德實踐，不但轉化生命本身的氣質，同時亦化成世界，使它成為一價值義的存在界。由此而上達於天，最終與天合德。相較於佛耶二教，儒家更能正視現實存在的一切，因而更為圓實。

四、結語

　　唐先生的「心通九境」論全面考察了心靈的各種活動，並且由不同的觀法對於心靈所展現的各種境界作出說明。唐先生在最後的超主客境界中，以儒釋耶三教作為人類心靈所表現的三種宗教精神

方向，代表心靈的超越嚮往。關於他的判教論的理論效果，對於佛耶二教方面，便有學者指出他對於這二教的分判可有更進一步的研究與商榷❶，但大體而言，唐先生就儒釋耶所表現的宗教精神方向和生命存在之關係而成的判釋，仍是諦當的。

　　回應：唐先生在他的這本著作裏，很明顯的是站在新儒家的立場來判釋九境。他這種判教的方式，我想是有一種盡量化除教派之間的成見，盡量從客觀的義理方面著手來判教的做法，不過最後他還是有他的宗派意識在。他在判儒家、佛教與基督教的時候，一方面盡量強調這三教之間的對等的關係，就是說他用天地人來講這三教，他說基督教是強調高明，所以配天；佛教因為強調普渡眾生，象徵地的博厚，所以配地；儒家強調人倫，強調道德生活，所以儒家所強調的道德主體、道德理性，是人所應發展的方向，在這一方面來說是配人。如此一來，就是天地人各得其所，基督教是配天，佛教是配地，儒家的焦點則是在人方面，這裏就構成了天地人三才

---

❶　吳汝鈞先生便認為唐君毅先生以「我法二空」判釋佛教有不盡之處，他認為這點若單就印度佛教而言是可以的，但中國佛教提出「佛性」的概念，便不光是空而已，尚有「不空」的積極意義在。又，就基督教而言，上帝的降恩固然是縱觀，但耶穌以寶血完成人類的救贖，便有自下而上的意義，唐先生顯然忽略了此點。參氏著：〈唐君毅先生對儒、釋、耶的判教法〉，收入李明輝主編：《當代新儒家人物論》，臺北：文津出版社，1993，頁 223。但筆者認為，就基督教而言，耶穌的寶血所成的救贖，雖是自下而上者，但耶穌的本質畢竟是神子而不是人類，這樣則人類救贖依舊是靠一具有神格意義的超越者才有可能，就這點而言，應仍可說祂是一自上而下的方向。又，中國佛教的「佛性」的概念雖有「不空」的意涵，但「佛性」仍是以空為其本性的，若是這樣，則似亦可以「空」一概念判釋佛教。

的三角關係，如果光就這裏來講，應該是沒有高下的分別。因為天地人三方面的性格都不一樣，我們很難說誰比誰重要。天地人三才的結構要能維持下去，整個人生以及文化發展的基礎才能穩固，缺任何一項都不行。如果他是這個意思的話，那就不會引起宗派之間的爭論。這種判法對於不同宗派，應該都有一定程度的接受性（acceptability），如果從一個完滿的人生跟整個宇宙世界來講，要有這三個元素才能完整。

不過你看他的判教次序，把儒家擺在最後，基督教在先，佛教擺在中間，他在講儒家的時候，肯定的語氣比較強，講儒家的正面要比反面多很多，而在講基督教跟佛教的時候，就免不了用一些負面的字眼。從這一點來看，大概可以顯現他還是以儒家為正宗，基督教跟佛教雖然不能講為旁枝，但在比配上就好像仍是以儒家為主，基督教跟佛教則是作為一種輔助，以構成一個完美的人生跟宇宙。如果這樣看的話，還是有高低的分別在裏面，這樣把儒家跟基督教還有佛教相比，還是有把儒家放在一個正宗的位置的傾向，另外兩教則是幫助儒家將天地人三才的結構撐起來。如果從這個觀點來講，唐先生的先後高低的意識還是免不了。

在這裏我們可以參考一些別的哲學來處理相關的問題。例如說儒家是講道德的，他最關心的問題就是道德的問題，而基督教跟佛教所關心的則是宗教方面的問題。道德跟宗教在天地人三才的結構裏面，佛教跟基督教主要是以一種宗教的形態來表現，儒家則是以道德的形態表現，現在我們就可以提出一個問題，就是道德跟宗教哪一方面比較重要呢？就新儒家的立場而言，道德是具有優先性的。有沒有別的想法認為宗教比較重要呢？有，京都學派的想法便

是這樣，他們認為宗教比道德更為根本，他們與唐先生的意見剛好相反。

京都學派認為講到最後儒家所說的道德還是有一種二元性（Dualität）在裏面，不是最為圓融的境界。二元性表現在善惡問題中，所以王陽明的「四句教」說為善去惡，就是還有善惡的二元性意識，所以不是絕對的、一元的圓融境界。這跟宗教不同。說到宗教，例如《六祖壇經》裏面，講不思善、不思惡，慧能就是要超越善惡，不著一邊。理學家講「存天理，去人欲」，天理是善，人欲是惡，這種善惡的分界在孟子裏已經很明顯。所以京都學派認為道德不是最後的，它還有善惡的二元性在內。那什麼是最後的呢？他們說是宗教。他們的主要理據是六祖慧能所講的不思善、不思惡，阿部正雄便明確地說，道德要先崩潰，宗教才能顯現。他們覺得道德跟宗教在終極層次上不能同時存在，宗教比道德更有根源性，道德還有二元關係，宗教沒有。他們基本上是佛教的立場，尤其是禪的立場，所以最後他們表示你要實現宗教的理想，就先要從道德所作成的那種善惡矛盾或背反中突破出來，突破善惡所形成的那種道德意義的背反，宗教才能開拓出來。他們很明顯地持宗教的立場。

在這裏，如果要問誰對誰錯就很難講，這不是對錯的問題，而是價值觀的問題，是一種終極關懷的抉擇，在最後的層次是選擇道德抑宗教呢？根據他們各自的講法，無論是道德也好，宗教也好，最後都能解決終極關懷的問題，所以在這裏如果要爭辯的話，就不要在那種對錯的脈絡下講，也不要分優劣，我想應該是各適其性，因為人的生命矢向是不一樣的，有些人是矢向道德方面，有些人則是矢向宗教方面。也不要向新儒家說要先讓道德崩潰才能讓宗教立

根，不要有排斥的意味。為什麼一定要讓道德崩潰才能顯現宗教呢？如果這樣的話，你的宗教就有缺陷，因為它排斥道德。基督教傳到中國，一直無法融入，成為中國文化的一部分，跟佛教不同。因為它的排斥性太強，排斥中國人認為最重要的部分，如拜祖先、尊天敬祖，所以有一種強烈的排他性。京都學派的這種講法，還是有排斥性在裏面，如果是這樣的話，那這種教法就不是圓教，因為你不能包容道德。所以最後的問題是，能不能讓道德與宗教以一種諧和的方式各自發揮所長，讓人的生活變得更幸福，世界更美好。我想唐先生在這裏也應當再考量一下，就是這種判法是不是有些地方要修改呢？

後　記

關於唐君毅先生的學問與為人，我在自己的很多著作中都有提及，在這裏也就不再多談了。以下謹把自己對唐先生的悼念文字刊出，作為一種補充。

努力崇明德，隨時愛景光
——痛悼唐君毅先生——

今天是二月十三日，清晨正在傾聽貝多芬的絃樂四重奏，一邊拆閱朋友從香港寄來的明報，猛然發現第一篇的報導，竟是社評敬悼本月二日逝世的唐先生的短文，一時默默無語，貝多芬的音樂頓成哀音，西方的十三竟真是不祥之兆。

還記得月初才收到唐老師及師母寄來的賀年咭，上有老師所題

「努力崇明德，隨時愛景光」的勉語，筆勢還相當強韌有力；內心正自慶幸老師近日稍得恢復些精力了吧。不意那時老師已不在人間了。這兩句題語，恐怕是他老人家逝世前最後的手蹟之一。

唐先生的病似乎持續了多年，時好時壞，終於不免倒下了。儒家說君子不言生死，而說始終；佛教也教人超越生死。唐先生的智慧，洞參儒佛，死亡對於他來說，恐怕是一種歸宿的意義而已。但從人情一面來看，他的逝去，總是一客觀的現實；他的音容不再，總使受到他的德慧所感染的人不能無憾。

筆者之得遇唐先生，而受業於其門下，那是八九年前在中大讀研究院的時候。而看他的述作，則更是再早幾年的事了。他寫的書，大體都看了。其中的《哲學概論》與《中國哲學原論》是洋洋數百萬言的專著，充分顯現出作者學問的廣度、深度與思辯力的強度。不過特別留有深刻印象的，卻是一些小品，例如《人生之體驗續編》和《人文精神之重建》中的一篇〈懷鄉記〉。前者歷寫人生的嚴肅與艱難，但卻不流於灰調，而毋寧處處表現著一種超拔而挺立的生命力量。後者暢舒作者的鄉土情懷，洋溢著農村的大地泥土的芬芳氣息。這點對於筆者來說倍感親切。我出生於農村，是踏著泥土與牛糞長大的，到現在總是野性不改，對現代文明（例如電腦、汽車）有排斥心理。實際上，唐先生的這類作品是很多的；這都是廣大的天地宇宙意識與深邃的人生智慧的結合。

最能代表唐先生在哲學上的理論立場的，恐怕是他的《道德自我之建立》與《文化意識與道德理性》二書。此中所論的正是文化哲學的核心問題。唐先生透過這二書，理論地論證確立人類的一切文化活動，其根皆在於一整一的道德理性，由此而奠定人文的尊嚴

與價值。「文化自心性中流出」一觀點，很早便由馬一浮提出了，但恐怕要到唐先生這二書出，才成為系統性的哲學。這是順著中國傳統強調建立內在的道德主體性而再向外在的客觀的亦即是外王的文化方面推前一步的結果。推前一步是必要的，但不能遠離道德的主體性，因為只有它才是人文的積極的意義所在。這是唐書的主要旨趣。

中國文化精神缺乏外王的表現，演成在近現代歷史上的種種困擾。這一問題，有心的人士討論已多了。但自王船山黃梨洲以來，真能立於本原的德性主體的精神基礎，以西方的知性精神的民主與科學為參考，以正視這外王問題，而探尋如何從本原的精神中開出這一文化領域的，恐怕要到唐先生及牟宗三先生諸師，才有本質的探究。這是中國哲學發展到目前的歷史任務。在這個意義下，唐牟諸先生的思想，實具有極深遠的意義。

倘若我們把視野拓闊，以近代現代東西的思想動態為背景來看，唐牟諸先生的思路，恐怕亦是同等重要。西方自科技工業文明以來，人的生活，在精神生命方面失去了依據，一切活動的價值要由外在的因素來決定，這已是存在已久的事實。尼采揭穿了上帝是一個神聖的謊言（eine heilige Lüge），而宣布祂的死亡，這益增加人們生命的空虛。海德格也常喟嘆現代人是生活於一種無歸宿的狀態（Heimatlosigkeit）中。西方思想家反省到了盡頭，不免要轉移視線，到東方來看看，尋求生命的歸宿。印度人以傳統的精神以名之（如 S. Radhakrishnan 之振興印度傳統），但仍失之於虛。日本人則挾其經濟昌盛之勢，以保存、傳播與發揚東方文化為己任。當代日本的思想主流，是把從印度與中國吸收過來的佛教中的般若的空（Śūnyatā）

與禪的無，提煉成絕對無（absolutes Nichts）或絕對主體性（absolute Subjektivität）這一觀念，以為可以解救西方文明的生命的飢渴。（日本哲學家久松真一領導一個名為 F. A. S. 的協會，本著禪的精神，要負起這個時代的使命，大受西方人士留意。F 是無相之自我 Formless Self，A 是全人類 All Mankind，S 是超歷史而創造歷史 Suprahistorical Creation of History。其整個意思是要覺悟到自己的真我，那個無相的自己，而基於全人類的立場，以成就世界，超越歷史但卻永恆地創造歷史。）但絕對無或無相之自我云云，絕對是絕對了，總是無顏色的，因而亦全無內容，難以與人類文化人倫日用的充實飽滿相應。這只與日本人先天的虛無主義的生命情調相應，那恐怕仍是大和魂生命的蒼白。

我們可以說，佛教或其他的虛教，是不能單獨承擔這個文化使命的。它能使人擺脫生死苦海，但不能立地成就人倫。前者西方的基督教也能作到，但仍無與於後者。西方社會的一個重要問題，是生活上缺乏一種人倫的和諧。這問題隨著人的年事日長而變得益為嚴重，而瀰漫著孤獨與不安。（中年以上的人，子女四散，而終日與犬隻等寵物為伴，而得稍慰孤寂，此種現象，在西方異常普遍。）

由此我們不能不回想到儒家的立足於人倫日用所展開的那一套文化理想。這恐怕是最健康最方正的生活理想。關於這方面的問題，唐先生在上面所提的二書及他的《人文精神之重建》、《中國人文精神之發展》、《中國文化之精神價值》、《中華人文與當今世界》諸書中，有充量而切當的闡發。這不是抱殘守缺，而是以現代化的眼光，以深遠的文化哲學的智慧，來本質地指引當前文化應行的路向。倘若我們這樣思考的話，則可以說，唐先生的思想，特別是具載於上述二書的系統的思想，具有重大的時代意義。

　　使人遺憾的是，西方學者（甚至日本方面的）對儒學的了解，總通過一些不相干的人物來進行，例如胡適、馮友蘭、侯外廬、李澤厚之流，以致不能領略到儒學的真相，不能把握到中國文化精神的本質。西方人了解當代印度哲學，總能列舉出 Mahātma Gandhi、S. Radhakrishnan 諸人；對當代日本哲學的了解，也能如實地知道西田幾多郎、田邊元、鈴木大拙、西谷啟治和久松真一這一大堆人物，但對當代中國哲學的了解，卻常扯到不相干的人物上去。西方學者忽視唐、牟以至熊十力諸先生的著書，致難以真正領略儒學的思想寶庫，也不了解當代中國哲學的實力所在。這對於中西文化的溝通來說，自然也是一種損失。筆者由是附帶想到，如何把唐先生的著書，摘要譯成英語，或以英語介紹其思想的本質，俾外界對儒學以至當代中國哲學，能有深一步的了解，實不失為我們哀悼唐先生的一種有建設性的行動。

　　不過，唐先生和故方東美先生在介紹中國文化到西方方面，自己亦曾作過不少具體的積極的努力。他們常參加東西哲學家會議，或其他的學術會議，以對中國文化有無限熱愛的情懷，具足的學力與智慧，向西方學者述說中國精神的真相。猶記取一九七四年十月，唐先生偕同師母到京都參加一個德國學術機構主辦的文化交流會議，那是以人與自然的關係為題材的。那時筆者正在日本，因此得機會前往旁聽。在其中一個會議上，唐先生以帶有濃重鄉音的英語，娓娓述說中國人之與自然打成一片的天人的和諧觀。當時日本的西谷啟治先生亦在座，主席是德國海德堡的 Fischer Barnicol 先生。會上眾人似乎很感興趣地靜心聆聽，也很重視唐先生和西谷先生的意見。可惜這樣的場合，比較地說，還是非常少見。一般外國

學者一涉及中國思想，便總拿馮友蘭的《中國哲學史》（有 D. Bodde
之英譯本）來參考。那是與中國儒家的基本精神難以相應的。

　　唐先生另外有一本小書是很少為人留意的。這便是《愛情之福
音》，由此可以看到他的生命的另一個面相。書中的主人翁是一個
心靈要與梵天冥合的聖者，他的靈魂要化成一個宇宙魂，踽踽獨
行，從未經歷過愛情，卻向一群年輕的人述說愛情的道理。這是一
種以道德為根基而具有天地宇宙情懷的愛情觀。但這書並未表示是
由唐先生所作的，祇是他翻譯而已；作者題為一個甚麼斯基人物，
大概是俄國人吧。但從書本的內容與行文的風格看來，都可以使人
確信這是唐先生的手筆。一次筆者因持之以問唐先生，請他證實一
下。但先生竟一笑置之，顧左右而言他。後來我想，莊子云：筌蹄
所以在魚兔，得魚兔而忘筌蹄；言所以在意，故得意而忘言。此書
反正是很美的作品，何必苦苦計較其作者呢？

　　這使我們想到唐先生的生活一面。從學問言，先生的思想，將
在當代中國哲學上佔一重要位置，那是無疑的。先生的人格，如何
嘉許，卻是大有困難，因為這不是思想不是學術，而是生活。在生
活上，唐先生所表現的人間的溫情與厚道，是使人感動的，特別是
想到那在現代學術圈子仍相當流行的文人相輕的陋習時，這種溫
厚，便更為難得。先生於魯迅本無微詞，只是說「略嫌寡刻」而
已。魯迅所缺乏的，恐怕正是這種溫厚的人情。唐先生的溫厚性
情，實亦表現於學術，這便是尊重他人的意思與研究成果。不過，
這種作法，有時不免帶來非議，如「兼收並蓄，漫無標準」之類。
筆者以為，這用之以形容唐先生，顯然是過當的。從大處看，他對
學術標準，仍是守得相當嚴格。

　　幾年前，唐先生送我一部書，題為《思復堂遺詩》，那是他老人家的尊母思復堂女士的遺作。書中雖全是詩作，但毋寧是一種人倫的溫潤慈靄的感情的流露，或者說，這是溫柔敦厚的詩教的表現。筆者讀後感覺是，這種溫柔敦厚的母性，薰浴於農村大地的純樸氣氛中，其背景必是一偉大文化的倫理。先生的尊父唐迪風先生，早年逝世，但他對先生在生活與思想上的影響，卻相當巨大。此點略見於先生的一些追念先人的文字中。筆者曾見過唐先生的《孟子大義》一書，其中有先生的後跋，追念其尊父的一些遺教，其意略謂人雖能以功業彪炳世間，但倘於人倫日用方面有差，亦不能無憾云云。此言既深且遠，實透露出不能輕視生活的倫常日用一意思。孫中山先生功在家國，其人格本無可疵議，惟猶以再娶一事，而留憾於歷史。倫常日用之不能無慎可知。

　　故唐先生的溫厚性情，除自身時時警惕和陶養外，在家庭教育方面實亦有其淵源。

　　先生大半生從事教育事業，播下無數智慧種子。他教學、著書而外，又兼行政之務。後者恐怕花去他不少時間與精力，而效果又似欠理想，特別是辦理新亞研究所為然。故有人以為，倘若他不兼雜務，而專事撰著，可能有更佳之效果。關於這點，從一面言，誠然如是；但從另一意義言，或可以說，從更深一層言，則這亦不必不能視為先生要求表現事功的意願。學者而在香港這種環境辦學，無堅實的經濟背景依賴，而又要維持文化理想，其艱難自是可想見的。唐先生要求事功、參與事功之事，而未能有大成果，固是可惜，但至少已樹立起一種榜樣、一種學者的理想形象——不是空議論，而是實踐。這種事業的真正價值，自亦不應就目前的有限的成

果來衡定。義在於人，命歸於天。孔子在兩千多年以前，已清楚地把這兩者的界線劃開了。（勞思光先生的說法是，義是主觀意願，命是客觀限制。）說到孔子，筆者想起唐先生晚年做了一件很有意思的功德。那時批林批孔運動進行得火熱，香港這邊亦很有些人做應聲蟲的。在紛眾囂擾中，唐先生挺身而出，力排眾議，直斥批孔之非是，力言不容誣枉孔子為歷史的罪人。這篇文章題為論孔子誅少正卯的，好像發表於明報月刊的某期。後來國內局勢急轉直下，毛澤東死亡，四人幫一夕竟成階下囚。批孔之聲頓然沉下。至本年初，國內《歷史研究》月刊一月號竟發表文革以來第一篇為孔子辯護的文章，題為〈論孔子誅少正卯〉，這不啻是北京替孔子恢復名譽的先聲。我想這必是唐先生逝世前最樂意聽聞的事情，也是他老人家最後堪以告慰的。

筆者最後見唐先生，是去年六月初起程來德的前數日。那時雖是向他告辭，但已預感到，這可能是最後的會面了。不意此感果成事實，思之淒然不已。望望外邊，一直飛舞著的雪花已經止息了，街上的行人也漸漸歛跡，但願逝去的人皆得安寧。西諺云：精神不死。我極願意相信這是一永恆的真實。

1978 年 2 月於德國漢堡
原載《明報月刊》第 13 卷第 4 期

第四章
牟宗三的智的直覺思想

　　本文主要依據牟宗三先生的《智的直覺與中國哲學》與《現象與物自身》二書，闡述他的智的直覺或睿智的直覺的思想內涵。首先是問題的提出，再探討從我們身上能開出自由無限心，由此無限心開出智的直覺。最後以儒釋道的精義需通過智的直覺才能說明，肯定人能培養出智的直覺這種認識能力。

　　回應：本文結構很好，先提出問題，再提出相關重點，最後做結論。我們可透過同學提出來的問題，來看他是否具有分析性、系統性的思考。我們由所提出的問題，進而了解一哲學理論，方法是必需抓緊這個問題，將它的觀念、概念指點出來，這即是要抓緊問題與關鍵性概念。有了好的開始，接著探討下去的每一部分也就清楚了。

一、問題的提出

　　康德的《純粹理性批判》一書（甚至他的哲學的整個系統）隱含兩

個預設：第一預設是現象與物自身的超越的區分，第二預設是人是有限的存在（人的有限性）。第一預設涵蘊第二預設，第二預設包含第一預設。再者，康德由感性說起，表示現象（appearance）是外物現於我們的感性主體面前，這種「現」是認識論的，不是存有論的。康德說，凡現到我這裏的，依存於我的知覺的，只是現象，不是物自身。康德有一「物自身」（Ding an sich）的預設，物自身永不能以它的物自身的身分而呈現到我面前，從物自身到呈現在我面前而為現象，中間有一曲折歷程。如何可知是這樣呢？我們跳出自己的感性主體，對人類的感性主體加以反省，便知道了。

回應：這裏要澄清幾點，首先是物自身的概念，從這字眼可看出，物自身是指事物的本來狀態，是不在人的感官或理性認識內的東西，所以說是一預設，就康德來說，物自身本來就沒有積極意義，是一限制概念，Grenzbegriff 是他原用的德文字眼，這個字有邊界、限界的意思，具有一種限制意義，限制人在認知上所能達到的範圍，在康德來講就是現象的範圍。

康德認為人的知識只能在現象範圍內建立，在現象範圍之外的東西，人都不能對它有知識，因人的認知功能：感性（Sinnlichkeit）與理論理性（theoretische Vernunft）（或知性），特別是理論理性所能作用的範圍是現象的範圍，對於現象以外的東西，人沒有認知機能，無法接觸。物自身有一種限制：人的認知只能在現象中作用，一出了現象以外就沒辦法，只有「行人止步」了。

康德將現象背後的東西都叫作物自身。每種現象事物背後有一種實體性的存在，有某種不變化的自性的東西來支持它，人可以作

推想或預設，但沒有認知能力去接觸現象背後的東西，即人沒有認識物自身的能力，這是西方哲學具有爭議性的問題之一。康德稱認知物自身的機能為睿智的直覺（intellektuelle Anschauung），只有上帝有它，而人則沒有，所以人只能認識現象，不能認識物自身，也不能正面的肯定物自身的存在。我們只能推想、設想現象事物呈現在我們的認知的面前，它背後應有一基底，但是我們不能確定它的存在性，只能假設，這是康德的意思。這個問題是具爭議性的，物自身或本體在佛教中稱為第一諦（paramārtha-satya）、聖義諦，要靠睿智的直覺才能認識的，康德認為人沒有這種睿智的直覺，不能像認識現象事物那樣認識物自身。在佛教，能夠認識物自身的，是般若智（prajñā）。

但是後來有許多哲學家提出不同於康德的看法，像德國觀念論的費希特（J.G. Fichte）、謝林（J.W.J. von Schelling）就不認同康德的講法，認為人可培養出一種直覺，稱為睿智的直覺或先驗的直覺都可以，能夠了解物自身。再向後發展的有現象學與歷程哲學，開創現象學的胡塞爾（E. Husserl）在他的著作中明確的表示，「有人」認為人不能有睿智的直覺是錯的，這個「有人」指的就是康德，不過他心存厚道，不好意思直呼其名，為康德留下顏面。提出歷程哲學的懷海德（A.N. Whitehead），對實在提出三個概念或三種名相來表示：actual entity、actual occasion、event，懷海德也認為人有認識實在、認識實相亦即是物自身的能力。

關於人是否有睿智的直覺的問題，我們不能確斷康德否定人有睿智的直覺。康德否定人有睿智的直覺，主要表現在第一批判講知識的部分，但是到第二批判講道德，第三批判講藝術，第四批判講

宗教，便沒有那麼堅持了。在第二批判和第三批判兩書中，康德的態度已軟化，沒有像第一批判時那麼堅持人一定沒有的睿智的直覺，而到第四批判，在《在只是理性限度裏的宗教》一書中便說及：「人可達到耶穌的境界」，人依其道德意識可達致一種無限的境界，與耶穌的道成肉身沒有兩樣。這些都是牟先生所忽略的，牟先生講的物自身，只通過康德的第一、二批判來說，而未對康德後面的著作有詳盡的了解。

　　學生問：我看過牟先生翻譯康德第二批判的書，以及《道德形上學的根本原理》一書；第二批判還是以人沒有睿智的直覺，只能就道德法則去推想、去肯認這種直覺的方向上說。

　　回應：康德在這個問題上的轉變有一個漸進的歷程，經過一段一段時間的轉變，要到第四批判時，意思才較明朗。第一批判提出人的理論理性，不能理解人的自由意志、靈魂不滅和上帝存在。這些形而上的問題是人的理論理性不能處理的，人若硬要用理論理性來處理，則會引起種種背反。理論理性不能處理這些問題，需由實踐理性來處理。寫到第二批判，便強調自由意志、上帝存在和靈魂不滅都與現象界的東西不同，它們都是超越的，只能以實踐理性來處理，這些東西的層次與物自身比較接近。物自身是非經驗的，自由意志，不滅的靈魂和上帝也是非經驗的。其實他講的這三種東西也能將物自身收進去，但他還未明確地說人有了解物自身的能力；但是從康德以實踐理性來處理這三種超越性的東西一義來看，物自身也應該可以包括在裏面。

　　到第三批判康德講構想力（imagination），他的意思是構想力可

把理論理性與實踐理性連結起來，重點還是偏重實踐理性方面，所以康德的觀點是一步步的移動，從人一定不能有睿智的直覺，一步一步退讓，到第四批判講宗教問題時，他的觀點較明朗，肯定自由意志與我們的道德理性的可能性，道德理性有其內在性、普遍性，是人本有的；但人是否可將這種道德理性或善的意識表現出來，康德認為人有這種表現能力，問題是人願不願意去實現，人如果要表現善的行為是可以的。

　　第四批判用了很多篇幅說明神扮演人是一種溝通的角色和道德與宗教的關係，提出結論：宗教需依賴道德才能建立，但道德不需宗教就能建立。講到耶穌的智慧是人可以培養出的，人與上帝溝通的關係也是可能的，這種問題在教會來說，人根本不能跟上帝溝通，否則耶穌和教會都可以不要了，所以教會不會接受這種講法。康德說：「耶穌和人沒有本質上的不同。」這在表達上有其技巧性，他沒有正面說人可以當耶穌，或世界可有很多耶穌，卻採用較低調的說法，不挑戰當時的教會，只是說人與上帝沒有本質上的不同，暗示耶穌做的事，人也可以做。

　　我在加拿大做研究時，研討班上就挑第四批判來讀。我問其中一位教授 G.Vallée 說：「康德是否指耶穌不是獨一無二，人和上帝溝通不一定要透過耶穌，人可以培養出一種力量或信念與上帝溝通呢？康德這樣講是否會引起教會的反彈或反擊呢？」教授說，康德講這些問題都很低調，他不會正面提出這種講法。結論是道德可以不依附宗教，道德有其獨立性，但宗教必須依附道德才能成立。對於耶穌的道成肉身的方式和祂的特殊身分，康德沒有強調，只是neglect 它而已。

倘若把這種態度帶進儒家哲學中，唐君毅和牟宗三都以道德理性為最高，宗教理性低一點。唐先生的判釋基督教、佛教與儒家，基督教、佛教都是宗教，特別是基督教的宗教性很強，唐先生沒有把宗教放在最高的位置，而是把儒家所講的道德放在最高的層次，他所說的道德有普遍性，把「天德流行」放在基督教的歸向一神之上。唐先生認為宗教不能單獨來說，宗教需有道德基礎，而道德則可獨立建立起來，這與康德認為道德比宗教更有基源性的說法相同。唐先生早年寫《文化意識與道德理性》一書，把宗教意識、道德意識，都歸在道德理性內，表示先要有道德理性，宗教意識、文化意識、文化活動才能成立。

有關道德與宗教何者較具基源性的問題，也有相反的觀點，康德和儒家都認為道德比宗教有基源性，但是京都學派則認為道德要先崩壞，宗教才能建構起來，所以他們把宗教放在道德的上面，認為宗教超越道德，宗教能克服道德的善惡所成的二元性：這是兩種具代表性的看法，剛剛相反。

依康德，人類的感性主體攝取外物以為對象，是在一定樣式下進行的，這樣式依兩義規定，一是感性主體的特殊構造，如目鼻舌身，依此而有感覺，內感特別是外感；另一是依時空形式，對外界的所與而有直覺。只有直覺能吸收外界的與料，我們的感性的一定形式是時空，凡有一定形式者為有限的存在。無限的存在則沒有感性、形式。上帝的直覺不以時空為形式，也不是感性直覺。我們的感性主體有一定形式，外物都在此形式下呈現，我們知道這呈現是現象而不是物自身，但又預設一個物自身。至於如何決定現象的客

觀性的問題，康德認為，這是範疇概念的作用。概念的決定是知性的作用，只要現象通過範疇概念的決定，便成具有具客觀性的知識。

　　牟先生在《智的直覺與中國哲學》一書中，對知性作了超越的分解，發現知性有兩層純粹先驗概念的作用，第一層是邏輯的涉指格，這在他的《認識心之批判》一書中有討論。第二層就是康德所說的範疇，牟先生認為它是存有論的涉指格。我們單就邏輯中的判斷表，不能直接發現存有論的涉指格式以為知性所自具，只能發現一些純粹的邏輯概念以為知性所自具。雖然不能發現存有論的涉指格，我們知性的認知活動，可藉著邏輯判斷表為線索，先驗地、跳躍地對存在方面有所要求、擬設，由此來建立存有論的涉指格。康德將這要求、擬設說成知性所自具，所自給。因此便有「知性為自然立法」，「知性所知於自然者即是其自身所置定於自然者」等難解的說法，成為一般人厭惡的主觀主義。牟先生將它分開來說：知性主動性、自發性所自具的，只是邏輯概念；而存有論概念或範疇則對於存在方面有先驗的要求、擬設。

　　牟先生在《智的直覺與中國哲學》一書中，承認我們的知性可有「存有論的涉指格」這一層，順此承認以疏解康德原義，把康德所說的「先驗綜合判斷」（apriori synthetic judgment）予以明確的規定，這較易理解，而康德的「超越的推述」、「原則的分析」也就沒有問題了。❶就牟先生來說，在認知心上，沒有真正的主觀主義與觀念主義，因為認知心不是「創造的」，這也是康德的意思。

---

❶　以上的所述，基本上是依據牟先生的意思而提出來。

　　牟先生重視超越的統覺、超越的對象 X、物自身（Ding an sich）、「超越理念」的自我，和通過智的直覺與感性直覺對比來疏導。康德否認人能有「智的直覺」，它的對象物自身（物之在其自己）只是消極意義的限制概念，限制我們的知識範圍在現象中。牟先生卻認為不可輕忽，康德在書中以智的直覺與感性直覺相對比而言，顯示物自身有重大的意義與作用。要說本體，便要從物自身的闡釋著手，使後者作主動的、積極的轉向。

　　回應：有關康德知識論的問題，包括對康德的了解，我們這邊受唐、牟的影響很大。例如先驗綜合判斷或範疇這些理論，一般就是順著康德的認識論來說，也是普遍都接受的講法。前輩唐君毅、牟宗三與黃振華等人也都認同康德所說的知識論。但是從西方近代哲學的發展來看，康德的知識論引起了很多反對的聲音，特別是先驗綜合判斷與範疇的理論。例如羅素就不同意康德的說法，但還未正面挑戰康德。另外像邏輯實證論者反對康德的超越哲學，反對康德提出的先驗綜合判斷思想與範疇論。邏輯實證論的重要人物舒里克（Moritz Schlick）所寫的《普通知識論》（Allgemeine Erkenntnislehre）便以嚴苛的態度對康德在這有關方面的說法加以批判。羅素的學生維根斯坦（L. Wittgenstein）和卡納普（R. Carnap）等人都有參與相關問題的討論。

　　在舒里克寫的《普通知識論》一書中，用很多篇幅來討論康德的知識論。其中有兩個重點，第一是認為康德的先驗綜合判斷不能成立，第二是反對康德的範疇理論與十二範疇表。Schlick 講的也有他的道理。所以，現代哲學不是都認同康德的知識論，但是，我

們的老師也沒有提及其他人，沒有注意到康德以外的哲學家的說法，而將康德的觀點視為無可挑戰的哲學類型，忽視西方近代哲學流行著否定的觀點。

你在這裏參考過牟先生的《認識心之批判》，非常好。這是牟先生著書中最難讀的。實際上，康德依邏輯判斷表推導出十二範疇，並沒有必然性。倘若邏輯判斷表所涵的，不是十二個概念，康德的範疇論便不會是十二範疇了。故範疇的數目並沒有必要性。亞里斯多德提出十個範疇，印度佛教的陳那（Dignāga）提得更少，懷海德的範疇則多得不得了。

二、自由無限心

康德說我們所知的只是現象，不是物自身，物自身可為智的直覺的對象，但智的直覺只屬於上帝，上帝只創造物自身，不創造現象。牟先生指出要證成康德的這個洞見，關鍵在於人是否有智的直覺。康德認為人不能有智的直覺，但儒釋道都肯定人能有智的直覺，否則成聖成佛成真人就不可能了。牟先生則認為人能培養智的直覺，人雖有限但可無限。在西方傳統有限是有限，無限是無限，但中國的傳統不同。牟先生寫《智的直覺與中國哲學》一書的目的，是要說明康德書中智的直覺的意義與作用，而且指出儒釋道義理必需通過智的直覺才能夠被證成。

康德雖然將智的直覺歸於上帝，但是將感性的直覺與智的直覺相對照，這是為了說明兩點：第一是本體界如自由、不朽、上帝不可知。人的感性的直覺和辯解的知性不能及於自由、不朽、上帝是

明顯的。第二是分別現象與物自身，這是「超越的區分」，而物自身不可知，問題是這個「超越的區分」不能被證成。

牟先生的做法，是從上面說下來，不集中說上帝。如果我們的感性、知性的認知機能不能由主體引出一個對照，由這個對照，把這些機能給予價值上的決定，就是把它們封住了。單憑與上帝對照，我們不能知道這些認知機能只知現象，不知物自身，而現象與物自身的殊義也不能穩定住，兩者的超越的區分也不能被證成。從我們的感性、知性說上去，感性、知性是既成事實，沒有給出價值上的決定與封限。到需要說感性、知性所知的，只是現象而非物自身時，是要引出超越的區分，讓它給予它重大的封限。這超越的區分是一預設，事前沒有交代。單單憑著與上帝相對照，這區分本身的定義不明確，物自身概念也模糊，而現象概念的特殊意義也不能穩住。

回應：這裏面有些矛盾的問題。康德既然說物自身不可知，為何又提出物自身的概念呢？例如茶杯擺在我的感官視覺面前，我們說茶杯時，背後有一意思是茶杯顯現在我們的認知機能前面。佛教中的經量部提出外界實在論觀點，與唯識宗的唯識說不同。經量部認為我們的認知機能可掌握這茶杯，現象出現在我的感官認識機能範圍內，讓我能明確的說這個茶杯是存在的，茶杯有些什麼性質。茶杯能在我的感官與知性面前成為這樣一種物體，它背後應有一茶杯的實在性，以維持茶杯的樣貌與作用。如果沒有茶杯的實在性或茶杯的物自身，茶杯會不會變成一個大碗或與它完全不同性格的東西呢？

　　我們推想在我們的認和機能外，應有茶杯的自體，所以經量部提出這種外界實在的說法，肯認外界實在或物自身的語態較強，是積極的說法。這不同於康德說物自身是負面的、消極的講法。康德認為不能正面的對作為現象的茶杯之外有任何說法，不能說茶杯的物自身。人不能對茶杯在物自身方面有任何正面的描述，而是以茶杯的物自身為一界線，有關茶杯物自身的面向是人所不能了解的。以上是對物自身兩種不同的觀點。

　　問題是既然對在認識機能以外的東西，人無可說，那也不能提茶杯的物自身的概念。茶杯的物自身與一般的概念不同，眼鏡作為一概念不對稱於茶杯的物自身的概念，現象或物體在我們的認知機能前能顯出，而茶杯的物自身則與人無交集，物自身純粹是想出來的，沒有客觀理據可循。所以客觀的眼鏡，不能與想像或推想出來的茶杯的物自身相比。我們不能清晰地、確定地講茶杯的物自身，因為這是由推理而得的判斷；我們只能說需有一物自身支持茶杯才能出現在我的感官機能面前。那麼，請問眼鏡的物自身與茶杯的物自身是否相同呢？

　　學生說：不同。

　　回應：由現象來說是不同，說兩個物自身不同時，已預設了一種認知：不同的物體、不同的現象，大概有不同的物自身，所以做出這個判斷。但我的問題是，從現象思考的層次來看，眼鏡和茶杯不同，那麼在物自身的層次來看是否一樣呢？我認為物自身根本無從說起，不在知性的認識範圍以內，提出物自身的概念是自找麻煩。

　　我換一個說法，要支持一事物，不讓它變動，事物應該有一基底，支持物體的基礎能維持一定狀態。請問眼鏡和茶杯的基底是否一樣呢？上帝有睿智的直覺，創造物自身，眼鏡物自身與茶杯物自身，這兩物的物自身對上帝是存在的，在上帝看來這兩者的物自身同或不同呢？

　　學生說：對上帝的智的直覺來看，沒有同異的分別，上帝是神感神應的，就沒有同異之分，同與異是人在時空、範疇、現象下所作出的區分。

　　回應：如果茶杯和眼鏡的物自身都一樣，則顯現為現象為什麼又不同呢？現象分別只限於人類，一切物體是上帝創造的，對我們有分別，對上帝沒有分別，上帝為什麼創生不同的萬物呢？像柏拉圖（Plato）說的理型就是不一樣的。上帝創造物自身，物自身對人成為現象，而有分別。像對人來說很骯髒的東西，對動物來說卻是能吃的東西。上帝沒有分別心，佛教更強調以平等心、一種大悲心來救助眾生，但這不等於佛祖覺得茶杯和眼鏡是一樣的。我們是替上帝和佛祖提出一個問題，又以上帝與佛祖的立場給了答案。

　　天台宗要消除對諸法的執著，去除無明但還是有分別，所謂「除無明，有差別」。例如鞋不能當帽看，香蕉不能當飯看。將煩惱、執著和顛倒見一律除掉後，看世界還是有分別的，青山是青山，綠水是綠水。拿佛教的講法來回應這個問題，無明有不同的表現，但都是無明，無論哪一形態的無明，都是覺悟、解脫的障礙。我們把它除掉後，所面對的世界還是有分別的，人還是有生活的規矩。

　　牟先生提出超越的區分的充分證成的方式。物自身、現象二者，概括地言是同一物，對上帝來說是物自身，對人類來說是現象。上帝是無限存在，就心來說，是無限心；人類是有限存在，就心來說，是有限心。這樣也可說成：對無限心來說是物自身，對有限心來說是現象。如果把心視為主體，康德把主體二分：一屬上帝，一屬人。依康德，人是有限存在，沒有無限心，但如果我們把無限心移置於上帝，價值意味的物自身便不那麼醒眼了。價值主要是對人說的。

　　回應：牟先生可能認為物自身是聖義諦的層面，而現象是世俗諦的表現，所以說是將世間事物兩分了，用價值眼光來看。因為物自身是第一義、聖義諦的存在，有價值的。而現象是一般人的心智的所對，包括成見或其他不相干的因素。由這個角度來看現象的東西，現象的東西不能講價值，牟先生這種說法是講的通的。

　　其實無限心不是牟先生提出的，在他之前的熊十力也提出無限心的觀念，從當代新儒家上推至宋明儒學，以至孔孟，整個儒學傳統基本上都有將人的心視為無限的性格的傾向。例如孟子說：「盡心知性知天」，這個心就是無限心，開拓無限心然後可以見性，到客體方面的形而上的存在，是知天。天是終極原理，良知、天理都是，與黑格爾所說的絕對精神都屬於這層面。絕對精神是超越的精神實體。

　　因此，牟先生先由人的道德意識顯露一道德的無限心，從這裏來說智的直覺。自由的無限心既是道德實體，開道德界，也是形上的實體，開存在界。存在界的存在，就是「物自身」的存在，因為

自由的無限心無執無著。「物自身」概念是有價值意味的概念，不是事實的概念，是事物的本來面目，是物的實相。牟先生提出要由自由無限心開存在界，成立了一個本體界的存有論，稱為無執的存有論。我們對自由無限心的意義與作用清楚之後，就可以知道「物自身」的意義了。這部分牟先生是依據儒家孟子學的傳統義來融攝康德的道德哲學的。

回應：這裏有兩點要注意：第一點是用「概念」的字眼來說無限心和物自身不適合。我們如何用概念和觀念是有共識的，「概念」是邏輯、認識論的名相，「觀念」是心性論或形上學、特別是道德的形上學所用的名相，兩者不一樣。概念是中性的，不涉及價值問題，它不是一個估值的名相，但是物自身是一估值的概念，因為它表示事物本來的狀態，從一切有分別、有執著的行為方面解放出來，所以是工夫論、實踐論以至現象學方面的名相。因此，我們不應說物自身概念，而應說物自身觀念。

第二點要注意的是，在物自身的看法方面，牟先生與康德不同。康德認為物自身沒有實質內容，人沒有途徑認識，人沒有睿智的直覺；人對物自身沒有知覺，人只能推理說現象背後大概有一不變性、永恆性的東西，來支持現象事物。人對它沒有知覺，就不能認知，只能推論有物自身的觀念，不能夠成為一種知識。所以康德一直把物自身講為一限制概念，限制人知識所能達到的範圍，人的認知能力只在現象界有效，在現象界以外的存在就是物自身，對於它們，人的認知能力便無效了。牟先生比較積極，容許物自身有存在性，認為人通過智的直覺可以把握到物自身。物自身對康德來

說，是消極的沒有存在性的概念，牟先生則認為是積極的且有價值意味的觀念。物自身是人的認知的極限，人在一般情況下無法理解。這在康德來說是如此，但在他以後的德國觀念論者來說便不是了。

所以，無價值意味的名相用「概念」，是中性的。有價值的名相要用「觀念」，例如上帝、理型、天道等，用觀念來描述。概念是認識論、邏輯方面的字眼，例如，牛或樹，都是概念，人用樹木這概念來指外面有生機的植物。我們不會說仁這概念，因為仁是終極真理，我們不說終極真理是概念，對事物取一個名字，我們一般稱為概念。

學生說：我們可以用範疇來稱呼嗎？

回應：用範疇不是很好，範疇是知識論中的認識方式，範疇與範圍不同。康德說的範疇是我們的一種思考方式，用來思考、認知現象，把現象組合起來，對現象有一種組合、整理，整理成對象後，就可以說是知識了。所以知識是從對象的成立講起，而對象的成立需要靠範疇，例如說實體和屬性這範疇。杯子走白色，杯子本身是實體，白色是屬性，我們憑眼看不見這種連接性。人的腦袋中的知性有種種不同範疇，整理感性或感覺從外面所吸收的感覺與料或雜多。這些都還未到知識的層次，還要透過知性的範疇作用來整理，這作用稱範鑄（categorization）。將感覺與料或雜多建立為對象，對象成立，知識也就成立了，知識是依對象發展出來的。

一般人誤以為範疇就是範圍，這是錯的。範圍是一般性的概念，但範疇是知識論的一個概念，是知性的一種思考方式。康德知

識論中講十二範疇，與一般人講的範圍意思不同。嚴格來講，兩者是要分開的，但一般人多不留意。

再者，牟先生指出，由自由無限心進而開出「知性」。知性是認知主體，由自由無限心作自我坎陷而成，本質是一種「執」，它執持自己成認知主體，而視現象為客體。所以，現象是由知性的執而成的。知性的執，佛家稱為識心之執。識心是通名，知性是識心的一種形態，感性所發的感性直覺，二者都是識心的形態。由此成一「現象界的存有論」，也稱「執的存有論」。確定了現象與物自身的意義之後，兩者的區分可以被證成。物自身永遠不能為識心之執的對象，識心之執永不能及，所以物自身是超絕的。這部分牟先生用佛家「執」的觀念來融攝康德說的現象界。並且用康德的《純粹理性批判》一書的分解部分來充實「執」。❷佛家說的識心之執是泛心理主義的，重在說煩惱，認知主體不突顯。

回應：這段後面數上第三行，用「執的觀念」一詞不適當，執著是一種錯誤的對事物的態度，所以執是概念，不是觀念。執比邏輯、知識論的概念還要低，一般事物如樹木、雷雨、白雲、河流等自然現象，是中立的，無所謂價值。我們稱非價值性的事物為概念，但執著是一種負面的行為，讓人產生種種顛倒的見解，由顛倒的見解而有顛倒的行為，最後沉於煩惱的大海中。用執的字眼帶有負面價值的意味，不應該用執的「觀念」，而要用「概念」。我們

---

❷ 關於這些點，牟宗三先生在他的《現象與物自身》（臺北：臺灣學生書局，1975）有周延的解說。

寫論文用字要精確,以呈現自己在思想上的清晰性。

　　牟先生認為,康德對知性之執作超越分解有兩部分:第一是邏輯概念的超越分解,見知性的邏輯性格。第二是存有論概念的超越分解,見知性的存有論性格(存有論是現象界的存有論)。識心之執是一執執到底的,先驗主義與經驗主義沒有嚴格的對立,各種實在論都可以說的通。許多以為可以反對康德的人,都不自覺地在識心之執的範圍內,最後還是要以康德義為準繩。❸

　　回應:此處應該對實在論的哲學形態有一些交代。講到知識論與形上學這方面,有觀念論與實在論兩種看法。第一是觀念論,認為觀念是真實的,人的意識與觀念有密切關係,人的觀念表現在意識中,意識是觀念的根源,認為人的觀念有實在性,比一般所面對的周圍事物更有其根源性,或者說認為觀念是終極的存在。觀念論由康德、謝林、費希特、黑格爾發展以來,它的傳統說法認為觀念是實在的,具體事物不是實在的,這傳統便是德國觀念論。發展到近代的胡塞爾講人的意識,認為意識可以構架現實世界。

　　另一種是實在論,認為觀念是後起的,事物本身有其形而上的依據,它們都有實在性,像亞里斯多德講的實體、柏拉圖的理型,都有其真實性,有些實在論更認為有其終極實在。人當前所接觸到的事物都有其實在性。英國分析哲學的羅素和摩爾也是實在論者。美國的杜威(J. Dewey)等的實用主義(pragmatism)也有實在論的旨趣,還認為有用的東西便是有價值的。西方的觀念論與實在論傳來

---

❸　相關論述見牟宗三著《現象與物自身》,頁 7-8。

中國，各有其支持者。賀麟、唐君毅、牟宗三等宣揚觀念論，特別是康德、黑格爾他們的一套。受實在論影響的，則有如金岳霖、馮友蘭、張申府，張岱年等。

　　牟先生以自由無限心或智的直覺為標的，提出兩種存有論。對自由無限心而言，是「無執的存有論」，以中國哲學傳統為主；對沒有自由無限心而只講識心而言，是「執的存有論」，以康德為主。就「無執的存有論」而言佛家可資以為談論者多，這是由於它的執與無執的對照特顯，而存有論意義又殊特的緣故。但無執的存有論仍歸宗於儒家，因以儒家的道德意識顯露自由無限心，是必經的道路。儒釋道三家同顯無限心，佛教的如來藏心、儒家的良知明覺、道家的道心之間沒有衝突，在義理上的不同而顯出的種種差別，都可相融和。

三、儒釋道義理需通過智的直覺來說明

　　牟先生的《現象與物自身》一書是以他的《才性與玄理》、《心體與性體》、《佛性與般若》三書為根據繼續發展、開拓而成。牟先生指出中國哲學傳統以儒家為主流，其中有兩個原因：第一因為它是從民族本根而生的智慧方向。第二因為自道德意識入，獨為正大。而道家為儒家骨幹所生的旁枝，佛家是從印度外來的。《才性與玄理》一書主要在疏通魏晉時代的玄理與玄智，以王弼注《老》，向秀、郭象注《莊》，來看老莊本義。「玄理」是客觀來說的名稱，以老子的有無「兩者同出而異名，同謂之玄，玄之又

玄，眾妙之門」作依據。相對於玄理為「玄智」，它是主觀來說的名相，以「致虛極，守靜篤」，歸根復命向根源回歸的觀照為本。玄理在玄智中呈現，玄智者虛一而靜，無為無執，是自由的無限心所發出來的明照（《老子》：知常曰明）。這裏所說的自由無限心，不是由道德意識所顯露的，而是由道家的超脫意識、致虛守靜的工夫所顯露的，所以是「自由」。凡無為無執，灑脫自在，無知而無不知者，都是自由無限心的妙用，以及玄智的明覺。

回應：牟宗三先生在對於道家哲學的探究發而為文方面，數量不多，但非常精采，有很多洞見。其中除了早期的《才性與玄理》一專書外，還有他後期的演講稿《中國哲學十九講：中國哲學之簡述及其所涵蘊之問題》（臺北：臺灣學生書局，1983），其中有三章是講道家的。後者較《才性與玄理》在內容上表現得更為成熟。他基本上認為道家所說的道，是主觀的實踐境界，這與唐君毅先生在他的《中國哲學原論》上冊（香港：人生出版社，1966）中所收的〈老子言道之六義貫釋〉和《中國哲學原論原道篇》一（香港：新亞研究所，1973）中的〈老子之法地、法天、法道，更法自然之道〉二文說老子的道很不相同，唐先生是以老子的道是一客觀的實有的。這兩位大師對道家的道的理解，表面看來是南轅北轍，差別很大。主觀的實踐境界的背後的理論立場是非實體主義（non-substantialism），客觀的實有則根於實體主義（substantialism）。雙方實展示出道家的道的兩個面向：實體主義與非實體主義，這實開拓出形而上學的一個新的思維方向，這即是實體主義與非實體主義的互轉，互轉的結果是發展出一種圓融的哲學天地。

《心體與性體》一書是疏通宋明六百年儒家內聖之學的傳統。以周濂溪、張橫渠、程明道、程伊川、胡五峰、朱熹、陸象山、王陽明、劉蕺山等九人為骨幹，是依據道德意識開拓出以心體與性體為主題所成的內聖之學（或成德之教）系統。傳統的經典是先秦儒家的《論語》、《孟子》、《中庸》、《易傳》、《大學》五部書。心體以《論語》的仁，《孟子》的本心為據，性體則依《孟子》的本心即性而言，或依《中庸》、《易傳》由道體說性體，最後與心體合而為一的思路。依據先秦儒家的道德意識、本心即性即理這一道德心具有創發性（即自由自律性），這本心就是自由無限心，它是主、客體的，而且是絕對的。就其知是知心來說是主體的，就其為理來說是客體的，就其「體物而不遺」，因而為萬物之體來說是絕對的。由其主、客體性開道德界，再由其道德性開存在界。既有其絕對性，就可以絕對地、客觀地由道德說性體，因為這性體已預設本心的絕對性，而與本心為一。既然是絕對地客觀地由道德說性體，這樣所說的性體與道體最初只有形式的意義，我們對它只能大之、尊之、奧之、密之，卻不能顯其真實意義。所以張橫渠、胡五峰、劉蕺山提出以心成性或著性的實踐，仍然歸宗於《論語》、《孟子》，將他們所預設者再回頭彰顯，所以道體、性體、心體是一，並不是互相分開而為對立的。

回應：關於宋明儒學的派系問題，有三種說法：一系說、二系說、三系說。一系說認為整個宋明六百年的儒學，有一個核心問題，那便是如何突破佛教的空義的氛圍，而回歸到先秦的孔孟尊道德理性的導向方面去。這種說法失之於籠統，無視宋明儒學內部的

多元思維與重點的落差。二系說則是傳統以來一直流行的說法，把這個龐大而複雜的哲學系統化約為兩個流派：程朱派與陸王派，分別以程頤、朱熹與陸九淵、王陽明為中心人物，前者主性即理說，後者則主心即理說。這種說法對於一些持不同形態的學說的人物不能概括，這即是周濂溪、張橫渠、程灝、胡五峰、劉蕺山等人。他們大體上持主體性與客體性合一、心即性即理的基本觀點，這即是以心為始、性與道為終的迴環哲學。把這迴環哲學也加上去，與程朱系的性即理、陸王系的心即理的中心思想合而為三系。

先說道體性體，這是重在說存在界。而道體性體非空懸，需要一步迴環，由心體的道德意義與絕對意義（存有論的意義）來彰顯、著成。陸王一系由本心即性即理這一心體的道德意義與絕對意義一同彰顯，所以無須這一步迴環。其他則要有迴環。無論是否有此迴環，作為內聖之學、成德之教的基礎的心體、性體、道體，是涵蓋天地萬物的，三者是一，而道德界與存在界亦必通而為一。❹

《佛性與般若》一書疏通南北朝隋唐時期佛學，中國文化正式吸收自鳩摩羅什來華傳空宗的經論開始的佛教，繼之又消化唯識宗的經論，又有後期的真常經而開拓出中國的真常心宗。這期佛學傳統以空理空智為主，空理是依「緣起性空」而說，空智則依般若智的不捨不著而說。牟先生認為，空宗對於一切法無根源的說明，就這一義來說，空宗不是一系統。至唯識宗始有一根源的說明。唯識宗有兩系，一是玄奘所傳的唯識學，稱阿賴耶緣起，就中國的吸收

---

❹　這是提綱挈領的說法，其詳見於《心體與性體》書中，限於篇幅，在這裏只能略說。

來說,稱為後期的唯識學;另一系是真諦所傳的唯識學(所謂攝論宗),稱如來藏緣起,就中國的吸收來看,是前期的唯識學。

　　前期的唯識學經過《地論》師(分相州南道與相州北道兩系)、《攝論》師(真諦的攝論宗),集結於《大乘起信論》,其主要教義是以如來藏自性清淨心與阿賴耶識和合而起現一切法。華嚴宗就是根據唯識學而開出者,是典型的真常心宗。禪宗自《楞伽經》傳心而言,也屬真常心宗。自六祖惠能重視《般若經》,而言自性般若,是般若智與真常心合一的形態。不重教相的分析,特重禪定的修行。

　　還有天台宗,它不屬真常心系,因並不以如來藏緣起說明一切法,也並不唯真心。它的義理不是分解地預設一個真心以為本,而是在圓頓止觀的實踐中被顯示出來。天台宗是承空宗而來,比空宗進一步,對於一切法的所本及存在的必然性有一根源的說明,所以是一系統。天台宗以「一念三千」說明一切法❺,一念心是剎那心、煩惱心,也稱「無明法性心」。無明無住,無固定性,悟則無明即法性,就是轉念成智,即智具三千。法性無住,無固定性,迷則法性即無明,就是智隱識現,即念具三千,所以也稱「從無住本立一切法」。天台宗的這種特殊風格是與諸宗不同的,特別在講圓教圓不圓的問題上,依天台宗,必要具足三千諸法才是真圓,華嚴宗的圓教是別教一乘圓教,還不是真圓。禪宗可以講頓,而教相不明。頓的作用可以涵作用上的圓,不涵法的存有論上的圓。若依天台宗

---

❺　所謂三千是概括存在世界的一切事物、現象。「三千」在數目上沒有必然的依據,只是象徵義。

的術語來說，這是化儀上的圓，不是化法上的圓（頓是化儀，非化法；化儀是實踐方法，化法是義理內涵）。禪宗認為自己是上上宗乘，但是這只顯強度上泯絕無寄的窮極，不顯廣度上的法之圓具。天台宗於圓頓止觀的實踐上講圓教，即可涵攝化儀上的圓頓。

以上三家對終極義的主體性或心的說法雖不同，道家說「玄智」，儒家說「本心」、「心體」，佛教說「空智」、「真常心」，這都是自由無限心，是智的直覺的表現形式。

回應：牟先生在他的《佛性與般若》中，以判教的方式來平章印、中大乘佛教，推尊天台，視之為最圓極的教法，比華嚴還高。他特別強調存有論的重要性，以對諸法是否有根源的說明作為評論一教派是否能成一個體系的標準。即是，有交代諸法的存在根源的可視為一個系統，否則即不是。例如，他認為空宗強調緣起性空，是共法，為諸派系的共識，但對諸法的存在沒有根源的說明，故般若宗與中觀學雖盛揚空義，但都不成一個體系。唯識宗與天台宗則不然；雙方雖各自強調自身的教法，但都提供諸法的存在根源，故可獨立地自成一個系統。特別是天台宗說一念三千的教法，把三千（一切）諸法都歸到一念心中，而成智具三千或念具三千。不管是智具抑是念具，清淨的智與染污的念都以無住為本，因此都屬於「無住本立一切法」的存有論形態。但在文獻學和義理的依據上說，天台宗並不是如牟氏所說那樣重視存有論，它所真正重視和關心的，仍然是眾生的覺悟成佛、得解脫的救贖問題，這表現於「一心三觀」這種工夫實踐之中。整套大乘佛教體系，在存有論與救贖論之間，恐怕還是以後者為主脈，前者只有中介作用，即是，對救

贖這一宗教理想的證成提供一種媒介、一個場地,其自身並無宗教實踐上的必然性,對救贖這一目標並無先在性與跨越性。

四、結論

綜上所論,牟先生認為道家講玄理、玄智;儒家講心體、性體、道體,也可說為性理、性智;佛家以空理、空智為主;三者都是自由無限心的作用。道家玄理是虛說,指有無的玄同,王弼注云:「玄者冥也,默默無有也」,在有無的玄同中,亦無「無」亦無「有」,有無一體而化。分解來說,無是心的虛靜,擴大而為萬物之本;有是和光同塵,讓萬物自來而不為不執;不為是不刻意有作為,不執是不堅持主見。所以玄智就是有無玄同的道心的明照,在這明照中,物是自在物,或物自身。佛家空理是就法無自性說;空智是實相般若,無論套於任何體系都是相同的。

依牟宗三,在實相般若的朗現中,法的實相顯現,實相一相,無相就是如相,也就是無自性的法之在其自己。儒家性理是就能起道德創造(即德性之純亦不已)的超越根據而言,就是性體,擴大為「於穆不已」的道體,成為存有論的實有者,是萬物的體性,萬物的存在的超越的所以然。性理不離道德本心,就是在道德本心而見,這本心的自由自律、自立法則,就是理,也可說是性之所以為性,性理之所以為性理。這本心,陽明稱為「知體明覺」。知體明覺知是知非(自定方向自立法則),就是「性智」、性體所發的智,是作為性體的知體明覺所發的智(雖說所發,這智就是知體明覺自己)。在這性智之前,無論任何物,都是在其自己之物,也就是《中庸》

所說的成己成物。

　　回應：這是牟先生的說法。智的直覺在這三家中是否一定要這樣講呢？依牟先生的講法，中國哲學以儒道佛三家為代表，各對睿智的直覺有傳習。進一步來看，牟先生的講法給人一種印象：儒釋道三家在道德直覺的問題上，有相互呼應的情況，但是原本這三家是分開的。《莊子》中有很多文字拿孔夫子來開玩笑，矮化孔子，相對來講，是抬高了道家的內容及其所達致的境界。例如《莊子》記載一段故事，孔子去探訪老子，經過一段時間的對話，孔子就退出來，發出讚嘆「其猶龍乎」，說老子是龍啊。這可能是老莊弟子在整理著作時所做的，特別用一種生動的方式來顯示。

　　儒家與道家在義理方面有明顯差距，以儒家講道德來看，依孔孟文獻，強調道德理性，但講法不同，孔子說克己復禮為仁，孟子講人性本善，有惻隱、不忍人之心，都是就道德面來說，作為其終極關懷。在這一導向上，不斷向上向外開拓，儒家的極限就是聖人，下來一點是君子，聖人與君子的人格是道德的人格。但道家不同於儒家，我們稱《老子》為《道德經》，有道德兩字，但《道德經》一書明明與儒家講的道德完全不同，沒有道德理性、道德意識的含意。老子分為「道」與「德」、道是自然、天地精神，用不同名相來說這種終極真理、天地精神。德通於得，指得自於道，分享道的精神價值之意。老子有其實踐的工夫論：致虛極守靜篤。莊子提出坐忘心齋，都是希望人與天地精神相契合，人與自然合而為一，去掉人心、成心、謬心，成就靈臺明覺心，成真人、至人、神人，這純是美學、藝術方面的情調，與道德無關。而儒家要人具有

道德人格，強調道德與天地境界相合為一。儒道兩家思想並不相同。

儒家與佛教思想相差更遠。如果把哲學區分為實體主義與非實體主義兩種，東方哲學和西方哲學也都涵蓋其中。儒家是實體主義，孔子講仁，孟子講心、性、天，陸九淵的本心，王陽明的良知，周濂溪講誠體，張載說太虛，都是實體義。明道的天理，說其學問有所承，唯有天理是自己的體證，他講的天理是實體主義的觀念。佛教是典型的非實體主義。儒佛的距離很遠，儒家是在絕對有的觀念下表現，般若文獻說空、真如，禪宗說無，都是非實體主義的絕對無。儒家與佛家在立場上不同，是對反的關係。

道家夾在儒家與佛家中間，說道有創生的能力，「道生之，德畜之」、「一生二、二生三，三生萬物」，屬實體主義立場，也講其他問題。但不是純粹實體主義的講法。由老子發展至莊子，照見天地精神，「智人用心若鏡」，講坐忘與心齋，照見天下萬物的本質，與天地精神相通、相往來。從這點來說，他說的心不能是實體的心，因為莊子講靈臺，有空虛的意味，具有很細密的眼光與智慧，人有這種本領照見世界的真相。說人有虛靈明覺的心，由這虛靈明覺，我們可說莊子有非實體主義的傾向，與老子強調道的實體性不同。莊子重心，達致物我雙忘的境界，這是非實體主義，道做為一實體，可通過人虛靈的心去體證、了解。

由此可看出道家有實體主義與非實體主義互轉的情況，如上面所提及。如果關聯到智的直覺、物自身的觀念，是否如牟先生所發揮那樣呢？我想並不是那麼簡單，這不是說牟先生錯，雖然牟先生的講法有其道理，但他認為三家對智的直覺與物自身，講法具有一

致性，好像是預先安排好的。牟先生認為佛教講的般若智，道家講玄智，儒家講性智，都指向智的直覺，似乎講太快，是不是真的那麼巧合呢？牟先生認為三家的講法具有一致性，如上面的說法那樣，但是由實體主義與非實體主義的交互轉變、轉生來考量，就不是這麼順了。

實體主義與非實體主義的心靈對智的直覺來講，是否具有適切性呢？其中是有矛盾的。如佛教的般若智照見萬物沒有實體的狀態，但是儒家的知體明覺或性智，是實體主義的心靈，兩種性格不同的心靈，在契會終極對象如物自身方面，作用是否相同呢？相較起來，佛教與道家的矛盾較小，因為老子講實體主義的道，莊子講非實體主義的心，依照上面提及的兩種主義互轉的關係，道家與佛教的對抗性比較弱，但是儒家與佛教在義理上的衝突則很明顯，牟先生沒有注意到這個問題。也就是說，一種以實體主義為背景的心靈，與另一種非實體主義的心靈，面對物自身同一事物而加以認知，所得的結果是否有適切性，還有思考的空間。這問題不是牟先生所看的那麼簡單，實體主義的基礎是實在論，非實體主義則有觀念論的傾向。

今天重新解讀牟先生，對於儒釋道三家都可照見事物本質，照見物自身，結果會是怎麼樣，還需更仔細的分析，看看牟先生的說法是否周延、善巧，在文獻與義理方面是否沒有問題。特別是對於智的直覺的證成，是否真如牟先生所說，只限於儒釋道三家，其他哲學例如西方自身的現象學與機體主義哲學，都無此可能性呢？我們要培養一種批判的態度來重讀新儒學大師的著作，才能加以突破。我們不應照著他們的說法來講。

　　通過康德的語詞和牟先生的辨析，我們才知道玄智、性智、空智所照明而直接創生的實現之者（儒），或非創生的實現之者（道），或只具現之者（佛），是物體或質體的在其自己。由此而說體用，用不即是現象（三家因系統性格不同，所以體用義也不同），對無限心（智心）而言，是物自身，成就無執的存有論。對認知心而言（識心，有限心），是現象，成就執的（現象界的）存有論。這兩層存有論是在成聖、成佛、成真人的實踐中帶出的。人雖有限而可無限，這是兩層存有論，有限方面是有執的存有論，無限方面是無執的存有論。於無執的存有論處，說經用，於執的存有處，說權用。

　　牟先生認為，從我們身上能開出自由無限心，由此無限心可生起智的直覺，我們看日常的東西好像都是實在的，其實只是識心之執，它們只是現象，不是物自身。如果認為只憑那些東西便可達最高真理，以為知識與理性之境只盡於此，是膚淺，是依識不依智。我們應依智不依識，康德知道單憑識心不能知本體界的自由、不朽、上帝、物自身，這是他的高明處。但他認為智的直覺只屬上帝，人不能有之，是其不足處。

　　又，如果從表面語詞看，我們不能說康德說的自由意志就是良知，就是虛壹而靜的道心，就是如來藏自性清淨心。但從義理一面看，這些都屬本體界，理應與自由無限心為同一層次的存有。康德於「自由」未說為無限心，並否認人可有智的直覺，牟先生認為這是康德分析不夠精審所致，他的洞見終是有限。牟先生認為它們是屬於本體界，能以儒釋道三家所說的心來消融之。

　　回應：牟先生說儒、釋、道諸家都各有其自身的物自身。其

中，儒家的物自身比較易於把握。王陽明講良知，講知體明覺，它所對的，是物的在其自己。程明道（灝）說「萬物靜觀皆自得」中的萬物，都是以物自身的方式呈現，而為我們的睿智的直覺所照見。道家方面，在莊子所說的逍遙境界下存在的事物，都是物自身，不是現象。郭象或向秀註解《莊子》中提到事物若被放置於「自得之場」，應是以物自身的方式存在的，這自得之場正是逍遙的境界。在佛教來說，物自身的問題比較複雜。它是否空或真如呢？空或真如具有普遍性格，表示現象或物的本質、本性，是一元的。物自身（Ding an sich，Dinge an sich）則可以有多數的，這是 Dinge，若是單項的，則是 Ding。以唯識學的轉依學說來說，成所作智和妙觀察智的對象應是眾多的物自身，平等性智的對象應是單項的物自身，表示一切存在、質體的本質、平等無異的空或真如。至於最後的大圓鏡智的對象，則應是單項物自身與眾多物自身的結合。單項物自身是空、真如；多項物自身則是各各事物的物自身，彼此不是同一，但都是大圓鏡智的所對，也是它的所創生者。

　　另外一點是，當康德和牟先生說起物自身，總是把它作為由一個靜止的物體發展出來，而所證得的東西（物自身），也是相應於一個靜態的物體的。即是說，他們似乎視物自身是一個靜態的物體形狀的東西，而未有考量過它可以不是物體般的東西，而是一種行為，一種具有教化義、轉化義的行為、行動。這種行為、行動是有正面的估值義的，例如一種捨己為人的行動。即是說，物自身可有一種行動的轉向（activizing turn）。物自身（Ding an sich）不必拘限於物（Ding），而可以是一種事（event）、一種行動（action）。關於這個問題，我不擬在這裏多作討論，我的拙作《純粹力動現象學》中

有一專章是探討這個問題的，有興趣的讀者可以拿來參看。

後　記

　　康德說人的認識機能不包含睿智的直覺，因此只能認識現象，不能認識物自身。物自身需要以智的直覺來認識，上帝具有這種直覺，因而能夠認識物自身。牟宗三先生則認為儒釋道三家都強調人有或可培養出睿智的直覺，因此人也可以認識物自身。這是這一章所討論的中心論題。

　　說到物自身（Ding an sich），通常都是指涉物體，物自身在現象一面，通常都作物體看，而物自身自己也是就物體看。但物自身是不是一定要限於物體、靜態的物體，而不能是動感的行為、活動呢？這個問題康德似乎未有討論過，牟宗三似乎也沒有提到。物體是存有論性格的，行為、活動則可關連到工夫論方面去，因而可以指涉到價值的、理想的、現象學的涵義。這個問題非常重要，不知為甚麼人們都忽略了。耶穌是上帝的道成肉身，是一個人，因此可廣義地作為物體看。他上十字架為世人受苦受難，以自己的寶血去清洗世人的原罪，則是一種有宗教救贖義的行為、活動。我們實際上所重視的，不是耶穌作為一個物體的人，而是他上十字架為世人贖罪的行為。耶穌作為一個人、一件物體，他的物自身一面可以被認識，我們是否也可以把他上十字架為世人贖罪這一整件事件、一完整的行為作為物自身看呢？

　　進一步說，我們看到在十字架上的耶穌本人，看到他是這麼一個人，瘦瘦的，滿身骯髒，髮鬚如亂草，眼睛發出慈悲的光輝，這

是耶穌的現象，或作為現象的耶穌。我們也從作為現象的耶穌看到他的本質，他的道成肉身的本質，這可以說是耶穌的物自身，或作為物自身的耶穌。這應該沒有問題。然後我們看到那些羅馬的衛士把耶穌釘在十字架上，連人帶架把這件東西豎起來，固定在那裏。看到他的人感到很強烈的震憾，受到耶穌的愛的精神的感召，徹見自己生命深淵中的罪惡，而矢志悔改，最後成為一個善良的人。這整件事件、行為，是不是可以看作為物自身呢？

　　倘若物自身只能是物體，只能就物體說，而不能就行為說，則依據一般的生活原理，人有病便要看醫生，肚子餓便要找東西吃，遇到壞人侵襲便要抵抗，等等，謹守著孔子的遺訓：「身體髮膚，受之父母，不敢毀傷，孝之始也」，這無非是要保護自己的身體，不讓它受到傷害而已。這個人的身體，作為一件物體，可以作現象看，也可以從物自身的角度看。從現象看，可以看這身體的體重、外形、皮膚顏色、時空性，等等。若從物自身看，則看它的本質，看到它的本性是空，是由多個不同的器官構成，因而是緣起的，沒有常住不變的自性。但我們有時看到有些人，對自己的身體看得很輕，好像不重要的樣子，隨時準備幫助別人，解除別人的困苦，即便有損自己的身體，也在所不計；甚至為了自己所屬的社團、國家的生存而奮鬥，不惜犧牲自己的身體、生命，而捨己為人。也有忠於自己的信念，堅決不向他人屈服、投降，最後導致殺身成仁，捨生取義，如文天祥、顏杲卿、秋瑾等等。他們所表現的行為，很明顯地是與要保護自己身體的完整，不受傷害，冀能享天年這些生活原理相違逆。這樣的行為顯然不是現象性的，不是一般的事件，而是一種有崇高價值的活動，它不受時間、空間的限制，不及身而

歿，卻是永垂不朽的。這種行為的確超出了一般的事件的性格。倘若我們以現象來看一般的事件，則又應該如何看這種犧牲小我、成全大我、捨己為人、為國家、為民族的的行為或活動呢？是不是可以把它從現象的層次，向上提升到本質的、物自身的層次呢？這的確是很值得注意和討論的問題。倘若這種行為可以提升到物自身的本質層次，則我們可以說，物自身不但可以指涉物體，而且可以指涉行為、行動。這就是我所說的物自身的行動轉向。我們對於物自身的探討、理解，可以從行為、行動方面來看，以成就一種創造性的詮釋。

第五章
對當代新儒學的回顧與展望：
從〈中國文化與世界宣言〉說起

一、前言

一九五八年元旦，牟宗三、徐復觀、張君勱、唐君毅共同署名在香港兩份雜誌《民主評論》與《再生》發表名為〈為中國文化敬告世界人士宣言〉一文❶，此文的副標題為：〈我們對中國學術研究及中國文化與世界文化前途之共同認識〉。由此宣言的標題，我們可以判斷該文是針對世界人士而發，而闡述的重點在於簽署該宣言者對於㈠中國學術研究及中國文化，與對㈡世界文化前途的共同認識。在當時，這些學者為什麼要向世界人士發出此宣言呢？一九四九年中國大陸赤化，梁漱溟、熊十力選擇留守神州，張君勱經印度到了美國，唐君毅則到了香港，創辦新亞書院，牟宗三、徐復觀

---

❶ 這篇文章亦作為附錄收錄在唐君毅著《說中華民族之花果飄零》。臺北：三民書局，1974。

隨國民政府來到臺灣。以上的新儒學學者，分列為當代新儒學的第
一代、第二代。❷歷經數十年的努力，飄零於外的中華兒女逐漸落
地生根，為中國文化繼續奮鬥不已，汲取他國文化以作自我轉化。
其時張君勱與唐君毅在美國談論到，西方人對於中國學術的研究方
法與對於中國文化及政治前途都沒有正確的認知，因此希望寫一篇
〈為中國文化敬告世界人士宣言〉，使西方人研究中國學術及文化
能有正確的理解。有了這一構想，兩人便寫信給當時在臺灣的徐復
觀與牟宗三，邀請他們共同發表。

此文原擬以英文發表，但最初是由唐君毅以中文寫定，再由徐
復觀、牟宗三修正。爾後，諸先生認為這篇宣言的發表，不能扭轉
西方人士對中國文化的成見，不如將此宣言以中文發表，讓國人反
躬自省，遂於一九五八年元旦在香港的雜誌發表中文本。

回應：這裏我們可以看到一點，就是這幾位先生對中國文化的
問題提出他們的見解，我想他們要通過這篇宣言，向世界宣布中國

---

❷ 劉述先先生在其〈現代新儒學研究之省察〉與〈港、臺新儒家與經典詮釋〉
二文中，綜合大陸與西方學術界對於新儒學的研究作出定義與分類。關於
「當代新儒學」（Contemporary Neo-Confucianism）與「現代新儒學」
（Contemporary New Confucianism）兩個名詞的使用，前者為臺灣流行用
詞，後者則為大陸所慣用，而在定義上也有所區別，「當代新儒學」指稱狹
義新儒家，「現代新儒學」則泛指廣義新儒家。廣義的現代新儒學指，凡肯
定儒家的一些基本觀念與價值通過創造性的闡釋有其現代意義者，都可歸入
這個範圍……。見《現代新儒學之省察論集》，臺北：中央研究院中國文哲
研究所，2004，頁 129-130。而狹義的當代新儒學，則以一九五八年元旦發表
的〈中國文化與世界宣言〉為基準。本文所指涉的新儒學代表人物取狹義。
該二文皆收錄於劉著《現代新儒學之省察論集》中。

文化的現象、本質與訴求，以及從傳統發展到現代的真相。當時中文稿跟英文稿一起提出來。〈宣言〉有兩方面的讀者，一方面是西方，一方面是中國；後者包括大陸、香港、臺灣，前者則是西方的思想界、哲學界。他們（牟、徐、張、唐）用國際性的眼光來看待、處理〈宣言〉，所以一方面用英文發表宣言，讓西方文化界有更深的了解，另一方面是對中港臺華人社區喊話。職是之故，對於〈宣言〉的提出是有世界的遠景的。

接下來的第三代，那幾位先生基本上是在美國一些大學當教授：劉述先、杜維明、成中英，我們也把成中英放進去。他們都常用英文在英文學報、刊物上面發表有關對中國的哲學與文化的看法。從這一點看，我們可以說第三代是延續第二代對於中國文化的問題所渴求的遠景，他們的眼光是放得很遠的。他們要把中國文化、中國哲學國際化，讓它在哲學界有一個發言的位置、平臺。

到了第四代，這些比較年輕的、講儒家思想的朋友，包括鵝湖的朋友，他們在讓中國文化與哲學國際化這點上延續不下去，他們應該於「中國文化、哲學在國際上有一個位置」這一點上作點實際的事。但他們沒有做到。這讓我們覺得中國文化與哲學本來是有國際性的遠景的，到了第四代好像封鎖起來，只在港、臺、中國大陸這些華人地區裏面講習，國際化這點就談不上，這的確是我們應該注意的地方。第四代較年輕的朋友，跟我年紀差不多啦，他們講中國文化，只以中文做為一種溝通語言，這是他們跟第二代、特別是第三代不同的地方，這可以說是一種倒退。第二代他們發表宣言，也弄了一個英文稿，他們的國際性也很強，第三代則落實他們的想法，要把中國文化以國際的語言推到國際上去，這是我們特別要了

解的地方。就這一點來看，中國文化與哲學，我們這一代好像在空間上沒有開拓與擴展，實在愧對前賢。

五十年過去了，這篇宣言中所講的，是針對當時中國文化與世界人士、中華兒女之間的關係而發，聯合發表的大哲們，也各自在自己的學術領域實踐他們的宣言，更有甚者，在臺灣有以「鵝湖」為中心的知識社群，在香港有「法住」學會之學員❸，他們皆為中國文化作了累進的工夫。回過頭來，我們可以去審視該宣言在今天讀來，是否仍具適切性？這是本文想要探討的問題，本文將由宣言內文作一全盤的審視，來釐清這篇宣言的脈絡；進而觀看五十年來新儒學的發展，再從中反省，知識分子對於中國文化積累的成就；最後，回到宣言的初衷，也看看中國文化於世界宣揚、交流的努力與成效。

回應：臺灣的鵝湖朋友研究新儒家的著作，然後再成立社團、團體，他們的工夫的焦點基本上是儒家，是宣傳中國的哲學跟文化，這本來是很好的，可是差了那麼一點，他們沒有把中國文化與哲學推到世界的做法，這樣是很不夠的。香港的法住不是以儒學為中心，而是以佛教為中心，「法住」這個名字表現的就是佛學。「法」就是佛法，當然法可以推廣，到概括一切的法上面去。

這兩個社團有很多方面是不同的：鵝湖所關心的論題是儒學，法住則是佛學。他們發展到現在好像都擴展不開去；鵝湖那些朋友缺乏國際性，他們要進行中國文化與哲學的國際化，條件也不夠。

---

❸　見《現代新儒學之省察論集》，頁 144。

他們的學歷不能跟第二代、第三代比，學問跟功力也不能跟他們比，語文方面也沒有足夠的學養來促成中國哲學與文化國際化。

　　法住從一九八二年成立，到現在差不多四分之一個世紀，它的人才缺乏，只有一兩個人在領導這個社團，而且到了後期比較商業化，講述禪修的活動，來吸引一般的信眾。二十多年來，看不到他們在學術研究上有什麼成就，也沒有跟國際方面交集，所以談不到推廣中國文化與哲學的運動。現在的情況是這樣，要做學術研究只能自己個別來做。鵝湖在最初創辦的時候，這些朋友很年輕，在大學或研究所的求學階段。那個時候他們在學問、學業上的問題都還沒有解決，所以畢業之後，一方面努力去研究，把自己的學問鞏固起來；另一方面找一份可以支撐自己生活的工作，如在大學裏面當講師、教授，所以當時的氣氛很好。努力前進，為了學業、事業打拼。但現在那種奮鬥的表現，好像看不到了。有關人士好像到了退休的年紀，很多工作也怠慢下來，也做了幾十年的大學教授，賺了一些錢，那種打拼、向前精進的精神都沉澱下來了。年輕的這一代，好像沒有比較活躍的人物來領導社團，所以他們以後能夠繼續做什麼，我們也不能夠過於樂觀，要做研究只能自己去做，不能把希望落在別人方面。你們有沒有什麼問題，可以提出來。

　　曉筑：我看唐君毅先生這本《說中華民族之花果飄零》，他裏面提到他們那一代，從中國大陸逃到外面的世界，在剛開始的時候，他們對於講英文這件事有些困惑，如果同事之間有的是只講英文的，這些人會被瞧不起，因為會被認為是拋棄中國文化。後來唐先生在書裏又說，講英文這件事是一種習慣，他說這種習慣不需要

有，我還是可以保持我講中文的習慣，但是如果別人因為他的生活環境，必須要去講英文的話，那他也可以從一個寬容的角度讓他們去講英文。其實唐先生的意思是說一開始中西交流時，中國人大量翻譯英文書，後來西方文化大盛，中國人開始翻譯自己的東西，讓西方人了解。他對於後者的作法——也就是中國人一直翻譯自己的東西給西方人看，採取不贊成的態度。因為以一個國格而言，他會覺得自己已經辱沒了。他認為大量翻譯西方的東西，是因為中國人想要去認知，所以去翻譯。那後來轉成翻譯中國的東西給西方人知道，他會覺得為什麼不是西方人來翻譯我們的東西呢？而是我們不斷去翻譯我們的東西，讓他們去了解呢？我覺得那是當時他們還比較有大中國的看法，所以會有這樣的態度。

回應：真實的清況不見得是這樣子。這幾個學者，他們都有一定程度的國際性：張君勱在德國受教育，德文很好，也在美國待了很長的時間，常用英文發表著作。他們那一代外語能力是很強的；唐先生也常到美國開會，也是用英文來開會，在那種場合不能堅持什麼大中國主義，因為來開會的人，他們都有不同的文化背景，不能要求他們熱心講中國文化。以研究中國哲學來講，我們不能這樣要求他們參考中國的著作。他們本來的背景是哲學，但是以西方哲學為主，所以他們不得不建立英文能力。雖然西方漢學家通常會講中文、看中文書，可是他們通常是中國的東西都懂一點，卻不能談論哲學，因為在這方面沒有訓練。另外漢學家也不是我們對談的對象，我們的對象是哲學家，但是他們有他們的專業，我們不能要印度人學中文，他可能也要求你學梵文啊。英文本來不是印度的母

語，因為英國在那裏統治了很多年，所以英文才在那裏流行起來。我們不能要求文明古國的人學中文，不然埃及也會要求你學阿拉伯文了。在政治對談上，也還是要用英文，例如在國際場合透過翻譯用英文來溝通，像馬英九和美國高層官員作官方的會面，為了國家尊嚴，他非要用普通話說話不可，但對方聽不懂，所以要把中文翻成英文，使他了解意思。其實馬英九的英文能力很好，不需要翻譯，可以直接用英文對談，但這牽涉政治問題，不是文化問題。只是我們講哲學跟文化內容的傳播、開拓，不是從政治方面來討論，哪一種語文方便，我們就用那一種語文。學者用英文來演說，用英文跟外國人溝通，並不表示他不愛中國文化，這是兩回事，不能混在一起。

徐復觀他去日本留學，他沒有英文的背景，但是他的日文能力很好。對於西方文化、哲學、民俗、藝術、音樂各方面的了解，都是靠日文的翻譯。日本人將西方英文、德文的重要著作翻譯成日文的速度很快，有的時候德文、法文這些著作還沒有英文的翻譯本，日文的翻譯本就已經有了，因為日本的翻譯有國家的補助。所以用英文來寫東西，與外國人交談，跟關不關心、愛不愛中國文化扯不上關係。另外，如果〈宣言〉沒有英文本，那西方人就不會重視了，因為他們看不懂中文，如果不弄一個英文本，則影響的效果有限，只能給中文背景的人了解。然而牟宗三沒有留學，他沒有留美、留日、留德；他說他「留中」。那時候羅素死掉了，香港大學舉辦追思研討會，牟宗三先生就提到那個年代大部分的人都有留學，就是他沒有。但是他的英文很好啊，不然他怎麼將康德的《批判》翻譯出來呢！這些人在語文方面都相當重視外語。沒有外語能

力，怎麼去開拓中國文化在國際上的地位呢？

二、〈為中國文化敬告世界人士宣言：我們對中國學術研究及中國文化與世界文化前途之共同認識〉

此文長四萬餘字，共分為十二節，分別為㈠前言——我們發表此宣言之理由；㈡世界人士研究中國學術文化之三種動機與道路及其缺點；㈢中國歷史文化之精神生命之肯定；㈣中國哲學思想在中國文化中之地位及其與西方哲學之不同；㈤中國文化中之倫理道德與宗教精神；㈥中國心性之學的意義；㈦中國歷史文化所以長久之理由；㈧中國文化之發展與科學；㈨中國文化之發展與民主建國；㈩我們對中國現代政治史之認識；㈪我們對於西方文化之期望及西方所應學習於東方之智慧者；㈫我們對世界學術思想之期望。

㈠中西文化的差異

這篇宣言的前六節，主要說明，西方人士不能正確理解中國文化在於生命、思想、倫理、道德、宗教等諸方面的思維方式不同，而導致的，更提出了西方文化與中國文化的對比，如下述：

西方人士研究中國學術文化的三個歷程為：

㈠明末清初耶穌會教士為傳教而東來。傳教士在中國學術思想上，一方面把焦點放在「中國詩書中言及上帝，及中國古儒之尊天

敬神之處」❹；另一方面對宋明儒學心性說則加以反對，所以宋明時期的心性學被西方人士以為相似於西方的理性主義、自然主義或唯物主義。

㈡鴉片戰爭以後，西方帝國大舉入侵中國，這時西方人士對中國研究的好奇心是在中國文物方面。例如敦煌學、中國邊疆史、西域史、中西交通史、金石甲骨文字學、語言學等的漢學研究。對於中國文明的排整雖有一定的貢獻，但是關注的卻不是中華民族的活的生命。但西方人士卻以研究上面列舉的東西為中國文化研究的正宗。

㈢中國大陸赤化以後，所興起的中國近代史研究。在這方面，雖然探究的是中華民族的活的生命，但西方人士對於歷史事件的發生，卻不能由中國文化脈絡去了解，使得中國近代史研究流於研究者對於一時一地的個人觀感。

回應：當時是哪一些人來了解、介紹中國文化給西方世界認識呢？首先是傳教士，但傳教士的目的不是要客觀研究中國哲學、文化，而是為了傳教，所以才學一點中文，研究一點中國文化、歷史這些東西。這些對中國文化的認識只是項莊舞劍，他不是真的要表演他在劍術上的造詣，而是要藉著舞劍去刺殺劉邦。傳教士也是一樣，他研究中國文化不是因為他很欣賞中國文化，覺得中國文化很有價值而來研究，或是希望提高他自己的學養，在學問、修行、實

---

❹ 見〈中國文化與世界：我們對中國學術研究及中國文化與世界文化前途之共同認識〉之第二節處，《說中華民族之花果飄零》。此文以下省作〈宣言〉。

踐方面從中國文化上得到好處，他的目的不是在這裏，所以他不會客觀的研究中國文化。

〈宣言〉從這個觀點提出來就有用處了，輔仁大學裏面有很多教授，講士林哲學，他們講上帝，說跟中國儒家講天道，其實沒有什麼分別，既然沒什麼分別，那你信上帝就好了啊！信上帝，和信中國儒家的天道、天命沒有什麼不一樣，但他們有一些地方不願意讓步：信上帝就不能拜祖先。西方耶穌會士到中國來傳教，都會遇到這個問題——就是拜祖先。中國人一直都有這個美德。拜祖先，就是慎終追遠，這是中國人最基本的意識形態，不讓他們這麼做，那怎麼行！「只能向上帝祈禱，不能拜祖先」，最主要就是這一點妨礙他們傳教。我們可以比較佛教為什麼可以傳到中國這麼長久；佛教作為一種宗教，它的包容性很廣泛，一切眾生都有佛性，那麼基督教可不可以這麼講，「一切眾生都有上帝性，最後都能成為上帝」呢？不能這樣講啊，要想成為耶穌都不可以，上帝更免談。人們只能作為一個很好很好的基督徒，死後到天堂跟上帝生活在一起，基督徒頂多只能做到這一程度，所以基督教對中國文化的影響就不能跟佛教比。這些傳教士，我想比漢學家還不如，有一些傳教士是很兇的，如果拒絕他們的要求，他們會詛咒你、罵你。之前好像有跟你們說過，我在加拿大遇到一個傳教士，他說：「如果你不信上帝，那麼你會下地獄。」我說：「好啊，下地獄就一起下地獄啊！我跟你一起下。」結果他就沒有話講，溜開了。怎麼能用這種態度去傳教呢！我跟他說：「我是佛教徒，如果你叫我信基督教，那不是破壞我的信仰了嗎？」因為傳教士老是跟著我走，一邊走一邊講個沒完沒了，會感到很煩，他也不是想要錢或是請求幫忙，他

只是要我信耶穌，然後我說我是佛教徒，一句話就把他頂回去了。

　　另外，西方人提出敦煌學、中國邊疆學、還有西域學，他們也不是真的要認識中國文化。在敦煌洞窟裏面有很多文物價值很高的東西，都被史坦因他們搶走、偷走了，他們把這些古物當成國寶，放在大英博物館裏面。這些古物對研究中國歷史與文化很有用處，可是他們不將寶物公開，讓人不能接觸這些殘卷，想要研究也不可以，除非你是特別的人士，通過特別的程序，他們才會拿出來讓你看。史坦因他們也算是漢學家，他們拿這些東西回去，卻存有一種不好的念頭，就是要把人家這些寶貴的文化遺產偷出來，放在他們的博物館裏面。還有一些情況更令人感到憤怒——就是在英國、法國這些博物館裏，他們藏了這些中國古代的石雕，可是這些石雕只有頭沒有身體！因為整個石雕太重了，他們乾脆把頭割下來，因為石雕最重要的部份就是頭部。我到洛陽、西安就看到很多石雕都是沒有頭的，那些頭都是給那些惡棍拿走、偷走的。他們對中國文物特別感興趣，所以才對中國文化感興趣，雖然他們對中國文化也有些功勞，可是他們不是為了透過這些古老文物來了解中國文化，而是為了圖利！把這些古物拿回去賣給西方的博物館，可以賺很多錢，因為這些古物是無價之寶，他們開價多少錢，博物館就要給他們多少錢。這些古文物每個都是不可替代的。西方法國的石雕都是完完整整，沒有缺頭，因為沒有人去偷他們的石雕。但是西方人卻來偷我們的，這使人非常氣憤。

　　接續來看，為甚麼西方人士研究中國文化會產生流弊與限制呢？首先，〈宣言〉中提出鑽研中國學術文化者，必先能肯定中國

文化活的生命的存在；中國文化並非是已經死亡的，或是放在博物館中的東西。❺外來的西方人士研究中國文化時，往往以文物來研究中國的文化歷史，忽略了在文化歷史中流動的、有活力的人類客觀精神生命的表現態度。而研究者之所以未曾注意中國文化生命的展現，將中國文化等同於客觀外在的物件來研究，是因為缺乏對於中國文化的同情與敬意。

其次，中國文化不同於西方文化之處，在於一本性。西方文明來自許多個源頭，諸如「西方之科學哲學，原於希臘，法律原於羅馬，宗教原於希伯來，其文化原來不同，研究之方法、態度、目標，亦不必相同，而各自成範圍，各成界限」。❻甚至在哲學領域，每一個哲學家都在建構自己的一套理論系統。反觀中國文化哲學、科學與宗教、政治、法律、倫理、道德，並沒有不同的文化來源，甚且中國哲學思想的發展總是體現於哲學家的全部人格與生活上，深受著文化的影響，而將自身學術內涵再向後傳承。由此一本論，在中國政治上有其政統，而在學術思想上則有其道統；如果西方人士不了解中國文化的一本性，便會視中國文化為簡單粗疏的物件，致不能肯定中國文化的獨立性，不知道它與西方文化的多元性在根本上是不相同的。

回應：在這一段我們要注意的是：希臘文化主要傳承的是哲學方面，關於西方哲學，有些人認為是從希臘的蘇格拉底、柏拉圖、亞里斯多德開始；另外一些人認為，在蘇格拉底、柏拉圖、亞里斯

---

❺　轉引自同註❷，頁 133。

❻　見同註❸，頁 138。

多德以前，有辯士哲學。辯士就是喜歡辯論，辯揀，好像吃飽飯沒事做了，就會開始辯論，辯論關於真理的問題。印度人也很注重辯論，一般人在路上相遇，就會在某些重要的觀點上，提出見解，如果產生衝突，就必須提出論據。不過印度的辯論跟希臘不一樣，印度的辯論還有賭博的成分在裏面：比如說我跟你辯論，如果你辯輸了，你就要當我的奴隸；如果我辯輸了，我就當你的奴隸。這麼一種規矩，就不光是辯論了，還有賭的成分在裏面。甚至有一些辯論，你輸了可能就要被殺頭，但希臘沒有這種嚴酷的規矩。

　　在希臘，辯論是非常流行的，辯論的題材非常廣，主要是形上學，是關於宇宙中絕對的真理是什麼，這樣的議題；另外還有一些是涉及思考的方法。辯論就是一套邏輯思考，你要遵從，不能亂講，講出來的都要合乎邏輯，不符合邏輯就算輸了。所以辯論不是終日談東談西的空談，而是在思考的時候顯現邏輯規律。在這一點上，顯示西方從希臘開始就很注重人的認知理性。邏輯可以劃歸在理性部門，屬於純粹理性的辯論，但若是一天到晚都把辯論的議題集中在邏輯、形而上學這些學問上，那麼可以得到的知識便缺乏實用性。羅馬影響西方文化是在法律的創制上，這點是很容易明白的，羅馬因為文明、文化成為當時西方世界的中心，焦點是在法律這方面。然後希伯來文化是從宗教來講：希伯來宗教就是西方宗教的源頭。一般講猶太教、基督教、天主教，這幾個重要的宗教，源頭就是希伯來文化。哲學是從希臘來講，羅馬是法律，宗教則是希伯來。

　　這裏還有一點很重要就是：「哲學家要有全人格的生活」，這幾位先生說我們中國人對於學問的處理，在於學問跟行為有一個很

密切的關係。就是當你講一套學問時，它就應該表現在你的行為上，我們的行為要以學問作為根據。這個說法是沒有問題的，尤其儒家，在這方面特別重視，他們講德行是從倫理學方面談起；講形而上學是針對天道的思考與體證。講的那些學問其實就是自己做人的學問，一個人的學問跟行為不能分開，否則會產生矛盾與衝突而導致人格分裂。中國哲學是一貫的，傳統中國哲學就是這個樣子，但現在就難講了。因為受了很多外在因素的影響，很多人都說一套、做一套，知行不合一。

　　西方哲學就不是這個導向。在西方哲學，行為跟學問兩方面是可以分開的，行為跟哲學、宗教也是分開的。所以一個哲學家可以建構龐大的哲學系統，可是在他的生活上，他的做人處事可以跟他的學問沒有密切關聯。我們看到很多西方哲學家提出的哲學系統非常宏闊，思考非常嚴格；範圍非常大，非常廣；可是他作為一個哲學家跟我們一般人的行為沒有什麼兩樣，就是凡夫俗子，對於一些末節、不重要的事情都要計較。比如說黑格爾，他這個人就是這樣，他的哲學體系大得不得了，我也搞不清楚來龍去脈。黑格爾他六十歲就去世了，但他的著作很厲害，光是邏輯就有兩套，大邏輯和小邏輯，此外還有《哲學史講義》、《精神現象學》、《歷史哲學》、《美學》、《宗教哲學》等等。思想內容非常豐富。一個人只有一個腦袋，怎麼可以想這麼多東西？這是很難想像的。在他之後的人比他還厲害，像胡塞爾、海德格他們的著作多得不得了；海德格的全集已經超過一百本了，現在還在出版。胡塞爾也是著作非常豐富的人物，這都是多產量的（prolific）哲學家，胡塞爾除了出版的著作以外，還沒有出版的著作高達兩萬多頁，不是兩萬多字

喔！

　　但是他們一般的行為都很普通，沒有什麼值得我們景仰的地方。像黑格爾這個人就很驕傲，看不起日爾曼以外的民族，印度啊中國啊，他都看不起，他對《論語》的評價就很低，他感到興趣的是《老子》，因為他覺得《老子》裏面有正反合的辯證法，《老子》不是有很多反的概念嗎！反就是黑格爾辯證法裏面第二步，表示思維上的一種否定。康德也一樣，他是一個很純樸的大學教授，他活到八十幾歲，卻生活在他教書的小鎮，沒有離開過。我們中國人講行萬里路，他跟這點完全沒有交集，他只有行一里路差不多吧。德國的小鎮很小，康德生活的小鎮是一個大學城，他的行為也沒有什麼特別、值得景仰的地方，沒有強調「行」的部份。康德的學問非常豐富，理論體系龐大，但沒有強調體證大道、進行道德實踐這些做法。這樣的工夫在宋代的程明道有講過——我的學問是有往上承繼的，可是對於「道」，卻是「自家體貼出來」的。對於大道的體證不是從讀書可以作到的，而是要用自己的生命去體證，西方哲學家就不太講這一套。你在這一點說明了道統，但怎麼沒有學統啊？

　　曉筑：老師，學統在後面才會提到。

　　回應：道統、政統、學統這三個統，根據牟宗三先生的了解，中國只有道統。在中國沒有政統也沒有學統，而只有道統。牟先生的見解，如果要用很嚴格的標準來講的話，是沒有錯的。中國沒有政統，五千年以來都是這樣。也沒有學統，學統指的是學術傳承，從上一代傳播下來，而下一代承接這一種學問。學統最重要的一點

是「內容」，你看中國哲學的文獻很少有造論的心得，基本上都是語錄，還有行狀。程伊川寫過他老哥的行狀，因為程明道死得早，程伊川比較長命一點。伊川寫的明道先生行狀，我覺得寫得非常好，那就是血濃於水的骨肉關係，那種情節讓人非常感動，可能有誇大的地方，講的程明道好像是聖人，我想程明道也不敢說自己已經到了聖人的境界啊。語錄、行狀、文集這類作品是很多的，像朱熹也一樣有很多語錄、文集，可是卻沒有自己寫的造論性質的著作。

另外，很多的古代經典，都被後來的人拿來作集注，但這不是後來的人自己的哲學，所以學統也不能成立。有些西方的哲學家不承認中國有哲學，如果他們以建構一種系統性的理論來看，中國這方面的著作確實很少，但不是非要有一套非常龐大的理論，才能夠說這是哲學啊！我們在《尚書》、《洪範》都找得到哲學的觀念。儒家所留下來的著作，裏面有很多哲學問題，孔子沒有寫過什麼東西，他的論題都是語錄式的。佛祖釋迦牟尼也沒有寫什麼東西，他只是在講述，開示弟子，由他的徒弟記錄下來。最後他死掉，就集結成冊，成為所謂《阿含經》。我們不能說孔子、釋迦牟尼沒有哲學思想，只是他們表現哲學思想的方式，不是有系統性的，不是用嚴格理論的著作來表現。在中國來說，從嚴格的眼光來看，我們是很難在中國學問裏面找到學統的。

中國只有道統，道統基本上是從儒家傳下來的，孔子不是說過「吾道一以貫之」麼？然後道家也講道，佛教也講道。道家講道指的是天道、大道或者是自然之道，佛教則講中道，所以這樣是有道統的本質。以上幾點是我們需要注意的，你們有沒有什麼問題呢？

你們要不要念中國哲學史呢？有沒有講儒家天道、道家自然之道這些觀念呢？是不是有很多相通的地方呢？

　　另外，一般人士認為中國文化較注重人與人之間的倫理問題，而不重視人與神之間的關係。這樣的見解原則上是無疑的，但若因此而認為「中國文化所重的倫理道德，只是求現實的人與人關係的調整，以維持社會政治之秩序；同時以為中國文化中莫有宗教性的超越情感，中國之倫理道德思想，都是一些外表的行為規範的條文，缺乏內心之精神生活上的根據」**❼**，這樣的想法是錯誤的。如前所述，中國為一本的文化，就人生道德倫理實踐上來說，由古至今哲學家們都強調天人合一的觀念。在原始儒道思想中，天的觀念即是具人格的上帝，那麼天人合一的觀念也就是超越現實個人自我的天人關係。

　　回應：這一段提到宗教性，東方宗教的傳統跟西方是不同的，東西方對於神的觀念差得很遠。以西方來講，猶太教、基督教還有伊斯蘭教，他們都有一個共同點：這個宇宙只有一個管理的神。不管是阿拉、耶和華，指的都是創造的神，而且是獨一無二的。這種宗教形態，我們稱作一神教。東方就很不一樣，以印度的婆羅門教跟中國的儒家作為例子來說明：婆羅門教是有神的概念的，可是他們的神可以有很多很多，並沒有一個唯一獨尊的神。佛教的「神」是指在天上修行的「神」，境界只比我們人高一等，沒有像西方獨尊一神的想法。在這個自然世界裏面，每一種自然的現象，都有管

---

❼　見同註**❸**，頁 140。

理這種現象的神。風雨雷電,四種自然現象分別由風神、雨神、雷神、電神來管理,森林也有森林的神來管理,河水也有河水的神來管理。這種情況在中國也有。

中國人談土地公。土地公就是管理土地的神。古代西門豹傳記說及河神娶妻的故事,這是確有其人、確有其事的歷史啊!如果你說一定要有西方那種至尊無上的神,才算有宗教性,那東方就沒有西方的那種宗教概念。但你也不能說東方的多神概念不是宗教,這要看你怎麼看待宗教這個概念。如果你把宗教看作是一種可以解決人類的終極關心問題的學問和修行的話,像解決生死和福罪這類問題,那麼東方的主要宗教,在這些方面都有很清楚的交代,能滿足人們的訴求。

就把宗教看成一種精神活動,或是信仰的活動來說,在這些活動裏面,我們可以找到人類終極關懷問題的答案與交代。我們甚至可以說,東方的宗教可以解決這類問題的能力比西方宗教還要強。像神道教在日本的流行,你們有沒有聽過天照大御神、太陽神呢?這些都是神道教裏面象徵性的東西。為什麼日本國旗是一個實心的圓形狀呢?紅色的那個大圓點,就是指太陽神、天照大御神。這跟天皇也有點關係,天皇的血脈之始就是天照大御神;天皇跟我們不一樣,我們一般人沒有這種血脈傳統,但是天皇有。所以日本最初就是政教合一,「教」就是天照大御神,「政」就是天皇。天皇就是天照大御神的後代。

對於什麼是宗教,大家有不同的解讀方式。一般來講,宗教有它的基本文獻與實踐方式,這兩項是宗教的要素,不一定要把宗教的重點放在獨尊一神這個條件上。東方有很多宗教,我們可以說儒

家也是宗教，很多學者都用「儒教」這種字眼，像日本人就是這樣做的。儒家也有經典，就是《論語》、《孟子》，這一套儒家的思想也可以解決人類終極關懷的問題，如善惡、生死的問題，但儒家沒有像教會、僧伽會這樣的宗教組織。組織只是外在的形成條件，而不是本質的東西。本質的東西就是能提供一種答案，替人的許多負面現象、想法提供一條出路。如果我們把宗教的重點放在這方面來講，那儒家確實是宗教。

另外，你說中國為一本的文化，這「一本」是在甚麼地方見到呢？如果有看《心體與性體》這本書，便知道牟先生他講明道時，指出明道的哲學就是一本論。有沒有印象呢？在書上，牟先生所謂的「一本」就是「道」、「天理」；那你這裏指的「一本」，是從哪裏講「一本」呢？是形而上學嗎？還是道體？宗教嗎？是哪一方面呢？

曉筑：就是上面提到宗教、文化……等等，都是一貫的。

回應：就是指「道統」，是吧？

儒家講天道性命相貫通，由天道而人道的關鍵在於道德的實踐，而中國所謂研究人生道德倫理的實踐，也就是義理之學。義理之學也就是人自覺的依義理之當然來判斷是非，並以此來衡定自己的行為準則。這是因為中國文化中關於倫理道德的實踐，決不是像西方人士所認為的「只注重表面的人倫關係的調整」，或僅在於維持社會政治的秩序，而是重視自我的道德人格的實現。例如中國文化的氣節觀念：殺身成仁、捨生取義，這就是以仁義為生命的絕對

信仰,去實踐心之所安的行為。這完全不同於西方歸於上帝誠命或意旨的宗教觀。所以我們可以說,中國文化天人合一的觀念,以道德實踐作為成就對道的宗教性信仰。

回應:這裏講到天道性命相貫通,應該是《中庸》的思想或是《孟子》的觀點。《孟子》裏面講盡心知性知天;《中庸》講天命之謂性、率性之謂道、修道之謂教。天道、性、命這幾個概念是處於相互貫通的關係,這貫通是從存有論與工夫論方面來說的。他們是從道德實踐這方面來講體證天道,就是說我們以道德實踐的方式去體證作為終極真理的天道、客觀方面的本性。那每一個人怎麼樣去體證客觀的天道,讓主觀的生命達到相貫通的關係呢?這是我們在閱讀、了解這些文本的時候可以提出的問題。

如果從儒家方面回應這個問題,我想困難比較大,反而從道家來講,可以提供比較容易了解、實行的方法。為什麼這麼說呢?從儒家的思想來講,他們要進行道德實踐時,說明我們的心是無限的,是上通於性體與道體的。我們的心不只是精神意味的主體,也有客體方面的關連性。在這裏我們要了解,「主觀與客觀」跟「主體與客體」是不一樣的。主觀、客觀具有心理學和認識論的意味,但主體、客體的重點不是在認識論,而是在存有論這方面。尤其是儒家說我們有無限心,這無限心在橫向方面可以跟其他的主體相通,跟其他的眾生相通。在縱向方面可以正視天道,可以通於客體的性、天道。這就是新儒家強調的道德實踐,讓我們的心靈在存有論的這種矢向、方向通到性、天道,這是客體方面,而主體就是透過道德實踐而通於客體,這是一般在牽涉這個問題方面的說法。

　　但道德實踐、倫理學、道德哲學這類學問，有它的獨立性，它跟存有論是分開的。存有論是講事物的存在性；而道德哲學、倫理學則討論人與人、人與物、人與自然之間的關係，這種關係是放在道德的脈絡底下來講。在平常生活裏表現的都是道德實踐的行為，比如說克己復禮，孔子不是說我們要行仁嗎，克己復禮就是行仁的表現。但克己復禮是一種道德的活動，要怎樣才可以把道德實踐跟對客體的性體、道體這種關係密切的連貫起來呢？在這種關係裏面，在橫向上你的心靈可以跟眾生相通，在縱向上你可以跟性體道體相通。問題就出來了——道德實踐指的是人與人、人與其他眾生相融的道德實踐，在這種脈絡下來討論，怎樣才能讓這種道德實踐開拓出去呢？存有論的性體與道體這些領域，在道德實踐的行為裏面，如何與主體感通呢？這樣的關係好像很難建立。主體的道德行為對形而上學的性體與道體如何能合一呢？這就是問題所在。

　　當我們談論倫理學、道德哲學這些思想的時候，我們的著眼點在人與人、人與物之間的關係，這些東西都存在於我們的道德實踐的環境中，可是性體與道體，一方面是抽象的，我們很難說自己已經把握到性體與道體；另外性體與道體是存有論意味而不是道德實踐意味，你通過道德實踐的行為就能夠通到存有論的性體與道體嗎？這些都是問題，但儒家並沒有提供足夠理據向我們作回應。就基本的無限心的觀念來說，無限心不光是一種道德主體，而且也有客觀方面的意義，它除了能夠讓當事人與其他生物相通之外，還可以對存有論的性體與道體相通。可是無限心是心，那麼道德實踐的行為還是以心為主，在這樣的道德實踐裏面，心怎麼作為無限心的主體來上通於性體與道體呢？或者是說無限心的主體怎麼與存有論

的終極真理連貫在一起呢？它們之間還是有一段距離，必須要探討。

關於上面的問題，儒家方面包括當代新儒家在內，態度好像比較被動一點，不能夠主動的交代這個問題。光是提出「無限心」的觀念不能解決這個問題。無限心表現為超越的真心，具有無限的包容性的心，天高地厚，但也只能講到這裏，即使無限心能夠將天地包容起來，這種包容也是道德意味的包容，而不是存有論的包容。另外，上帝創造萬物的包容心與無限的包容心是不一樣的。上帝不光只是包容萬物而已，祂也創造萬物。上帝創造萬物並包容它們，當它們有苦、有難、有罪的時候，祂就讓耶穌以道成肉身的方式去救贖，使眾生解脫。在宗教中可以這麼去詮釋上帝的包容心，可是儒家是不能這樣去詮釋的。

儒家裏面「天道性命相貫通」這樣的命題，從基督教教義來看是比較容易說明的，因為在基督教裏，上帝是一個創造者，萬物由祂創造，所以祂跟萬物有相貫通的關係，這是一個分析命題。我們舉一個例子來說明：母親生了小孩；小孩跟母親就有一種血濃於水的關係，我們可以說母親不但給小孩生命，而且還孕育、包容他。可是這也是一種自然現象，跟母雞生蛋、蛋再化出小雞來一樣，不一定有道德行為在裏面。你可以說她既然生了孩子，就要去養他、教他，如同上帝創造萬物，以人作為中心，又賜給我們智慧，所以從這裏就可以解決相貫通的問題。儒家單憑無限心的觀念，就說我們可以通過工夫體證，達到天道性命相貫通，這樣的關係是比較難拉在一起的，因為無限心基本上是道德的主體，而性體與道體是存有論或是形而上學的真理、真實。但道德跟存有論、形而上學是不

同的哲學領域，你從什麼理據來說明天道性命相貫通，說我們的無限心可以上通性體與道體呢？

從哲學領域來講，裏面有很多不同的學問，有倫理學、認識論、存有論、形上學、美學、文化哲學……種種，「天道」、「性命」這些觀念應該放在存有論來討論，而道德實踐則屬於倫理學，這兩者之間有一個界線，你怎麼樣來打破這一個界線，總要提出依據來講，讓道德心或無限心跟性體與道體結為一體，達到天人合一的理路，這是儒家所標榜的最高境界、目的。

如果硬是說倫理學、道德，相較於存有論更具有超越性、先在性，認為道德比形而上學跟存有論具有更高的層次，所以道德或道德心可以概括形而上學、存有論，那麼這是泛道德主義的講法，就是忽略了道德問題、存有論、形而上學之間的界線，而把道德、道德行為用來概括、主導形上學或存有論。這是把道德的影響力誇張了，也把性體與道體道德化，說性體與道體具有道德性，然後再建構一套道德形上學。由道德來統治形上學、存有論，而沒有給形上學、存有論充分的發展自由。當儒家成為泛道德主義時，就忽略了其他的價值：存有論的價值、形上學的價值、藝術的價值，把這些價值都放在道德價值下面，將道德價值放得最高，如果這樣的話，就是用道德強壓其他學問，那麼便有人會提出批評，像傅偉勳就批評儒家是泛道德主義，那麼你們會怎樣回應他呢？

曉筑：我剛剛是想到如果儒家將道德這方面的理論抽掉的話，那儒家還有什麼東西、學問在裏面呢？

回應：妳的提問跟我的問題好像不是很相應。

曉筑：因為儒家一開始就強調道德，所以我想不到除了道德以外的議題。

回應：儒家也不光是只講道德而已，儒家不是也講六藝嗎？禮、樂、射、御、書、數，這些都是在道德實踐以外的傳統文化活動，也有它們的價值在裏面。禮就是禮節，樂就是音樂、藝術方面，射就是射箭、標槍這些項目，御就是跳高、跳遠、騎馬或馬術……等活動，書指的是歷史，數就是數學，數學可以開拓出邏輯、科學，有很密切的關係，在這些裏面我們找不到性體與道體的觀念。

銘謙：可是禮、樂、射、御、書、數的根源不也是要求道德的嗎？比如說禮的規範，像下對上應有的禮儀，為什麼要尊敬長輩、要孝順父母，那也是禮的規範，而規範的來源是因為全善的道德。

回應：對啊，你可以說道德概括六藝，可是六藝裏面沒有存有論、認識論、形而上學，那你是不是把它們放在道德下面，由道德來統領，不給它們獨立的位置呢？所以你光是講六藝還是不夠，像地球物理學、天文物理學這些學問，六藝能不能概括呢？不能啊！天文學這種學問，在孔夫子那個年代還沒有，他記錄六藝的時候，根本沒有天文學、地質學。可是那個時代存有論、形上學已經開始發展，比西方的發展更有系統性。在一般生活裏面克己復禮、實踐種種道德行為，我們可以這樣去說明，但是怎麼說明這些行為可以跟性體與道體相貫通呢？

銘謙：儒家在性體或是天命、天道、道體之外還有另外一個重

點，就是孔子講的仁。照這個講法來看，仁其實就是預設了性體跟道體是本然全善的，這個仁跟人內在的仁心是一樣的，應該說本質是一樣的。這樣講也可以跟老師您說的相應：先把性體從存有論的地方引到道德的方向。我另外還有一個想法，像天文學、物理學這些學問的根源當然不是一定從道德方面來講，這講不通的。可是如果依儒家的觀點來看的話，天文學、物理學在用的方面，是必須要合乎道德的，比如說愛因斯坦的理論後來造成原子彈、核彈的發明，這害死了很多人，從這個角度來看，就是不道德的。我的意思是說：如果從儒家的觀點來看，這些天文學、物理學必須依從道德的判斷，就是必須有限制，不能把它用到壞的地方去。

回應：你說道德規範對於科學的發展應該有約束力，讓科學發展作一些對人類有貢獻的事，而不要用來製造很多殺傷力很大的武器。可是我們談的是性體、天道、性命啊。另外，如果道德過分統領物理學、化學，結果還是會讓這些學問不能獨立發展。

曉筑：老師，這個是否就是中國沒有學統的原因呢？

回應：是有一些關係，可是不是很直接的關係。我們現在扣緊主要的問題來討論：如果以道德來統領存有論、形上學，用道德的眼光來看待性體與道體，而沒有給它們獨立的位置，這裏可能是當代儒學的一個弱點。怎麼樣把道德跟存有論、形上學連結起來？使得道德不是主導存有論、形而上學，而是給它們可以自由發揮的空間，這就不是道德形而上學所能涵概的，我們不應該以道德來限制認識論的發展，同樣我們也不應該拿道德的規律來限制形而上學、

存有論，不讓他們具有充足的發展空間，這是很重要的。傅偉勳能夠提出這問題，也不一定能解決，他只能說我們必須有多元化的眼光，除了道德價值以外，我們還要肯定其他文化的價值。你說泛道德主義不好，道德不應該干涉其他文化活動，既然這樣，我們就不要讓道德佔這麼重要的位置，我們應該促使道德讓開一步，讓其他的文化有空間發展。這種回應一般人很容易可以想到，可是問題還是存在，就是道德與存有論、形上學怎麼樣有交集呢？讓我們對這方面的學問有公平的交代、處理，這個問題還是存在，所以牟先生提出道德形上學。

但一般哲學界也不一定會接受，他吸收康德，然後說惟有依據儒家的一套道德思想才能建構一套道德形上學，他這樣講，我們可以從其他面向來提出疑問，為什麼形上學一定要以道德為基礎呢？宗教不好嗎？宗教是使人從苦痛、煩惱解脫出來，應該比道德更有先在性、超越性，京都學派就認為「道德一定先崩潰，宗教才出來」，如果你說道德形上學，他們也可以弄一套宗教形上學，而且是從上帝創造萬物開始的。

銘謙：老師，宗教解決終極關懷的問題跟老師說從苦痛中解脫出來的問題，如果是儒家的話，上面有提到殺身成仁、捨生取義，如果以仁心去看，儒家是把生死視為在道德的脈絡下來決定取捨的。

回應：對啊，你可以根據儒家的想法，說明道德有這種功能。道德這套學問可以有宗教的效果，就是讓人可以從種種負面的現象解脫出來，可以這樣來說明，可是我們的問題還是在道德心如何可

以概括形上學、存有論。

銘謙：所以說存有論的性體，它作為終極的真理，這真理也不一定全是指涉道德的。

回應：所以呢，既然它不完全是道德性格的，就不要讓道德把它概括在以道德為主的學問的主從的關係中，那些強調形上學、存有論的人還是不會滿意這樣的主從關係的。像唐君毅最後判教，以儒家為最後的圓極教法，然後把基督教、佛教放在下面，這種判法、觀點，基督徒、佛教徒也不一定會接受。

小懿：老師上一節課提到道德跟性體相貫通這個問題，我想要深入的去探究這個問題，所以想請教老師兩個有關的問題。第一個問題是牟先生跟新儒家他們處理這樣的問題是不是方向上就有一點爭議的空間呢？還是說方向是對的，用無限心來實行是可以的，問題是如何在貫通上加強，這是第一個問題。

回應：我先回應這個問題。這點跟道德形上學的開拓有關係，作為一個人有人的主體性，這個主體性可以有好幾方面的矢向、表現：如道德、認知、宗教、藝術。然後道德形而上學有一個基本的前提，就是道德心有一種無限的性格，這種性格要實現，而不只是一種我們去了解的觀念。我們要實現無限心，讓他不光限制在人與人、人與物的關係內，同時也要進一步開拓存有論、形上學這方面。宋明儒學、當代新儒學所講的心體與性體，基本上就是這個意思。

我個人對這種道德心的看法，可以用佛教的觀念來概括，就是

生命不光是指人類，而是還有很多眾生，那麼道德心作為一種無限心應該是存在於我們人類跟其他眾生裏面。佛教裏面有一種講法叫做「四弘誓願」──其中一誓願為「眾生無邊誓願度」，這是說眾生的量是無數的，我們都要去度化，這個度化的活動是沒有停止的，這也就是無限的。我們可以說實踐的性格不一定要牽涉性體與道體這樣的客體。新儒家的人物唐君毅、牟宗三，特別是牟宗三認為道德心應該開拓到客觀存在的具有無限義的道體。但是我覺得把道德心放在人與人、人與其他眾生之間進行，也能夠實踐所謂道德主體，在這種道德實踐裏面有一種完整性，也有無限的意味。眾生是無限也。一定要把道德無限心推廣、開拓到形上學、存有論上，我覺得不是必要的。

而且將道德無限心上推到形上學、存有論，會引起很多的問題，最明顯的就是泛道德主義。如果以一種道德無限心來生活，或建立一套理論，將道德心看成是一種最有根源性的、價值的主體，這種觀點或實踐的生活，難免會影響、壓縮其他文化活動：認知活動、審美活動、覺悟解脫的宗教活動。可是儒家的立場本來就是道德的，儒家的思想本源在道德上面，倘若我們堅持道德心，把它看成為一切文化活動最基本的要素，就會引起這個問題，妨礙其他的文化活動。

所以我不是很同意唐先生在《文化意識與道德理性》裏面所提的：一切文化活動的根源都在文化意識，然後文化意識的基礎是在道德理性。他的這種理論的焦點當然就是道德實踐，他認為道德主體跟其他主體比起來，道德主體是重點，其他的認知、審美等主體是放在道德主體下面的。可是我認為讓道德在人跟有情眾生之間實

現就已經夠了，無限心的概念也可以包含在裏面；「眾生無邊誓願度」，這個無邊就包含了無限的意味，所以度化的活動沒有停止，沒有一天會說：啊，所有的眾生都已經度盡了！沒有。這種度化眾生的宗教活動是沒完沒了的度化流，沒有做完的一天。這樣一方面作為道德主體的無限心可以有充足的發展、開拓的空間；另外，形上學、存有論方面也可以有發展的空間，不要只把它放在倫理學或是道德哲學的脈絡裏發展。

在我的《純粹力動現象學》裏面也可以解決這個問題。因為純粹力動是一種超越的活動，它做為一個純粹力動是中性的，沒有所謂道德、認知或者是宗教，在時間、空間上表現為哪一方面的活動，那是層次問題。我們也不需要把道德這一種活動放在最高的位置，也不需要把宗教、認知這些活動放在其次的位置。誰最重要，誰沒有那麼重要，誰應該做什麼影響？誰應該影響什麼？沒有這個問題。純粹力動的動感的轉動是第一序的，結果轉出道德、藝術、宗教與知識，則是第二序的。

小懿：我的第二個問題是：如果我想對這個問題有更深入的了解，可以推薦我看什麼研究著作嗎？

回應：當代新儒學就是以道德主體為主來做研究，把道德放在最高的位置，這對應於其他學問，不是一種對等的關係，所以我想與其看他們的書，妳不如看道家的書，因為道家在這方面比較有一種很強的開放性。例如王弼，他是魏晉時候的年輕哲學家，他有一本書《老子》注，裏面提到：「我們怎麼行『道』？」。他提了兩句話：「不禁其性，不塞其源。」意思是讓它自由自在的這樣發

展。「塞」就是堵住了，「不塞其源」指不要堵塞它的源頭。「不禁其性」就是讓它能夠順著自性自由自在的發展，不要阻礙、扭曲它，順其自然的讓它發展。西方海德格有一些觀念就表示這個理想。海德格最欣賞的東方觀點就是道家，他有兩個觀念就是：Gelassenheit 和 Ereignis。Gelassenheit 一般來講就是自然，就是讓它自由自在運轉，不要把它堵住了，或者是把胸懷敞開，對一切都泰然任之。Ereignis 指的是讓它們自由自在的去發展。我們拿海德格的書來看，然後根據這兩個觀念和道家作比較，對這個問題就可以有深入的了解。

你看當代新儒學的書沒有多大用處，因為他們不是走上述的路線，他們的重點是基於道德自我去建構道德無限心。如果要問中國有哪一種學派最有自由主義、民主主義思想，我不會提儒家，而會提道家。有人說道家的思想消極，像老子不是常說，不用和別人相往來，雞犬不聞，老死不相往來麼？他是有清淨無為的傾向，但這不是老子的主要思想；他是有說過這幾句話，但不代表這是他的思想的大方向。而且怎麼去解讀這幾句話也是一個問題；以陶淵明的行為、態度來解讀這幾句話來說，他當官到最後吃不消了，不願意為了五斗米折腰，所以只能引退。老子思想有一部分就像陶淵明的這種想法，表面上看起來好像有點消極。

但道家跟儒家是完全不一樣的，儒家是要建立一套健動的實體哲學，要創造文化，勞思光先生用「人文化成」為儒家定位，這種說法我覺得很不錯。在西方哲學裏面，他們最欣賞的中國思想是道家。但是西方人的進取心很強，道家卻好像很消極，這兩方面怎麼會有互動、關係呢？像懷德海在一本書裏面講過一句話，他說：

「我的思想和西方的思想不是很相應，反而和東方思想：印度和中國思想比較相近。」他講的東方思想主要就是道家。因為他的思想主要是美學的形而上學的導向，他要建構出以美作為內容的世界；而在中國文化裏面，道家在藝術、音樂、文學領域發揮的最多，在這些領域，道家的影響比儒家更深。雖然在音樂方面，儒家有禮、樂、射、御、書、數；有「樂」的文獻與活動，可是真正有「樂」這種思想的，是道家的人物：一個是嵇康，一個是阮籍。阮籍有一篇〈大人先生傳〉，是講「嘯」之後寫的。這「嘯」啊，不是你隨便可以做的，要有本領才行，阮籍就有這種本領，「嘯」是很高的境界。有一次，他在山林中，正想「嘯」一下，忽然聽到另一方傳來的嘯聲，非常有美感，原來嘯者是名士孫登。阮藉恐怕出醜，便不嘯了，回家寫〈大人先生傳〉。儒家裏面就沒有「嘯」的想法，「嘯」表示生命的暢通，可以說暢通到形而上的「性體」與「道體」。這可以通於莊子的與天地精神相往來的境界。

牟先生有一本《才性與玄理》，就是說明道家在這方面的學問，不過牟先生基本上還是以儒家的立場來說明魏晉玄學。道家講的這個「理」，不是「道德理性」，而是「玄理」；玄理就有一種神秘主義的意味了，這跟我們的日常五倫的生活沒有直接的關聯。玄理中的「玄」就是拿來談玄、談形而上學，就是討論宇宙有沒有開始？有沒有界線？宇宙的根源是什麼東西？這一類的問題。就道家的講法，宇宙的根源當然就是「道」。道、自然無為，當然都是講終極真理，可是也不光是無為，也有無不為。無為、無不為，也不是完全消極，所以我覺得現在那些人，還是對道家研究得不夠，而且有一些誤解，就是以為道家主張不要與人相爭，要退讓，要無

為，要自然，也不關心政治，也不關心人民的生活，好像是消極的
生活態度，這是他們對道家的誤解。

其實有一點他們沒看到，在《老子》跟《莊子》裏面，對於那
些把自己的快樂建築在人民的痛苦上的暴君的批評是非常激烈的，
《老子》前面比較多談形而上學，但後面就談到政治那些問題，對
那些貪官污吏作出無情的批判；《莊子》也是一樣，他說一般人喜
歡偷一些金錢啊、裝飾品啊，可是比較高級的人，他們偷的就是國
家：「大盜詒國」。從老子跟莊子在他們的書裏面批判暴君的厲
害，就知道他們是非常關心人民的苦難、痛苦；如果他們對這些都
不關心，他就根本不談，也不會用很強的語詞來批判那些專制的暴
君。

有些人看《莊子》有好幾個部分：有內篇、外篇、雜篇，被認
為最重要的大概是內篇。而內篇裏面的第一篇就是〈逍遙遊〉，這
樣安排就不好，因為放在第一個位置就表示最重要，所以《莊子·
內篇》那七篇裏面被認為最重要的就是〈逍遙遊〉；這給人一個印
象就是：莊子只嚮往逍遙的境界。當這種講法一定下來，那麼莊子
在他們看來就是一個消極的虛無主義者，你覺得莊子是一個消極主
義者嗎？你有看過《莊子》嗎？

銘謙：有。在張心澂的《魏書通考》中有考證過內篇的前面可
信度比較高。

回應：對啊。因為莊子好像沒有寫書，老子和莊子好像都沒有
寫書，現存的《老子》和《莊子》是他們的門徒寫的。一個宗教、
哲學的開山人物往往沒有自己的著作或論文，他們的文獻、思想都

是由他們的門徒來抄錄、整理的。孔子有《論語》，釋迦牟尼有《阿含經》，然後老子有《老子》，莊子有《莊子》，又叫做《南華經》。他們都沒有寫書（莊子可能寫了《莊子》裏的〈內篇〉）。蘇格拉底也沒有寫書，我們對於蘇格拉底知道的一點點，是從柏拉圖對話集裏面看到的，那些也不是蘇格拉底的著作，那是記錄蘇格拉底的言論。他們是創造一套新的哲學或者是宗教系統的開山祖師，但是他們一個字也沒有寫下來，可是他們的影響卻是最大的。耶穌也沒有寫書，反而最博學的保羅被認為有參與《聖經》的編寫。還有摩西也沒有寫書，可是他是猶太教的教主。還有穆罕默德，他就是回教的締造主，他也沒有寫書，他是先知，唯有他可以跟阿拉溝通，其他人不行。那《可蘭經》是怎麼弄出來的呢？是透過一些可以代表回教教義的文獻來集成的。

　　與客觀義理相連結的則是主觀的心性，心性之學在宋明時期大盛，卻被西方人士誤解為等同於西方思想中的理性主義、自然主義、唯物主義等，甚至認為心性學是一種認識論或是一種心理學。在西方，這一類的學問是研究客觀宇宙的究極問題，或心靈如何去認知它等等問題。但是中國的心性之學卻是道德實踐的基礎，當人們越深刻的去實踐道德，也會加強這種學問的深度，總是必須從實踐中去覺悟到心性。要知道人之道德實踐之意志，其所關涉者無限量，而此自己之心性亦無限量。對此心性無限量，卻不可懸空去擬議，而只可從當事人從事於道德實踐時，無限量之事物自然展現於前，而為吾人所關切，以印證吾人與天地萬物實為一體。而由此印

證，即見此心此性，同時即通於天。❽在此我們可以看到中國文化的一本性渾然成形了。

回應：在這裏有一點我們可以討論：就是有關心性論。如果我們拿西方哲學作一個對比，我們很難在西方哲學裏面找到一種哲學，跟心性論是相應的。在道德的脈絡下來講心與性，道德的心性論重點不是在提出一套有關心體與性體的哲學、形上學，而是透過實踐來體證心體與性體。而這裏所講的心，也不是一般所講的主體性，卻是背後有無限心的觀念，無限心如果開拓、發展，就可以通貫性體與道體，那就涉及形上學的問題了。所以後來牟宗三先生發展出道德形上學，這可以說是東方哲學，特別是儒家特有的一套學問。而且它非常重視實踐，心體、性體與道體這些觀念不是拿來研究的，是要我們通過道德實踐的工夫體證出來，然後再把它們連貫起來，讓它們通而為一。

孟子所講的盡心知性知天，心、性、天直線下貫，心體、性體與道體，或者是天理、天道，都是同一東西，不過就是分際不一樣：心是從主體性來看，性體與道體是從客體性來看。西方哲學裏面也不是完全沒有這樣的觀念，只是比較少有，即使有，也不是主流。

西方哲學的主流是理論體系的建構。至於實踐方面就只有一些跟宗教有關係的人物在進行，他們的宗教實踐跟儒家的道德實踐有相類似的意味，可是他們那種實踐的方式我們通常叫瞑想。要瞑想

---

❽　見同註❸，頁 149。

或溝通什麼呢？他們要溝通的對象是上帝，這種實踐是宗教性的，不是道德性的。像中世紀的思想就有很濃厚的宗教實踐成分。

　　再下來就是德國，它的宗教傳統裏面，發展出跟主流不大相同的學問：就是德國神秘主義。他們在這方面的成就也很重要，也有一些重要的人物，這些人強調宗教實踐，可是他們跟正宗的基督教傳統不一樣，被人家說成是一種外道，如果拿來跟東方哲學作比較，他們那套是比較接近東方哲學的。因為它不像西方基督教傳統那樣把神和人分割開，認為神創造這個世界，我們都是祂的創造物，神是精神性的，沒有肉體，沒有理性的元素。我們人便不一樣，一方面我們有認識、感情、意志諸方面，另外我們還有身體。另外一點是，他們對上帝的看法，也跟傳統的不完全一樣。傳統基督教把人跟神分得很清楚，人跟神本來就是本質不同的東西。德國神秘主義不這樣想，它認為人跟神是同質的，那麼「質」到底是什麼東西呢？它提出「無」（Nichts）的觀念，這就有點像道家啦！可是這就不是西方哲學的主流了。後來在西方哲學界，德國神秘主義的影響也不算深，只有少數哲學家受到它們的影響。像尼采、海德格他們的思想跟德國神秘主義有點關聯，在觀念上有一種密切的關聯，有對話的空間。

　　所以妳這一段第一行說，與客觀義理相連結的則是主觀的心性，這個「觀」我想改成「體」比較恰當；因為一般我們講主觀跟客觀是偏向認識論這方面，但這裏所涉及的主要是存有論，再從存有論中帶出道德的意味。西方文化沒有心性學或者心性論，所以他們沒有辦法替這種學問定位，在這種情況下，他們就以為跟理性主義、唯物主義……，這些學問相應，其實這樣是不對的。譬如唯物

主義，心性論怎麼會是唯物主義呢？這根本掛不上鈎啦！至於自然
主義，如果這個自然主義所講的是宇宙論，那麼這跟心性論也不大
有關係，心性論不大談宇宙論。理性主義是比較好一點的說法，理
性主義強調理性，儒家也強調理性；朱熹很強調「理」，然後新儒
家提出「道德理性」，他們也是很強調理性。所以把心性論歸到理
性主義是有點道理的，可是也不是很周延。因為我們通常講理性主
義，是對比著經驗主義來講，那是歐洲英國方面對比著歐陸方面所
分別發展出來的學問，像理性主義就是歐陸方面發展的主流，不過
它的哲學家很多，例如笛卡兒、萊布尼茲、斯賓諾莎。然後經驗主
義主要的哲學家就是洛克、巴克萊、休謨這些人。如果這樣講的
話，理性主義的重點在認識論，可是儒家講的理性跟知識沒有直接
的關聯。所以如果要在西方哲學找出一套學問，可以跟中國的心性
論相關連，那麼我想比較接近的還是觀念論。

理性主義的重點是在認知意義，觀念論就比較靠近存有論這方
面，像德國觀念論：康德、費希特、謝林、黑格爾，他們講的都是
觀念論，這比較接近心性論。另外西方把心性學跟心理學關聯起
來，這也是很有問題的做法；因為心性論講的是超越的問題，心、
性或者是道都有相當強烈的超越意味，可是心理學是經驗性格的，
差得很遠啊。一方面是超越主義，一方面是經驗主義，這很不相
應。很多年以前，我在一家書局看書，我想找《心體與性體》這套
書，就到哲學類那邊去找，找了很久找不到，最後我竟然在心理學
一欄找到，所以這個賣書的人就沒有這種認知，他以為心體的
「心」字當然跟心理學有關係，可是不是這樣。這是我們要分清楚
的。

那麼後面那一段：「對此心性無限量，卻不可懸空去擬議，而只可從當事人從事於道德實踐時，無限量之事物自然展現於前，而為吾人所關切，以印證吾人與天地萬物實為一體」，我想需要解釋一下，就是說你怎麼樣在道德實踐的生活裏面，把道德心開展、啟開，向科技方面開拓，你怎麼樣從道德實踐的生活向外、向上開拓出無限的意識，這種無限的意識就是對天地萬物有一種同體的關係，就是你怎麼樣能夠把作為主體性的道德心客體化，讓他跟客體方面的性體與道體關聯起來，使它們在內容上都是一樣呢？這若要討論的話要花很多時間，我在此處只是提出來，不過，我們在上兩節課好像也有討論，在這裏就不多說了，我們看下一段。

四、中國文化的特色

〈宣言〉中七至十節，說明了中國文化的現實狀態：

第一，中國之所以能歷數千年不斷，沒有滅亡，是因為早在遠古中國原始宗教就有天命靡常的概念，也因此有求「久」的思想，在中國最兵荒馬亂的戰國時代，儒家、道家都提出「久」的哲學思想，例如《易傳》、《中庸》中的「可大可久」、「悠久成物」的說法。老子也要人效法「天長地久」、「深根固蒂，長生久視」。到了漢、唐、宋、元朝都在政治制度上找尋「求久」的努力。當這個概念內在化於生命中，那麼人便將自然的生命力內斂於一方，用來成就人倫之禮，而這也是道德上人所應當有的德性。對中國文化來說，道德決不只是像西方道德之重視道德規則、道德行為，及至社會價值與宗教關係；中國文化的道德德性是透過身體內部而表現

出來的,即所謂「德潤身」、「心廣體胖」。就中國文化的一本性而言,上面所述說的這些代表道德德性之所發是心性實踐義理的表現。而中國文化中重視生命保存,是來自於存宗祠的觀念;生命來自於父母、祖宗,孝思使我們思考到父母、祖宗的祭祀問題,因此超越現實之心,也使得中國千萬代文化源遠流長。

　　回應:在這裏有兩點,我們可以提出來討論。這段文字主要是講中國文化裏面有一種追求悠久性的要求,就是它要求一個人死了以後不會完全消失,生命還是承續下去、繼續活動的,這就是生命的意義。生命不只是從出生到死亡這個階段,這個階段談不上什麼「久」,一個人活到八十歲、九十歲就要離開這個世界,這是常態,有些人比較長命,可以活到一百歲,可是一百歲也不算是久啊!所以儒家提出「久」的哲學思想。精確地說,「久」這個字眼、觀念不是哲學性的,而是宗教性的;儒家在這方面,雖然沒有成為像西方基督教、希伯來教、伊斯蘭教那種宗教,可是儒家有「求久」這種意識。我們一個人的生命,是不是可以有永久性呢?是不是能夠突破肉體的有限性呢?這就涉及死後的問題,你如果要讓生命有永久性,就要處理生死這個問題。所謂死只是你身體的一種變化,可是生命仍是有精神的元素在裏面,所以我們如果要開拓宗教意義的「永久」觀念,就要從這方面考量。一個人死掉並不是完全不存在;死掉代表著身體過一段時間就瓦解,跟泥土混在一起,從這方面不能講永久,特別是宗教性的那種永久。

　　「求久」是一種宗教性的要求,進一步是要有普遍性。中國人在生活上有一種習俗:拜祖先。拜祖先在宗教方面代表什麼意味

呢？我想，在這裏也可以講為「求久」的意念，因為你拜祭的祖先在肉體方面已經死掉了，可是還是要拜祭，而且還要很尊敬的拜祭，那是因為拜祭的對象，不是被看成一個死的牌位，我們是在禮拜精神上的祖先，讓祖先跟我們這一代在精神上可以溝通、連貫起來，這代表我們的生命是可以推溯而上，沒有限度，不只是推到我們什麼時候出生的時間點，而是突破這個範圍，繼續推溯上去，而到歷代祖宗，所以這個「久」的意味就出來了。我們要在拜祭祖先、存宗祠這種生活裏面建立「久」的意味，這是宗教中的「久」的意味。

這種情況在道教也有，可是它的重點不是放在人的精神方面，而是放在肉體上面。道教要求肉體長生不死，但是從來沒有人做得到。假如你信那一套東西，去吃道士們所做的藥丸，吃他們所謂的丹砂，這些東西含有水銀元素，吃多了就對身體有害處。所以很多皇帝求長生不老，吃這些丹藥，反而很快死掉了。但是這也是「求久」的意識表現。

在中國文化裏面，就是要追求精神上、文化上的延續，這種意識是很濃烈的。所謂慎終追遠，終、遠就是指祖先，所以祖先一定要拜祭。佛教傳到中國可以發展而且生根，並且在中國成立新的宗派，例如天台、華嚴、淨土、禪，是因為佛教的寬容心比較強，對中國文化原本有的成分包容而不排擠。佛教徒不反對，並且能包容中國人拜祖先的這種宗教活動；但是基督教就不行了，它一進來就要禁止中國人拜祖先，認為要拜就拜上帝。可是拜祖先是中國人生活的一部分，是人生裏面不能缺乏的活動，對於中國人而言，祖先是近，上帝是遠啊！我們不能捨近而求遠，對不對？所以中國人對

基督教堅持這種規矩，就產生很強烈的反應。中國人認為祖先是一定要拜的，如果基督教不讓我們拜祖先，那麼我們就不接受基督教。基督教從很早就從海運進來中國，可是基督教一直對中國文化起不了重要的作用，這是很重要的原因。

　　雖然中國文化並沒有像西方宗教、哲學的獨立體系，仍是可以依照自己的需求來發展出自己的文化理想。透過心性，我們應該自覺自己是一個獨立的「道德實踐主體」，同時在政治上也是一個「政治的主體」，在自然界、知識界分別是「認識的主體」及「實用技術的活動之主體」。當我們對這些有所要求的時候，就必須民主建國，必須取法西方文化；我們追求政治、知識等方面的自覺主體都是為了完成更高的自我人格，及成就民族之精神生命的更高發展。在此我們必須去了解，為什麼中國文化中沒有發展出民主制度，或科學實用技術呢？那是因為西方在發明科學或規範制度之前，是先對於客觀對象世界有純粹求知的態度，當將客觀世界視為純思辯對象時，全然收斂對於實用性的考量、道德價值的判斷，西方文明藉理性推演出科學範疇、邏輯規律等理論科學後，再依此發展其科學實用技術，而中國文化卻沒有踏出建構理論科學的第一步，原因是因為中國思想之過重於道德的實踐，恒使其不能暫保留對於客觀世界之價值的判斷，於是由此判斷，即直接的過渡至內在的道德修養，與外在的實際的實用活動。此即由「正德」，直接過渡至「利用厚生」。正德與利用厚生之間，少了一個理論科學知識之擴充，以為媒介；則正德之事，亦不能通到廣大的利用厚生之

事，或只退卻為個人之內在的道德修養。❾由此雖然能使人更體悟到道德主體的尊嚴，因為此心此性的通天性天理，但也同時閉塞了道德主體向外通的門路。

回應：這一段是這篇宣言的重要內容，在這裏講得不錯。我想以精簡的說法加以概括：中國文化傳統與西方文化傳統都有自己基本的導向；西方文化是重理性的文化。這個「理性」不是實踐理性，而是理論理性，也是重智的傳統，就是重視認知，也因此能夠開拓科學的成就。但中國文化不是這樣的，中國文化是從德行、道德實踐開展出重德的傳統。重德跟重智這個差距，在東西方的出發點就已經很不一樣了，然後再發展下去，差別就越來越大。

到了近代，中國人對傳統的文化作一個全盤的審視；中國人重道德，在政治制度上是帝皇主義，但是這些傳統卻不能使我們如西方那樣發展出科學成果。特別是戰爭所用的武器，像槍枝、戰艦、大砲啦！近代的知識分子反省為什麼每一次跟外國人打起來，中國人就是輸，結果要簽署不平等條約。中國與外國戰爭總是戰敗，然後賠款、割地，這些好像是慣例。

中國人反省的問題是，是不是中國文化有什麼問題，所以產生不出像西方文化中的科學傳統、民主政治，原因在哪裏呢？很多人提出，這個問題的源頭還是在中國重德跟西方重智的傳統上。西方是重智的傳統，可以開拓出所謂三統，像牟宗三先生說的三統：道統、學統、政統。西方人這三種都有，中國人就只有道統。其實

---

❾　見同註❸，頁 159-160。

〈宣言〉裏面背後就有這個意思——中國傳統和西方傳統不一樣；東方是重德的文化，西方是重智的文化。而重德的文化會有哪一方面的發展呢？重智的文化又會有哪一方面的發展呢？這兩種發展所造成的結果不一樣。我們可以參考梁漱溟所提的想法：中國文化是一種早熟的文化，它一開始就走重德這條路，可是重德不是最現實的東西，重智才是。

西方的重智文化所發展出來的東西，是對自然世界的研究，然後建構一些有效的、正確的知識，透過這些知識來打拼器具，讓我們的生活過得好一點，這就是科學的好處。如果沒有火車或是其他交通工具，那麼你從臺北到高雄就要走路，這需要花多少時間呢？需不需要兩天呢？但現在有高鐵，一個半鐘頭就可以到高雄了，所以科學可以讓人的生活過得很好，讓人多出很多時間來做其他事情。如果科學沒有發展出來，那你從臺北到高雄需花兩天的時間來走路，而且你到了高雄會非常疲勞，需要休息，才能正常工作。那麼在重德跟重智這兩方面，我們應該先走哪一方面呢？因為智很重要，德也很重要，我們不能同時展開這兩方面的發展。它有一個次序，根據梁漱溟的講法，我們要先走重智的這條路，把基本的生活問題解決，然後再討論道德問題，建構道德的文化。梁說我們中國人太早熟，不走重智而先走重德，所以產生很多問題，我想他的這個觀點，有很深的智慧在裏面。

梁漱溟不講中國文化與西方文化的優劣問題，把文化的價值意識擺在一邊，先談生存，可是也不光是談生存，在日常生活裏面，也要能表現文化、表現種種價值。人要生存就要先走重智這條路，你要生活得好、有價值，那你就要從事道德藝術的活動。他的意思

是，要先走重智的那一方面，有基礎之後就走重德的方面；不要一開始就走仁義道德這一套。他的這種講法就是我們必須把一般的生活向上提，提到哲學的層次。

我們要研究、建構一套哲學，有幾個重要的部分：一個是形而上學，一個是道德哲學，一個是知識論，還有文化哲學、歷史哲學等……，整個哲學的架構，你要開出一套哲學的系統，要有一種適當的、有效的程序，這一套哲學才能穩固的建構起來。講一個很一般性的例子，像康德的那一套哲學，影響很廣，價值很高，那康德是怎麼樣把哲學建構起來呢？他所講的程序跟梁漱溟所講的一樣，先講重智再講重德。所以康德的哲學一開始不是先講倫理學、道德哲學，他是從認識論入手，提出我們人有哪些認知的能力，就提出知性、感性啊。知性裏面有什麼東西呢？感性裏面又有哪些時空的形成條件呢？這樣一步一步就把他的整套有關認知、知識方面的哲學建立起來。到了後面的階段，他發現有些問題，我們的知識不能解決，就是有關形上學的觀念：自由意志、上帝存在、靈魂不滅，這些我們不能用知識來處理，如果我們硬要處理，我們就會陷入二律悖反之中。

然後康德繼續探究自由意志、上帝存在、靈魂不滅這些問題，他發現不能以認知探究去解決，想要解決這些問題的話，透過理論理性是不行的，會惹來二律悖反，他就轉到實踐理性去了。實踐理性主要是講道德問題，他是發覺純粹理性不能解決形上學問題，要歸到道德理性來解決，然後他就把第二批判寫出來了。第一批判是講認知，第二批判是講實踐理性、道德理性，再進一步開拓，第三批判則是講美學的。所以他這裏是有一個程序：先從認識論著手，

然後再做道德方面的研究，又講藝術，來建構他整套的哲學。當年勞思光先生寫了一本《康德知識論要義》的書，寫完以後請牟宗三先生作一個序。牟宗三先生怎麼評價這本書呢？這裏牽涉很多問題，總的來講，牟宗三說勞思光所講的康德哲學，理路、脈絡很好，抓到正確的程序，這個程序就是窮智見德（舊的友聯版本是這樣說）。窮就是探討，盡量去深入廣泛的探討智的問題，智就是認識，探討到智的盡頭之後，就會發現知性的限制，有一些問題不能以知性解決，接著他就探討道德的問題。所以他是先把認識論的系統弄好，再講道德哲學，再進一步講其他的文化問題、藝術問題、歷史問題，還有政治問題，最後是講永久和平問題。康德的整條路是非常理性的，我們研究哲學，要像康德這樣做，在哲學上要一直用工作下去，透過一個程序，不要一下子就把哲學問題都收起來，發揮成一合相。每一個問題都一起進行探究，你會應付不來，所以次序是重要的，但次序是跟價值沒有關係的。康德最先是研究知識的問題，再研究道德的問題，那在他眼中是不是知識比道德重要，所以他先研究知識問題呢？不是這樣，這個問題沒有優劣等級的意味，純粹是一種學問上的先後的理性程序問題。

那麼當我們將自己視為是認知主體的時候，就必須忘記自己是道德主體及實用活動主體，等到我們對於所研究、認知的事物有了解之後，再回歸自道德主體，來判斷這些研究的價值，並引發它們的實用活動。中國文化以道德主體的實踐為生命的完成，而道德精神如果想要追求自身的完成與深度，就必須建立學統，使中國對於理論科學能有所應用，來發展實用技術，以促使中國工業化，這才

是道德主體所激起民族精神的更高發展。

回應：這段有一個問題，就是想把道德主體和認知主體分成兩面向來看：以他們的立場，他們認為道德主體是根本，認知主體只是道德主體的一種表現。牟先生在這裏提出良知坎陷這種講法，但問題是你怎麼使這兩個主體各司其職呢？「當我們將自己視為是認知主體的時候，就必須忘記自己是道德主體及實用活動主體，等到我們對於所研究、認知的事物有了解之後，再回歸自道德主體，來判斷這些研究的價值，並引發它們的實用活動。」這裏的意思是說，我們生命的本根是道德主體，這裏有存有論的意味在裏面。他們也知道，光是以道德主體來處理世間跟自己的事情是不夠的，需要認知主體來處理一些跟知識有關的問題。

一方面你以道德主體作為根本，另外你也需要一些認知能力，或者是能夠做概念思考的能力，在這兩個主體中，我們怎麼本著道德主體來開拓出認知主體呢？這個認知主體開拓出來以後，我們就以這個主體所提供的認知能力，去處理世間的種種事物，特別是跟知識有直接關聯的事物，等到這些事物處理完以後，再讓認知主體回歸到道德主體。它的基本意思就是這樣。

可是比較麻煩的問題是，你這樣看待道德主體和認知主體的關係，是不是認為道德主體統攝認知主體呢？那麼認知主體對道德主體來講就不是對等的，而是附屬的。如果是這樣的話，那麼以道德主體為主，認知主體為從這樣的關係，道德主體對認知主體就會產生一種壓力。如果這種壓力繼續蔓延，很多事情應該由認知主體來處理，可是因為它隸屬於道德主體，所以在處理這些問題上，常常

會不自覺的以道德主體為主導而認知主體為附從，如果是這個樣子的話，就出現我上一次講的泛道德主義這個問題了。

這是對多元性主義的一種不良的效應；泛道德主義就是把道德主體放在至高無上的位子，其他的主體都在下面，如果是這個樣子的話，那在我們的日常生活或文化藝術活動裏面，你會有一種預設的立場，就是預設道德主體比其他的主體有更高的價值。甚至進一步說，道德主體對於其他主體，在存有論這個層次上，有先在性跟跨越性。如果是這樣的話，那就會很混亂、危險，各種主體好像沒有獨立的能力，而是附屬於道德主體，這樣要建立學統就一定不可能了。要建立學統，一定要給知性一個獨立的地位，不要干擾它才行。你現在用道德主體來壓迫認知主體，結果認知主體就不能很自由自在地、專心地，以自己為主來處理某些事物，而是有道德主體的影子，好像處處在限制它。這是一點。

在這裏妳用「回歸」這個字眼：認知主體「回歸」到道德主體。在回歸道德主體以前，道德主體會進行一種活動把自己轉化為認知主體，這一點好像沒有提出來；你要先有道德主體轉出認知主體，才能說回歸啊！譬如你父親責備你、打你，你不服氣離開，最後還是覺得父親說得對，然後浪子回頭回到家裏。這是說你要轉化為認知主體，那這裏就有一個問題：道德主體跟認知主體是一還是二呢？如果說是一，結果就是道德主體會對認知主體形成一種壓力。如果說是二，那這個道德主體能給認知主體足夠的獨立性，任它去處理它的問題。就兩個主體是一來說，這樣好像不錯，可是還有一個步驟要進行，認知主體把它的問題處理好之後，因為它不是獨立的主體，是附屬於道德主體，所以它要回歸到它的本根——道

德主體裏面去，那它要怎麼回歸呢？因為它是被轉出來的，你現在要把它收回來，你在實踐上要怎麼做呢？

　　道德主體跟認知主體在很多方面如方向、性格都是不協調的，比如說我們接受以道德主體作為本根，可以統攝其他主體，它具有跨越性、先在性。如果道德主體轉出認知主體，便需給予認知主體獨立性，而不是把它視為附屬於道德主體。當認知主體在進行認知活動的時候，它所要成就的是有關種種事物的知識，就會建立主客關係，認知主體是主體，而被認知的事物是客體，並且當認知主體進行認知活動，需要維持主體跟客體是在一種平等的、橫列的矢向上，大家有自己的獨立性，這種二元性的關係是不能免除的，它當然不是究極的。

　　在認知活動中，這個矢向是橫列的，但道德主體對認知主體的矢向是縱貫的，那你怎麼處理這種矛盾呢？你說最後還是要把這個認知主體收回來，回歸到道德主體方面去，那認知主體必須先放棄、克服在認知活動中存在的主客對立的二元性才行。可是道德活動跟認知活動的導向是不一樣的，它們一邊是縱貫的、一邊是橫列的；你是不是要把認知主體這邊建立起來的主客二元性的關係取消掉，才能將認知主體回歸到道德主體呢？

　　這裏面涉及很嚴重的實踐上的問題，當代新儒家是這樣講，可是怎麼做呢？他們沒有提出來，所以我認為，他們做得不夠，應該補上這個部分。你說認知主體「回歸」到道德主體，那我就問你，怎麼「回歸」呢？這也是一種精神活動啊，可是它有它的複雜性：一方面涉及縱貫的矢向、一方面是橫貫的矢向。橫貫的矢向就是主客關係，這是對等的；縱貫的矢向是不對等的，以道德為主，其他

活動在它的帶動下展開。對於這個問題，當代新儒學一直沒有提出一種比較可以接受的講法。

牟先生提過所謂良知自我坎陷，其實問題都一樣，就是道德主體暫時放棄自己主動的、權威性的地位，然後轉出認知主體。牟宗三先生用另外一種講法：他提出良知，相應於道德主體，然後它自我坎陷；坎陷就是不好的，良知自我坎陷而以知性這種主體出現，這個知性就相當於我們剛剛說的認知主體，來進行一些認知活動，最後它怎麼樣回歸到良知方面去呢？這個問題還是存在，沒有解決，你是用不同的名相來講，可是始終都是這個問題。

接續這個問題，我們再來探討另外一個問題：我們的生活是具有一種歷程性格的，那我們的認知活動有時候也有一種歷程性。從一個歷程進展到另一個歷程，如果是這樣，是不是說道德主體開出認知主體，等認知事件做完以後，這個認知主體就回歸到道德主體。然後再來下一波、下一個歷程，也需要一個認知主體，那就再轉出一個認知主體，等結束後再回歸道德主體，是不是這樣呢？這是不是很機械化呢？再不然就是，當我這個道德主體轉出認知主體，處理完一些認知上的問題之後，我不回歸，等待下一個情況，我就不用再從道德主體轉出來，因為我還沒有回歸。那這個認知主體到什麼時候才要回歸呢？等到認知活動真的已經做好了，不需要再認知了，就可以安心回歸了。不可能是這樣的，不是啊！

這顯然是一個很嚴重的實踐上的問題，因為〈宣言〉涉及這個問題，我覺得很重要，他們新儒家的想法我覺得是一廂情願的，就像民進黨批評馬英九的東西啊！對方也不見得認同他們的講法，那只是自己做出來的、擬定的主觀東西，解決兩岸的一些問題。好

了，你們有沒有什麼問題呢？你說說看，怎麼處理這個問題呢？就是每一個程序結束之後都會回歸呢？還是把所有的程序都處理好了，最後才回歸呢？如果最後才回歸，那是不是就不再轉出認知主體了呢？如果是這樣的話，你以後再碰到一些其他認知問題的話，你就沒辦法處理了，因為這個認知主體還是需要由道德主體轉出來。

Jason（一個美國學者）：如果按照牟宗三先生的意思，可能會說兩種同時都在進行，就是道德主體總是在轉出認知主體，認知主體總是在回歸道德主體，但這還不是很滿意的答案。

回應：那你會不專心啊，你如果轉成認知主體，這個道德主體的影響還是在裏面，那就會像以前的皇帝垂簾聽政那種情況了！這認知主體的背後總是有道德主體在統率，那就不能自由自在順著自己的主意去認知事物。如果道德主體轉出認知主體，然後這個道德主體還是有它的那種活動，它不過是把認知活動交給認知主體，另外一些活動還是以自己的道德主體來處理。這樣就有兩重主體，一重是認知主體，在下面，一重是道德主體，在上面；那如果是兩重主體，你就很難講這個層面不同的主體在作用，你怎麼能夠專心的處理事情呢？這會導致認知主體不能專心，道德主體也不能專心的情況。

舉一個例子來說，這裏有兩個東西：一個是杯子、一個是眼鏡，一下子同時對這兩種東西有一個清楚的認識，肯定做不到，因為在同一個時間只能看一種東西，兩種、三種都不行。道德主體跟認知主體的情況就跟這個例子有點相像。牟先生針對這個問題提出

良知的坎陷，然後許多後學基本上是接受他的說法，以這種方式來處理道德主體跟認知主體的問題。在我提出的《純粹力動現象學》裏面，也涉及這個問題：就是「睿智的直覺要轉出一個認知的主體」。不過我不是用「坎陷」這個字眼，我是說明自己放棄自己原來的性格，進行一種屈折的方式來發展認知。可是這個問題還是在裏面，沒有解決，這可能是當代新儒家還要向前發展的話，必須認真面對的問題，需要做一個全盤性的思考來重構主體性，但這必須先放棄以道德主體為主的觀點來重構。

　　再來，我們要談到中國為什麼需要民主建國？中國數千年以來的歷史並沒有建立像西方那樣的民主制度，一直都是採取世襲的君主制度來處理權力轉移的問題。中國的君主制度的傳承的主要問題在於：君王的繼位問題與宰相地位的設置問題。宰相對於君主的諫言，是知識分子所能做到對君主權力的抗衡的方式。中國政治的發展中，知識分子以各種方式，如徵辟制、選舉制、科舉制……來進入政府，這都能使君主的權力受到道德的制衡，但是君主仍握有最後是否採納的權力。中國的君主制度因為沒有制定憲法，使得知識分子沒有力量限制君主的權力。在儒家、道家的政治思想中，說明君主不能濫用權力，應無為而治、為政以德，這是對君主的道德期望。儒家也說明「天下非一人之天下」以及「君位可更迭」的概念，表示君主必須知道政治的理想是在於實現人民百姓的好惡。另外，中國文化中是有民主的種子的。儒家基本上認同人人可以為堯舜聖賢這樣的概念，這也促成「天下為公」、「人格平等」的思想。但是君主擁有的政治地位仍是不同於百姓的，這跟上述的概念

是相矛盾的；而中國能發展出民主制度的想法也是從這種概念衍生出來的。當每個人都是平等的政治主體，我們透過公意來制定憲法，便可以使人民共同享有政治權利。我們回到中國重道德主體的實踐來看：民主政治制度的建立，可以使人真的樹立自我的道德主體。在民主政治之下，處公位的人可進可退，這是人的道德主體主宰自我的表現。

回應：好，這一段講的是政權的問題，有很多人討論過這樣的問題。中國的政治走向是理想主義，也就是聖君賢相的思維。可是聖君賢相是可遇而不可求的，如果有好皇帝來統治天下，那麼老百姓就會有很好的日子過，真是善哉、善哉。可是像基督教說的：人是有原罪的，所以每個人都不可以自由的發展，一個賢人、君子你看他日常種種行為都合乎道德的要求，可是他仍是有原罪性，或者是中國人講的人欲；人的種種情況變動性是很大的，那麼一旦他抓到了權力，即使是善良的品質也可能會慢慢的腐化下來，只考量個人的利益而不顧慮老百姓。中國的政治思想，一開始就沒有充分地注意到這一點。

中國政治中要求聖君賢相這種型態，指的是中華民族的始祖：堯、舜、禹、湯、文、武。這些人通通都是聖君，可是有些是沒有歷史根據的。當時的大同的政治情況，只是一些人構想出來的，因為中國正史的範圍是從商代開始，前面的唐、虞、夏代並沒有歷史根據。中國正史中的政治制度是採取世襲制的，直到清朝的辛亥革命，中華民國成立，這整個的政治制度才有徹底的改變。

整個中國的政治歷史，是有一個循環的規律的：從亂世轉為安

定的局面，到了下一個階段又變成亂世，再由亂世變成和平。可是要從亂世轉成和平是要付出代價的，這便是透過戰爭來確定。要從亂世轉成治世，不能從和平、理性的方式來進行，是要經過打天下的；劉邦、朱元璋、毛澤東，都是經由戰爭獲得政權的，但是戰爭必須付出很大的代價，千千萬萬的人都會死掉。房屋、建築物以至無價之寶的歷史文物都會經歷慘重的破壞，就像四川的大地震一樣；總是要有大批人民戰死沙場。最後有一個人贏了，成了天子、大皇帝，然後王位傳了下去，傳到了一個暴君或是白痴，便遭殃了。像劉備的兒子阿斗，他這個人什麼都不懂啊，只會享樂，當年司馬昭把蜀國滅掉，有一天他大宴自己統治的人，阿斗也在裏面，司馬昭就問：「你還記不記得以前作皇帝的生活，要回復以前的生活嗎？」阿斗就說：「我在這裏非常快樂啊，不再想蜀國。」這樣就成為「樂不思蜀」的話頭。一個國家的皇帝，如果是這個樣子，天下一定會大亂；這也是中國政治上，幾千年都很頭痛的問題。

我們以這種情況來看臺灣的選舉，臺灣政權的和平的轉移是了不起的，不要去管到底是哪些人在轉移，只要是和平、沒有流血便好。雖然其中也有很多不好的事情，可是我覺得大方向還是蠻好的；對於中國的民主，我還是很樂觀的。大陸早晚也要走這條路，它想要繼續和西方溝通，要和全世界溝通，中國人在世界上想扮演積極的角色，那種政治的型態就要改變，如果現在胡錦濤不行，他的下一任一定會比他鬆一點；胡錦濤已經比他的上一任江澤民好一點了，這樣下去就會漸漸上軌道了。

最後，我們必須了解中國目前赤化的原因。民國初年，袁世凱

假借人民的意思自稱為皇帝，再來有張勳復辟事件，之後是十多年的軍閥割據時期，國民黨在軍閥內戰中革命成功後，為了中國的全面民主化又實行二十年訓政時期，訓政時期結束，便舉行國民大會選舉，在這個時候共產黨取代國民黨拿到了政權，並且對中國大陸實行專政統治。中國是不是不能實施民主制度呢？其實不是這樣的，事實上是因為，雖然馬克思思想是反西方民主的，但它卻是以「人民民主」為口號來招攬民心，從這裏我們可以看到作為一種政治理想的民主制度是不可抗拒的，但共產黨只是那樣說，並沒有真正落實。但是我們必須審視民主制度在中國為什麼會失敗。

首先我們來考察西方：西方政治制度的形成是在於西方社會每個階層之間的相互制衡，彼此在政治上爭取關於自己團體的最大利益，進而促成各階層的民主政治的互動。西方政治制度上的議員，在社會上也具有客觀力量；以英國議會為例子而言：議會分成上下議會，這不只是相互制衡，更能夠客觀的呈現出不同階層百姓的需求。但是在中國的政治圈裏面，則是以知識分子為主，而且當時知識分子沒有跟工商業結合，也沒有教會的組織，所以民國初年的議會，知識分子就好像沒有根而飄來飄去，不能發揮他們力量，也導致了民主政治在民國初年缺乏效應。

回應：在這一段裏面，我們要注意的有兩點：第一點是，現在沒有人講「赤化」、「共匪」這種字眼了，因為整個中華人民共和國的發展漸漸走向開明的方向，跟過去中國只有道統的階段是不同的，我們雖然對中共有很多的不滿意，他們還有很多需要改進的空間，不過「赤化」這種字眼在早期還可以講，但是現在還這樣講的

話，就是忽略中國大陸這三十年改革的努力，所以我個人是不會用這種字眼的。

在大陸解放的初期，我們把毛澤東叫成毛酋，就是沒有開化的名詞，當然像這種人不會再有第二位了。毛澤東只有一個，不可能再有另一個毛澤東起來，讓中國人民陷入大苦難、大災劫之中。妳在這裏講的「人民民主」這個概念，是毛澤東提出來的，這裏雖然有「民主」的字眼，但是跟西方民主的意義完全不一樣，這裏的「民主」是以階級鬥爭作為基礎；也就是在無產階級的範圍裏面講「民主」。「民主」不是使用在所有中國人民的範圍裏面，而是只用在無產階級那些人裏面。所以有人說這個「民主」是假的，完全沒有普遍性，這是第一點。

第二點是說，毛澤東寫了一篇有名的〈矛盾論〉，這跟我們一般的矛盾不一樣，我們的矛盾論是有普遍性的，他的〈矛盾論〉則不能說普遍性。他說在人民裏面有兩種矛盾：㈠統治階級是「內部的矛盾」。所謂內部的矛盾不是政治型的，而是在某一些問題、觀點上有爭議，但這不是很嚴重的矛盾，所以對付這種矛盾有一種方法，就是對當事人採取寬鬆的態度去開導，跟他說馬克思、列寧的最高真理。另外㈡「外部的矛盾」則是嚴重的，有關政治傾向的，會死人的。如果你的矛盾發展成外部的矛盾，想要推翻國家政權、出賣國家機密這些都是放在外部矛盾裏面，是要殺頭的。當年梁漱溟跟毛澤東吵起來，雙方都不肯退讓，毛澤東很憤怒，梁漱溟更進一步講：「三軍可以奪帥、匹夫不可以奪志。」他表示隨時可以死掉，隨時可以讓毛澤東槍斃他，所以當時的氣氛很緊張，大家都想：「毛主席要殺人了！」這時有一個人出來緩和這種敵對的氣

氛，他就問毛主席：梁漱溟同志這種問題是「內部矛盾」還是「外部矛盾」呢？他想說如果是「內部矛盾」問題，梁漱溟就可以活命，如果是「外部矛盾」，就要被槍斃了。毛主席想了一下，就說這是「內部矛盾」，因此梁漱溟最後就過關了。

　　直到國民黨實行訓政的二十年，使人民幾乎忘記了什麼是民主憲政。國民黨實行訓政是因為當時內戰、外戰不斷，促使民族意識的興起與洶湧，而國民黨人士也受到共黨及法西斯主義的影響，不願意放棄對政權的掌握，所以才會有這麼長的訓政時期。但是在這麼長的訓政時期，人民未有機會理解民主憲政的真實意義。等到馬克思主義崛起，中國大陸便全面赤化了。但是馬列的專政思想最終是不能長久的，在這方面，〈宣言〉提出五點來作出說明：❿

　　㈠在馬列主義想否認普遍的人性，而只承認階級的人性，因而想打倒一切建基於普遍的人性基礎上之宗教、哲學、文學、藝術、道德，而徹底以階級的觀念，加以劃分。這是違悖了世界一切高級文化之共同原則，尤與中國數千年之文化思想之植根於對此心性，以建立道德主體者相違，而想截斷中國歷史文化之統緒。

　　㈡在由其階級的人性觀，所產生的無產階級的組織，想否認每一人的個性與自由人權，這是與一切人之各為一個人，因而必有其個性，亦當有其自由人權相違的。

---

❿　同註❸，頁 171。

　　㈢在中國文化之歷史的發展，是必然要使中國人除成為一道
　　德的主體外，也能成為政治的主體、認識的主體，及實用技
　　術的主體。人要成為一認識的主體，則其思想、理性決不能
　　為教條所束縛，而思想之自由、學術之自由，必當無條件的
　　被肯定。

　　㈣在中國人民要成為政治的主體，則既不能容許君主一人在
　　上，人民成為被統治者，亦不能容許一黨專政，使黨外人皆
　　只成為被統治者。

　　㈤在中國傳統政治中問題之一，在對於改朝異姓、君主繼承
　　等問題，無妥善的解決。但以前的君主繼承，尚有習慣相
　　傳、儒者所維護以求天下安定之傳長子制度。而在共黨的極
　　權政治中，則最高政治領袖之繼承問題，連類似傳子之制度
　　亦無法建立，則只有歸於如蘇聯列寧死後、斯大林死後之互
　　相砍殺。

　　馬克思思想完全是外來的，在中國文化中沒有基礎可言，之所
以能為中國政體所用，在於中國長期受資本主義侵壓的緣故。由上
所述，我們可以理解馬克思主義在中國不必能長久。

　　回應：你這裏列的這幾點，不承認孟子人性的講法，也不完全
接受荀子的講法，也就是說人性沒有普遍性，只有階級性，無產階
級跟有產階級的人性不一樣。像這種無產階級：工、農、兵，以政
治來分類的，以前是很流行，後來蘇聯解體，東歐共產國家一個個
瓦解，他們就覺悟到不能強調共產主義，也不能強調共產主義的理

想，因為現實就表現共產主義國家的瓦解。所以如果要統合中國人的心意，就不能拿「階級的人性」這種偏頗的觀點來處理人民的事情。盡量不用政治性的字眼，要把中國文化拿出來用，最後把中華民族也拿出來，像剛剛結束的吳胡會，他們不講中華民國，也不講中華人民共和國，因為政治的敏感性，他們講中國文化、中華民族，就沒有這個問題。所以最後兩岸可以在中國文化、中華民族這樣一個大原則下面來產生互動關係，像是和解共生、共創雙贏，這樣大陸就不大可能跟臺灣開戰，吳伯雄說了一句話，我覺得很有意義，他說：「我們不能保證兩岸沒有天災，但我們可以努力讓雙方沒有戰爭。」這句話就很有力氣，沒有人會反對。

關於政權的轉移，中國傳統一直是世襲，父親傳給兒子，兒子傳給孫子，這裏有一個問題，皇帝掌握政權，如果他的本性很好就可以，如果他的本性很壞，那他就會把享樂建立在人民的痛苦上面。當上皇帝，一掌握權力，個性就會變，不是說一定會變，但有變的空間，這種情況在歷史上多的很，像唐太宗，他很有才幹、很會用人，也幫助他的父親，可是他的地位是怎麼得到的呢？他不是長子，他的哥哥、弟弟聯合起來反抗他，所以他必須把他們砍掉，才能拿到皇位，所以說像唐太宗這樣一個明君，也免不了兄弟殘殺而得到皇位。

馬克思思想是在中國文化的思想以外，它的流行是中國受資本主義的迫害的結果，可是馬克思主義在中國不能長久，我們可以說馬克思主義不但不能在中國發展，也不能在世界各地發展，因為他說不同階級有不同人性，這是違反人性思想的。如果一種政權或哲學要長久，就要面對這個問題：什麼是人性？如果相當了解人性，

就會實行一些符合人性的統治，人民就會擁護你。相反的，如果扭曲人性，那政權就非常危險，秦朝暴政很快便被推翻，是很明顯的例子。

五、中西文化之交流

近代以來，西方以其科學主宰了大半個地球，西方文化的思想是多元的，他們以理性來看待外在世界，但當他們的文化力量膨脹時，便產生強烈的權力意志，也就是征服意志，進而引起可能被征服者的反感。理性思維雖然是西方文化的長處，但同時也阻礙了他們對於其他文化所應有的同情與敬意。當然西方文化自身也有許多缺陷，例如過去與蘇俄的對峙。可是如果西方人士在身為世界強權的同時，自居為領航者，也理應去關懷其他文化。美國自視為世界的良心，致力於一切殖民地的獨立（它自身本來是英國的殖民地），而現今第三世界的民族尚未與自由民主的政治與文化結合，這是西方人士必須思考反省之事。在此〈宣言〉提出西方人應向東方文化學習之處，這亦可視為東方文化的優點所在：

㈠我們認為是「當下即是」之精神，與「一切放下」之懷抱。

㈡一種圓而神的智慧。

㈢一種溫潤而惻坦或悲憫之情。

㈣如何使文化悠久的智慧。

㈤天下一家之情懷。

等到西方人士進一步認識我們的文化，就可以在他們吸收中國學術這方面作幾點建言：

㈠人類歷史發展至今，各文化因為對自身缺點進行反省，並將人類前途視為共同問題，所以對於其他文化的認知，必然發展出一種以思索人類整體問題的情感。在這樣的情感中，必然包含著對其他文化的同情與敬意，了解世界上的文化是要互相並存、欣賞，甚至為天下一家而作準備。

㈡由於人類過分強調理性、客觀世界，導致人的存在性反而陷於機械的外在桎梏中。要想培養上述那種情懷，除卻理性思維外，我們更應該將自身視為一主體存在來看待，例如西方的靈修，在印度的瑜珈中也有，而中國則是心性之學。我們要追求的是人如何去超化自身，使心靈層次向上提升，而非僅僅只是外在行為合於規範。

㈢當我們確立自我存在的價值後，我們也就是一道德主體，在這種意義下的自我是可以與天合德的，也可以說是「道德性與宗教性的存在」。以這樣的身分，在政治上為「政治的主體」，在知識領域為「認識的主體」，進而以此追求天下一家。中西文化在不同時期各領風騷於世界，而今後是平等互視之時了。

回應：這是講中西文化交流問題。怎麼交流呢？這個問題在〈宣言〉上面沒有比較深入的處理，講得太空泛了。我們講圓而神的智慧，這個智慧到底是什麼樣的智慧？什麼是圓？什麼是神？這種智慧從不同學派來看就有不同的講法，在儒家有一套講法，在道家有一套講法，在佛教也有另一套講法，都是不一樣的。這幾位發表〈宣言〉的先生，他們代表儒家，所以他們講的「圓而神」當然是從儒家的脈絡來講。問題還是存在，就是圓而神的智慧如何去實

行，讓這種智慧發揮它的長處？在〈宣言〉中都只是一種泛泛之言。每一套哲學理論、宗教都可以說自己的智慧是圓而神，佛教就有圓教啊，那就看你怎麼解釋了。如果你從儒家來講，就是神妙萬物，或者周濂溪在他的《通書》裏面也提到這個神。可是如果從基督教的角度來看，這個神就是上帝，上帝才是圓而神，這種圓而神的性格，只有上帝才有可能展現，人只能等耶穌來解救。像這種認知上的差異，怎麼表示天下一家的情懷呢，太空泛了！有哪一種哲學、哪一種宗教不認同要有天下一家的情懷呢？所以這種講法就沒有特別的地方。所謂「四海之內皆兄弟」，南京東路有一家兄弟飯店，就是取這個概念，意思是說會對待客人如手足，把客人看成自己的兄弟，天下一家。

關於天下一家的觀點，我覺得有一些地方可以補充。要培養天下一家的情懷，在世間上有一種平等存在的機會，那麼在理性思維以外就還有一些實際工夫要作，比如說西方重視靈修，印度有瑜珈的方法，中國人講心性，可是我們要怎麼樣總合這些不同宗教、哲學的實踐工夫呢？首先要做的就是對話，不管是宗教對話也好、政治對話也好、軍事對話也好，對話有一種好處，就是人們可以坐下來談問題，盡量避免衝突，這是對話的大原則。例如，國民黨的吳伯雄順應胡錦濤的邀請，進行訪問，這個吳胡會是什麼對話呢？他們進行的是政治的對話。其實有很多問題都可以放在對話的平臺來解決，比如說環保，環保就是保護我們周圍的環境，不要受到人為方面的傷害與污染，盡量維持自然環境的本來樣貌。還有就是人類文明對我們自己帶來的傷害，這是很嚴重的問題。現代化裏面很明顯的問題，就是科技文明可以讓人生活變得舒服，可是另一方面又

會引起很多副作用。科技文明對我們帶來很多新的挑戰，這雖然是人類發展出來的，卻也可以變成我們的敵人，可以破壞人類的生存環境，限制生存空間。這個問題很多哲學家都提到，像海德格寫了一本小書指出科技文明對我們的災害，要我們注意；京都學派的西谷啟治也關心這個問題，因為日本也是高度發展的國家，發展過了頭，超過限度就會讓自然環境受到破壞。

六、對〈宣言〉的回顧與反省

這篇宣言是分散於世界幾個地方的中國知識分子針對西方人士誤解中國文化，因而有感而發。現今，發表〈宣言〉的前賢也早已透過他們的思想、鉅著而奠立了學術地位。五十年過去了，歷史又往前推進，我們是否可以審視這五十年來，對於中國文化所做的努力足不足夠呢？我們與世界脈動的聯繫是否綿延不斷呢？確切一點的說，中國文化是否在世界潮流中，以固有的智慧去面對、改變當前所有的危機呢？本文依〈宣言〉的脈絡提出以下三點看法：

(一)新儒學在世界上的發揚

國際間研究新儒學者，如前註❷所示，將其分為廣義意與狹義意，而本文所探討的〈中國文化與世界宣言〉一般被視為狹義中的當代新儒學的觀點。值得注意的是，在此處的新儒家分類中，第一代、第二代的新儒家仍然可依照狹義與廣義的分法，如劉述先先生將西方與大陸學術界對於新儒家的分類所做出的三代四群的分

法：**⑪**

第一代第一群：梁漱溟（1893-1988）、熊十力（1885-1968）、馬一浮（1883-1967）、張君勱（1887-1969）。

第二群：馮友蘭（1895-1990）、賀麟（1902-1992）、錢穆（1895-1990）、方東美（1899-1977）。

第二代第三群：唐君毅（1909-1978）、牟宗三（1909-1995）、徐復觀（1903-1982）。

第三代第四群：余英時（1930-）、劉述先（1934-）、成中英（1935-）、杜維明（1940-）。

　　在劉述先先生所分的三代四群中，可以理解他們的學思脈絡未必一致，甚至余英時先生也主張自己及其師錢穆先生不是「新儒家」**⑫**的人物。在多元的學思脈絡下，我們對於第三代的認知，不能限於狹義當代儒學的概念，第三代的著力點也很明顯與第二代不同。第二代新儒家學者飄零於外，同時也將文化的種子向外灑落。所以第三代新儒家學者，多在國外成長，受前輩指導之餘，也吸收異國新鮮、自由空氣，學風顯得輕盈許多。如上述的第三代學者余英時、劉述先、成中英、杜維明，由於他們所處的環境不盡相同，所以各自的學思的方向也不同，但他們很大的共同點在於國際面向，故而開拓出廣義的現代新儒家。第二代新儒家學者面對存亡繼傾的危機，所以致力於突顯中國文化的正當性及終極性，因此也引

---

⑪　見同註**❸**，頁 144-145。

⑫　見余英時〈錢穆與新儒家〉，收錄於余氏著《猶記風吹水上鱗》，臺北：三民書局，1991，頁 31-98。

發一些不必要的爭議。第三代在海外成長的新儒家學者，則將中國儒家視為世界文化中的一個組成部分，以這樣的觀點將中國文化與其他文化做比較，也把它視為發揚中國文化的方法。

㈡中國共產制度的改革與新國共關係

近五十年間，柏林圍牆倒塌、越戰、冷戰，以至蘇俄解體，世界上的紅色界線逐漸消失，中國大陸至鄧小平開始實行經濟改革，到了今天，中國大陸已經成為次於歐盟、美洲大陸的經濟實體，她本身蘊含著龐大的勞工人口，同時也是一個巨大的市場。中國大陸的開放經濟政策不只活絡了世界經濟，同時也說明了共產經濟制度的必然瓦解。國共分裂從民國三十八年起，到現在有將近六十年的時間，姑且不論政治面向，民國七十七年蔣經國先生開放大陸探親之後，臺灣與大陸間的親情、文化、貿易交流逐漸增多。同時，在全球化的影響下，這個世界漸漸不受政治界線的局限，轉而成為世界經濟貿易體系。也就是在這個世代，全球注意的是經濟的繁榮流動與否，所以臺灣與中國大陸也應以經濟合作為首要考量之點。西元二〇〇八年，主和派馬英九上任中華民國總統，即進行許多國共之間的交流措施。為了迎接大陸旅客的到來，臺灣觀光業者也大興土木。經濟至上或許不是一種好的生活方式，但相較於五、六十年前國共對峙的砲轟場面，經濟交流可以為彼此帶來更多的認識，這或許是過往先賢無法預料、想像之事。

㈢科技文明對於世界的影響

伴隨著全球經濟的快速流動，科技的發展、工業、畜牧業的發達，地球的環境也產生了不可逆的變化，地球暖化是世界公民必須一同面對的問題。這關連到〈宣言〉中先賢對於汲取西方知識的態

度，認為中國人要建立學統，就必須放下道統去學習，待學有所成，再去評斷價值高低。但事實上工業、畜產業污染，為我們帶來的災害，並不是我們先去實踐，再悔改就能挽回的。然而西方純粹理論邏輯造就下的學統，可以不計較代價後果去作實驗，發展科學，諸如複製生物、基因改造、人造食品、大量化商品的產生，提高需求與供應的刺激，進而在這種惡性擴張中循環不已。現今我們對於環境變遷有更多的了解，那麼在發展從西方學統而來的科學上，我們是否必須先行衡量得失，去思考在科技發展中，我們真的想獲得的是什麼的問題呢？

現今社會變遷快速，因科技、經濟的交流，世界已成為一體，人人都在追求最大利益，當初關涉道德的問題，在今日早已不再是重要了。如前所說，第二代新儒學者因自身的飄零，而致力於展現中國文化的正統性與終極性。回歸到現在，中國文化在全球化的影響下，雖已較第二代時期更為外國人士所熟知，但是這樣還不足夠。為了繼續發展，我們仍然必須從世界的角度來定位，將中國文化擺在世界文化的脈絡之中，來考量今後應行的道路。

回應：你這三點是自己寫出來，還是參考其他文獻的呢？

曉筑：這個部份是針對宣言提出的問題，比如說到新儒學發展，以及這五十年來的改變，還有像剛剛老師說的科技問題，我在第一部分參考過劉述先先生的資料，第二、三部份就比較通識化。

回應：這裏我想比較重要的是，我們怎樣去認同新儒家這些成員？根據劉述先的分法是三代四群，第一代是梁、熊、馬、張，這

應該是沒有問題。第二群有馮友蘭、賀麟、錢穆、方東美，這裏應該可以提出一些問題。馮友蘭我想他的學問功力不在中國哲學，而是在實在論。實在論在西方哲學裏面很早就有這個傳統，從柏拉圖提的理型下來，他們強調一種形上學的實在，這在西方可以說是延續下來了。發展到近代，有人在實在論上加一個新字——新實在論，這有什麼不同呢？就是在我們眼前所面對的經驗世界，他們一樣認可含有實在性，所以新實在論所認可的實在性比較多，除了形上學的理型，一般我們在生活所接觸的種種，也具有實在性，這比較接近我們的常識。我現在看外面有一棟大樓、很多樹，這些在我的感官世界出現，他們有實在性，然後我又說，在這些事物、現象背後有他的實體，或是說機體，這些都有實在性，所以新實在論跟以柏拉圖為主的實在論，基本上立場一樣，可是新實在論比較採取一種多元包容的態度，經驗性的東西也認為有實在性，在這一點上，哲學立場就跟觀念論不一樣。觀念論是把實在性放在觀念裏，這是黑格爾講的那一套。

在西方來講，近代新實在論是以英國哲學家為主，一個是 G.E. 摩爾，一個是 B. 羅素，他們自己在分析哲學方面也有成就，所以我們可以說摩爾跟羅素是實在論哲學家也是分析論哲學家。這種新實在論傳到中國，也有支持他們的人物，其中比較重要的就是馮友蘭、金岳霖、張申府、張岱年。張岱年比較年輕，幾年前去世了，一九九三年十月我到北京參加一個會議，他也有去，有發言，看來他的腦筋還很清晰，思考很有分量，那個時候年紀就很大，八十三、四歲了，他的手一直在抖。馮友蘭是新實在論在中國的支持者，也以這個立場來解讀中國哲學，先後寫了三部中國哲學史，第

一部就是有美國人將他翻成英文的那一套，原來是中文版本。第二部就是到文革之間，他寫的那部《中國哲學史新編》。四人幫垮臺後又寫一套中國哲學史，所以他的哲學立場不是很穩定，後期所寫的兩部唯物主義的成分很濃、很明顯，跟之前的不一樣。如果我們從哲學的內容、立場來講，馮友蘭就缺乏一種自信，在不同的時間、階段寫不同的哲學史，從這點來講，他的立場搖擺不定。文革以後，他依附四人幫，作一些政治的宣傳，這影響到他的為人。有人說他向政治權力低頭，而他的言行也不是很一致，總是跟著政治權力起舞。關於這方面，他常受到批評，第一點是他的實在論哲學的立場跟中國哲學不相應；第二點是作為一個哲學家，他的哲學立場、言論常不一致。

賀麟的主要工作在翻譯，他對儒家也有做過研究，特別是陸王這一系。不過整體來講，他對中國現代哲學的貢獻，主要是在翻譯西方重要的哲學著作，例如黑格爾，所以他能不能說是一個當代或現代新儒家的人物，是有爭議的。

錢穆的本行是在歷史，不是在哲學，不過他的研究觸及中國歷代思想，所以他也常談中國思想、政治，這是一點。在〈宣言〉方面，他沒有簽名。〈宣言〉是由唐君毅撰寫，跟其他人商量，最後跟錢穆談這個問題，錢穆看過這份〈宣言〉，沒有簽名，可能是不完全認同其中的內容。

方東美的學問非常廣闊，對西方哲學、東方哲學都有很深廣的見解，他對儒家哲學當然有很深的了解，但他對道家、佛家也有慧識，所以如果我們把方東美看作是新儒家第二群來看，我們就忽略了他在道家、佛家方面的貢獻，會使人有錯覺。依我看，說他同時

是儒、釋、道的人物，才無不妥。

　　上面討論的第一代第一群應該沒有問題，第二群有爭議；然後是第二代第三群，他們也沒有問題，而且他們還是主力，有堅實而顯著的成就開出來。熊先生講新儒家的方向，然後第二代第三群幾位就熊先生的這個方向，通過很多有分量的著作把儒學的體系建立起來。這個應該沒有問題。即是，如果熊先生他們是第一代，牟先生他們是第二代，而劉述先他們是第三代。後者在儒家的研究性質方面跟唐、牟、徐不同。唐、牟、徐主要是儒學的承繼與體系的建構者，第三代這幾位先生所做的重點，是在現代與現代化的脈絡下，把儒家哲學推廣開去，讓儒家在國際哲學方面有一個合理的地位。他們主要的工作是在這方面，而且相當的成功，尤其是杜維明，在西方來講，他幾乎成了當代新儒家第三代的代言人物，特別是當代新儒學作為一個學派的代表人物，沒有他是不行的。但是在杜維明、劉述先他們以後，就很難講。所謂比較難講是說，我們覺得後起者很難承繼他們前人的成果，這也涉及我的一些朋友，不多講了。

後　跋

　　以上是有關當代新儒學的深層反思與對話詮釋的全部內容。讀
者或許會問：說當代新儒家，怎麼只提第一代的梁漱溟、熊十力和
第二代的唐君毅與牟宗三，而不提其他有關人物，特別是第三代
呢？對於這點，我想作些解釋。一般所說的第三代新儒家的思想，
以下列四位先生為代表：劉述先、杜維明、余英時、成中英。要講
這第三代的思想，比較麻煩。我是把當代新儒學視為一個哲學學派
的，這幾位學者的本行不完全是哲學。杜維明、余英時基本上不是
從哲學方面打基礎，反而偏向歷史或思想史方面。劉述先受學於方
東美，本行的確是哲學。成中英就更為複雜，他本來研究分析哲
學，然後轉到中國哲學特別是儒學、易學方面去，提出「新新儒
學」，集中談大問題，例如中國哲學的現代化與世界化。他寫過這
樣一本書，題目很大，書名可能和這裏說的有點落差，不過總是離
不開怎樣才能讓中國哲學跟世界哲學接軌，讓它具有國際性，受到
國際哲學界的關注，把中國哲學特別是儒學融進世界哲學的大海裏
面。中國哲學要在整個世界哲學裏面，佔一個平臺，不要讓人講到
哲學都以西方哲學為主，東方特別是中國這邊就忘掉了。我們看
到，在西方，中國哲學還是有人來講，他們是漢學家。漢學家的本
行也不是哲學，Sinology 是有關中國的東西都弄，就是沒有一些專

長。凡是有關中國的東西、學問，如哲學、宗教、歷史、語言、文
學、美術、音樂，甚至考古學、古代語文如甲骨文、鐘鼎文，都拿
來講，涉及的範圍非常廣，可謂無遠弗屆。牟宗三先生有一次曾對
我慨嘆，漢學家所認為的中國文化，原來是雕蟲小技哩。他們的理
解、研究，始終只能停留在表面的層次，不能深入。就是在每一方
面都只懂一點點，They know something about anything in Sinology
or Chinese studies，如此而已。成中英大概有這樣的意向，要把中
國哲學推出去，在世界哲學裏面有一個適當的位置，以它的特色與
西方其他哲學相輝映，等量齊觀。在國外有一份學報：*Journal of
Chinese Philosophy*，出版了很多年，成中英是這學報的發起人或創
辦人。海外華人中很多講中國哲學或者其他跟中國學問有關的論文
都放在這份刊物中發表。

　　第三代新儒家與第二代如唐君毅、牟宗三、徐復觀很不同。後
者的學問譜系都有一種一致性，來自同一個源頭：熊十力。第三代
這四位不是這種情況，他們各有自己的學問來源，也有他們自己努
力的地方。從師徒關係來說，他們的關係並不一樣。劉述先先受到
方東美的影響，對方先生非常尊敬，但他的學問方向反而接近牟宗
三，與後者有密切的關連。尤其是他在私立東海大學教書的時候，
牟宗三也在那裏教書，因此深受牟先生的影響，雙方有很多互動、
交集。杜維明是由東海大學出來，他的老師是徐復觀，不是唐先
生，也不是牟先生，而是徐先生。他的學問有很濃厚的思想史作
風，這與徐復觀頗為相似。然後到美國，吸收多元性的思想。他一
方面順著中國思想史特別是王陽明做他的研究，又涉及西方的學問
如宗教學、社會學、歷史學與政治學。所以他的學問範圍很廣，當

然仍是以儒家為主。很多年前我在日本，看到《東方佛教徒》
（*The Eastern Buddhist*），一份半年刊物，是鈴木大拙創辦的，內裏刊
有很多佛學研究和有關京都學派哲學的文章。其中有一篇是杜維明
寫的，是講王陽明的。另外，他又參與國際間的宗教與哲學方面的
交流與對話，所謂宗教的遇合（religious encounter）的活動。在國際性
一點來說，他是第三代的新儒學家在國際學界中推動儒學最為活躍
的，他自己更是波士頓儒學（Boston Confucianism）中的一個成員。下
來是余英時，他有自己的一套學問，這套學問跟熊十力、唐君毅、
牟宗三的不盡相同。他是有看他們的書，但並不完全認同他們對中
國文化的看法。他是錢穆的大弟子，也師事楊聯陞，是錢穆的弟子
中成就最高的。錢穆跟熊十力、唐君毅、牟宗三、徐復觀的方向相
近，關心中國文化的前途發展，只是關心的重點不同，錢穆比較偏
重於史學方面，與徐復觀有較多的交集。在一九五八年幾個學者對
世界哲學界、文化界、學術界發表有關中國文化方向的宣言，對於
這份宣言，錢穆沒有簽署。對唐、牟、徐和張君勱在宣言裏面所講
的，錢穆不是完全認同，他也不贊同熊十力與唐、牟的道統思想，
也對他們的心性論有所質疑。余英時寫過一篇很長的論文〈錢穆與
新儒家〉，發表在他的《猶記風吹水上鱗》一書中，站在錢穆的立
場，對熊、唐、牟的新儒學思想加以批判。就學問的功力來說，余
先生是第三代新儒家中最高的。關於成中英，我們在上面已講過
了。

　由上面可以看到，當代新儒家的第三代是比較複雜的，也不容
易把他們 group（聚合）起來。不過，在一些點方面，他們有其共同
性格。他們都是留學美國的，飲了很多洋水，熟悉西方的哲學界、

宗教界,與他們有很多交集。同時,他們比較多以英文寫論文,講儒家跟中國哲學其他方面的思想,讓西方人可以通過他們所發表的論文、著書深入地理解儒學與中國文化。這是第二代的新儒家所沒有做的,唐君毅雖然經常到國外開會,接觸很多西方的哲學界、宗教界的人物,但影響終是有限,不能與杜維明他們相比。後者不但在西方宏揚儒學和中國文化(傳統文化)如何與現代接觸,也頻頻深入中國大陸講學、交流,對儒學在中國大陸重新受到重視,有很大的貢獻。另外一點是,這四位人物在進行學術研究之外,還做很多其他事情,在行政上、交流上花了很多精力與時間,這是應該肯定的。新儒家應該參與社會文化活動,對世間施與積極的、正面的影響,不應該只待在大學裏講學,在書房中著書立說。這是外王的事情、志業。在這方面,新儒家的第一、二代中,只有梁漱溟身體力行地表現出來,雖然最後還是失敗了,敗於共產黨手上。但人總是有限的,他是血肉之軀,一個腦袋兩隻手,在同一時間只可以專心做一件事情。要搞行政、參與學術會議、多方與人交流,創立和發展學術期刊,也是很費腦汁、精力與時間的事,對自己的學術研究、思想開拓肯定會有質與量的影響。在這點上,第三代自然不能例外。在學問上的功力、思想的開拓與理論的建立方面,不能與他們的前輩第二代相比。唐君毅撰著《中國哲學原論》六鉅冊,晚年出版《生命存在與心靈境界》;牟宗三有《才性與玄理》、《心體與性體》上中下、《佛性與般若》上下和晚年的《圓善論》,及稍前的《智的直覺與中國哲學》、《現象與物自身》;徐復觀則有《中國人性論史先秦篇》、《中國藝術精神》和《兩漢思想史》上中下。這些都是大部頭的著作。他們之能夠寫出來,是因為他們比

較少參與外面的活動，除了唐君毅有點例外之外，他們在學術研究、系統建構上有足夠時間去寫書，寫出在學術上、思想上分量很重的著作。第三代的貢獻，不是跟前輩那樣寫出多本鉅著，在哲學體系的建構方面也比較弱。但這並不表示他們的本領一定不如前輩，而是大家的努力重點不同。他們所竭力要進行的，是把中國哲學特別是儒學推出去，讓它在世界哲學界有一個平臺站起來。這方面也是非常有價值的。他們的東西比較容易閱讀，就劉述先跟牟宗三的朱子哲學的研究來說，劉的比較容易理解，深入淺出，牟的則比較難讀。但說難，也有一個限度，它遠遠不如西方當代大哲如胡塞爾、海德格和懷海德般難。

　　另外，他們四位現在都還健在，思想還是在發展中，現在還不是為他們定位的時候。譬如說，成中英和一些年青的後輩在講本體詮釋學（onto-hermeneutics）。這種學問的內容，好像說得不夠詳盡、周延，確切的意思是甚麼，還未清楚，起碼不像傅偉勳所提的創造性的詮釋學般清楚。我認為前者還有很大的發展的空間，成先生他們會繼續向這條思想之路開拓下去，故不宜過早論定。實際上，劉述先在他的近作《論儒家哲學的三個大時代》（香港：中文大學出版社，2008）便說：第三代的新儒家（按指余英時、劉述先、成中英、杜維明）的思想還在發展之中，未能作成定論。（頁 241）又說成中英的思想尚在發展之中。（頁 240）

　　我感到憂慮的倒是當代新儒學的第四代，倘若真有第四代的話。他們與我的年紀相若，也抱有自己所確認的志業，認為自己有一定的學養，特別是在對傳統的儒學方面。不過，很明顯地，他們不具有第一代的睿識與人格，沒有第二代的學問功力，不能做第三

代所一直做的在世界哲學方面為儒學開拓一個平臺,把儒學向外推展,與現代西方思潮建立交集互動的關係與對話。他們的學養與語文知識方面都有相當強的和多元的改善空間,可是好像未見到有人在這方面展示積極的態度和作出實質性的成果,更不用說自我反思了。除了個別的情況外,他們對西方哲學好像都不是很理解,沒有就原典方面抓緊三幾本這方面的鉅著來閱讀、理解與消化。我這樣說,完全沒有崇拜西方哲學的意味,不是揚西抑中。實際上,西方哲學也有它的不足之處或弱點,但這不是我在這裏要討論的問題。我的意思是,西方哲學重概念的分析與理論的建構,對於我們要加強自己的邏輯的與哲學思考的能力、基礎,很有幫助。這是印度、中國以至日本的哲學所不及的。我們實在應該在這方面取經,多理解西方哲學,起碼抓緊幾本重要的著作來認真地看。休謨也好,康德也好,胡塞爾也好,海德格也好,懷德海也好。前輩學者,有不少在這方面的經驗與典範,例如唐君毅讀黑格爾,牟宗三讀羅素與康德。

　　上面剛提及唐君毅,他在中國哲學的鑽研上,功力非常深厚,中國哲學中的重要概念與問題,他幾乎都有涉及,也作過論述,處處都是洞見。例如他的《中國哲學原論》六鉅冊,所處理的問題,縱橫交錯,最後總是能把它們統合起來,展示很高很遠的圓教洞見。有人說他受華嚴宗深遠影響,這在他的《原論》的《原道篇》中可以見到。實際上,他寫天台宗智顗的判教思想,也是同樣精采,可謂「體大思精」。很多朋友看不到這點,反而批評他的文字難懂,說理繞來繞去,圓融疾轉,找不到出口。當他的三冊《原道篇》出版後,我向牟宗三先生提起,他面有難色,說這三冊的內容

在前此的幾本《原論》中已出現過，唐先生只是重複來寫而已。他並表示這《原道篇》可以不寫，對唐本人不會有影響。我感到有些迷惑，不很服氣，回家便找《原道篇》來細看，並比對以前看過的《原論》三書，發覺《原道篇》的重複是有的，但唐先生進一步的解讀與發揮，的確超過《原論》三書所承載的。我覺得牟先生對《原道篇》並沒有細看，特別是他的《佛性與般若》剛好寫就，在印行中。他對此書有極強的信心，根本沒有耐性看《原道篇》，只以「重複」而與《原道篇》擦身而過，這是很可惜的。實際上，在說到天台宗那一部分，他連文獻學的問題也未清理好。他根據《觀音玄義》這一部偽書來講智顗的性德善與性德惡觀點。這部文獻不是智顗所作，卻是天台宗後人借他的名而寫的，目的是提高它的可信度，一如《大乘起信論》被視為由馬鳴所寫那樣。這個作者問題，早已為日本方面的文獻學碩學（如佐藤哲英）所解決了，牟先生卻全不在意。

　　牟先生不欣賞唐先生的《中國哲學原論》，這會對後輩學人構成負面的影響，特別是那些喜歡讀牟先生的書的人。但我始終認為《中國哲學原論》是研究中國哲學的一座大寶山，起碼就內容、觀點言是如此。但唐先生的文字一向都是艱澀冗長，解讀不易，六鉅冊的《中國哲學原論》更是如此。不看這套書自然是可惜，看了而受到其中的曲折迂迴的文字和思路所迷惑，致入寶山而空手歸，更是可惜。我很早便提到這點，表示《中國哲學原論》應該有人出來重寫，不用艱澀的字眼，把冗長的句子酌情簡短化，略去那些屈折迴環的表達方式，代之以通俗的、平實的、流暢的文字來寫，保留原來的意思。這應該是承接與發揮、開拓當代新儒學中一樁重要

的、有意義的事情。我曾寄望於鵝湖的朋友，希望他們中有人出來承擔這個任務。近日與友人楊祖漢先生談起這件事，他說自己在考慮這個問題，有意執行這個任務。我聽後為之雀躍不已，也很為他隨喜。他是做這件事的最理想的人選。

儘管我們在第四代的當代新儒家方面還看不到甚麼積極的和顯著的成果，但也不必過於灰心，港、臺方面的朋友做不來，還有大陸和海外的朋友，他們都在儒學研究方面默默耕耘，但鮮為人所知。我相信他們的耕耘必會開花結果。在大陸方面的孔子學院的普遍開辦，已暗示了此中的信息。今天而說「儒門淡薄」（杜維明在他的《人性與自我修養》中文版序中的話語），已不能與時代思潮相應了。

特別值得一提的是，近年已有好些朋友在探索外王的問題。儒學傳統一向都偏重內聖方面，在這方面的研究成果非常豐富，先秦是如此，宋明也是如此。在當代新儒學中，一向探討的重點，仍然是內聖的心性論方面，但已漸漸注意外王的問題了。例如熊十力的《原儒》、牟宗三的《政道與治道》、《道德的理想主義》、杜維明的《現代精神與儒家傳統》，都是這方面的著作。徐復觀好談政治問題，而且集中在人權、民主、自由這幾個核心觀念上。有些更身體力行，實踐政治、教育的理想，如梁漱溟主持鄉村建設運動，馬一浮與唐君毅分別創辦復性書院與新亞書院，最後雖然失敗了，或者沒有顯著的成果，但都展示這條路是敞開的。成功與失敗，自然與各種客觀的、外在的因素有連繫，我們也不能光是以得失論成敗。要走外王之路，肯定是艱難和費時的，但有了開始，便有希望。

順便一提。在這一〈後記〉的開始，我們說到當代新儒學的世

代與成員的問題。日本方面有些學者也注意到了，不過，他們的看法與我們的不是完全相同。中村俊也在他的《新儒家論：杜維明研究》（東京：亞紀書房，1996）一書中，說到新儒家，是指在鴉片戰爭後出現的三個世代。第一代有康有為、梁啟超、張君勱、梁漱溟、熊十力等；第二代有唐君毅、徐復觀、牟宗三等，第三代有杜維明、余英時等。第一代活躍於五四運動前後時期，他們面臨全盤西化的流向，主張要參照、參考西歐的哲學，適量採用，以強化儒學。第二代則是 1949 年中共建國以後，移向海外，如香港、臺灣、新加坡、美國。第二代是反共的。第三代則興起於文化大革命時期，在文革之後，特別是在改革開放時期，與大陸的知識分子有相當程度的交流、來往，他們與第二代學者除了探討儒學的接續發展外，也留意儒學在當代如政治、社會、經濟諸方面可能扮演的角色問題。與我們一般的理解不同，中村對於第三代，只列出杜維明和余英時，沒有列劉述先與成中英。總的來說，中村對當代新儒學的理解，只能說是粗淺。他甚至不大理解這個學派的第二代即唐、牟、徐他們的學問內容和功力。

另外可以一提的是，森紀子寫了一本《轉換期における中国儒教運動》（京都：京都大學出版會，2005）其中第八章亦是最後一章是專論梁漱溟的〈新儒家梁漱溟の「鄉村建設理論」〉。這與其說是研究梁氏的鄉村建設思想，無寧應說是報導梁氏的鄉村建設運動。這是溫和的改革運動，讓知識分子分散於各鄉鎮中，為人講習思想與文化，但最終鬥不過共產黨的階級鬥爭。故後來共產黨特別是毛澤東一來，鄉村運動便垮了。

參考書目

說明：

一、所列的參考用書或論文涵蓋中、日、英、德、法五種語文。中、日文著作以作者（也有編者）的姓氏筆劃數目為序，作者若是相同，則以著作名稱筆劃數目為序。英、德、法文則以作者名字的羅馬字體排列為序，作者若是相同，則以著作名稱的羅馬字體排列為序。

二、書目不取全集（如《熊十力全集》），只取個別著書。又著作通常只取著書，不取論文。但日文、德文著作例外，因這些著作著書很少，大部分是論文。

三、不錄有關內容範圍寬廣的論文集（例如李明輝主編《儒家思想的現代詮釋》），而只錄集中在研究某一人物的思想的論文集（如霍韜晦主編《唐君毅思想國際會議論文集》）。不過，在很少情況，我們也錄範圍寬廣但其中有少量具有特殊意義或重要性的論文集（例如劉述先主編《儒家思想在現代東亞：中國大陸與臺灣篇》，其中有兩篇有特殊意涵的論文：郭齊勇〈中國大陸地區近五年來（1993-1997）的儒學研究〉及小島毅著、廖肇亨譯〈「儒教」與「儒學」涵義異同重探：新儒家的觀察〉）。

四、有關當代新儒學（大陸方面通常作現代新儒家）的成員問題，一直

都存在著爭議。我在這裏把他們分成兩組：核心組與關係組。核心組包括梁漱溟、熊十力、馬一浮、唐君毅、徐復觀、牟宗三、劉述先與杜維明。關係組包括張君勱、錢穆、賀麟、馮友蘭、方東美、余英時與成中英。核心組所收的著作較多，關係組則次之。對於所謂「波士頓儒學」，本書目亦略有涉及。又書目中部分德文著作，由友人林維杰博士幫忙而成，謹在此向他致謝。

一、中文

王宗昱著《梁漱溟》，臺北：東大圖書公司，1992。

方東美著《中國人生哲學概要》，新店：先知出版社，1977。

方東美著《生生之德》，臺北：黎明文化事業公司，1979。

方東美著《科學哲學與人生》，臺北：虹橋書店，1965。

方東美著《新儒家哲學十八講》，臺北：黎明文化事業公司，1983。

艾愷著、鄭大華等譯《梁漱溟傳》，長沙：湖南出版社，1992。

江日新主編、蔡仁厚等著《牟宗三哲學與唐君毅哲學論》，臺北：文津出版社，1997。

列文森著、鄭大華、任菁譯《儒教中國及其現代命運》，北京：中國社會科學出版社，2001。

朱謙之著《文化哲學》，北京：商務印書館，1935。

牟宗三著《才性與玄理》，香港：人生出版社，1963。

牟宗三著《中西哲學之會通十四講》，臺北：臺灣學生書局，1990。

牟宗三著《中國文化的省察：牟宗三講演錄》，臺北：聯合報社，
　　　1996。

牟宗三著《中國哲學十九講：中國哲學之簡述及其所涵蘊之問
　　　題》，臺北：臺灣學生書局，1983。

牟宗三著《中國哲學的特質》，臺北：臺灣學生書局，1978。

牟宗三著《心體與性體》上中下，臺北：正中書局，1968，1969。

牟宗三著《生命的學問》，臺北：三民書局，1978。

牟宗三著《四因說演講錄》，臺北：鵝湖出版社，1997。

牟宗三著《佛性與般若》上下，臺北：臺灣學生書局，1977。

牟宗三著《宋明儒學的問題與發展》，臺北：聯經出版事業公司，
　　　2003。

牟宗三著《政道與治道》，臺北：廣文書局，1961。

牟宗三著《時代與感受》，臺北：鵝湖出版社，1988。

牟宗三著《從陸象山到劉蕺山》，臺北：臺灣學生書局，1979。

牟宗三著《現象與物自身》，臺北：臺灣學生書局，1975。

牟宗三著《智的直覺與中國哲學》，臺北：臺灣商務印書館，
　　　1971。

牟宗三著《道德的理想主義》，臺中：東海大學，1959。

牟宗三著《圓善論》，臺北：臺灣學生書局，1985。

牟宗三著《歷史哲學》，臺北：臺灣學生書局，1984。

成中英著《中國文化的現代化與世界化》，北京：中國和平出版
　　　社，1988。

成中英著《中國現代化的哲學省思：「傳統」與「現代」理性的結
　　　合》，臺北：東大圖書公司，1988。

成中英著《知識與價值：和諧、真理與正義的探索》，臺北：聯經
　　出版事業公司，1989。

成中英著《論中西哲學精神》，上海：東方出版中心，1996。

杜維明著《人性與自我修養》，臺北：聯經出版事業公司，1992。

杜維明著《十年機緣待儒學　東亞價值再評價》，香港：牛津大學
　　出版社（中國），1999。

杜維明著《現代精神與儒家傳統》，臺北：聯經出版事業公司，
　　1996。

杜維明著《儒學第三期發展的前景問題：大陸講學、問難和討
　　論》，臺北：聯經出版事業公司，1989。

杜維明著、曹幼華、單丁譯《儒家思想新論：創造性轉換的自
　　我》，南京：江蘇人民出版社，1995。

杜維明著、陳靜譯《儒教》，臺北：麥田出版社，2002。

杜維明著、彭國翔編譯《儒家傳統與文明對話》，石家莊：河北人
　　民出版社，2006。

杜維明主編《儒學發展的宏觀透視》，臺北：正中書局，1997。

余英時著《中國思想傳統的現代詮釋》，臺北：聯經出版事業公
　　司，1987。

余英時著《現代儒學論》，上海：上海人民出版社，1998。

余英時著《從價值系統看中國文化的現代意義》，臺北：時報文化
　　出版公司，1984。

余英時著《猶記風吹水上鱗：錢穆與現代中國學術》，臺北：三民
　　書局，1991。

余英時著《歷史與思想》，臺北：聯經出版事業公司，1976。

李杜著《唐君毅先生的哲學》，臺北：臺灣學生書局，1983。

李明輝著《當代儒學之自我轉化》，臺北：中央研究院中國文哲研究所，1994。

李明輝著《儒學與現代意識》，臺北：文津出版社，1991。

李明輝主編《當代新儒家人物論》，臺北：文津出版社，1993。

李明輝主編《儒家思想在現代東亞：總論篇》，臺北：中央研究院中國文哲研究所，1998。

李明輝主編、蔡仁厚等著《牟宗三先生與中國哲學之重建》，臺北：文津出版社，1996。

李道湘著《現代新儒學與宋明理學》，瀋陽：遼寧出版社，1998。

李淵庭編《梁漱溟講孔孟》，北京：中國和平出版社，1993。

李維武著《徐復觀學術思想評傳》，北京：北京圖書館出版社，2001。

吳汝鈞著《純粹力動現象學》，臺北：臺灣商務印書館，2005。

吳汝鈞著《純粹力動現象學續篇》，臺北：臺灣商務印書館，2008。

吳汝鈞著《儒家哲學》，臺北：臺灣商務印書館，1995。

吳福輝、錢理群主編《梁漱溟自傳》，南京：江蘇文藝出版社，1998。

何信全著《儒學與現代民主：當代新儒家政治哲學研究》，臺北：中央研究院中國文哲研究所，1996。

宋仲福、趙吉惠、裴大洋著《儒學在現代中國》，鄭州：鄭州古籍出版社，1991。

宋志明著《現代新儒家研究》，北京：中國人民大學出版社，

　　1991。

宋志明著《熊十力評傳》，南昌：百花洲文藝出版社，1996。

周立升、顏炳罡等著《儒家文化與當代社會》，濟南：山東大學出
　　　版社，2002。

林安梧著《存有、意識與實踐：熊十力體用哲學之詮釋與重建》，
　　　臺北：東大圖書公司，1993。

林安梧著《儒學革命論：後新儒家哲學的問題向度》，臺北：臺灣
　　　學生書局，1998。

林鎮國著《空性與現代性：從京都學派、新儒家到多音的佛教詮釋
　　　學》，臺北：立緒文化事業有限公司，1999。

武漢大學中國傳統文化研究中心編《玄圃論學續集：熊十力與中國
　　　傳統文化國際學術研討會論文集》，武漢：湖北教育出版
　　　社，2003。

哈佛燕京學社、三聯書店主編《儒家與自由主義》，北京：生活·
　　　讀書·新知三聯書店，2001。

封祖盛編《當代新儒家》，北京：生活·讀書·新知三聯書店，
　　　1989。

馬一浮著《宜山會語》，滕復編《默然不說聲如雷》，北京：中國
　　　廣播電視出版社，1995。

馬一浮著《泰和會語》，滕復編《默然不說聲如雷》，北京：中國
　　　廣播電視出版社，1995。

馬一浮（馬浮）著《復性書院講錄》上下，臺北：廣文書局，
　　　1964。

馬一浮（馬浮）著《爾雅臺答問·附續篇》，臺北：廣文書局，

1963。

馬勇著《梁漱溟文化理論研究》，上海：上海人民出版社，1991。

馬勇著《梁漱溟評傳》，合肥：安徽人民出版社，1992。

姚才剛著《終極信仰與多元價值的融通：劉述先新儒學思想研究》，成都：巴蜀書社，2003。

胡治洪著《全球語境中的儒家論說：杜維明新儒學思想研究》，北京：生活·讀書·新知三聯書店，2004。

胡偉希著《傳統與人文：對港臺新儒家的考察》，北京：中華書局，1992。

徐復觀著《中國人性論史：先秦篇》，臺北：臺灣商務印書館，1984。

徐復觀著《中國思想史論集》，臺北：臺灣學生書局，1979。

徐復觀著《中國藝術精神》，臺北：臺灣學生書局，1979。

徐復觀著《兩漢思想史》卷一二三，臺北：臺灣學生書局，1972、1976、1979。

徐復觀著《學術與政治之間》，臺北：臺灣學生書局，1980。

徐復觀著《儒家政治思想與民主自由人權》，臺北：臺灣學生書局，1988。

徐復觀學術思想國際研討會執行委員會編《東海大學徐復觀學術思想國際研討會論文集》，臺中：東海大學，1992。

島田虔次著、徐水生譯《熊十力與新儒家哲學》，臺北：明文書局，1992。

唐君毅著《人文精神之重建》上下，香港：新亞研究所，1955。

唐君毅著《人生之體驗》，香港：人生出版社，1956。

唐君毅著《人生之體驗續篇》，香港：人生出版社，1961。

唐君毅著《文化意識與道德理性》上下，香港：友聯出版社，
　　　1960。

唐君毅著《心物與人生》，香港：亞洲出版社，1953。

唐君毅著《中華人文與當今世界》上下，臺北：臺灣學生書局，
　　　1975。

唐君毅著《中國人文精神之發展》，臺北：臺灣學生書局，1988。

唐君毅著《中國文化之精神價值》，臺北：正中書局，1994。

唐君毅著《中國哲學原論》上冊，香港：人生出版社，1966。

唐君毅著《中國哲學原論原性篇：中國哲學中人性思想之發展》，
　　　香港：新亞研究所，1968。

唐君毅著《中國哲學原論原教篇：宋明儒學思想之發展》，香港：
　　　新亞研究所，1975。

唐君毅著《中國哲學原論原道篇》卷一二三，香港：新亞研究所，
　　　1973、1974。

唐君毅著《生命存在與心靈境界》上下，臺北：臺灣學生書局，
　　　1985。

唐君毅著《哲學概論》上下，香港：孟氏教育基金會，1965。

唐君毅著《道德自我之建立》，香港：人生出版社，1963。

唐君毅著《說中華民族之花果飄零》，臺北：三民書局，1974。

郭美華著《熊十力本體論哲學研究》，成都：巴蜀書社，2004。

郭齊勇著《熊十力思想研究》，天津：天津人民出版社，1993。

郭齊勇著《熊十力與中國傳統文化》，香港：天地圖書有限公司，
　　　1987。

馮友蘭著《新理學》，香港：中國哲學研究會，1965。

張君勱著《新儒家思想史》，臺北：弘文館出版社，1986。

張君勱著、程文熙編《中西印哲學文集》上下，臺北：臺灣學生書
　　　局，1981。

張佛泉著《自由與人權》，臺北：臺灣商務印書館，1993。

張祥浩著《唐君毅思想研究》，天津：天津人民出版社，1994。

張晚林著《徐復觀藝術詮釋體系研究》，上海：上海古籍出版社，
　　　2007。

張學智著《賀麟》，臺北：東大圖書公司，1992。

張慶熊著《熊十力的新唯識論與胡塞爾的現象學》，上海：上海人
　　　民出版社，1995。

張灝著《幽暗意識與民主傳統》，臺北：聯經出版事業公司，
　　　1989。

曹躍明著《梁漱溟思想研究》，天津：天津人民出版社，1995。

黃克劍著《百年新儒林：當代新儒學八大家論略》，北京：中國青
　　　年出版社，2000。

黃克劍、周勤著《寂寞中的復興：論當代新儒家》，南昌：江西人
　　　民出版社，1993。

黃俊傑著《儒學與現代臺灣》，北京：中國社會科學出版社，
　　　2001。

梁培寬編《梁漱溟自傳》，上海：江蘇文藝出版社，1998。

梁漱溟著《人心與人生》，香港：三聯書店，1991。

梁漱溟著《中國文化要義》，《梁漱溟全集》第三冊，濟南：山東
　　　人民出版社，1994。

梁漱溟著《中國民族自救運動之最後覺悟》，臺北：學術書店，
　　1971。

梁漱溟著《東方學術概觀》，香港：中華書局，1988。

梁漱溟著《東西文化及其哲學》，臺北：臺灣商務印書館，2002。

梁漱溟著《鄉村建設理論》，《梁漱溟全集》第二冊，濟南：山東
　　人民出版社，1994。

賀麟著《五十年來的中國哲學：賀麟著作集之一》，北京：商務印
　　書館，2002。

賀麟著《文化與人生》，北京：商務印書館，1988。

賀麟著《近代唯心論簡釋》，重慶：獨立出版社，1942。

景海峰著《熊十力》，臺北：東大圖書公司，1991。

單波著《心通九境：唐君毅哲學的精神空間》，北京：人民出版
　　社，2001。

楊祖漢著《當代儒學思辨錄》，臺北：鵝湖出版社，1998。

楊啟光編著《文化哲學導論》，廣州：暨南大學出版社，1999。

葉海煙著《道德、理性與人文的向度》，臺北：文津出版社，
　　2000。

翟志成著《當代新儒學史論》，臺北：允晨文化，1993。

趙德志著《現代新儒家與西方哲學》，瀋陽：遼寧大學出版社，
　　1994。

蔡仁厚著《中國哲學的反省與新生》，臺北：正中書局，1994。

熊十力著《十力語要》，臺北：廣文書局，1962。

熊十力著《十力語要初續》，臺北：樂天出版社，1973。

熊十力著《明心篇》，臺北：臺灣學生書局，1979。

熊十力著《原儒》，臺北：明文書局，1997。

熊十力著《乾坤衍》，臺北：臺灣學生書局，1987。

熊十力著《新唯識論》，臺北：文津出版社，1986。

熊十力著《體用論》，臺北：臺灣學生書局，1976。

劉述先著《朱子哲學思想的發展與完成》，臺北：臺灣學生書局，1984。

劉述先著《全球倫理與宗教對話》，臺北：立緒文化事業有限公司，2001。

劉述先著《理一分殊》，上海：上海文藝出版社，2000。

劉述先著《理想與現實的糾結》，臺北：臺灣學生書局，1993。

劉述先著《現代新儒學之省察論集》，臺北：中央研究院中國文哲研究所，2004。

劉述先著《傳統與現代的探索》，臺北：正中書局，1994。

劉述先著《論儒家哲學的三個大時代》，香港：中文大學出版社，2008。

劉述先著《儒家思想開拓的嘗試》，北京：中國社會科學出版社，2001。

劉述先著《儒家思想意涵之現代闡釋論集》，臺北：中央研究院中國文哲研究所，2000。

劉述先主編《儒家思想在現代東亞：中國大陸與臺灣篇》，臺北：中央研究院中國文哲研究所，2000。

劉長林著《中國人生哲學的重建：陳獨秀、胡適、梁漱溟人生哲學研究》，上海：華東師範大學出版社，2001。

劉岳兵著《中日近現代思想與儒學》，北京：生活·讀書·新知三

聯書店，2007。

錢穆著《先秦諸子繫年》，臺北：東大圖書公司，1999。

錢穆著《宋明理學概述》，臺北：臺灣學生書局，1992。

錢穆著《國史大綱》，臺北：臺灣商務印書館，2001。

滕復著《馬一浮思想研究》，北京：中華書局，2001。

鄭大華著《民國鄉村建設運動》，北京：社會科學文獻出版社，
　　　2000。

鄭大華著《梁漱溟與現代新儒學》，臺北：文津出版社，1995。

鄭家棟著《本體與方法：從熊十力到牟宗三》，瀋陽：遼寧大學出
　　　版社，1992。

鄭家棟著《牟宗三》，臺北：東大圖書公司，2000。

鄭家棟著《現代新儒學概論》，南寧：廣西人民出版社，1990。

鄭家棟著《當代新儒學史論》，南寧：廣西教育出版社，1997。

賴賢宗著《體用與心性：當代新儒家哲學新論》，臺北：臺灣學生
　　　書局，2001。

樊和平著《儒學與日本模式》，臺北：五南圖書出版公司，1995。

霍韜晦主編《唐君毅思想國際會議論文集》1-4，香港：法住出版
　　　社，1990-1992。

蕭萐父等編《玄圃論學集：熊十力生平與學術》，北京：生活·讀
　　　書·新知三聯書店，1990。

魏思齊著《梁漱溟（1893-1988）的文化觀》，臺北：輔仁大學出
　　　版社，2003。

魏彩霞著《全球化時代中的儒學創新：杜維明的現代新儒學思
　　　想》，北京：中國社會科學出版社，2004。

顏炳罡著《牟宗三思想評傳》，北京：北京圖書館出版社，1998。

顏炳罡著《當代新儒學引論》，北京：北京圖書館出版社，1998。

顏炳罡著《整合與重鑄：當代大儒牟宗三先生思想研究》，臺北：
臺灣學生書局，1995。

韓強著《現代新儒學心性理論評述》，瀋陽：遼寧大學出版社，
1992。

羅義俊編著《評新儒家》（增補本），上海：上海人民出版社，
1991。

二、日文

小林善文著〈鄉村建設運動における梁漱溟の道〉，《史林》第八
一卷二號，1998。

小野川秀美著〈梁漱溟に於ける鄉村建設論の成立〉，《人文科
學》，2：2，1948。

木村英一著〈梁漱溟の思想〉，《東亞人文學報》，3：3，1944。

木村博著〈家稷農乘學と農村建設理論：江渡狄嶺と梁漱溟〉，
《比較思想研究》，第 26 號，1999。

中村俊也著《新儒家論：杜維明研究》，東京：亞紀書房，1996。

中尾友則著〈梁漱溟の中國再生構想：新たな仁愛共同體〜の摸
索〉，東京：研文社，2000。

戶田哲也著〈牟宗三：宋明理學の三系統說について〉，《アジア
文化學科年報》四，2001。

加加美光行著〈文化大革命と傳統繼成：梁漱溟、馮友蘭、李澤厚
の試み〉《現代中國の挫折：文化大革命の省察》，東京：
アジア經濟研究所，1985。

西村俊一著〈梁漱溟の比較思想論と教育實踐：日本の農民教育思想家江渡狄嶺との比較〉，《國際教育研究》（東京學藝大學國際教育センター國際教育研究室）第 21 號，2001。

杜維明著、栗原譯〈創造力をめぐる「人間～宇宙」（anthropocosmic）的觀點〉，《死生學研究》2006 年春號。

吾妻重二著〈中國における非マルクス主義哲學：「新儒家」をめぐって〉，《思想》784，1989。

吾妻重二著〈《新理學》の形成：馮友蘭と新實在論〉，《關西大學中國文學會紀要》12，1991。

坂元ひろ子著〈民國期における梁漱溟思想の位置づけ：「現代新儒家」規定を超えて〉，《中國：社會と文化》第 5 號，1990。

坂元ひろ子著〈熊十力《新唯識論》哲學の形成〉，東京大學《東洋文化研究所紀要》104， 1987。

岡田武彥著《儒教精神と現代》，東京：明德出版社，1994。

河田悌一著〈傳統から近代への摸索：梁漱溟と毛澤東〉，《岩波講座現代中國》4，東京：岩波書店，1989。

後藤延子著〈梁漱溟の佛教的人生論：《究元決疑論》を中心に〉，《荒木教授退休紀念中國哲學史研究論集》，福岡：葦書房，1981。

家近亮子著〈梁漱溟における鄉村建設理論の成立過程〉，山田辰雄編《近代中國人物研究》，東京：慶應義塾大學地域研究センター，1988。

島田虔次著《中國に於ける近代思惟の挫折》，東京：筑摩書房，

1970。

島田虔次著〈新儒家哲學について：熊十力の哲學〉，《京都大學
　　人文科學共同研究報告：五四運動の研究》12，京都：同朋
　　舍，1987。

倪梁康著、石井譯〈牟宗三と現象學〉，《現代思想》29～17，
　　2001。

菊池貴晴著〈梁漱溟と鄉村建設運動をめぐる諸問題〉，《中國第
　　三勢力史論》第六章，東京：汲古書院，1987。

梁漱溟著、池田篤紀譯《人心と人生》，アジア問題研究會，
　　1987。

梁漱溟著、池田篤紀、長谷部茂譯《鄉村建設理論》，アジア問題
　　研究會，1991。

梁漱溟著、長谷部茂譯《東西文化とその哲學》，東京：農山漁村
　　文化協會，2000。

野田善弘著〈錢穆と東西文化論爭：梁漱溟、胡適論爭に對する構
　　えを中心に〉，《東洋古典研究》4，1997。

森紀子著《轉換期における中國儒教運動》，京都：京都大學出版
　　會，2005。

朝倉友海著〈死生の學としての儒學の意義：牟宗三における《生
　　命の學問》〉，東京大學大學院人文社會系研究科編《死生
　　學研究》第 8 號，2006。

朝倉友海著〈「道德」への東アジア的アプローチ：京都學派と新
　　儒家の道德論をてがかりとして〉，東京大學大學院人文社
　　會系研究科文學部哲學研究室編《應用倫理・哲學論集》

3，2006。

渡邊浩著《「現代新儒學」の比較政治思想的研究》，1998。（按此是平成 7～8 年度科研費補助金研究成果報告書。）

溝口雄三著〈もう一つの「五四」〉，《思想》，1996。

樋口勝著〈梁漱溟の文化論〉，《創價大學外國語學科紀要》7，1997。

樋口勝著〈梁漱溟の宗教觀〉，《東洋哲學研究所紀要》12，1996。

樋口勝著〈現代新儒家の背景とその視點：中國文化の發展をめぐって〉，《創價大學外國語學科紀要》5，1995。

熊十力著、吾妻重二譯註《新唯識論》，大阪：關西大學出版部，2004。

アジア問題研究會編《アジア第 25 號：唐君毅教授滯日講演特集》，1959。

三、英文

Alitto, Guy S., *The Last Confucian: Liang Shu-ming and the Chinese Dilemma of Modernity*. Berkeley & Los Angeles, Calif.: University of California Press, 1974.

Berthrong, John, *All under Heaven: Transforming Paradigms in Confucian-Christian Dialogue*. Albany, NY: State University of New York Press, 1994.

Berthrong, John, *Transformations of the Confucian Way*. Boulder: Westview Press, 1998.

Bresciani, Umberto, *Reinventing Confucianism: The New Confucian Movement*. Taipei: Taipei Ricci Institute, 2001.

Chang, Carsun, *The Development of Neo-Confucian Thought*. New York: Bookman Associates, 1957.

Chan, Wing-tsit, *Religious Trends in Modern China*. New York: Columbia University Press, 1969.

Chan, Wing-tsit, ed., *Chu Hsi and Neo-Confucianism*. Honolulu, HI: University of Hawai'i Press, 1986.

Cheng, Chung-ying and Bunnin, Nicholas, eds., *Contemporary Chinese Philosophy*. Oxford: Blackwell Publishing, 2002.

De Bary, Wm. Theodore, *Neo-Confucian Orthodoxy and Learning of the Mind-and-Heart*. New York: Columbia University Press, 1981.

Fang, Thomé H., *Chinese Philosophy: Its Spirit and Its Development*. Taipei: Linking, 1981.

Fu, Charles Wei-hsun and Spiegler, Gerhard, eds., *Religious Issues and Interreligious Dialogues*. New York, Westport, CT: Greenwood Press, 1989.

Hall, David L. and Ames, Roger T., *Thinking Through Confucius*. Albany: Suny Press, 1987.

Kam, Louie, *Critiques of Confucius in Contemporary China*. New York: St. Martin's Press, 1980.

Levenson, Joseph, *Confucian China and Its Modern Fate: A Trilogy*. Berkeley: University of California Press, 1968.

Liu, Shu-hsien, *Understanding Confucian Philosophy: Classical and Sung-Ming*. Westport, CT: Praeger, 1998.

Liu, Shu-hsien, Berthrong, John and Swidler, Leonard, eds., *Confucianism in Dialogue Today: West, Christianity and Judaism.* Philadelphia, PA: Ecumenical Press, 2004.

Makeham, John, ed., *New Confucianism: A Critical Examination.* New York: Palgrave Macmillan, 2003.

Metzger, Thomas A., *Escape from Predicament: Neo-Confucianism and China's Evolving Political Culture.* New York: Columbia University Press, 1977.

Neville, Robert, *Boston Confucians.* Albany, NY: State University of New York Press, 2000.

Rozman, Gilbert, ed., *The East Asian Region: Confucian Heritage and Its Modern Adaptation.* Princeton, NJ: Princeton University Press, 1991.

Swidler, Leonard and Mojzes, Paul, *The Study of Religion in the Age of Global Dialogue.* Philadelphia: Temple University Press, 2000.

Swidler, Leonard, ed., *For All Life: Toward a Universal Declaration of a Global Ethic: An Interreligious Dialogue.* Ashland, OR: White Cloud Press, 1999.

Tu, Wei-ming, *Centrality and Commonality: An Essay on Confucian Religiousness.* Albany, NY: State University of New York Press, 1989.

Tu, Wei-ming, "Confucianism", in Arvind, Sharma, ed., *Our Religions.* New York: HarperCollins Publishers, 1995.

Tu, Wei-ming, *Humanity and Self-Cultivation: Essays in Confucian*

Thought. Boston, MA: Cheng and Tsui Co., 1998.

Tu, Wei-ming, *The Triadic Concord: Confucian Ethics, Industrial Asia, and Max Weber*. Singapore: The Institute of East Asian Philosophies, 1991.

Tu, Wei-ming and Tucker, Mary Evelyn, eds., *Confucian Spirituality*, *vol.1*. New York: Crossroad Publishing Co., 2003.

Wang, C.I., trans., *Feng Youlan: A New Treatise on the Methodology of Metaphysics*. Beijing: Foreign Languages Press, 1997.

四、德文

Ehrhard, Pioletti A., *Die Realität des moralischen Handelns. Mou Zongsans Darstellung des Neokonfuzianismus als Vollendung der praktischen Philosophie Kants*. Frankfurt a. M., 1997.

Fan, Yuhcheng, *Tang Junyis Synthese chinesischer und westlicher Philosophie. Die Grundlegung des moralischen Selbst als Schlüssel zum Verständnis des Gesamtwerks*. München, 2000.

Frankenhauser, U., "Logik und Selbstverständnis in China zu Beginn des 20. Jahrhunderts". *Chinesisches Selbstverständnis und Kulturelle Identität ~ Wenhua Zhongguo*. Hrsg. von C. Hammer, B. Führer. Dortmund, 1996.

Friedrich, M., "De inventione sinarium Philosophiae. Ein Thema des modernen Konfuzianismus" (Unveröff.)

Goldfuß, G., "Tradition als Zukunft. Betrachtungen zu Leben und Spätwerk von Hsiung Shih-li (1885-1968)." *Der Konfuzianismus. Ursprünge, Entwicklungen, Perspektiven*. Hrsg.

von R. Moritz, Lee Ming-huei. Leipzig, 1998.

Kantor, Hans-Rudolf, *Die Heilslehre im Tiantai-Denken des Zhiyi (538-597) und der Philosophische Begriff des "Unendlichen" bei Mou Zongsan* (1909-1995). Wiesbaden, 1999.

Kantor, Hans-Rudolf, "Die Rezeption Kants und die Einheit von Wissen und Handeln bei Mou Zongsan". *Chinesisches Selbstverständnis und kulturelle Identität ~ Wenhua Zhongguo.* Hrsg. von C. Hammer, B. Führer. Dortmund, 1996.

Küng, Hans and Ching, Julia, *Christentum und Chinesische Religion.* München: Piper Verlag, 1988.

Lee, Ming-huei, *Der Konfuzianismus im Modernen China.* Leipzig: Leipziger Universitätsverlag, 2001.

Lee, Ming-huei, "Mou Tsung-san und Kants Philosophie. Ein Beispiel für die Kant-Rezeption in China". *Asiatische Studien.* 1, 1996.

Lee, Ming-huei, "Schöpferische Transformation der deutschen Philosophie. Am Beispiel der Rezeption des Begriffs des Dinges an sich bei Mou Zongsan". *Zeichen Lesen. Lese-Zeichen. Kultursemiotische Vergleiche von Leseweisen in Deutschland und China.* Hrsg. von J. Wertheimer, S. Größe. Tübingen, 1999.

Lehmann, O., "'Moderner Konfuzianismus' und 'westliche Philosophie' bei Mou Zongsan: Synthese oder Immunisierung?" (Unveröff.)

Lehmann, O., "Moderner Konfuzianismus zwischen 'Lehre' und Argumentation: zum Problem von Anspruch und Begründung bei Mou Tsung-san (1909-1995)". *Konfuzianismus. Ursprünge-Entwicklungen-Perspektiven.* Hrsg. von R. Moritz, Lee Ming-huei. Leipzig: Leipzig Universitätsverlag, 1998.

Lehmann, O., "Wege zur Identität: Eigenes und Fremdes im zeitgenössischen Konfuzianismus". *Comparativ*, 3, 1998.

Metzger, T.A., "Das konfuzianische Denken und das Streben nach moralischer Autonomie im China der Neuzeit". *Konfuzianismus und die Modernisierung Chinas.* Hrsg. von S. Krieger, R. Trauzettel. Mainz, 1990.

Miller, M., *Die Modernität der Tradition: Zum Kulturverständnis des chinesischen Historikers Yu Yingshi.* Münster, 1995.

Möller, Hans-Georg, trans., *Die Philosophischste Philosophie: Feng Youlans Neue Metaphysik.* Wiesbaden: Harrassowitz Verlag, 2000.

Moritz, Ralf and Lee, Ming-huei, eds., *Der Konfuzianismus: Ursprünge-Entwicklungen-Perspektiven.* Leipzig: Leipziger Universitätsverlag, 1998.

Qian, Mu, *Der Westen versteht den Osten nicht. Gedanken zur Geschichte und Kultur Chinas.* Übers. von Chen Chai-hsin, D. Hofstra. Dortmund, 1997.

Quirin, M., "Vom Horror Vacui. Konfuzianische Tendenzen in der gegenwärtigen chinesischen Moraldiskussion". *Konfuzianismus und die Modernisierung Chinas.* Hrsg. von S. Krieger, R. Trauzettel. Mainz, 1990.

Schmidt, Stephan, *Die Herausforderung des Fremden: interkulturelle Hermeneutik und konfuzianisches Denken.* Darmstadt: Wissenschaftliche Buchgesellschaft, 2005.

Schweitzer, Albert. *Geschichte des Chinesischen Denkens: Werke aus dem Nachlass*, ed. Bernhard Kaempf and Johann Zuercher, München: Verlag C. H.Beck, 2002.

Steinbauer, A., "Neukonfuzianische Wiederbelebungsversuche an der chinesischen Kulturtradition". *Chinesisches Selbstverständnis und kulturelle Identität ~Wenhua Zhongguo.* Hrsg. von C. Hammer, B. Führer. Dortmund, 1996.

Tu Wei-ming, "Die Neokonfuzianische Ontologie". *Max Webers Studie über Konfuzianismus und Taoismus. Interpretation und Kritik.* Hrsg. von W. Schluchter. Frankfurt a. M., 1983.

Weber, Max, *Die Wirtschaftsethek der Weltreligion: Konfuzianismus und Taoismus.* ed., Helwig Schmidt-Glintzer, Tübingen: J. C. B. Mohr Paul Siebeck, 1991.

Wesolowski, Zbigniew, *Lebens-und Kulturbegriff von Liang Shuming (1893-1988). Dargestellt anhand seines Werkes Dong-Xi wenhua ji qi zhexue.* Monumenta Serica Monograph Series, vol.XXXVIII, Nettetal: Steyler Verlag, 1997.

五、法文

Thoraval, Joël (Introduction), "Mou Zongsan: Spécificités de la philosophie chinoise" Cerf. 2004. （按：這是牟宗三著《中國哲學的特質》的法文翻譯）

國家圖書館出版品預行編目資料

當代新儒學的深層反思與對話詮釋

吳汝鈞著.－初版.－臺北市：臺灣學生，2009.10
面；公分
參考書目

ISBN 978-957-15-1475-8 (平裝)

1. 新儒學 2. 文集

128.07　　　　　　　　　　　　　98016850

當代新儒學的深層反思與對話詮釋

著　作　者：吳　　　　汝　　　　鈞
出　版　者：臺　灣　學　生　書　局　有　限　公　司
發　行　人：楊　　　　雲　　　　龍
發　行　所：臺　灣　學　生　書　局　有　限　公　司
　　　　　　臺北市和平東路一段七十五巷十一號
　　　　　　郵 政 劃 撥 帳 號：0 0 0 2 4 6 6 8
　　　　　　電　話：(0 2) 2 3 9 2 8 1 8 5
　　　　　　傳　眞：(0 2) 2 3 9 2 8 1 0 5
　　　　　　E-mail：student.book@msa.hinet.net
　　　　　　http：//www.studentbook.com.tw
本書局登
記證字號：行政院新聞局局版北市業字第玖捌壹號
印　刷　所：長　欣　印　刷　企　業　社
　　　　　　新北市中和區中正路九八八巷十七號
　　　　　　電　話：(0 2) 2 2 2 6 8 8 5 3

定價：新臺幣五〇〇元

西 元 二 〇 〇 九 年 十 月 初 版

臺灣 學生書局 出版
中國哲學叢刊

❶	孔子未王而王論	羅夢冊著
❷	管子析論	謝雲飛著
❸	中國哲學論集	王邦雄著
❹	王陽明傳習錄詳註集評	陳榮捷著
❺	江門學記	陳郁夫著
❻	王陽明與禪	陳榮捷著
❼	孔孟荀哲學	蔡仁厚著
❽	生命情調的抉擇	劉述先著
❾	儒道天論發微	傅佩榮著
❿	程明道思想研究	張德麟著
⓫	儒家倫理學析論	王開府著
⓬	呂氏春秋探微	田鳳台著
⓭	莊學蠡測	劉光義著
⓮	三唯論	王止峻著
⓯	先秦道家與玄學佛學	方穎嫻著
⓰	韓非子難篇研究	張素貞著
⓱	商鞅及其學派	鄭良樹著
⓲	陽明學漢學研究論集	戴瑞坤著
⓳	墨學之省察	陳問梅著
⓴	中國哲學史大綱	蔡仁厚著
㉑	儒家政治思想與民主自由人權	徐復觀著
㉒	道墨新詮	光　晟著
㉓	中國心性論	蒙培元著

㉔　管子思想研究　　　　　　　　　　　　　　　徐漢昌著

㉕　譚嗣同變法思想研究　　　　　　　　　　　　王　樾著

㉖　明清之際儒家思想的變遷與發展　　　　　　　林聰舜著

㉗　張載哲學與關學學派　　　　　　　　　　　　陳俊民著

㉘　明末清初學術思想研究　　　　　　　　　　　何冠彪著

㉙　道教新論　　　　　　　　　　　　　　　　　龔鵬程著

㉚　儒釋道與中國文豪　　　　　　　　　　　　　王　煜著

㉛　帛書老子校注析　　　　　　　　　　　　　　黃　釗著

㉜　中國古代崇祖敬天思想　　　　　　　　　　　王祥齡著

㉝　黃老學說與漢初政治平議　　　　　　　　　　司修武著

㉞　近思錄詳註集評　　　　　　　　　　　　　　陳榮捷著

㉟　老莊研究　　　　　　　　　　　　　　　　　胡楚生著

㊱　莊子氣化論　　　　　　　　　　　　　　　　鄭世根著

㊲　韓非之著述及思想　　　　　　　　　　　　　鄭良樹著

㊳　儒家的生命情調　　　　　　　　　　　　　　戴朝福著

㊴　中國文化哲學　　　　　　　　　　　　　　　馮滬祥著

㊵　朱子學與明初理學的發展　　　　　　　　　　祝平次著

㊶　明末清初理學與科學關係再論　　　　　　　　張永堂著

㊷　中華文化的省思　　　　　　　　　　　　　　戴朝福著

㊸　老子新校　　　　　　　　　　　　　　　　　鄭良樹著

㊹　中國管理哲學及其現代應用　　　　　　　　　馮滬祥著

㊺　孔子的生命境界──儒學的反思與開展　　　　蔡仁厚著

㊻　仁學　　　　　　　　　譚嗣同著，湯志鈞・湯仁澤校注

㊼　荀子集釋　　　　　　　　　　　　　　　　　李滌生著

㊽　劉宗周及其慎獨哲學　　　　　　　　　　　　黃敏浩著

㊾　燕園耕耘錄──朱伯崑學術論集（上冊）　　　朱伯崑著

㊿　燕園耕耘錄──朱伯崑學術論集（下冊）　　　朱伯崑著

(51) 體用與心性：當代新儒家哲學新論　賴賢宗著
(52) 哲學史與儒學論評：世紀之交的回顧與前瞻　蔡仁厚著
(53) 歷代聖哲所講論之心學述要　朱維煥述要
(54) 老子道德經闡釋　朱維煥著
(55) 儒學反思錄　龔鵬程著
(56) 全體大用之學：朱子學論文集　朱榮貴著
(57) 儒學與儒學史新論　郭齊勇著
(58) 周易神話與哲學　李霖生著
(59) 良知學的展開——王龍溪與中晚明的陽明學　彭國翔著
(60) 道的錯置：中國政治思想的根本困結　林安梧著
(61) 儒家思想中的具體性思維　林啓屛著
(62) 張載易學與道學：以《橫渠易說》及《正蒙》爲主之探討　胡元玲著
(63) 新儒家與新世紀　蔡仁厚著
(64) 莊子道化的人生哲學　吳順令著
(65) 儒學轉向：從「新儒學」到「後新儒學」的過渡　林安梧著
(66) 從逆境中靈修——中西逆境哲學　馮滬祥著
(67) 中國政治哲學　馮滬祥著
(68) 方東美先生的哲學典型　馮滬祥著
(69) 人生哲學名言論集　馮滬祥著
(70) 中國哲學史　蔡仁厚著
(71) 王龍溪哲學系統之建構——以「見在良知」說爲中心　高瑋謙著
(72) 劉宗周愼獨之學闡微　胡元玲著
(73) 宋代老子學詮解的義理向度　江淑君著
(74) 名家與名學：先秦詭辯學派研究　陳癸淼著
(75) 荀子思想理論與實踐　周德良著
(76) 儒家思想與生態文明　伍鴻宇主編
(77) 簡明中國哲學史　趙衛民著

⑱　葛洪《抱朴子內篇》與魏晉玄學　　　　　　李宗定著

⑲　儒學反思錄二集　　　　　　　　　　　　龔鵬程著

⑳　王船山《讀孟子大全說》研究　　　　　　蔡家和著

㉑　荀子再探　　　　　　　　　　　　　　　何淑靜著

㉒　全球與本土之間的哲學探索　　　鄭宗義、林月惠合編

㉓　爭論中的莊子主體論　　　　　　　　　　詹康著